Direito Civil

Sucessões
volume 6

Paulo Lôbo

Direito Civil

Sucessões
volume 6

11ª edição
2025

- O autor deste livro e a editora empenharam seus melhores esforços para assegurar que as informações e os procedimentos apresentados no texto estejam em acordo com os padrões aceitos à época da publicação, *e todos os dados foram atualizados pelo autor até a data da entrega dos originais à editora.* Entretanto, tendo em conta a evolução das ciências, as atualizações legislativas, as mudanças regulamentares governamentais e o constante fluxo de novas informações sobre os temas que constam do livro, recomendamos enfaticamente que os leitores consultem sempre outras fontes fidedignas, de modo a se certificarem de que as informações contidas no texto estão corretas e de que não houve alterações nas recomendações ou na legislação regulamentadora.

- Data do fechamento do livro: 30/9/2024

- O autor e a editora se empenharam para citar adequadamente e dar o devido crédito a todos os detentores de direitos autorais de qualquer material utilizado neste livro, dispondo-se a possíveis acertos posteriores caso, inadvertida e involuntariamente, a identificação de algum deles tenha sido omitida.

- Direitos exclusivos para a língua portuguesa
  Copyright ©2025 by
  Saraiva Jur, um selo da SRV Editora Ltda.
  Uma editora integrante do GEN | Grupo Editorial Nacional
  Travessa do Ouvidor, 11
  Rio de Janeiro – RJ – 20040-040

- **Atendimento ao cliente:** https://www.editoradodireito.com.br/contato

- Reservados todos os direitos. É proibida a duplicação ou reprodução deste volume, no todo ou em parte, em quaisquer formas ou por quaisquer meios (eletrônico, mecânico, gravação, fotocópia, distribuição pela Internet ou outros), sem permissão, por escrito, da **SRV Editora Ltda.**

- Capa: Deborah Mattos
  Diagramação: Claudirene de Moura Santos Silva

- **OBRA COMPLETA: 978-85-5360-772-3**
  DADOS INTERNACIONAIS DE CATALOGAÇÃO NA PUBLICAÇÃO (CIP)
  VAGNER RODOLFO DA SILVA – CRB-8/9410

L799d   Lôbo, Paulo
         Direito Civil – Volume 6 – Sucessões / Paulo Lôbo. – 11. ed. – São Paulo : Saraiva Jur, 2025.

         344 p.
         ISBN 978-85-5362-478-2 (Impresso)

         1. Direito. 2. Direito civil. I. Título.

	CDD 347
2024-3240	CDU 347

Índices para catálogo sistemático:
1. Direito Civil   347
2. Direito Civil   347

Em homenagem a

GISELDA HIRONAKA
e ZENO VELOSO (*in memoriam*)
pelas inestimáveis contribuições ao
direito das sucessões brasileiro.

APRESENTAÇÃO

O direito das sucessões costuma encerrar a exposição do direito civil, ainda que não abranja toda a matéria de sucessões nas relações privadas.

Nesta obra, adotamos a sequência de matérias que nos parece mais lógica, não coincidente necessariamente com a do Código Civil de 2002, que manteve praticamente intacta a do Código Civil de 1916, com algumas inovações, como a sucessão concorrente, geradoras de controvérsias doutrinárias e jurisprudenciais. Os temas estão distribuídos em quatro blocos: conceitos gerais e comuns às espécies de sucessões, sucessão legítima, sucessão testamentária e partilha. Algumas matérias, que o Código localiza na sucessão testamentária, são comuns e, portanto, devem ser agrupadas no primeiro bloco, para sua melhor compreensão.

Buscamos compreender criticamente a evolução do direito das sucessões no âmbito do direito brasileiro, máxime nos princípios que a Constituição de 1988 estabeleceu e nos dados de realidade.

Esta edição está atualizada com as recentes legislações federais e orientações dos tribunais superiores sobre o direito sucessório.

A extraordinária mudança das relações familiares, que ocorreu na vida brasileira nas últimas décadas, redirecionou o foco do direito das sucessões para o núcleo familiar, em detrimento das relações de parentesco mais distante.

Paulo Lôbo

Sumário

Apresentação VII

Capítulo I
Concepção, Âmbito, Evolução e Características do Direito das Sucessões   1

1.1. Concepção 1

1.2. Evolução do Direito das Sucessões no Brasil 6

1.3. Interações com Outras Áreas do Direito 12

1.4. Abertura da Sucessão: Morte Real ou Presumida da Pessoa Física   14

    1.4.1. Sucessão Provisória 17

1.5. Herança como Ente Não Personalizado 18

1.6. *De Cujus* e os Demais Figurantes do Direito das Sucessões 20

1.7. O Lugar no Direito das Sucessões: Conflito de Leis no Espaço... 22

1.8. O Tempo no Direito das Sucessões: Direito Intertemporal 24

1.9. Direito à Herança 27

1.10. Função Social no Direito das Sucessões 31

Capítulo II
Sucessão Hereditária em Geral   34

2.1. Sucessão e Herança 34

    2.1.1. Objeto da Herança 35

    2.1.2. Pacto Sucessório 36

    2.1.3. Herança Digital 38

2.2.	Aquisição da Herança: *Saisine*	39
2.3.	Efeitos Jurídicos da *Saisine* Plena	44
2.4.	Aceitação da Herança	46
2.5.	Modalidades de Aceitação da Herança	49
2.6.	Situações Vedadas na Aceitação da Herança	52
2.7.	Renúncia da Herança ou do Legado	53
2.8.	Legitimação para Suceder	57
2.9.	Administração da Herança	58
2.10.	Cessão da Herança	60
2.11.	Responsabilidade da Herança pelas Dívidas e Demais Encargos	64

Capítulo III
Sucessão Legítima ... 66

3.1.	Concepção e Características	66
3.2.	Ordem da Vocação Hereditária	68
3.3.	Herdeiros Necessários	70
3.4.	Legítima dos Herdeiros Necessários ou Parte Indisponível	71
3.5.	Parte Disponível	75
3.6.	Dever de Redução do Excesso da Parte Disponível	76
3.7.	Multiparentalidade e Sucessão Hereditária	83

Capítulo IV
Dever de Colação na Sucessão Legítima Necessária ... 86

4.1.	Colação	86
4.2.	Adiantamento da Legítima dos Herdeiros Necessários	89
4.3.	Doação entre Cônjuges e entre Companheiros	91
4.4.	Doações Excluídas da Colação	92
4.5.	Consideram-se os Valores Atribuídos nas Datas das Doações	93
4.6.	Hipóteses de Devolução em Espécie	96
4.7.	Cálculo do Valor do Adiantamento da Legítima	97

4.8. Legitimados Ativos e Passivos da Colação................................... 98

4.9. Colação Voluntária.. 101

4.10. Dispensa da Colação 101

Capítulo V
Sucessão dos Descendentes e Ascendentes........................ 104

5.1. Descendentes Sucessíveis.. 104

5.2. Princípio da Coexistência e Nascituros..................................... 108

5.3. Filhos Não Concebidos (Concepturos)...................................... 111

5.4. Descendentes Socioafetivos e a Sucessão Legítima 113

5.5. Cálculo da Quota Hereditária do Descendente 114

5.6. Direito de Representação 115

5.7. Sucessão dos Ascendentes... 120

Capítulo VI
Direitos Sucessórios do Cônjuge 123

6.1. Cônjuge como Herdeiro Legítimo e Necessário.......................... 123

6.2. Sucessão do Cônjuge Separado de Fato 125

6.3. Direito Real de Habitação do Cônjuge Sobrevivente.................. 129

6.4. Sucessão Concorrente do Cônjuge Sobrevivente com os Parentes
Sucessíveis.. 132

    6.4.1. Sucessão Concorrente no Regime de Comunhão Parcial... 135

    6.4.2. Sucessão Concorrente nos Regimes de Comunhão Universal ou de Participação Final nos Aquestos 138

    6.4.3. Sucessão Concorrente no Regime de Separação Total...... 141

    6.4.4. Quota Sucessória do Cônjuge em Concorrência com Descendente 144

    6.4.5. Sucessão Concorrente do Cônjuge ante Cláusula de Incomunicabilidade 146

6.5. Direito Sucessório do Cônjuge no Casamento Putativo.............. 146

— XI —

Capítulo VII
Direitos Sucessórios do Companheiro na União Estável 149

7.1. Configuração da União Estável 149

7.2. Evolução do Direito Sucessório do Companheiro...................... 150

7.3. Direito Real de Habitação para o Companheiro Sobrevivente 152

7.4. Direito Sucessório do Companheiro no Código Civil 153

7.5. Igualdade de Direitos Sucessórios entre Cônjuges e Companheiros... 156

7.6. Direito Sucessório na União Homoafetiva............................... 161

7.7. Direitos Sucessórios dos Companheiros de Uniões Simultâneas ... 162

7.8. Direitos Sucessórios nas Uniões Estáveis Putativas..................... 163

Capítulo VIII
Sucessão dos Parentes Colaterais e da Fazenda Pública. Heranças
Jacente e Vacante 165

8.1. Parentes Colaterais Sucessíveis..................................... 165

8.2. Contagem dos Graus e Espécies de Parentes Colaterais 166

8.3. Irmãos Unilaterais e Bilaterais 167

8.4. Direito de Representação na Sucessão Colateral 168

8.5. Concorrência entre Tio e Sobrinho 170

8.6. A Fazenda Pública como Herdeira Legítima............................ 171

8.7. Herança Jacente 173

8.8. Herança Vacante 175

Capítulo IX
Os que Não Podem Suceder 177

9.1. Herdeiros que Não Podem Participar da Herança..................... 177

9.2. Pessoas Não Legitimadas a Suceder o *De Cujus*....................... 178

9.3. Herdeiros Excluídos da Sucessão por Indignidade 181

9.4. Natureza Judicial da Exclusão.. 186

9.5. Efeitos da Exclusão por Indignidade.................................. 187

9.6.	Reabilitação do Excluído da Herança	189
9.7.	Deserdação	190
9.8.	Causas e Provas da Deserdação	193
9.9.	Inconstitucionalidade da Deserdação	196

CAPÍTULO X
Sucessão Testamentária em Geral — 197

10.1.	Sucessão Testamentária	197
10.2.	Testamento	199
10.3.	Outras Finalidades Patrimoniais e Extrapatrimoniais do Testamento	201
10.4.	Capacidade e Legitimidade para Testar	203
10.5.	Legitimidade para Suceder por Testamento	204
10.6.	Testamenteiro	206
10.7.	Invalidade do Testamento	208
10.8.	Mudança das Circunstâncias do Testamento	212
10.9.	Interpretação do Testamento	212
10.10.	Testemunhas Testamentárias	214
10.11.	Substituição do Herdeiro ou Legatário	216
10.12.	Fideicomisso	217
10.13.	Hipóteses de Caducidade do Fideicomisso	223
10.14.	Revogação do Testamento	224
10.15.	Rompimento ou Ruptura do Testamento	226

CAPÍTULO XI
Espécies de Testamento — 229

11.1.	Testamentos Ordinários e Especiais	229
11.2.	Testamento Público	230
11.3.	Testamento Cerrado	235
11.4.	Testamento Particular	240

— XIII —

11.5. Testamento Simplificado 244

11.6. Testamento Marítimo 246

11.7. Testamento Aeronáutico 247

11.8. Testamento Militar 248

11.9. Codicilo 250

11.10. Testamento Vital 251

Capítulo XII
Disposições Testamentárias, Legados e Direito de Acrescer 257

12.1. Disposições Testamentárias 257

12.2. Sujeitos e Objetos das Disposições Testamentárias 258

12.3. Pluralidade de Herdeiros Designados 260

12.4. Validade, Eficácia e Conservação das Disposições Testamentárias ... 261

12.5. Disposições Testamentárias Sujeitas a Condição e a Motivo 263

12.6. Disposições Testamentárias Sujeitas a Encargo e a Termo 266

12.7. Cláusulas de Inalienabilidade, Impenhorabilidade e Incomunica-
bilidade 268

12.8. Interpretação das Disposições Testamentárias 270

12.9. Legados e seus Variados Modos 272

12.10. Eficácia e Ineficácia do Legado 277

12.11. Direito de Acrescer entre Herdeiros e Legatários 283

Capítulo XIII
Inventário, Partilha e Planejamento Sucessório 287

13.1. Inventário e suas Modalidades 287

13.2. Inventariante 291

13.3. Inventário Extrajudicial 292

13.4. Petição de Herança 295

13.5. Herdeiro Aparente e Adquirente de Boa-Fé 299

13.6. Sonegados 300

13.7.	Pagamento das Dívidas	302
13.8.	Partilha	306
	13.8.1. Sobrepartilha	309
13.9.	Partilha em Vida	310
13.10.	Planejamento Sucessório	313
13.11.	Transmissão Hereditária de Valores com Dispensa de Inventário	316

Bibliografia 319

Capítulo I
Concepção, Âmbito, Evolução e Características do Direito das Sucessões

Sumário: 1.1. Concepção. 1.2. Evolução do direito das sucessões no Brasil. 1.3. Interações com outras áreas do direito. 1.4. Abertura da sucessão: morte real ou presumida da pessoa física. 1.4.1. Sucessão provisória. 1.5. Herança como ente não personalizado. 1.6. *De cujus* e os demais figurantes do direito das sucessões. 1.7. O lugar no direito das sucessões: conflito de leis no espaço. 1.8. O tempo no direito das sucessões: direito intertemporal. 1.9. Direito à herança. 1.10. Função social no direito das sucessões.

1.1. Concepção

O direito das sucessões é o ramo do direito civil que disciplina a transmissão dos bens, valores, direitos e dívidas deixados pela pessoa física aos seus sucessores, quando falece, além dos efeitos de suas disposições de última vontade. Sob o ponto de vista material, quando uma pessoa morre ela deixa duas coisas: seu corpo e sua herança.

Diz-se herança o patrimônio ativo e passivo deixado pelo falecido, também denominado acervo, monte hereditário ou espólio.

Para que haja a sucessão hereditária são necessários dois requisitos: primeiro, o falecimento da pessoa física (*de cujus*); segundo, a sobrevivência do beneficiário, herdeiro ou legatário (princípio da coexistência – CC, art. 1.798).

O direito das sucessões não é dos mortos, mas sim dos vivos. São estes os reais titulares e destinatários dele.

Disse o dramaturgo grego Ésquilo que nada é certo na vida de um homem, exceto isto: ele vai perdê-la. Mas há consequências que o direito deve regular. O direito das sucessões é restrito às pessoas físicas, a partir de suas mortes. Daí ter-se a especificação da expressão "sucessão a causa da morte".

A sucessão das pessoas jurídicas observa regras próprias para cada uma dessas entidades. A sucessão entre vivos, por sua vez, é objeto do direito das obrigações, principalmente do contrato, que é o meio por excelência da transmissão das titularidades dos bens por convenção das partes.

Nem todos os bens juridicamente tuteláveis podem ser objeto do direito das sucessões. Duas limitações são essenciais: (1) os bens devem ter natureza patrimonial, cujos títulos sejam suscetíveis de ingresso no tráfico jurídico e de valoração econômica; (2) os bens devem integrar relações privadas.

O que não é patrimonial, ou o que é patrimonial, porém indisponível, não se transmite hereditariamente. Os direitos, pretensões e ações integram a herança, como na hipótese de o falecido ter direito a receber indenização em virtude de danos causados por terceiro e cuja ação ajuizada não se decidiu, ou de ter direito e pretensão à reparação civil, cuja pretensão ainda não foi prescrita. Em relação às dívidas, não pode haver sucessão danosa, como ocorria no passado, pois nosso direito atual limita a responsabilidade patrimonial dos herdeiros à chamada "força da herança", ou seja, ao montante do patrimônio efetivamente deixado pelo que faleceu, sem alcançar o patrimônio pessoal de seus sucessores, cujo princípio também é denominado de pré-exclusão da responsabilidade *ultra vires* (além da força).

Os bens jurídicos de natureza não patrimonial extinguem-se com a morte de seu titular, ainda que alguns de seus efeitos continuem sob proteção da lei. É o que ocorre com os direitos da personalidade, como o direito à intimidade, à vida privada, à honra, à imagem, à integridade física, à integridade psíquica, à identidade pessoal, os direitos morais de autor; os familiares são legitimados a defendê-los, quando ofendidos após a morte de seu titular, mas não são herdeiros das titularidades. Igualmente, bens jurídicos do morto que sejam tutelados pelo direito público não podem ser transmitidos, como se dá com cargos e funções públicas que eram exercidos pela pessoa que faleceu e suas respectivas remunerações.

Há bens patrimoniais que se extinguem com a morte do titular, como os direitos reais de uso, usufruto e habitação (CC, arts. 1.410, 1.413 e 1.416) ou o direito de preferência (CC, art. 520). Há bens patrimoniais que não se transferem em sua integralidade, a exemplo dos herdeiros de sócio de sociedade empresária, pois a respectiva quota deve ser liquidada, transferindo-se o valor, mas não a titularidade (CC, art. 1.028), salvo se, por acordo com todos os herdeiros, regular-se a substituição do sócio falecido.

Não apenas a transmissão de bens patrimoniais por causa da morte é objeto do direito das sucessões. A pessoa física pode valer-se de testamento para veiculação de manifestações de última vontade sem fins econômicos, com objetivo de declarar certos fatos de sua existência ou desejos, que repercutem na ordem jurídica privada, como o reconhecimento voluntário de filho (CC, art. 1.609), ou a nomeação de tutor para seus filhos (CC, art. 1.634), ou declarar o perdão a atos de seu herdeiro que a lei considera indignos e passíveis de exclusão da sucessão (CC, art. 1.818), neste caso podendo utilizar-se de qualquer ato autêntico, além do testamento. Pode, ainda, mediante testamento, instituir uma fundação de fins religiosos, morais, culturais ou de assistência (CC, art. 62), ou a instituição de condomínio em edifício (CC, art. 1.332), ou a constituição de servidão de um imóvel em benefício de certas pessoas ou comunidades (CC, art. 1.338), ou a destinação de parte de seu patrimônio para constituir bem de família, insuscetível de penhora por dívidas (CC, art. 1.711). Pode, igualmente, mediante escrito particular simplificado, sem necessidade de testamento, fazer disposições especiais sobre o seu enterro, sobre esmolas de pouca monta a certas e determinadas pessoas, ou aos pobres de certo lugar (CC, art. 1.881). Contudo, essas disposições de vontade são exceções instrumentais de certos atos do direito das sucessões, sem infirmar sua finalidade estrita de ordenamento jurídico da transmissão de bens patrimoniais a causa da morte.

Assim, o direito das sucessões diz respeito às consequências jurídicas do evento morte da pessoa física. Também alcança certos atos que a esse evento antecedem, ainda que a maioria de seus efeitos dele também dependa. Situações especiais podem produzir efeitos antes da morte, como o reconhecimento de filho em testamento, até mesmo quando este vier a ser revogado pelo próprio testador.

No sentido amplo do termo, como esclarece Pontes de Miranda (1972, v. 55, p. 179), suceder é vir depois, colocar-se após, no tempo, tomando, na relação jurídica, o lugar que o outro tinha; no sentido estrito, suceder é herdar, ou haver por legado, supondo a morte de quem foi sucedido. É nesse segundo sentido que se pode falar de direito das sucessões. Para Orlando Gomes (1973, p. 25), a expressão "sucessão hereditária" emprega-se no sentido objetivo, como sinônimo de herança, e no sentido subjetivo, equivalente a direito de suceder. Clóvis Beviláqua (2000, p. 57) preferiu distinguir, chamando sucessão ao direito, e herança ao acervo de bens.

A análise comparativa dos direitos das sucessões de diversos países demonstra que, na maioria dos sistemas jurídicos, há três modos de se tornar herdeiro de uma pessoa falecida: a sucessão legítima ou legal, a sucessão testamentária e a sucessão contratual ou por contrato (Castelein, Foqué, Verbeke, 2009, p. 3).

A sucessão contratual, quando prevista, é limitada a determinadas situações (entre cônjuges, ou sobre a parte disponível). Um famoso exemplo pode ser encontrado na Bíblia, quando Esaú vende a Jacob seus direitos de progenitura.

— 3 —

O direito brasileiro admite apenas a sucessão legítima e a sucessão testamentária, pois os efeitos atribuídos à doação em vida aos prováveis herdeiros não se enquadram na sucessão a causa da morte.

A sucessão a causa da morte, no direito brasileiro, é preferencialmente legítima, segundo o modelo e a ordem hereditária estabelecidos em lei, ou, secundariamente, testamentária, quando o falecido deixar testamento (disposição de última vontade), desde que limitado à parte disponível. Em uma modalidade ou outra, pode ser sucessão universal, quando todo o patrimônio é transmitido aos herdeiros, que passam a ser titulares de partes ideais da herança, ou sucessão singular, em relação aos bens que são destinados a determinadas pessoas, principalmente os legatários. Quanto à natureza das normas jurídicas aplicáveis, a sucessão pode decorrer de norma jurídica cogente de proteção dos herdeiros necessários (sucessão legítima necessária), ou de norma jurídica dispositiva, aplicável supletivamente (sucessão legítima simples), ou de negócio jurídico unilateral (sucessão testamentária).

Há alguns efeitos jurídicos de direitos subjetivos ou de atos jurídicos que se projetam após a morte da pessoa, mas que não integram o direito das sucessões. Os direitos não se transferem a seus sucessores quando morre o titular, mas são legitimadas algumas pessoas a complementar seus efeitos ou a defendê-los. A morte e a incapacidade civil superveniente são causas de extinção do mandato; contudo, se o negócio já tiver sido iniciado, quando um desses eventos ocorrer, o mandatário tem o dever de concluí-lo, desde que haja perigo pela demora, para os herdeiros ou para o mandante. Os direitos da personalidade extinguem-se com a pessoa; mas pode haver a transeficácia deles, *post mortem*, de modo que a defesa seja atribuída a familiares, como no caso da lesão à honra ou à imagem do falecido, ocorrida posteriormente ao falecimento. Os familiares são sujeitos de legitimação e não sujeitos de direito.

Poucos ramos do direito têm sido objeto de tão intensos questionamentos quanto o direito das sucessões. Alguns pensadores chegaram mesmo a pugnar por sua abolição. Montesquieu, em sua obra *O espírito das leis* (Liv. XXVII), entendia que a lei natural ordenava aos pais que alimentassem seus filhos, mas não os obrigava a fazê-los herdeiros. No século XX, os sistemas de direito socialista relegaram a sucessão hereditária aos bens de uso, excluindo os bens de produção. Outros enxergaram, nas leis de sucessões, inestimável material de compreensão da evolução dos povos. Alexis de Tocqueville (1997, *passim*) em sua passagem pela nascente nação norte-americana, na primeira metade do século XIX, disse que se surpreendia que os publicistas antigos e modernos não tivessem atribuído às leis de sucessões uma grande influência no estado social dos povos, cujas leis políticas não seriam mais que sua expressão. As leis de sucessões operariam sobre a sociedade, apoderando-se em certo modo das gerações antes de seu nascimento. Quando elas ordenaram a partilha por igual dos bens do pai entre todos seus filhos provocaram uma revolução na propriedade, pois os bens mudaram de dono e de natureza, fracionando-se sem cessar em partes cada vez menores, destruindo grandes fortunas e propriedades territoriais, diferentemente do que ocorria com o direito de primogenitura, que garantia sua passagem de geração a geração sem dividir-se, assegurando que o espírito de família se materializasse de certo modo na terra mesma, perpetuando sua origem, sua glória e seu poder.

No antigo direito romano, a sucessão hereditária era distinta da que se desenvolveu na modernidade, porque a propriedade não era da pessoa, mas sim da família, que devia preservar o culto do lar, independentemente da morte da pessoa que a integrava, inclusive do *pater familias*. Como a pessoa não podia ter dois cultos domésticos, a mulher casada e o filho adotivo não herdavam de sua família de origem. Como esclarece Fustel de Coulanges (2011, p. 103), o direito de testar, isto é, o direito de dispor dos bens para outra pessoa que não integrasse a família estava em oposição a essas crenças religiosas. O testamento não era desconhecido, mas, na prática, era muito difícil realizar as formalidades exigidas.

Na Idade Média e no início da Idade Moderna, o direito das sucessões era a parte mais importante do direito, segundo Dirk Heirbaut (2009, p. 77), porque não havia grandes mudanças econômicas nas sociedades antigas e muitas pessoas viviam do que herdavam e transferiam para os herdeiros. O direito das sucessões foi arma poderosa dos revolucionários franceses para a ruptura com o velho regime. O velho direito das sucessões foi abolido em 1789, pois consolidava as ordens estamentais e os poderes estabelecidos: o rei, a igreja e a nobreza. A primogenitura e outros privilégios foram abolidos e substituídos pelo princípio da igualdade entre os herdeiros. No início, os testamentos foram proibidos, pelo receio de que servissem para restauração dos antigos privilégios; mais tarde foram permitidos, mas limitados a um sexto da herança. O objetivo do novo direito das sucessões foi o da mais ampla distribuição da herança.

No passado, o direito das sucessões tinha outras duas funções práticas: manutenção (para as pessoas simples) e concentração de capital (para os mais ricos). A primeira função perdeu consistência na contemporaneidade, em virtude da seguridade social e da elevação da longevidade das pessoas, o que não permite contar com herança na fase inicial da vida adulta. Em relação à concentração de capital para os mais ricos, as empresas e outros mecanismos financeiros tomaram o lugar da sucessão, inclusive com uso do denominado planejamento sucessório.

Algumas questões ético-filosóficas permanecem em torno do direito das sucessões: a) se há fundamentos morais para o direito à herança; b) se há razão moral para as obrigações *post mortem* dos herdeiros, ainda que limitadas às forças da herança; c) se os sucessores devem ser tratados igualmente ou se há razões para desigualdades; d) se as condições e restrições de direitos impostas pelo testador à herança devem ser consideradas válidas.

1.2. Evolução do Direito das Sucessões no Brasil

O direito das sucessões não deriva da natureza humana; é fruto da cultura, da evolução cultural, na trajetória da vida comunitária para o indivíduo e deste para os deveres de solidariedade familiar. Comunidade, indivíduo, solidariedade familiar são as três grandes fases da evolução do direito das sucessões.

Os povos primitivos, em todos os continentes da Terra, não conheceram e não praticaram o direito das sucessões. Até aos primeiros rudimentos de civilização urbana, a eventualidade de herança esbarrava na concepção comunitária de família e de propriedade. A morte de qualquer membro do grupo (tribo, clã, família) gerava a imediata transmissão do que lhe tocava, como parte ideal, aos demais. Em alguns povos, os bens (objetos) de uso pessoal, como vestes de guerra, armas ou adornos, ou até mesmo animais, eram enterrados juntamente com a pessoa morta.

A transmissão dos bens de uma pessoa para outras, em razão de sua morte, é acontecimento relativamente recente na história dos povos, principalmente quando se organizaram em centros urbanos permanentes, superando-se a longa fase do nomadismo de caçadores e coletores (alguns estudiosos avaliam em meio milhão de anos) e estabelecendo referências estáveis de pertença social. Após milhares de anos da eclosão e desenvolvimento da revolução agrícola, pode-se dizer que o direito das sucessões nasce com a revolução urbana, a escrituração ideográfica e a numeração.

Para Darcy Ribeiro, na etapa que corresponde à revolução agrícola (eclodida em 10000 a.C. na Mesopotâmia e no Egito; 5000 a.C. na China; 4500 a.C. na Europa; 2500 a.C. nas Américas), considerado o primeiro processo civilizatório, ainda não surgira a propriedade territorial como instituição, fazendo-se as unidades tribais compossuidoras da terra beneficiada pelo trabalho humano ou das pastagens indispensáveis para os rebanhos, não havendo "lugar para a acumulação privada de bens, nem para a apropriação dos produtos do trabalho alheio". A partir da revolução urbana, em algumas sociedades (por exemplo,

Fenícia, entre 2000 e 1000 a.C., e Roma, antes do séc. III a.C.), a propriedade individual de bens, circunscrita originariamente aos produtos do trabalho de cada indivíduo ou de cada família, se estende, progressivamente, "até fazer-se o principal sistema de ordenação da vida social" (1998, p. 88-96).

As civilizações urbanas da Mesoamérica (300 d.C.) e dos Andes (1000 d.C.) não conheceram a propriedade e a herança individuais porque constituídas em estados teocráticos e sistemas socioeconômicos coletivistas.

Com o advento da revolução urbana e a progressiva apropriação privada de bens, a sucessão hereditária surgiu como imperativo de continuidade familiar na titularidade desses bens. O laço de sangue foi o fundamento comum à legitimação a suceder. Quanto mais próximo o parentesco de sangue, mais próximo o patrimônio do morto. Saiu-se do grupo para se transferir o patrimônio do morto a seus parentes, individualmente.

No direito romano, a filha casada não herdava do pai. Nas Institutas de Gaio e as de Justiniano, a filha só herdava de seu pai quando se encontrava subordinada a este no momento da morte dele. Na Grécia antiga, a filha casada não herdava do pai, mas sim o filho homem dela (Coulanges, 2011, p. 95-9).

O direito das sucessões, no Brasil, acompanhou as vicissitudes das ideias acerca da propriedade e das concepções sociais e jurídicas da família, ao longo da existência deste país desde o descobrimento pelos portugueses. O direito das sucessões de Portugal, compilado nas Ordenações do Reino, que vigoraram no Brasil até o Código Civil de 1916, era uma confusa agregação de diretrizes tradicionais de direito romano, de usos e costumes centenários dos povos que habitaram a península Ibérica, de direito canônico e de normas e leis editadas pelo Estado.

O direito das sucessões brasileiro não conheceu o direito de primogenitura (preferência para o filho homem mais velho), que era comum em povos europeus. As propriedades rural e urbana obedeciam ao sistema geral do direito das sucessões, com a divisão entre os herdeiros, não tendo o direito de primogenitura grande importância na sucessão legítima no sistema das Ordenações (Couto e Silva, 1997, p. 23).

Durante os três séculos do período colonial e de parte do Império do Brasil, houve superposição do direito do Reino de Portugal e do direito eclesiástico, especialmente em relação à sucessão testamentária. As Constituições Primeiras do Arcebispado da Bahia, nos Títulos XXXVII a XLIV, estabeleceram a prevenção do juízo eclesiástico para execução dos testamentos, de acordo com a concordata do Papa Gregório XV, de pessoas falecidas nos meses de janeiro, março, maio, julho, setembro e novembro e, nos demais meses, o juízo do Reino, além de exortarem os testadores a "se mostrarem agradecidos a suas Igrejas, deixando-lhes partes de seus bens", mediante legados pios.

Os povos ameríndios brasileiros praticavam (e ainda praticam) a comunhão coletiva dos bens, inclusive as aldeias agrícolas. Apenas os bens de uso pessoal e os instrumentos rituais eram objeto de sucessão para os clãs ou grupos familiares, raramente para pessoas individuais. Em algumas tribos, até mesmo as armas e enfeites eram enterrados juntamente com o morto. As tribos nômades não tinham sequer relação de pertença à terra determinada, mas ao território indefinido onde habitassem e obtivessem os meios de sobrevivência. Em *Tristes trópicos*, o etnólogo francês Claude Lévi-Strauss relata sua excursão a aldeias indígenas do Centro-Oeste brasileiro, na década de 1930; em relação ao povo Bororo, seminômade pelo caráter temporário das aldeias, informa que as mulheres habitam e herdam as casas onde nasceram, onde passam a habitar os homens quando se casam e deixam a coletiva "casa dos homens", mas a transmissão propriamente dita é das indumentárias; já quanto aos Nambiquara, povo nômade e pré-agrícola, todos os bens "cabem facilmente na cesta carregada pelas mulheres durante a vida nômade" (1996, p. 207-61).

Não se pode dizer que aos povos indígenas se aplicasse qualquer direito das sucessões, pela quase ausência de propriedade privada, suplantada pela vida familiar e grupal e pelo sentimento de lealdade étnica. A Constituição de 1988, art. 231, respeitou e garantiu esses costumes imemoriais, assegurando-lhes o direito de usufruto e a posse "sobre as terras que tradicionalmente ocupam", figurando a União como titular do domínio; essas terras são, portanto, insuscetíveis de sucessão hereditária.

Segundo Pontes de Miranda (1972, v. 55, p. 173), é no direito romano que estão, na maior parte, as fontes do regime das sucessões dos nossos tempos, inclusive o brasileiro. Cedo lhe acabaram as formas de comunhão familiar. "O materialismo romano, o apetite pugnaz dos bens imediatos e individuais, rapidamente arrebentou os laços do clã romano, da família comunista. Em nenhum povo foi tão violenta e mais rica de consequências a vontade individual de poder", pois o homem não somente queria enriquecer, mas afirmar-se depois da morte, com atribuição do patrimônio a quem continuasse suas tradições sociais e religiosas, o que reflete o sentimento ilusório da imortalidade.

Entendemos, todavia, que o proclamado individualismo dos romanos, inclusive no que concerne à sucessão individual, apenas pode ser aplicado ao *pater familias*. A sucessão hereditária, durante maior parte da história romana, dava-se de *pater familias* a *pater familias* (seu sucessor), que se incumbia de manter o grupo familiar, com suas funções religiosas, econômicas e políticas. A propriedade privada significava que o indivíduo possuía seu lugar em determinada parte do mundo e, portanto, pertencia ao corpo político, isto é, chefiava uma das famílias que, no conjunto, constituíam a esfera pública. Os germanos, que invadiram a península Ibérica e contribuíram para a formação do reino de Portugal, acentuaram a característica familial da propriedade e da sucessão hereditária, que eram marcantes em seus costumes.

O modelo de propriedade das Ordenações do Reino de Portugal, principalmente as Filipinas, era o da propriedade familiar em contexto semifeudal. Assim, havia titularidades em camadas sobre o mesmo bem, que era típico do modo de vida feudal, com grande concentração de propriedade na pessoa do patriarca familiar, cuja morte não poderia alterá-la. Nessa mesma linha, a família girava em torno do patriarca, ao qual ficavam subordinados a mulher, os filhos, a parentela, os agregados e os escravos. A organização da família patriarcal deveria ser mantida quando o patriarca morresse, o que condicionava, em vida, a distribuição desigual de direitos e deveres nos regimes matrimoniais de bens, a legitimidade ou ilegitimidade de filhos, tudo a refletir na sucessão hereditária. No patriarcado, ainda que não houvesse claramente o direito de progenitura, a administração dos bens familiais era tarefa do primogênito sobrevivente, para que se mantivesse a unidade patrimonial, que servia de substrato para as funções política, econômica, religiosa, que a família desempenhava.

Com o advento da República no Brasil, o art. 83 da Constituição de 1891 estabeleceu que continuassem em vigor, enquanto não revogadas, as leis do antigo regime, inclusive as Ordenações Filipinas, que não contrariassem os princípios nela consagrados, revogando-se, consequentemente a morte civil e a diferença entre filhos de nobres e filhos de peões quanto ao direito das sucessões.

Foi longa a trajetória do reconhecimento dos filhos extramatrimoniais, com seus profundos reflexos nas sucessões, no direito brasileiro. Durante todo o período colonial e no Império, os filhos extramatrimoniais não contavam com qualquer direito à herança de seus pais biológicos, que fossem casados. Pesavam sobre eles os duros sinetes da exclusão e da rejeição, qualificados segundo suas origens, consideradas ilegítimas, como espúrios, naturais, adulterinos, bastardos, incestuosos. Nenhum direito sucessório lhes era assegurado, ainda que o pai (ou a mãe) quisesse contemplá-los, porque a lei impedia o reconhecimento da filiação, fosse voluntário ou judicial. Esse quadro excludente perdurou durante boa parte da primeira metade do século XX, em grande medida impulsionado pela pressão conservadora de forças religiosas e moralistas.

— 9 —

Tal como aconteceu com a negação do reconhecimento de seus direitos no âmbito da família, os filhos extramatrimoniais principalmente a partir da segunda metade do século XX passaram a incorporar lentamente direitos sucessórios desiguais, com a evolução da legislação brasileira. Até 1988, foram-lhes conferidos direitos a percentuais minoritários, em relação aos filhos matrimoniais, paulatinamente acrescidos. Deu-se o que Pontes de Miranda considerou uma das leis sociológicas infalíveis, ou seja, a redução progressiva do *quantum* despótico nas relações sociais e, consequentemente, nas relações jurídicas. O filho extraconjugal obteve, progressivamente, o *status* da igualdade jurídica, cujo apogeu ocorreu com o advento da Constituição de 1988, que proclamou a igualdade dos filhos, independentemente de sua origem biológica, não biológica, matrimonial e não matrimonial.

Entre os filhos que sofreram discriminações sociais e jurídicas estavam os adotados, ainda quando o fossem por casal matrimonial. Os preconceitos e a excessiva patrimonialização do direito de família levavam à preferência pelos filhos biológicos do casal, em detrimento dos adotados. Entre esses, havia ainda distinções, principalmente entre adoção plena e adoção simples, o que apenas desapareceu com a Constituição de 1988. Entendia o direito anterior que a adoção simples não excluía a relação de parentesco com a família de origem, o que repercutia no direito das sucessões, pois este dizia respeito àquela e não à nova família. Após o advento da Constituição, os direitos sucessórios do filho que foi adotado são plenamente iguais aos dos filhos biológicos do pai ou pais adotantes. Não há mais, no direito brasileiro, filhos adotivos, uma vez que após o procedimento de adoção cessa o vínculo da filiação com sua origem.

A igualdade de direito sucessório dos filhos matrimoniais e extramatrimoniais foi decorrência natural da compreensão, por parte do legislador brasileiro, de que as entidades familiares merecem a proteção do Estado, não apenas a matrimonial. Igualmente, que os filhos não podem ser excluídos, punidos e estigmatizados por fato a que não deram causa, ou seja, sua própria concepção. Também resultou da evolução dos valores sociais que se projetaram como valores e princípios jurídicos, tais como o da igualdade substancial, o da solidariedade, o da dignidade da pessoa humana. Quanto a este último, sua essência na contemporaneidade radica exatamente na igualdade de direitos que devem ser reconhecidos a todos os que integram o gênero humano. A dignidade da pessoa humana relaciona-se tanto com a liberdade e valores do espírito quanto com as condições materiais da existência. Ela representa a superação da intolerância, da discriminação, da exclusão social, da violência, da incapacidade de aceitar o outro ou o diferente, na plenitude de sua liberdade de ser, pensar e criar (Lôbo, 2022, p. 86).

Em relação à mulher casada, o direito sucessório evoluiu de acordo com o regime legal supletivo de bens matrimoniais, preferido pela legislação. Ao longo da história do Brasil, como Colônia e como Estado independente, prevaleceu o regime de comunhão universal de bens, que foi adotado pelas Ordenações do Reino de Portugal e depois pela legislação brasileira, como o Código Civil de 1916. Os romanos praticaram o regime dotal, ou de separação de bens. Foram as Ordenações Afonsinas que introduziram no mundo luso-brasileiro o regime de comunhão universal, de origem germânica. Esse regime praticamente desapareceu das legislações modernas, que tendem para a separação absoluta ou para a comunhão parcial. Somente com o advento da Lei do Divórcio, de 1977, o regime matrimonial legal supletivo de bens mudou para o de comunhão parcial, que foi mantido pelo CC/2002.

A importância do regime familiar de bens, para a evolução do direito das sucessões, radica no fato de que os bens que entram na comunhão são divididos pela metade, denominada meação de cada cônjuge ou companheiro. Quando um deles morre, apenas sua meação é objeto de sucessão, pois a outra meação pertence, como sempre pertenceu desde a aquisição ou a celebração do casamento ou constituição de união estável, ao outro cônjuge ou companheiro. No Brasil, a predominância quase total é pela incidência do regime de bens legal supletivo, pois são poucos os nubentes que tomam a iniciativa de promoverem, antes do casamento, a escritura pública de pacto antenupcial para escolha de outro regime de bens. Apenas o regime de separação convencional de bens é que propicia a sucessão da totalidade dos bens adquiridos pela pessoa que morreu. A preferência legal pelo regime de comunhão universal fez sentido enquanto perdurou a nítida separação de papéis entre marido e mulher, destinando-se esta ao ambiente doméstico e aquele ao mercado de trabalho. Somente com o Estatuto da mulher casada, de 1962, a mulher passou a desfrutar de capacidade de exercício de direito quase igual ao do marido, pois antes era considerada relativamente incapaz e dele dependente para a tomada de decisões na vida civil. A partir daí e do fato social de sua crescente inserção no mercado de trabalho, a mulher casada passou também a compartilhar da aquisição de bens com o fruto de sua atividade, tornando-se superado o regime excessivamente paternalista da comunhão universal.

O regime legal da comunhão parcial, em vigor desde 1977, exclui da comunhão e, consequentemente, da sucessão os bens que cada cônjuge ou companheiro adquiriu antes do casamento ou da constituição da união estável e os que adquiriu depois deste em razão de herança ou doação, ou seja, os que não contaram com concurso presumido do outro cônjuge ou companheiro para sua aquisição. No regime de comunhão parcial o patrimônio dos cônjuges ou companheiros é repartido entre três massas de bens: as duas dos bens particulares de cada cônjuge ou companheiro e a única dos bens comuns. Cada uma delas compreende um ativo e um passivo. Os bens particulares de cada cônjuge ou companheiro, todavia, passaram a ingressar na sucessão, em virtude do sistema de concorrência sucessória que foi atribuído ao cônjuge ou companheiro sobrevivente pelo Código Civil de 2002.

Antes de 2002 havia, no direito brasileiro, o regime dotal, que tinha como característica a destinação, mediante pacto antenupcial, de um conjunto de determinados bens, denominado dote, por um dos nubentes para o outro, ou por estranhos. Esse regime foi intensamente utilizado pelas famílias mais ricas, com intuito de consolidar relações de poderes políticos, sociais e econômicos, na sociedade aristocrática brasileira. A tendência histórica em prol da igualdade de direitos sucessórios dos herdeiros, especialmente os filhos, e a redução da importância das grandes famílias, que foram substituídas pela previdência social e pelo prevalecimento das famílias nucleares, gradativamente reduzidas, levaram ao desuso esse regime, que tinha igualmente grande impacto nas sucessões.

Ainda com relação ao cônjuge sobrevivente, especialmente a mulher, a legislação brasileira previu alguns direitos sucessórios limitados, com intuito de protegê-lo da eventualidade do risco de comprometimento de sua moradia ou de sua sobrevivência material. Assim, admitiu-se o chamado usufruto vidual, que tinha por finalidade garantir ao cônjuge viúvo o usufruto de parte do patrimônio deixado pelo outro, de modo que os herdeiros restariam como nu-proprietários até sua morte. O legislador de 2002 optou pelo direito à habitação no imóvel onde residiram os cônjuges, quando for o único deixado pelo falecido, de modo a evitar que seja objeto de extinção do condomínio e sua alienação posterior por parte dos herdeiros. O CC/2002 manteve apenas o direito à habitação no único imóvel deixado, em virtude de ter instituído o direito do cônjuge de concorrer com os herdeiros, em determinadas hipóteses, o que dispensou o usufruto vidual.

1.3. Interações com Outras Áreas do Direito

O direito das sucessões é parte integrante do direito privado e, notadamente, do direito civil. Sua referência principal é a morte da pessoa física. Todavia, seus efeitos irradiam-se em quase todos os campos do direito, em face de inserção voluntária ou compulsória de toda pessoa humana em posições, situações, qualificações e relações jurídicas, que são afetados pelo fim dela.

O fim da pessoa física leva à extinção de seus direitos da personalidade, de suas qualificações jurídicas pessoais (nacionalidade, estado civil, estado político, capacidade de direito e de fato), de suas relações negociais, de suas titularidades sobre os bens, de seus deveres familiares e de parentesco, de suas relações com a Administração Pública, das penas criminais e administrativas que sofreu em vida. Se for empregado em empresa de direito privado, extingue-se sua relação de emprego e sua remuneração; se era servidor público, cessa o vínculo com a administração pública e sua remuneração; se era aposentado, extingue-se o direito aos proventos; se era contribuinte de tributos, cessa a incidência de novas obrigações tributárias; se exercia mandato político, este se extingue; se era empresário ou sócio de sociedade, essas posições desaparecem.

As dívidas, inclusive as obrigações tributárias, todavia, não desaparecem com a morte da pessoa. Mas esta não é mais a devedora e sim o conjunto dos bens que deixou, denominado espólio, ente não personificado que responde por elas, nos limites da herança, pois o direito brasileiro não admite que alcancem os bens próprios dos herdeiros e sucessores.

A morte de uma pessoa pode provocar o surgimento de direitos subjetivos de outras. Tais situações não se qualificam como sucessão hereditária. Apenas o evento morte faz nascer esses direitos, sem transmissão ou sucessão. É o que ocorre com o direito aos benefícios previdenciários financeiros, como a pensão por morte do titular.

"Enquanto não apareceu a propriedade individual, o conceito de sucessão a causa de morte não podia corresponder ao dos tempos de hoje" (Pontes de Miranda, v. 55, 1972, p. 7). Após as grandes codificações, principalmente a partir do início do século XIX e da consolidação da revolução burguesa, o direito das sucessões passou a ter relação de total pertinência com o direito individual à propriedade privada, que elas consagraram. As vicissitudes das concepções modernas de propriedade privada, como senhorio quase absoluto, repercutiram por igual na concepção do direito das sucessões. A doutrina desse período passou a ter o direito das sucessões como a projeção do direito de propriedade, após a morte do titular. As mudanças conceituais e funcionais da propriedade, após o advento do Estado social, também repercutiram no direito das sucessões.

No âmbito do direito privado, outro campo que apresenta estreita relação com o direito das sucessões é o direito de família, ao ponto de gerar especializações profissionais conjugadas. Com efeito, a parte principal do direito das sucessões, no que concerne ao mundo da vida, é a sucessão legítima, que disciplina a transmissão dos bens da pessoa morta, ou autor da herança, como doravante passaremos a denominar, aos integrantes de seu núcleo familiar e aos seus parentes. Apesar das estreitas conexões com o direito de família, as sucessões perpassam transversalmente todas as partes do direito civil. Por exemplo, a doação a descendente e ao cônjuge ou companheiro reflete nas sucessões, inclusive sob a modalidade partilha em vida. A sucessão testamentária não envolve apenas relações de famílias; o legatário pode ser estranho ou até mesmo pessoa jurídica. Em virtude do planejamento sucessório, cada vez mais as pessoas jurídicas surgem como protagonistas das sucessões.

Assim, o direito das sucessões remete aos conceitos e categorias do direito de família e do direito das coisas. Igualmente, em grau menor, do direito das obrigações e do direito tributário – especialmente quanto à qualificação das dívidas deixadas – e do direito de empresa, quando o autor da herança era titular da totalidade, ou de partes ou ações de empresas.

1.4. Abertura da Sucessão: Morte Real ou Presumida da Pessoa Física

Sob a denominação "abertura da sucessão" entende-se a ocorrência indiscutível da morte da pessoa física, de modo a gerar a transmissão da titularidade dos bens que deixou e a responsabilidade pelo pagamento das dívidas que contraiu em vida e ainda não solveu. Consequentemente, o morto é o "autor da herança".

A morte da pessoa física é o marco final de sua existência, mas também é o marco inicial do direito das sucessões. Assim, o mesmo fato provoca a extinção dos direitos do titular e irradia-se na esfera jurídica de seus sucessores. No passado, havia a distinção entre a morte, a abertura da sucessão e a transmissão da herança, o que persiste em outros ordenamentos jurídicos.

O momento da morte há de ser indiscutível, para que não pairem dúvidas sobre quem sucedeu o autor da herança e desde quando. Assim é, porque apenas herdam os que a ele sobreviveram (nascidos ou concebidos) e não os que faleceram antes dele ou foram concebidos após, com o uso de técnicas de reprodução assistida (princípio da coexistência).

A morte é fato jurídico em sentido estrito, não sendo considerada a eventual participação humana para sua ocorrência (por exemplo, o assassinato, ou o erro médico). A morte faz com que o ser humano deixe de ser pessoa e, por consequência, desapareça a titularidade que detinha sobre seu patrimônio.

O direito brasileiro adotou por inteiro a regra da transmissão imediata das titularidades de quem morreu, não admitindo que os direitos restem sem sujeito. Os sucessores investem-se imediatamente nas titularidades, ainda que não saibam da ocorrência da morte.

A morte, fim da existência da pessoa física, interessa não apenas ao direito das sucessões, mas aos demais ramos do direito civil, razão por que é tratada na parte geral do CC/2002, como fato do qual emergem consequências jurídicas diversas. Ainda que o morto desapareça da sociedade, sua vida engendra consequências. Segundo o provérbio romano, "contra a morte não há remédio" (*contra vim mortis non est medicamen in hortis*). A finitude da pessoa é parte de sua condição humana.

Para fins do direito das sucessões, a morte pode ser real ou presumida. A morte real é a que se constata efetivamente no corpo da pessoa, com a extinção da vida. O registro civil do óbito apenas declara esse fato, remetendo ao momento que foi definido pelo profissional que o confirmou e atestou.

Antes, a morte se constatava com o desaparecimento da função circulatória e respiratória de forma definitiva. Atualmente, tem sido entendido que para se apurar a morte real da pessoa o órgão determinante é o cérebro, máxime considerando que procedimentos e equipamentos médico-hospitalares podem prolongar artificialmente a vitalidade de outros órgãos do corpo humano, o que suscita questões delicadas no campo da bioética e dos limites da ciência. Assim, a morte encefálica ou cerebral, constatada indiscutivelmente pela equipe médica, constitui o fim da pessoa, ainda que outros órgãos do corpo sejam mantidos artificialmente, pois não existe mais autonomia de vida pessoal. A Organização Mundial da Saúde caracteriza a morte como a cessação completa e irreversível das funções cerebrais, provocada pela perda do contato entre cérebro e o restante do organismo, a incapacidade muscular, a parada espontânea da respiração, o colapso da pressão sanguínea. Para o direito brasileiro, não há mais vida em corpo humano com morte encefálica, que se converteu em cadáver. Em 1992 a legislação brasileira incorporou o conceito de morte encefálica, em substituição do conceito de morte por parada cardiorrespiratória; portanto, ocorre a morte da pessoa, ainda que sem parada cardiorrespiratória do corpo.

O tema permanece controvertido na doutrina. Segundo Marcos Bernardes de Mello, ainda que se admita que a morte encefálica seja o critério científico correto, enquanto o organismo se mantiver em funcionamento, mesmo artificial e precariamente, isso não autoriza dar por finda a pessoa e aberta a sucessão, embora permita a remoção dos órgãos para fins de transplante (2004, p. 151).

A comoriência é a simultaneidade das mortes de duas ou mais pessoas. As mortes acontecem no mesmo evento, por exemplo, em acidente de automóvel, ficando difícil apurar quem morreu antes ou depois. O interesse do direito das sucessões nesse fato fica patenteado quando as pessoas falecidas têm relação de parentesco entre si, por exemplo, pai e filho, tendo em vista as consequências da sucessão de cada qual. O direito vale-se de presunção legal relativa, entendendo que ambos morreram simultaneamente. Por ser uma presunção relativa, a prova médico-legal pode indicar a ordem real dos falecimentos. Não se admite a presunção de que o mais velho tenha morrido em primeiro lugar, porque nem sempre assim ocorre no mundo real. Se a presunção legal não for afastada por prova consistente, então, no exemplo citado de pai e filho, este não herdou daquele e vice-versa, porque para o direito brasileiro sucessor é quem sobrevive ao falecido. Entendeu-se que (VII Jornada de Direito Civil/CJF), nos casos de comoriência entre ascendentes e descendentes, ou entre irmãos, reconhece-se o direito de representação aos descendentes e aos filhos dos irmãos.

O direito brasileiro também admite a presunção definitiva da morte da pessoa desaparecida. São eventos e circunstâncias com altíssimo grau de probabilidade da morte, nos quais o corpo não é encontrado. Ocorrem, principalmente, em tragédias naturais ou provocadas por acontecimentos humanos ou por falhas de equipamentos, principalmente de meios de transporte, além de desaparecimento de prisioneiro de guerra, após dois anos do encerramento desta. Às vezes, há conhecimento do provável local do desaparecimento, mas este é inacessível aos meios disponíveis. Para que seja declarada a morte presumida, o perigo de vida há de ser configurado como de probabilidade extrema, além da prova de esgotamento das buscas possíveis, de acordo com os meios e tecnologia disponíveis. O juiz, convencido da presunção da morte e da inutilidade de novas buscas, decidirá fixando a data do falecimento, segundo as informações colhidas e laudos periciais. A data provável do falecimento deve ser preferencialmente a da ocorrência do fato ou da tragédia e não do encerramento das buscas, o que define o momento da abertura da sucessão. A sentença judicial tem o mesmo efeito da certidão de óbito, inclusive para os fins de inventário e partilha dos bens deixados.

A Lei n. 9.140/1995, reconhece como mortas pessoas desaparecidas em razão de participação, ou acusação de participação, em atividades políticas no período de 2 de setembro de 1961 a 15 de agosto de 1979, período que corresponde à preparação e execução da ditadura militar no Brasil, ocasião em que várias pessoas, consideradas adversárias do regime, desapareceram, sem conhecimento do paradeiro de seus corpos. Essa lei especial vai além da simples ausência, pois estabelece a condição de morto ao desaparecido político, com todas as consequências jurídicas daí decorrentes, inclusive da imediata abertura da sucessão e da viuvez, sem necessidade do processo de ausência. Na hipótese de localização com vida da pessoa desaparecida, serão revogados os atos decorrentes da aplicação dessa lei.

1.4.1. Sucessão Provisória

A morte pode ser presumida em virtude de ausência, tendo por efeito a abertura da sucessão, em conformidade com os arts. 26 a 39 do CC.

A ausência é o desconhecimento, por longo período, do paradeiro de uma pessoa, por seus parentes e conhecidos, constatado pela demorada interrupção de informações. A ausência é um instrumento jurídico voltado a resolver problemas de natureza patrimonial resultantes do desconhecimento duradouro da existência da pessoa, mas que não pretende se igualar ao fato natural da morte. Sua finalidade fundamental é propiciar a abertura da sucessão do ausente, de modo que seu patrimônio possa ser administrado durante certo período – para oportunizar seu eventual retorno –, findo o qual será transmitido para seus herdeiros ou sucessores.

Quando a ausência for configurada em juízo, a sucessão hereditária da pessoa será aberta em caráter provisório e, também, definitivo, ainda que seus efeitos possam ser alterados, se a pessoa reaparecer.

A ausência requer a caracterização dos seguintes requisitos: a) desaparecimento da pessoa física de seu domicílio; b) duração do tempo de desaparecimento, relativamente longo, apreciável no caso concreto, pois a lei não o determina; c) carência de notícias por parte das pessoas com quem se relacionava: parentes, familiares, amigos, credores, devedores; d) abandono da administração de seus bens e negócios. Se não há bens suscetíveis de sucessão hereditária, não há utilidade na declaração de ausência.

A ausência deverá ser declarada judicialmente, em processo promovido por interessados (herdeiros, legatários, credores) ou pelo Ministério Público, dando-se início a três etapas: a administração dos bens por curador, a sucessão provisória e a sucessão definitiva. Quando o juiz declarar a ausência, deverá nomear um curador, a quem cabe administrar os bens da pessoa ausente, definindo os poderes e obrigações dessa específica curatela. Após um ano da decisão judicial, será promovida a abertura da sucessão provisória, cessando a curatela. A sucessão provisória perdura pelo tempo prudencial de dez anos, no qual ocorre a transmissão condicionada dos bens do ausente a seus sucessores, para que estes se imitam na posse; se o ausente retornar ou houver notícias comprovadas de sua existência, dentro desse prazo de dez anos, desfaz-se a sucessão, devolvendo-se-lhe os bens.

A sucessão definitiva, após o cumprimento do prazo de dez anos da sucessão provisória, convalida com caráter de permanência a transmissão dos bens, que podem ser livremente geridos e alienados pelos sucessores, da mesma forma como ocorre com a morte do autor da herança; pesa-lhe, todavia, uma condição resolutiva, para a hipótese do reaparecimento a qualquer tempo do ausente, quando este retomará seu patrimônio no estágio em que encontrar, sem força retroativa.

O prazo de dez anos será dispensado se o ausente tiver desaparecido quando já contava setenta e cinco anos. Nesse caso, a sucessão será definitiva, sem necessidade da sucessão provisória, passados cinco anos do desaparecimento, ou seja, quando tiver atingido a idade de oitenta anos.

1.5. Herança como Ente Não Personalizado

A literatura jurídica controverte acerca da natureza jurídica da herança. Uma tese sustenta que é patrimônio sem sujeito; outra, que é pessoa jurídica. Repelimos ambas, pois o direito brasileiro não admite direito sem sujeito, em virtude da transmissão sucessória imediata (*saisine*). É certo que o CC/2002, art. 80, inclui entre os bens imóveis "o direito à sucessão aberta", ainda que bem imóvel algum haja. Porém, trata-se de equiparação legal, para fins determinados, notadamente os de proteção dos interesses dos herdeiros e dos credores do falecido. Se deixou ações, bens móveis e outros bens não imóveis, o conjunto dele é tido pelo direito como um bem imóvel, até à partilha. Uma das consequências é a necessidade de escritura pública para alienação (cessão) da parte ideal da herança. Tampouco a herança pode ser considerada, em seu extremo, como pessoa jurídica. Essa qualificação decorre de equívoco corrente de se atribuir personalidade jurídica a qualquer ente que seja dotado de excepcional capacidade processual, como se dá com a herança, por força do art. 75 do CPC/2015, que inclui a herança jacente, a herança vacante e o espólio entre os entes que podem ser "representados em juízo, ativa ou passivamente". Não se representa o falecido, pois a pessoa não mais existe, mas sim a universalidade dos bens deixados, tida como um todo.

Na tradição de nosso direito, a herança é considerada por Teixeira de Freitas (1896, p. CXV) como continuação do domínio e direitos reais do morto, que se transmitem para seu herdeiro, ou herdeiros: "a herança é um patrimônio, uma universalidade, é a propriedade em complexo ideal; contendo, não só os direitos reais, como os direitos pessoais, ativa e passivamente; e dessa maneira ela resolve-se em quantidade pura, que pode ser negativa, igual a zero".

— 18 —

Somos pela qualificação da herança, para fins de suas relações com os sucessores e terceiros, como entidade não personificada, que é espécie do gênero sujeito de direito, ao lado da outra espécie, ou seja, a pessoa jurídica. As entidades não personificadas não necessitam de se revestirem de personalidade para que possam atuar em juízo ou fora dele, na defesa de seus interesses. A pessoa jurídica é a entidade reconhecida pelo direito como tal e submetida a registro próprio, considerada como sujeito de direito pleno. As entidades não personificadas são sujeitos de direito de capacidade jurídica necessariamente limitada à consecução de suas estritas finalidades. São análogas às pessoas jurídicas, mas com estas não se confundem.

Para a doutrina tradicional, sujeito de direito só pode ser quem o direito considere pessoa. A negação da capacidade jurídica para as entidades não personificadas não é a solução, pois ela existe, embora não plenamente. Sujeito de direito é todo aquele que seja portador ou titular de direito (não necessariamente de todos os direitos) que possa contrair obrigações autonomamente, ou que possa por si ir a juízo, tenha ou não personalidade jurídica própria. É de ser afastada a qualificação restritiva de ser apenas parte processual, pois a herança é também sujeito de direito material. A capacidade processual pressupõe a capacidade de direito material, ainda que derive de sujeito não personificado.

A inclusão da herança jacente entre os entes não personificados, com capacidade processual, pelo CPC, art. 75, merece reparo. No direito brasileiro, herança jacente é apenas lapso de tempo que resulta de não se saber, ainda, quem herdou, pois no momento da morte do *de cujus* há transmissão automática dos bens a seus herdeiros, legatários, ou, na falta destes à Fazenda Pública, que também herda desde aquele momento (direito de *saisine*), como sustentamos abaixo. Não se saber quem herdou não significa inexistência de herdeiro ou sucessor. Assim, não há, no direito brasileiro, herança jacente nem herança vacante com natureza diferente da herança em geral. A herança jacente, repita-se, é apenas a fixação de prazo para que apareçam eventuais herdeiros familiares não conhecidos, enquanto a herança vacante é o procedimento exigível para a certificação da transmissão da herança à Fazenda Pública.

Como sujeito de direito não personalizado, a herança é eventualmente titular de direitos e obrigações que lhe são próprios. Por força do art. 1.700 do CC, o espólio tem a obrigação de prestar alimentos àquele a quem o *de cujus* devia, mesmo vencidos após a sua morte. Enquanto não encerrado o inventário e pagas as quotas devidas aos sucessores, o autor da ação de alimentos e presumível herdeiro não pode ficar sem condições de subsistência no decorrer do processo.

1.6. *De Cujus* e os Demais Figurantes do Direito das Sucessões

Além da herança ou sucessão aberta, em si mesma, são também figurantes do direito das sucessões o autor da herança, os herdeiros, os legatários (pessoa física, pessoa jurídica, entes ou entidades não personificadas), a Fazenda Pública e os credores daquele. Sucessor sempre há, pois se não houver familiares e parentes sucessíveis, ou legatários, investe-se automaticamente nessa qualidade o Município ou o Distrito Federal ou a União. A sucessão a causa da morte independe da existência real de afeto entre o autor da herança e seus sucessores, pois herda quem aquele odiava, ou quem odiava o falecido, salvo se contra este ou seus familiares o herdeiro tiver praticado ofensa enquadrável como hipótese legal de exclusão ou de deserdação.

O autor da herança é a pessoa física que morreu. Generalizou-se a expressão latina *de cujus*, de uso linguístico na literatura jurídica, na jurisprudência, na prática jurídica e até mesmo na legislação. A Constituição refere expressamente à expressão no art. 5º, XXXI, quando disciplina a sucessão dos bens de estrangeiros localizados no Brasil. A expressão destaca-se da sentença latina maior *de cujus successione agitur*, que significa aquele de cuja sucessão se trata. O CC/2002 refere indistintamente a falecido, a morto e a autor da herança, com nítida preferência para o primeiro termo.

Herdeiros são os que recebem o patrimônio ou parte ideal dele, seja em virtude da lei, seja por decisão do testador. Em algumas legislações, diferentemente da brasileira, quem recebe a totalidade da herança ou parte da herança mediante testamento não é herdeiro, mas legatário a título universal. O herdeiro é legítimo quando se enquadra em um dos tipos de sucessores previstos em lei; é necessário quando, além de legítimo, recebe a garantia legal mínima da parte indisponível, correspondente à metade do patrimônio deixado pelo *de cujus*. É fundamental, no direito brasileiro, a distinção entre herdeiro legítimo necessário e herdeiro legítimo simples.

Há familiares sem laços de parentesco com o *de cujus* que o direito brasileiro tutela preferencialmente. São o cônjuge sobrevivente ou o companheiro sobrevivente de união estável. A elevação do cônjuge e do companheiro a herdeiros necessários é indicação da virada paradigmática em favor dos integrantes do grupo familiar mais estreito e em desfavor dos parentes mais distantes, alterando a ordem de preferência da legislação anterior.

Os outros herdeiros são as pessoas que se vinculam ao *de cujus* por laços de parentesco. Na linha reta não há limitação, sendo que os descendentes preferem aos ascendentes. Dentro de cada classe, os mais próximos preferem aos mais remotos: assim, os filhos preferem aos netos e estes aos bisnetos. Na linha colateral, o CC/2002 fixou o limite do direito à sucessão no quarto grau (primos, tios-avós, sobrinhos-netos). Já foi até ao décimo grau e já se reduziu ao segundo grau (irmãos). Tende-se ao terceiro grau, segundo propostas legislativas em curso. No terceiro grau, há preferências explícitas: o sobrinho prefere ao tio.

Tudo que o *de cujus* tenha deixado e possa ser mensurado economicamente investe seus herdeiros em sucessores legitimados, inclusive em direitos de crédito. O direito de exigir a reparação do danos materiais e morais, sofridos antes da abertura da sucessão pelo *de cujus*, também é assegurado ao espólio e aos sucessores, pois são transmitidos com a herança.

Pode-se ser herdeiro ou não, segundo o direito. Se for herdeiro, há de observar a ordem tanto de classe quanto de grau, na classe. Não se trata aí de mera expectativa, para os que se encontram em posição abaixo à de outros: adquire-se o direito, imediatamente com a morte do *de cujus*, mas direito expectativo, que se assemelha a direito condicionado (a transmissão da herança depende de não haver outros herdeiros em posição superior, ou da renúncia destes).

Legatários são as pessoas físicas ou jurídicas que o testador escolhe para receber determinados bens, quando se abrir sua sucessão. Também podem ser legatários certos entes não personificados, como o nascituro, os futuros filhos de determinadas pessoas, ou seja, ainda não concebidos, as entidades não personificadas e entidades futuras, a exemplo de futura fundação ou associação. O que caracteriza o legatário é o fato de investir-se em direito sucessório sobre determinado bem e não sobre parte do patrimônio deixado. Quando a pessoa contemplada pelo testador, em vez de receber bem ou bens determinados, recebe parte ou parcela do patrimônio, é considerada herdeira testamentária, deixando de ser qualificada como legatária.

Ao contrário do que sustentava antiga lição doutrinária, o herdeiro não continua a pessoa do falecido. Como esclarece Antônio Junqueira de Azevedo (2000, p. 273), herdeiro é quem toma o lugar do *de cujus* no patrimônio (ativo e passivo) e surge como continuador das relações jurídicas deixadas; essa condição é fixada pela lei na sucessão legítima e pelo testador na sucessão testamentária. Diferentemente, o legatário é mero adquirente de bens; não é continuador patrimonial do *de cujus*.

Ninguém representa o *de cujus*. O herdeiro, o inventariante ou o testamenteiro não são seus representantes. A morte faz desaparecer a pessoa física, o que impede a representação. A herança, como ente não personalizado, importa representação dela mesma, não como projeção da pessoa do *de cujus*, até porque o patrimônio já se transferiu para os herdeiros e legatários.

Também ocorre sucessão da parte em processo, incluindo as relações patrimoniais envolvidas, pelo espólio ou pelos seus sucessores (CPC, art. 110).

1.7. O Lugar no Direito das Sucessões: Conflito de Leis no Espaço

O lugar onde se dá a abertura da sucessão recebe particular atenção do direito. Razões de ordem prática evidenciam a necessidade de se ter em um lugar determinado as referências espaciais da herança, para sua administração e para o exercício dos direitos dos herdeiros e dos terceiros. Situações variadas podem ocorrer, justificando-se que o direito se utilize de critério flexível. O *de cujus* pode ter bens ou direitos sucessíveis em mais de uma cidade, unidade federativa ou país; pode ter falecido em cidade distante de sua moradia habitual, em viagem ou tratamento de saúde.

Para o direito civil brasileiro, o lugar da abertura da sucessão é o do último domicílio do falecido, ainda que neste não tenha situado nenhum dos seus bens ou tenha falecido em outro lugar, por força do art. 10 da Lei de Introdução às Normas do Direito Brasileiro. Essa é a solução razoável, com sólida tradição. É no último domicílio do *de cujus* que devem ser efetuadas as comunicações judiciais e extrajudiciais que são dirigidas à herança, como ente não personalizado que é, mediante seu representante (administrador ou inventariante), ou onde se têm de propor as ações relativas, como o inventário judicial, a petição de herança, as de terceiro contra ela.

Assim também dispõe a legislação processual (CPC, art. 48), com as ressalvas de serem também competentes o foro da situação dos bens imóveis, se o autor da herança não possuía domicílio certo, ou do lugar em que ocorreu o óbito se o autor da herança não tinha domicílio certo e possuía bens em lugares diferentes, ou, não havendo bens imóveis, o foro do local de quaisquer dos bens do espólio.

O CC/2002 dispõe que o domicílio é o lugar onde a pessoa estabelece a sua residência com ânimo definitivo. Assim, os conceitos de domicílio e residência se imbricam. Domicílio é uma qualificação totalmente jurídica, enquanto a residência é um conceito jurídico referente a uma situação de fato a que o direito atribui consequências jurídicas. Residência é o local onde uma pessoa vive em caráter transitório ou permanente, seja ou não proprietária dele. A permanência, ou ânimo definitivo, não significa longa duração. As circunstâncias da vida podem levar a pessoa a, em curto espaço de tempo, mudar várias vezes de domicílio. Estabelece o CC/2002 que "muda-se o domicílio, transferindo a residência, com a intenção manifesta de o mudar".

A regra do último domicílio serve, igualmente, para se fixar a lei aplicável às sucessões abertas de estrangeiro domiciliado no Brasil ou de brasileiro ou estrangeiro domiciliado no exterior. O domicílio do herdeiro é igualmente determinante da lei aplicável (se brasileira ou estrangeira) à legitimidade para suceder. A lei do domicílio determina quais são os sucessores do falecido e a ordem de vocação hereditária, os requisitos para a legitimação para suceder, as hipóteses de exclusão ou de indignidade, a parte legítima e a parte disponível. Se o *de cujus* for estrangeiro, será aplicada a lei brasileira em benefício do cônjuge e dos filhos, se for mais favorável que a lei do país de nacionalidade daquele; se esta for mais favorável, a lei brasileira não prevalecerá. Esta é a regra da Constituição Federal, art. 5º, XXXI.

Esclarece Pontes de Miranda (1972, v. 55, p. 230) que o Brasil não fez sua a lei estrangeira mais favorável; ao deparar com lei do país competente que ordenou mais favoravelmente do que ele, estacou, ocupando a lei estrangeira o espaço em branco que a lei brasileira deixou. Tudo se passa objetivamente, pois, no momento da aplicação, o juiz verificará qual a lei que incidiu.

Nas atuais circunstâncias das relações internacionais, de respeito às autodeterminações nacionais e de ausência de regra única internacional, nenhum país pode dizer qual a lei que prevalecerá em relação à sucessão de quem não seja seu nacional, ou de seu nacional que era domiciliado em outro país. Se o estrangeiro era domiciliado no exterior, mas tinha bens no Brasil, poderá haver conflito de leis, se o outro país não adotar o critério do último domicílio ou da lei mais favorável e, sim, o da nacionalidade. Se houver discordância entre a regra de direito internacional privado brasileiro e a do direito internacional privado de outro país, a justiça brasileira, ante o conflito de leis no espaço, terá de aplicar o critério adotado no Brasil de seu direito internacional privado, pois não há regra internacional que determine a preponderância. Com maior razão, essa deve ser a orientação se o estrangeiro com bens no Brasil for aqui domiciliado.

A doutrina tem criticado o critério do último domicílio, que traria inconvenientes, como na hipótese do ascendente brasileiro que quer afastar da herança seus descendentes, que, pela lei brasileira são herdeiros necessários, passando a domiciliar-se em outro país cuja lei não considere os descendentes herdeiros necessários, fazendo nele testamento e destinando seus bens a terceiros. Seria uma forma de deserdação desmotivada, que o direito interno brasileiro não admite.

Inversamente, se o estrangeiro tem domicílio no Brasil e seus bens encontram-se no seu país de origem, que não adota o critério do domicílio, é uma violência impedir que a lei de seu país não possa ser aplicada à sua sucessão no Brasil; a lei estrangeira apenas é aplicada se for mais benéfica ao cônjuge ou companheiro e aos filhos brasileiros.

A União Europeia adotou o critério da última residência habitual do *de cujus*, ao tempo de sua morte, na Regulação da Sucessão n. 650/2012 do Parlamento Europeu, independentemente onde estejam situados seus bens. Porém, por exceção, se as circunstâncias forem claras de que o *de cujus* era manifestamente mais conectado com um Estado do que aquele onde tinha sua residência habitual, a lei aplicável deve ser a do primeiro, por aplicação do método da "lei própria". Pode a pessoa escolher a lei nacional que deverá governar sua própria sucessão, independentemente de ter mais de uma nacionalidade (*Centre for Family Law at Jean Moulin University Lyon*, 2016, p. 210).

Se a herança for vacante (sem herdeiros conhecidos ou que a ela renunciaram), o domicílio não é determinante da legitimidade do município que sucederá, pois o CC/2002, mudando a orientação legal anterior, estabelece (art. 1.822) que os bens arrecadados passarão ao domínio dos municípios, ou do Distrito Federal, ou da União, onde estiverem localizados.

Interpretando a aparente divergência entre o *caput* do art. 10 e o seu § 2º, da Lei de Introdução às Normas do Direito Brasileiro, decidiu o STJ que a lei que rege a sucessão testamentária é a do domicílio do testador, mas a legitimidade para a herança é aferida pela lei do domicílio do herdeiro (REsp 61.434). Na hipótese de haver bens imóveis a inventariar situados, simultaneamente, aqui e no exterior, entendeu o STJ que o Brasil adota o princípio da pluralidade dos juízos sucessórios, definindo-se, com isso, a *lex rei sitae* (lei do lugar da coisa) como a regente da sucessão a ser efetivada em cada um dos países onde situados os bens partilhados – de maneira que a lei brasileira não alcança o bem a ser inventariado e partilhado localizado no exterior, nos termos do art. 23, II, do CPC/2015, o qual preconiza o princípio da territorialidade (AgInt no REsp 2.072.068).

1.8. O Tempo no Direito das Sucessões: Direito Intertemporal

O tempo da morte do *de cujus* determina qual a lei aplicável à sua sucessão. As leis mudam, os códigos mudam, alterando as normas aplicáveis à sucessão. Qual deve prevalecer: a lei antiga, vigente quando houve a abertura da sucessão, ou a lei nova, que entrou em vigor depois, alterando as regras anteriores? O CC/2002 manteve a tradição, no sentido de considerar incidente a lei antiga. O Código Civil de 1916 e a legislação anterior permanecem incidindo sobre as sucessões abertas, com a morte do *de cujus,* até 11 de janeiro de 2003 (início de vigência do CC/2002). A lei nova não retroage, ainda que modifique substancialmente o sistema legal de sucessão, salvo se a modificação for feita expressamente pela Constituição, pois não há direito adquirido contra esta. A lei vigente na morte do *de cujus* é que rege sua sucessão, em relação a quem é herdeiro, ao momento de transmissão, à garantia da parte indisponível, à aceitação, à renúncia, à deserdação, à partilha. Assim, se a lei, que entrar em vigor após a morte do *de cujus,* modificar a ordem de vocação hereditária ou o elenco de herdeiros necessários, não incidirá sobre a sucessão dele.

A lei dos pressupostos e dos requisitos subjetivos é a vigente na abertura da sucessão; mas essa regra, de cunho infraconstitucional, não se aplica à Constituição, notadamente quando esta apagou as discriminações entre os filhos de qualquer origem, com incidência imediata e evidente efeito retroativo, ainda que a sucessão tenha sido aberta antes de 1988. Contudo, há decisão do STF, de 1995, entendendo que se rege a capacidade de suceder pela lei da época da abertura da sucessão, não comportando, assim, eficácia retroativa, o disposto no art. 227, § 6º, da Constituição (RE 162.350).

O dia do falecimento é o da abertura da sucessão, e o direito dos herdeiros e legatários nasce de acordo com a lei então vigente. Com relação à doação feita em vida a herdeiros necessários, tendo em vista que importa adiantamento da correspondente parte legítima, há que se distinguir: a lei aplicável não é a do momento da abertura da sucessão, mas sim a do momento em que se der o contrato de doação, pois a lei (CC, art. 549) estabelece a nulidade da parte "que exceder à de que o doador, no momento da liberalidade, poderia dispor em testamento". Se a lei for mudada, e a nova estabelecer, no momento da morte do doador, que não há mais nulidade do excedente, prevalecerá a antiga, para que não haja violação do princípio constitucional da irretroatividade das leis.

Quando a lei nova modificar apenas os pressupostos que a lei antiga exigia, mas sem alterar o fundo do direito, é aquela e não esta que se aplica. A garantia constitucional do direito adquirido tutela o fundo do direito, o que lhe é nuclear, mas não o que é complementar ou processual e procedimental, cuja alteração não o afeta. Por exemplo, o CC/2002, art. 1.807, estabelece que o interessado em que o herdeiro declare se aceita ou não a herança pode requerer ao juiz que fixe prazo não superior a 30 dias, para que, nele, se pronuncie o herdeiro; se a lei editada após a morte do *de cujus,* mas antes de o interessado exercitar esse direito, ampliar o prazo, será aplicável, pois seu direito não foi modificado, tão somente o prazo concedido ao herdeiro.

Se houver alteração da Lei de Introdução das Normas do Direito Brasileiro, por exemplo, substituindo o critério de domicílio pelo de nacionalidade, ela só se aplicará às sucessões que se abrirem posteriormente, não podendo alcançar as anteriores.

Nas sucessões abertas antes do advento da Constituição Federal de 1988 e do art. 41 do Estatuto da Criança e do Adolescente, o STJ fixou entendimento de ser cabível a sucessão dos parentes biológicos do adotado (REsp 740.127), e de este não ter direito à herança deixada pelo adotante, na hipótese de adoção simples do regime anterior (REsp 9.574).

Em sucessões abertas na vigência do Código Civil de 1916, a viúva que fora casada no regime de separação de bens com o *de cujus* teve assegurado o direito ao usufruto da quarta parte dos bens deixados, previsto na lei antiga e extinto pela lei nova, mas não o direito real de habitação conferido pelo novo diploma civil à viúva sobrevivente, qualquer que seja o regime de bens do casamento (art. 1.831 do CC/2002).

Em relação à sucessão testamentária, a lei que rege o testamento é a da sua feitura e não a da abertura da sucessão. Nesta hipótese vigora o princípio de que o tempo rege o ato. Por isso, o testamento não é invalidado se o testador sofrer incapacidade superveniente. Não predomina a lei nova que tiver suprimido algumas das formas anteriores de testamento, que tinha sido antes utilizada pelo testador. Se resolver alterar o testamento anterior, deverá submeter-se às formas da lei nova. Quando o testamento servir apenas de forma para algum ato que afeta o direito à herança, como no caso da deserdação, a lei nova predomina, tornando ineficaz o ato de deserdação que tiver utilizado forma testamentária não mais admitida quando houver a abertura da sucessão.

Ante a intensa controvérsia doutrinária e jurisprudencial, no Brasil, acerca da eficácia retroativa da lei nova nos negócios jurídicos concluídos sob a vigência da lei antiga, e considerando a garantia constitucional do ato jurídico perfeito, o CC/2002 estabeleceu delicada distinção, admitindo que a irretroatividade diga respeito aos requisitos de validade do negócio jurídico, mas não aos fatores de eficácia. A lei nova que modificar os efeitos do testamento realizado sob o império da lei antiga, sem afetar os requisitos de sua validade, incide sobre ele, sem risco de retroatividade ou de violação do princípio constitucional do ato jurídico perfeito. Assim, é constitucional o art. 2.042 do CC/2002, que fixou o prazo de um ano a partir do início da vigência do Código para que os testadores aditassem seus testamentos com a finalidade de declarar a justa causa de cláusula de inalienabilidade, ou de impenhorabilidade, ou de incomunicabilidade, aposta à legítima, que não existia na lei antiga, sob pena de sua ineficácia.

Permanecem íntegros os requisitos essenciais de validade previstos pelo Código Civil de 1916 para o testamento particular escrito e assinado antes de 10 de janeiro de 2003 (advento do novo Código), notadamente o de ser escrito de próprio punho pelo testador e assinado por cinco testemunhas. Mas se a abertura da sucessão se deu após aquela data, a esse testamento se aplicam os fatores de eficácia do novo Código, bastando, para sua confirmação pelo juiz, que tenha sobrevivido apenas uma das testemunhas que o reconheça como autêntico e que o juiz se convença de sua veracidade. Para o novel testamento particular informal, os requisitos de validade e os fatores de eficácia são todos da nova lei.

O CC/2002 alterou o elenco dos herdeiros necessários, incluindo expressamente o cônjuge. Além disso, atribuiu ao cônjuge e ao companheiro direito à herança dos bens deixados pelo falecido, em concorrência com os descendentes e ascendentes deste, convertendo-os também em herdeiros necessários nessas circunstâncias. As doações em vida ao cônjuge importam adiantamento da legítima, obrigando-o à colação. Essas alterações afetam a liberdade de testar, mas incidem apenas nas sucessões abertas a partir de 11 de janeiro de 2003. O direito de impor restrições aos herdeiros necessários, como inalienabilidade e incomunicabilidade, sofreu profunda limitação, notadamente quanto ao dever de indicar justa causa; nesse caso, não prevalece a lei anterior, aplicando-se o CC/2002 aos testamentos concluídos antes do início de sua vigência, desde que a sucessão tenha sido aberta após 10 de janeiro de 2004 (um ano depois do início da vigência do Código), termo final concedido para os testadores aditarem os testamentos, indicando a justa causa; para os que não o fizeram, a lei nova incidiu inteiramente, tornando ineficazes as cláusulas testamentárias correspondentes.

1.9. Direito à Herança

A Constituição de 1988 apenas refere explicitamente ao direito das sucessões em dois dispositivos do art. 5º. O primeiro (inciso XXX) garante o direito à herança. O segundo (inciso XXXI) constitucionaliza antiga norma do direito internacional, adotada no Brasil a partir do art. 134 da Constituição de 1934, que opta pela lei mais favorável ao cônjuge e aos filhos brasileiros, para regular a sucessão de bens de estrangeiro situados no Brasil.

Todavia, apesar dessa aparente avareza constitucional em relação às sucessões, estas sofrem os reflexos diretos e indiretos dos princípios e regras constitucionais que dizem respeito aos direitos pessoais, às famílias e às titularidades sobre bens e valores econômicos. Alguns exemplos extraídos da Constituição:

(1) os direitos da personalidade são insuscetíveis de transmissão hereditária, porque inerentes à pessoa do titular, mas sua violação enseja reparação por dano material e moral (art. 5º, X), cujo valor econômico é objeto do direito das sucessões;

(2) os filhos biológicos e não biológicos detêm os mesmos direitos (art. 227, § 6º), inclusive os sucessórios, não podendo a lei infraconstitucional estabelecer qualquer discriminação ou tratamento desigual entre eles; essa norma provocou forte impacto no direito das sucessões dos filhos, pondo fim às vedações e desigualdades de heranças entre filhos biológicos matrimoniais, filhos biológicos não matrimoniais e filhos não biológicos, principalmente os adotados;

(3) o direito de propriedade privada é assegurado e deve atender a sua função social, que lhe recai como ônus e condição de exercício (arts. 5º, XXII e XXIII, e 170, II e III), vinculando sua transmissão entre vivos ou a causa da morte;

(4) outras titularidades de direitos previstas na Constituição são passíveis de transmissão a causa da morte, como propriedade das marcas, de nomes de empresas e de outros signos distintivos (art. 5º, XXIX).

As restrições constitucionais ao domínio particular sobre determinados bens também refletem na sucessão hereditária que não os pode contemplar, tais como as jazidas e demais recursos minerais e os potenciais de energia hidráulica, que constituem propriedade distinta da do solo, pertencendo à União, salvo a garantida ao concessionário (que pode ou não ser o proprietário do solo) da propriedade do produto da lavra (art. 176); ou como da propriedade de empresa jornalística e de radiodifusão sonora e de sons e imagens, que é privativa de brasileiros natos ou naturalizados há mais de dez anos (art. 222), o que impede que herdeiros de naturalidade estrangeira possam adquirir os direitos de controle por sucessão hereditária, ainda que se lhes seja transmitido o patrimônio, que restará, para eles, sem essa função; ou como as limitações para que pessoa jurídica estrangeira possa adquirir propriedade rural no país (art. 190), o que reflete na herança.

A garantia fundamental do direito à herança apenas foi prevista expressamente na Constituição de 1988. Não se encontra referência semelhante nas Constituições anteriores. Quando uma Constituição introduz uma garantia tem por finalidade proteger uma categoria de pessoas, o que redunda em contenção do legislador infraconstitucional e na imposição de respeito a esses direitos por parte de todos. As categorias protegidas pela Constituição de 1988 foram os herdeiros dos nacionais e os herdeiros nacionais de estrangeiros.

Qual o significado do enunciado constitucional de ser "garantido o direito à herança"?

Direito à herança não se confunde com direito a suceder alguém, porque antes da morte não há qualquer direito a suceder. Nessa erronia incorreu a doutrina tradicional, a exemplo de Carlos Maximiliano (1958, v. I, p. 19). Antes da morte, há mera expectativa de direito, mas não direito constituído ou direito expectativo, porque a sucessão não ocorreu, sendo apenas eventual. Se a lei, antes da abertura da sucessão, restringir a ordem de vocação hereditária, ou se um provável herdeiro morrer antes do *de cujus*, quem poderia ser herdeiro deixa de o ser.

A Constituição não refere à sucessão em geral, mas apenas à herança. Ou seja, foi elevado à garantia constitucional o direito daqueles que se qualificam como herdeiros de quem morreu (autor da herança), mas não qualquer sucessor. A Constituição não define quem seja herdeiro, o que remete ao legislador infraconstitucional. Mas este está limitado ao fim social da norma constitucional, que é a proteção das pessoas físicas que tenham com o autor da herança relações estreitas de família ou de parentesco. Todos os demais sucessores, inclusive os herdeiros designados pelo testador, têm tutela restritamente infraconstitucional e desde que não afetem a preferência atribuída pela Constituição aos qualificados como herdeiros. Os legatários, sejam eles pessoas físicas ou jurídicas, entes ou entidades não personificadas, são sucessores, mas não são herdeiros.

O direito das sucessões brasileiro, tradicionalmente, foi desenvolvido a partir do modelo de preferência à sucessão testamentária. A sucessão legítima, ou seja, a que a lei define em prol dos herdeiros necessários ou legítimos do autor da herança, sempre foi considerada em nosso direito como supletiva, incidindo apenas quando não se deixava testamento.

A preferência à sucessão testamentária estava nas Ordenações Filipinas, na Consolidação das Leis Civis e no Código Civil de 1916. Este último estabelecia que "morrendo a pessoa sem testamento, transmite-se a herança a seus herdeiros legítimos". A doutrina, tradicionalmente, dedicou o melhor de suas reflexões à sucessão testamentária.

O papel desempenhado pelo testamento no direito romano, durante o período imperial, refletia as peculiaridades das mudanças havidas nos interesses da aristocracia romana, como instrumento de poder, ao lado dos arranjos matrimoniais. Seu renascimento durante a modernidade liberal, após a primeira fase de repulsa dos testamentos pela Revolução Francesa (temia-se que, por meio deles, se restaurassem os antigos privilégios), prestou-se à valorização da autonomia da vontade e do individualismo, necessários à afirmação dos valores ascendentes da burguesia e da nascente industrialização, em conflito com a aristocracia rural, que assentava seu poder na propriedade fundiária.

O predomínio da sucessão testamentária, ao menos no plano legal e doutrinário, foi desafiado pela realidade social brasileira de desconsideração massiva do testamento e da incidência quase total da sucessão legítima em todas as classes sociais, além da ascensão dos valores e princípios sociais, que marcaram a trajetória do direito privado, principalmente a partir do início da segunda metade do século XX, com especial destaque à função social da propriedade, que se converteu em princípio fundamental na Constituição de 1988.

A garantia do direito à herança inverte a primazia. Em vez de ser do autor da herança, principalmente quando testador, e do respeito à sua vontade, que era tida como norte de interpretação, a primazia passou para o herdeiro. O direito do herdeiro é o assegurado pela lei e não pela vontade do testador. O autor da herança não é mais o senhor do destino do herdeiro.

Refletindo sobre o impacto do princípio constitucional do direito à herança, afirmou-se que, se não há restrição prevista na lei a esse direito, não poderia a legislação ordinária estabelecê-la; assim entendendo, estariam invalidadas todas as excludentes de legitimação hereditária, como, por exemplo, a deserdação, a indignidade (Almeida, 2003, p. 27).

O CC/2002 procurou inserir-se nessa contemporânea mutação de conformação do direito sucessório aos valores e princípios sociais, inflectindo tendencialmente para a sucessão legítima, que, por ser o modelo escolhido pelo legislador, tem a presunção de conciliar os interesses individuais com os interesses sociais do grupo familiar e com a solidariedade social. As alterações nele ocorridas apontam nessa direção, como a ampliação do rol de herdeiros necessários, incluindo o cônjuge e o companheiro, notadamente em razão de serem considerados herdeiros concorrentes com os demais.

O CC/2002 repete, contudo, a regra da supletividade da sucessão legítima em seu art. 1.788 e mantém os numerosos dispositivos destinados ao testamento, vindos de 1916, incluindo institutos que caíram em desuso. De tudo resultou um diploma legal incoerente, em que se atribui mais importância, no que respeita à quantidade das normas, ao que tem menos efetividade social.

A doutrina tem salientado a emersão de valores existenciais no direito das sucessões constitucionalizado, revelando o primado da pessoa humana, destacando na atual legislação civil a sucessão concorrente de cônjuge e companheiro, o direito real de habitação em favor do cônjuge e companheiro, a igualdade sucessória dos filhos, a designação testamentária de filho eventual de determinada pessoa, a necessidade de justa causa para as cláusulas de inalienabilidade, impenhorabilidade e incomunicabilidade (Gama, 2005, p. 17).

As normas do CC/2002 hão de ser interpretadas em conformidade com as normas constitucionais. Na dúvida, o intérprete deve encontrar o sentido que melhor contemple o direito do herdeiro e não a vontade presumida do autor da herança. Assim, não procede a afirmação corrente de ser a vontade do testador o critério decisivo de interpretação do testamento. A vontade do testador é levada em conta até o ponto que não comprometa a garantia do direito dos herdeiros e deve estar em conformidade com esse e os demais princípios constitucionais, notadamente o da função social do testamento. Essa deve ser a orientação a ser impressa ao art. 1.899 do Código, por exemplo. Porém, há o limite extremo que não pode ser ultrapassado no esforço de interpretação conforme das normas do Código, isto é, quando elas sejam totalmente incompatíveis com as normas da Constituição, o que conduz à sua inconstitucionalidade.

1.10. Função Social no Direito das Sucessões

Os autores, aqui e alhures, apontam a relação indissolúvel do direito das sucessões com o direito das coisas, especialmente com a propriedade. A Constituição de 1988 consolidou radicalmente a mudança de paradigma do conceito individualista e liberal de propriedade, como senhorio intocável sobre as coisas, para a subordinação da propriedade à função social. Consequentemente, na atualidade, o direito das sucessões está também orientado à função social.

A estreita relação entre propriedade privada e sucessão hereditária conforma esta às mesmas características fundamentais daquela. A Constituição garante ambas, mas condiciona seu exercício a sua função social, que é explícita em uma e implícita na outra. Na contemporaneidade não se admite que o direito seja exercido de modo ilimitado, consultando apenas os interesses individuais do titular. A sucessão é apenas um modo de transmissão do patrimônio deixado pelo *de cujus*. A mudança de titularidade (do *de cujus* para o herdeiro ou legatário) não altera a essência ou as características do patrimônio ou do direito de propriedade. A referência expressa à função social do direito das sucessões, tanto na Constituição quanto no CC/2002, não é necessária para que ela se imponha, pois o modo de transmissão não pode alterar ou ser indiferente ao conteúdo do direito que se transmite.

É pertinente, pois, a crítica doutrinária à concepção corrente do direito das sucessões de ser um conjunto de institutos e normas responsáveis pela transmissão da propriedade, mas despreocupada em concretizar a garantia do direito de propriedade que cumpre a sua função social, isto é, que desenvolve o trabalho e promove condições mínimas de vida à população (Cortiano Junior; Robl Filho, 2008, p. 658).

O princípio da função social determina que os interesses individuais dos titulares de direitos econômicos sejam exercidos em conformidade com os interesses sociais, sempre que estes se apresentem. Não pode haver conflito entre eles, pois os interesses sociais são prevalecentes. A propriedade e a sucessão hereditária dela não podem ter finalidade antissocial ou antiambiental. A função social implica imposição de deveres socialmente relevantes e tutelados constitucionalmente. O direito civil é palco, nessa quadra da história, do conflito entre a marca funcional do direito na solidariedade e a busca do sujeito de realizar seus próprios interesses com liberdade: no direito das sucessões, a marca da solidariedade para com os seus deve se harmonizar com a da solidariedade para com todos os outros.

Talvez por ser o direito das sucessões "um ramo relativamente abandonado da ciência jurídica" (Ascensão, 2000, p. 22), tem sido relegado a uma função meramente patrimonial, parecendo estranho a qualquer ideia de promoção e desenvolvimento da pessoa humana, ou da funcionalização de seus institutos principais, como se deu com a propriedade e com o contrato. Por outro lado, nota-se intenso giro na concepção da sucessão hereditária de meio exclusivo de transmissão da propriedade para acrescentar-lhe o papel de garantia da solidariedade familiar.

O CC/2002 estabelece que a liberdade de contratar seja exercida em razão e nos limites da função social. O contrato é o modo por excelência da transmissão entre vivos das titularidades, entre elas a propriedade privada. O paralelo entre os dois modos principais de transmissão é inevitável, pois o contrato sempre foi tido como instrumento da ampla autonomia individual. Não há, no direito brasileiro, autonomia negocial ilimitada, que era a expressão máxima do individualismo jurídico, mas sim autonomia solidária, o que diz respeito tanto ao contrato quanto à sucessão, principalmente a testamentária. A vontade do testador está condicionada à função social do testamento. Igualmente, o legislador infraconstitucional está limitado por essa função social, não podendo editar normas de direito das sucessões que a contrariem.

Atualmente, como diz Stefano Rodotà, a função social da propriedade (consequentemente, da sucessão hereditária) não é mais entendida apenas como possibilidade de intervenções legislativas, judiciárias ou administrativas que reduzem ou direcionam os poderes atribuídos ao proprietário, mas também é considerada em atenção a sujeitos que, mesmo não sendo formalmente proprietários, são habilitados a intervir na fase de decisão, fazendo valer interesses diversos do proprietário formal (1999, p. 156).

A função social da parte legítima dos herdeiros necessários tem sido destacada pelas cortes constitucionais como decorrência da solidariedade entre as gerações. Em decisão de 2005, a Corte Constitucional da Alemanha decidiu que a legítima é a expressão da solidariedade familiar. Repelindo a ampla liberdade do testador, entendeu a Corte que entre este e seus familiares as relações constituem uma comunidade de toda a vida, com direitos e obrigações de responsabilidade entre si. Essas obrigações justificam a garantia de uma base econômica, representada na legítima (Pintens; Seyns, 2009, p. 172).

CAPÍTULO II
Sucessão Hereditária em Geral

Sumário: 2.1. Sucessão e herança. 2.1.1. Objeto da herança. 2.1.2. Pacto sucessório. 2.1.3. Herança digital. 2.2. Aquisição da herança: *saisine*. 2.3. Efeitos jurídicos da *saisine* plena. 2.4. Aceitação da herança. 2.5. Modalidades de aceitação da herança. 2.6. Situações vedadas na aceitação da herança. 2.7. Renúncia da herança ou do legado. 2.8. Legitimação para suceder. 2.9. Administração da herança. 2.10. Cessão da herança. 2.11. Responsabilidade da herança pelas dívidas e demais encargos.

2.1. Sucessão e Herança

A sucessão hereditária é toda sucessão a causa de morte de pessoa física a seus herdeiros, legatários e outros sucessores que lhe sobrevivam, ou à Fazenda Pública (Município, Distrito Federal ou União), se aqueles faltarem. Os sucessores sucedem nos bens e não na personalidade do falecido.

Herança tem sido empregada em dois sentidos. No sentido amplo compreende tudo o que se transmite do *de cujus* a seus sucessores, de acordo com a lei ou de acordo com suas últimas vontades, nos limites da lei. Confunde-se com sucessão em geral ou com sucessão hereditária, ou com espólio, sendo este termo mais utilizado na praxe judiciária. No sentido estrito é o que se transmite do *de cujus* a outra pessoa ou a outras pessoas, como patrimônio ativo e passivo ou parte do patrimônio, sem especificação dos bens ou valores deixados. Em ambos os sentidos, a herança tem como termo inicial a abertura da sucessão (morte) e como termo final a partilha.

A sucessão a causa da morte pode ser de dois tipos, no direito brasileiro: sucessão legítima e sucessão testamentária. A sucessão legítima é a definida pela lei, correspondente aos valores sociais nessa matéria. A sucessão testamentária é a que expressa a vontade individual do testador, que define a destinação dos bens a determinados destinatários.

Quando o falecido deixa herdeiros necessários (parentes em linha reta, cônjuge ou companheiro), a sucessão testamentária não abrange a totalidade dos bens deixados, mas apenas a parte denominada disponível. Nessa hipótese, ocorre a concorrência da sucessão legítima com a sucessão testamentária.

A sucessão a causa de morte também pode ser a título universal, ou a título particular. A sucessão é a título universal quando o herdeiro, definido em lei ou em testamento, assume a titularidade de toda a herança ou de parte dela, neste caso quando há mais de um herdeiro. O herdeiro, na sucessão universal, não herda bens determinados, mas o conjunto da herança ou parte ideal dela. Diferentemente, na sucessão a título particular, o sucessor (legatário) recebe bem determinado pelo testador. Essa distinção é importante, inclusive para fins das dívidas deixadas pelo autor da herança, isto é, para se saber quem fica responsável pela satisfação delas. O legatário, que é sucessor a título particular, não pode responder, com o bem que lhe foi destinado pelo autor da herança, pelo pagamento dos débitos da massa hereditária.

Por não haver ainda herança, os parentes que podem vir a suceder uma pessoa não detêm qualquer legitimação para impedir que ela disponha em vida dos bens, do modo como entender, independentemente de eventual idade avançada, até mesmo nada deixando para os que restaram em expectativa.

2.1.1. Objeto da Herança

Integram a herança todos os bens ou valores de dimensão econômica ou estimativa que possam ser objeto de tráfico jurídico, além das dívidas (patrimônio ativo e passivo), deixados pelo morto. Se o patrimônio passivo for superior ao patrimônio ativo, somente até o valor deste há herança, pois os herdeiros não respondem com seus próprios bens pelas dívidas do *de cujus*.

A sucessão, a causa de morte e a herança nada têm com a personalidade do morto. Herdeiros sucedem nos bens, não na pessoa do *de cujus*. Tampouco há representação do defunto pelos herdeiros. Como disse Pontes de Miranda, o *de cujus* morreu; não é mais (1972, v. 55, p. 6).

A herança não compreende os direitos meramente pessoais, não econômicos, como os direitos de personalidade, a tutela, a curatela, o direito a alimentos. Também não compreende certos direitos, apesar de econômicos, como o capital estipulado no seguro de vida ou de acidentes pessoais (CC, art. 794).

Mesmo depois da morte da pessoa, o ordenamento jurídico considera certos interesses tuteláveis, mas que não se confundem com a herança. Lembra Pietro Perlingieri que alguns requisitos relativos à existência, à personalidade do falecido – por exemplo, sua honra, sua dignidade, a interpretação exata de sua história – são de algum modo protegidos por certo período, enquanto forem relevantes socialmente. Alguns sujeitos são legitimados a tutelar o interesse do falecido (1997, p. 111).

O CC/2002 brasileiro (arts. 12 e 20) distingue titularidade dos direitos da personalidade, da pessoa viva, e legitimação dos familiares para requerer medidas de proteção dos direitos da personalidade do falecido, sem caracterizar sucessão.

O capital investido em previdência privada (fechada ou aberta) até a data da abertura da sucessão, antes de sua conversão em renda ou pensionamento do titular, inclui-se na herança, porque tem natureza de aplicação ou investimento financeiro e deve ser partilhado. Nesse sentido, decidiu o STJ (REsp 1.726.577). Essa orientação é mais evidente na previdência privada aberta, utilizada pelo sistema bancário e fundos de investimento, que tem natureza de investimento para aplicação em renda fixa ou variável, em suas modalidades (plano gerador de benefício livre – PGBL e vida gerador de benefício livre – VGBL), que apenas se distinguem para efeitos tributários. Contudo, em qualquer modalidade, não se inclui entre os bens da herança deixada pelo *de cujus* o benefício já atribuído a beneficiário ou beneficiários como renda ou pensionamento, por ter natureza alimentar, inclusive pelo fato da morte do titular, segundo entendimento consolidado na Segunda Seção do STJ.

Também não se inclui na herança os pontos de milhagens de companhias aéreas, pois são bonificações gratuitas, sendo válidas as cláusulas que assim estipularem (STJ, REsp 1.878.651).

No REsp 1.836.130, o STJ considerou a divisão igualitária dos valores existentes em conta conjunta, apesar da solidariedade ativa, para integrar à herança a parte respectiva do *de cujus*; no caso, três irmãos dividiam uma conta corrente, tendo dois falecidos, cabendo à herança de cada um destes o valor correspondente a 1/3.

2.1.2. Pacto Sucessório

O direito brasileiro, ao contrário de outros sistemas jurídicos, veda o pacto sucessório, ou seja, qualquer negócio jurídico que tenha por objeto herança de pessoa viva (CC, art. 426). Consequentemente, são considerados ilícitos e nulos os negócios jurídicos que tenham por objeto os bens que vão ser deixados por alguém, quando morrer. Radica essa vedação em tradicional valor ético, pois seria imoral a transação sobre o que ainda integra o patrimônio de pessoa viva.

Não há, entre nós, a sucessão contratual, que o direito português, por exemplo, admite, relativamente à possibilidade de renúncia recíproca à condição de herdeiro legitimário na convenção antenupcial, se o regime de bens do casal for o de separação convencional ou imperativo (Lei n. 48/2018). No Brasil a cessão de direitos hereditários apenas é possível após a abertura da sucessão (CC, art. 1.793), não se caracterizando como pacto sucessório.

Além da vedação jurídica e das razões morais, há antiga tradição no senso comum que o associa ao corvo, tida como ave do mau agouro (daí a corrente denominação *pacto corvino*). Tal como nesta estrofe do poema *Asa de Corvo* do poeta Augusto dos Anjos: "Asa de corvos carniceiros, asa; De mau agouro que, nos doze meses; Cobre às vezes o espaço e cobre às vezes; O telhado de nossa própria casa [...]".

Os únicos negócios jurídicos admissíveis são os que emanam da própria pessoa, com fito de ordenar sua sucessão futura, a saber, a partilha em vida, o testamento e o codicilo. São também admitidas as doações de bens feitas em vida aos seus herdeiros necessários, cujos valores são levados ao inventário, para fins de partilha (colação), quando se der a abertura da sucessão, mas essa consequência legal não configura antecipação da herança. Assim, não se pode cogitar de herança de alguém antes que haja sua morte. Igualmente, não se pode renunciar à herança antes da abertura da sucessão.

Apesar da proibição legal do pacto sucessório, no Brasil, parte da doutrina entende que os negócios jurídicos *causa mortis* podem ser entendidos como expressões não explícitas dele: (1) a doação *mortis causa*, que, apesar de negócio jurídico entre vivos, apenas produzirá efeitos após a morte das partes, por força do princípio da autonomia privada; (2) a partilha em vida (CC, art. 2.014), especialmente sob a modalidade de doação, que poderia configurar sucessão antecipada; (3) sucessão de quotas sociais (CC, art. 1.028), ou seja, a possibilidade de o contrato social regular o modo como se dará o ingresso do herdeiro do sócio na sociedade (Delgado; Marinho Jr., 2019, p. 5-30). Parte essa corrente da distinção entre "herança" e "direito sucessório", aplicando a vedação do CC, art. 426, apenas à primeira. A maioria da doutrina, porém, sustenta que essa distinção não tem acolhida no direito brasileiro, no qual ambas as expressões têm sentido unívoco, como se vê na CF, art. 5º, XXX, que assegura de modo amplo a garantia do "direito à herança".

Outras hipóteses podem ser identificadas no direito brasileiro, condicionadas ao evento morte, ainda que não configurem pacto sucessório: (1) a doação com cláusula de reversão, se o doador sobreviver ao donatário; (2) a consolidação da propriedade do nu-proprietário, na doação com usufruto vitalício, dependente da morte do doador usufrutuário.

2.1.3. Herança Digital

As novas tecnologias de informação têm feito emergir bens incorpóreos que transitam entre a extrapatrimonialidade e a patrimonialidade no tráfico jurídico. É o que ocorre com os dados pessoais lançados e transmitidos nas chamadas redes sociais, com as exigências antagônicas de defesa da privacidade e de utilização econômica deles. Um dos problemas emergentes é quanto ao acervo dos dados pessoais (imagens, mensagens, documentos eletrônicos) deixado no ambiente virtual pela pessoa que falece.

Redes sociais passaram a facultar ao titular a escolha de um "contato herdeiro" (*legacy contact*) ou "contato de legado", "ou contato de confiança", para gerir suas contas após a morte ou transformá-las em memorial. Sustenta-se (Faleiros Júnior, 2023, p. 13) que o "contato herdeiro" ou qualquer outra designação equivalente configura ato jurídico *lato sensu*, uma vez que há exteriorização de vontade consciente, mas sem previsão em lei dos efeitos jurídicos, movendo-se próxima à representação voluntária da pessoa falecida. Não envolve, portanto, qualquer dimensão sucessória.

A "herança digital" ou o "legado digital" não têm natureza de sucessão hereditária, segundo os atuais padrões legais, mas sim de legitimação para preservação e guarda da memória do falecido. Sem essa escolha prévia, os dados pessoais, que integram o âmago dos direitos da personalidade, ficam indisponíveis a qualquer pessoa, inclusive a seus herdeiros, os quais estão legitimados apenas a defendê-los em caso de ameaça ou lesão (CC, art. 12).

A Lei Geral de Proteção de Dados – LGPD (Lei n. 13.709/2018) não dispôs, explicitamente, sobre essa matéria. Sustenta-se para essa hipótese, doutrinariamente, a incidência do CC, art. 20, que qualifica os herdeiros como legitimados a tomar decisões acerca de situações que possam afetar a personalidade *post mortem* do indivíduo. Porém, como legitimação para agir não é direito, essa norma legal não autoriza a sucessão hereditária dos direitos da personalidade, que não se transmitem porque não são bens econômicos, ainda que por essa via legal seja admitido o acesso aos dados pessoais aos familiares, mas não sua utilização ou modificação como se titulares fossem.

Quem tem legitimação para agir em defesa da memória do morto a tem também para o acesso aos dados digitais, mas que não se confunde com sucessão hereditária.

Legitima-se o acesso aos dados da pessoa falecida, mas não seu uso ou alteração. Note-se que, nessas situações, há dados pessoais sensíveis da pessoa falecida, que certamente não desejaria que fossem conhecidos ou revelados, ainda que para seus parentes próximos, além de dados pessoais de terceiros. Por outro lado, não é razoável que seja legitimado a ter acesso qualquer parente herdeiro, pois em nosso direito vai até ao quarto grau, de acordo com a ordem de vocação hereditária.

São transmissíveis e se incluem na herança deixada pelo *de cujus* as dimensões econômicas dessas contas, ou dos perfis, *sites*, *blogs*, tais como: a) os valores de publicidade a eles transferidos por empresas para veiculação de seus produtos e serviços; b) a exploração econômica autorizada dos direitos da personalidade do titular (por exemplo, da imagem); c) contratos de uso ou de aquisição de bens digitais; d) direitos patrimoniais de autor.

Já as contas que se refiram a conteúdos privados não devem ser devassadas como regra, na medida em que há interesse na tutela da privacidade da pessoa falecida, que se opera mesmo em face dos familiares. O acervo digital cujo acesso dependa de senha está protegido pela garantia de privacidade do titular e não pode ser transmitido, nem ser alterado ou disponibilizado pelos sucessores.

Apenas em situações excepcionalíssimas, em que outro interesse existencial se coloque em situação de preponderância, é que será possível autorizar o acesso a conteúdos privados (Leal, 2018, p. 196). Sustentam idêntico entendimento Pablo Malheiros; João Aguirre; Maurício Peixoto (2018, p. 564-607) e Everilda Brandão Guilhermino (2021, *passim*), quanto à necessidade de distinguir as dimensões próprias de direitos da personalidade (intransmissíveis) e patrimoniais (transmissíveis) e seus pontos de interconexão.

No exterior, o tribunal superior federal da Alemanha, em 2018 (caso BGH III ZR 183/17), obrigou o Facebook a liberar aos pais o acesso à conta de uma adolescente falecida aos quinze anos, bloqueada por aquele como "memorial", sob argumento de tutelar a privacidade do usuário. Para o tribunal, o contrato de consumo celebrado entre a adolescente e o Facebook fora transmitido aos pais, que passaram a ocupar a posição contratual e os respectivos direitos dela. A decisão tem sido considerada pela doutrina como *leading case* europeu sobre transmissibilidade da herança digital (Fritz, 2021, p. 89). Todavia, essa anômala cessão da posição contratual não caracteriza sucessão hereditária, em nosso direito.

2.2. Aquisição da Herança: *Saisine*

Adquire-se a herança, automaticamente, com a abertura da sucessão. O direito brasileiro difere de outros sistemas jurídicos porque admite a transmissão automática, sem necessidade de consentimento ou aceitação dos herdeiros beneficiados ou decisão de qualquer natureza. Ainda que o herdeiro não tenha conhecimento da abertura da sucessão, a transmissão dá-se a seu favor, desde o preciso momento da morte do autor da herança. A transmissão é por força de lei. O que uma pessoa herdou e ainda não sabe, ou não aceitou, já ingressou em seu patrimônio, conquanto não definitivamente.

A norma jurídica que assim enuncia o modelo brasileiro de sucessão a causa da morte é o CC/2002 (art. 1.784): "Aberta a sucessão, a herança transmite-se, desde logo, aos herdeiros legítimos e testamentários". Não apenas aos herdeiros, mas aos demais sucessores, inclusive os legatários e, na falta de todos esses, à Fazenda Pública. Quanto aos legatários (CC, art. 1.923), a eles pertencem as coisas certas, existentes no acervo, "desde a abertura da sucessão". Atendendo à crítica de Pontes de Miranda, o CC/2002 suprimiu as expressões "o domínio e a posse", existentes no Código anterior, resultando simplesmente na transmissão automática da herança – conjugando direitos reais, posses, dívidas, créditos e outros direitos – ao herdeiro legítimo (incluindo o ente estatal) ou legatário.

A essência da norma brasileira é que a morte da pessoa não gera um vazio de titularidade sobre a herança que deixou. Os direitos subjetivos sobre a herança são de um sucessor, ou diversos sucessores, sejam eles determinados pela lei ou pelo próprio autor da herança, mediante testamento que antes fez. Não se admite que tais direitos restem sem sujeitos, porque a aceitação tácita ou expressa não é constitutiva da transmissão da herança.

Sua origem radica no modelo engendrado pelos povos germânicos, retratado na expressão do direito francês de *droit de saisine* – a partir da máxima *le mort saisit le vif, sans ministère de justice*. Esse modelo é diverso do que o direito romano legou, mediante o qual a sucessão hereditária inicia com a aceitação do sucessor, permanecendo jacente até que essa se dê. Para o direito romano, portanto, jacente era a herança cujos sucessores não manifestaram aceitação, ou até quando esta se dava. No direito romano havia lapso de tempo entre o que denominava delação e a aquisição da herança. A delação era o prazo ou espaço de tempo concedido ao sucessível, ou seja, ao que poderia ser sucessor, para que nele dissesse se aceitava ou não a herança. O sucessível ficava na posição jurídica de pessoa a quem se deferia a herança, cuja transmissão dependia de exercício de verdadeiro direito potestativo.

De acordo com o modelo romano, algumas legislações exigem a formalidade do certificado sucessório (por exemplo, o *Erbschein* na Alemanha), que impõe aos cidadãos alemães a escritura de aceitação da herança, para fins de registro da propriedade, ou após o transcurso de seis semanas após o herdeiro tomar conhecimento da delação, sem repudiá-la. Na prática espanhola, não é concebível o registro do domínio por via hereditária sem um ato expresso de aceitação em documento público (Lamarca Marquès, 2008, p. 28).

Diferentemente da tradição do direito romano, o *droit de saisine*, ou simplesmente *saisine*, como doravante denominaremos, opera por força de lei, relativizando o efeito da aceitação posterior. Com a delação, nos sistemas que a preveem, o chamado não é ainda herdeiro, mas titular de um direito potestativo de aceitar a herança (Cupis, 1987, p. 549). Portanto, não faz sentido referir à delação da herança – no sentido de devolução sucessória, ou oferecimento da herança, que depende de manifestação do herdeiro – e à adição, entendida como aquisição da herança pela aceitação, como se lê em obras de doutrinadores (por exemplo, Itabaiana de Oliveira, 1986, p. 45, Orlando Gomes, 1973, p. 31), pois o modelo da *saisine* brasileira não as contempla, uma vez que a transmissão da titularidade opera imediatamente com a abertura da sucessão.

Como esclarece Pontes de Miranda, a herança não jaz sem dono, de jeito que o conceito de herança jacente mudou. Quando, no tempo em que se espera o nascimento do herdeiro concebido, ou de alguma decisão sobre a legitimação ativa de alguém à herança, ou em que se aguarda a personificação de sociedade ou fundação, criada pelo *de cujus*, a herança já é de alguém: apenas não se sabe se é o beneficiado pela lei, ou pelo testamento, ou se algum dos herdeiros legítimos, ou de outrem (1972, v. 55, p. 16).

Não se pode aludir, pois, à suspensão da sucessão; a sucessão já se deu. Consequentemente, no Brasil estão conjugadas e subsumidas na *saisine* a abertura da sucessão, a vocação, a devolução, a delação, a aquisição que, em outros países, constituem fases distintas. Nenhuma herança fica sem titular ou titulares. Não se exige qualquer ato de autoridade ou de herdeiro para que se opere a transferência da herança.

Na evolução do direito brasileiro, a *saisine* plena teve consagração com o Alvará de 9 de novembro de 1754 – integrando o conjunto de reformas do Marquês de Pombal, contrárias à tradição do direito romano e aos costumes medievais –, que introduziu no direito luso-brasileiro a transmissão automática dos direitos, que compõem o patrimônio da herança, aos sucessores, legais ou testamentários, com toda a propriedade, a posse, os direitos reais e os pessoais. O Alvará de 1754 modificou o sistema das Ordenações Filipinas, por razões não só de tradição, mas também de ordem prática, com intuito de tornar claro quem era o herdeiro, de evitar que a vacância propiciasse conflitos de posse com aqueles que se aproveitassem desse momento de falta de certeza de quem era herdeiro e de proteção dos credores do falecido. Os Códigos Civis de 1916 e 2002 deram continuidade a essa tradição bem-sucedida da experiência luso-brasileira.

Curiosamente, o direito português tomou rumo diferente, pois o Código Civil lusitano de 1966 retoma parcialmente o modelo romano ao fazer o início da transmissão a causa da morte dependente da aceitação dos herdeiros beneficiários. O ponto de partida para a transmissão não é a morte, mas o "chamamento" das pessoas à titularidade das relações jurídicas patrimoniais da pessoa falecida (a delação da herança no direito romano) e a "devolução" dos bens que ela deixou. Se os primeiros sucessíveis chamados não quiserem aceitar, serão chamados os seguintes, que, se aceitarem, terão a "devolução" a seu favor, com efeitos retroativos à abertura da sucessão (morte). José de Oliveira Ascensão (2000, p. 440) deplora essa opção do direito português, que se afastou de suas origens, pugnando pelo sistema brasileiro da aquisição automática da herança, que corresponde à normalidade da vida, com a aceitação tendo sentido de confirmação da aquisição.

Parte da doutrina brasileira, ainda sob efeito da tradição romana, e sem a devida atenção às peculiaridades da *saisine* ampla que nosso direito adotou, reproduz o modelo restrito de outros direitos, como o português aludido. Erronia maior é a afirmação corrente de que entre a abertura da sucessão e a aceitação haveria espaço de tempo, dentro do qual inevitavelmente a herança ficaria sem titular. Mas, no direito brasileiro, a *saisine* opera automaticamente sem chamamento, delação da herança e devolução, pois a transmissão não depende da vontade do sucessível: morto o autor da herança, esta se transmite imediatamente ao herdeiro ou sucessor, tornando-o titular das relações jurídicas transmitidas, antes mesmo que diga se aceita ou renuncia. Não se pode cogitar de devolução, pois esta suporia a existência de tempo em que a herança não fosse ainda transmitida aos sucessores, "devolvendo-se" a estes quando aceitassem, o que retrocederia nosso direito ao sistema anterior a 1754.

A *saisine* é o mecanismo jurídico de investidura automática e legal na titularidade da herança, dos que o ordenamento considera sucessores, na ordem estabelecida. No direito brasileiro é conferida a quaisquer herdeiros necessários, legítimos ou testamentários e a todos que estejam legitimados a receber a herança, sejam parentes, legatários ou Fazenda Pública. O direito real – inclusive a propriedade – é imediatamente transmitido ao sucessor, segundo a ordem de vocação hereditária, seja ele qual for (herdeiro legítimo, herdeiro testamentário, legatário).

A *saisine*, contudo, não opera automaticamente com relação à posse dos bens deixados aos legatários, pois estes, conquanto já investidos na titularidade dos respectivos direitos reais, têm que reclamá-la aos herdeiros legítimos, se houver. Consequentemente, no direito brasileiro, a transmissão dos direitos reais, a causa de morte, é legal e automático, não dependente de vontade ou decisão de quem quer que seja. A transmissão da posse imediata e direta apenas não opera automaticamente em relação aos legatários.

A *saisine* que se adotou em França, de onde se irradiou para diversos ordenamentos jurídicos, é restrita e parcial; portanto, diferente da brasileira. Com efeito, no Código Civil francês, art. 724, apenas os herdeiros legítimos adquirem por força de lei (*sont saisis de plein droit de biens, droits et actions du défunt*); os demais sucessores dependem de cumprimento de outros requisitos, inclusive aceitação ou imissão na posse. Os ordenamentos jurídicos que não admitem a *saisine* condicionam a aquisição da herança inteiramente à aceitação, ainda que os efeitos desta retroajam à data da abertura da sucessão, como estabelece o art. 459 do Código Civil italiano.

Vê-se que a transmissão a causa de morte no direito brasileiro é distinta dos modelos conhecidos. É distinta do direito romano, porque não depende da aceitação para que se dê. É distinta do direito francês porque não se restringe a alguns tipos de herdeiros ou sucessores. Todos os sucessores, inclusive o ente estatal, são beneficiados pela *saisine*.

O CC/2002, art. 1.227, estabelece que os direitos reais sobre imóveis, constituídos por atos entre vivos, só se adquirem com o registro do título de aquisição (compra e venda, permuta, dação em pagamento, doação, por exemplo) no registro de imóveis respectivo. Expressa o modelo binário que o direito brasileiro adotou, distinguindo os efeitos do título de aquisição (meramente obrigacional) e os do modo de aquisição (transmissão da propriedade ou outro direito real, com o registro), que a praxe divulgou na expressão "só é dono quem registra". Para a transmissão dos direitos reais sobre móveis, o modo de aquisição é a tradição (entrega real da coisa). Diferentemente, na transmissão da herança de bens móveis ou imóveis a causa da morte, o título e o modo de aquisição se confundem na abertura da sucessão: não são, portanto, dois momentos distintos, o que significa dizer que não se fazem necessários nem o registro público nem a tradição da coisa, cujas eficácias são meramente declarativas, ao contrário da eficácia constitutiva da transmissão entre vivos.

O desconhecimento da existência de herdeiro, ou o desconhecimento do paradeiro do único parente sucessível não implicam ficar a herança sem transmissão. Só há herança se alguém herda, porque isso resulta do princípio da *saisine*. Se o parente ausente não se apresenta, ou se o que se imaginava existente não existe, ou renuncia, se também não há cônjuge ou companheiro de união

— 43 —

estável, herda a Fazenda Pública ou ente estatal (dependendo do local do bem, o Município, ou o Distrito Federal, ou a União, esta para os Territórios Federais).

É corrente na literatura jurídica brasileira a afirmação de que a Fazenda Pública não é beneficiária da *saisine*, porque seria sucessor supletivo, na falta de herdeiro legítimo ou testamentário, ou de legatário. Esse entendimento ficou fortalecido com a redação dada pelo art. 1.829 do CC/2002, que suprimiu a referência à Fazenda Pública, prevista no CC/1916, em relação à ordem de vocação hereditária dos sucessores legítimos. Todavia, o art. 1.844 prevê que não sobrevivendo cônjuge, companheiro ou parente sucessível, a herança é transmitida à Fazenda Pública, desde a abertura da sucessão, não o fazendo depender de cumprimento de qualquer requisito ou de eficácia retroativa da decisão judicial. Assim, se não há parente sucessível ou se este não a tiver renunciado, a aquisição da herança pela Fazenda Pública dá-se do mesmo modo que a prevista para os demais sucessores, ou seja, por força de lei e de modo automático na data da abertura da sucessão, com uma nota adicional: a Fazenda Pública não pode renunciar à herança. Também para a Fazenda Pública vale o princípio de que os bens não restam sem titular.

2.3. Efeitos Jurídicos da *Saisine* Plena

A opção do direito brasileiro pela *saisine* plena é constituída de interesses práticos e de relevantes efeitos jurídicos, principalmente em relação aos sucessores, antes mesmo de confirmarem a transmissão pela aceitação.

Como diz Pontes de Miranda (1972, v. 55, p. 21), primeiro, a prescrição contra eles começa a correr da morte do *de cujus*. Segundo, podem exercer as medidas conservatórias, como as de defesa da posse, de interrupção de prescrição. Terceiro, podem pedir a partilha, tomar posse efetiva de bens, propor ações de nulidade ou anulação de testamento.

Diferentemente de outros sistemas jurídicos, a *saisine* brasileira importa imediata transmissão da posse ao herdeiro, desde a abertura da sucessão, e não apenas as titularidades dos direitos reais. O herdeiro não pede imissão de posse, porque a posse ele já tem, por força de lei, desde a abertura da sucessão. Pode exercer ação de esbulho, ou de turbação, ou qualquer ação possessória. Se o herdeiro falece, mesmo antes de aceitar a herança, seus sucessores prosseguem nas mesmas titularidades de posse e de direitos reais. Às vezes, a posse é apenas a mediata, pois a posse imediata pode estar com terceiro (por exemplo, o bem deixado pode estar alugado, o que faz com que a posse imediata esteja com o locatário). Pode ser objeto da transmissão apenas a posse imediata sobre a coisa deixada, quando o *de cujus* era apenas possuidor, sem título de propriedade, ou seja, não apenas se transmitem a causa de morte títulos de domínio, mas igualmente situação fática da posse sobre bens. A posse pode ser apenas imediata, sem titularidade da posse mediata, como na hipótese de o *de cujus* ter morrido na qualidade de locatário do imóvel ou arrendatário rural; esta é a posse que se transfere, sem titularidade de direito real. Seja como for, mediata ou imediata, a posse que passa ao herdeiro é posse própria, definitiva, a mesma em que se encontrava investido o *de cujus*; não é posse imprópria ou provisória.

Até a partilha dos bens, a posse direta ou imediata concentra-se no cônjuge, ou companheiro, ou administrador da herança ou inventariante judicial. Mas a posse indireta já foi transmitida aos herdeiros desde a abertura da sucessão, que a têm em partes ideais, pois enquanto não se proceder à partilha dos bens (judicial ou extrajudicial), a herança é tida como um todo, em condomínio.

Ante as controvérsias doutrinárias sobre a natureza da herança ou da comunhão hereditária, o CC/2002 (arts. 80 e 1.791) tomou posição expressa pelo condomínio. A indivisibilidade e a universalidade da herança regulam-se pelas normas relativas ao condomínio, até a partilha. Os herdeiros legais e testamentários são titulares de partes ideais. A composse é exclusiva dos herdeiros, não incluindo o legatário, cuja titularidade se equipara à nua-propriedade até a partilha, ou antes desta se lhe for deferido o pedido de legado.

Enquanto não houver a partilha, o patrimônio, objeto da herança, não pode qualquer de seus bens ser atribuído a herdeiro determinado. Porém, o STJ admitiu que possa ser alienado bem específico, desde que haja concordância de todos os sucessores e autorização judicial, coibindo-se prejuízos aos herdeiros e credores (REsp 1.072.511).

Dado o caráter de transmissão automática do patrimônio, pela *saisine*, antiga decisão do STF, de relatoria do Min. Nelson Hungria, já esclarecia que os herdeiros o recebem *pro indiviso*, nenhum deles podendo exercer atos possessórios que excluam a posse dos outros (AgIn 15.181, de 1951). É também do STF (RE 7.586) o entendimento de ser possível a pretensão reivindicatória do herdeiro, antes do inventário, em virtude da *saisine*, pois esta já lhe transmitiu automaticamente a posse e o domínio. Após o CC/2002, prosseguiu o STJ na mesma direção, pois, tal como ocorre em relação a um condômino, ao coerdeiro é dada a legitimidade *ad causam* para reivindicar, independentemente da formação de litisconsórcio com os demais coerdeiros, a coisa comum que esteja indevidamente em poder de terceiro (REsp 1.192.027).

— 45 —

2.4. Aceitação da Herança

O herdeiro sucessível, na ordem de vocação hereditária, pode aceitar ou não a herança. A previsão legal da aceitação aparenta colidir com o princípio da *saisine* plena, que importa transmissão imediata dos bens deixados pelo *de cujus* desde sua morte. Todavia, a aceitação conforma-se ao princípio constitucional da liberdade ou de autodeterminação, pois ninguém pode ser obrigado a receber herança, se não a deseja. Assim, a autodeterminação do herdeiro ou do legatário tanto pode ser no sentido de confirmar quanto no de rejeitar a herança.

A aceitação apenas pode ser considerada se feita após a morte do autor da herança. A aceitação prévia é tida como juridicamente inexistente e não apenas como inválida ou ineficaz. A inexistência da aceitação prévia decorre do princípio do direito brasileiro de vedação total de qualquer ato que tenha por objeto herança de pessoa viva, denominado de *pacto sucessório*.

No direito brasileiro, a aceitação da herança produz efeitos de confirmação da transmissão legal de bens a causa de morte. Não é dotada de efeito constitutivo. Nos negócios jurídicos entre vivos, em geral, a relação jurídica se constitui a partir do consentimento das partes ou de conduta a que o direito atribui efeito equivalente àquele: declaração de vontade, manifestação de vontade tácita ou conduta negocial típica. No negócio jurídico unilateral o vínculo jurídico produz seus efeitos em relação ao único sujeito que o manifesta, desde a exteriorização da vontade (exemplo: a promessa de recompensa), ou desde que ocorra o fato que os deflagra (exemplo: a morte do testador, no testamento). No negócio jurídico bilateral, seus efeitos jurídicos específicos dependem da aceitação do sujeito destinatário (exemplo: contrato de doação). Nos negócios jurídicos massificados, a aceitação é substituída pela conduta negocial típica do figurante vulnerável e protegido. Em qualquer dessas situações, a manifestação de vontade ou a conduta são constitutivas (ou desconstitutivas) dos direitos e deveres jurídicos. Na sucessão a causa de morte, a exigência de manifestação de vontade para a aceitação não tem idêntica característica.

A investidura em direitos e deveres jurídicos, na transmissão a causa de morte, não se constitui em virtude da aceitação do beneficiado, diferentemente do que ocorre com a doação (aceitação mais registro público), mas por força de lei. O CC/2002 não tem a aceitação e o registro público como requisitos para que se opere a transmissão das titularidades dos direitos reais, das posses, dos demais direitos e das obrigações deixados pelo *de cujus*. Consequentemente, a aceitação apenas detém efeito declaratório de confirmação da transmissão das titularidades que já operou desde a abertura da sucessão.

— 46 —

É nesse sentido que se deve interpretar o CC/2002, art. 1.804: "Aceita a herança, torna-se definitiva a sua transmissão ao herdeiro". Não se entenda que a transmissão da herança por força de lei é provisória, que apenas se convolaria em definitiva com a aceitação do herdeiro. A transmissão não é provisória, pendente ou suspensa. A transmissão já existiu plenamente desde a abertura da sucessão, e o herdeiro apenas confirma essa situação jurídica. A aceitação não é dirigida ao autor da herança, como se fosse tornar definitivo um contrato entre ele e o morto. Não existe qualquer relação jurídica negocial entre o herdeiro e o autor da herança, porque sua investidura nos direitos e obrigações lhe foi outorgada diretamente pela lei. Até mesmo quando há herdeiro universal instituído em testamento pelo autor da herança, por inexistirem herdeiros necessários, não se converte o testamento em proposta dependente de aceitação; ainda nessa hipótese, é a lei que promove a transmissão, e não a vontade do testador e do herdeiro. Portanto, emanam da lei os efeitos e a definitividade da transmissão a causa de morte. A aceitação do herdeiro tem o condão de confirmá-los, em homenagem aos princípios da liberdade e da autodeterminação.

Diferentemente da renúncia, a aceitação do herdeiro não produz efeitos retroativos, pois não há qualquer alteração quanto à origem e o alcance da herança que recebeu. A previsão legal da aceitação, com sua natureza declaratória de confirmação, é reforço do direito do herdeiro de renunciar à herança. A retroatividade da aceitação é apenas cabível quando o sistema jurídico não admite a *saisine*, a exemplo do Código Civil português, cujo art. 2.050 estabelece que a herança apenas se adquire com a aceitação, retroagindo-se seus efeitos ao momento da abertura da sucessão. A renúncia, sim, retroage, apagando desde o início a transmissão não desejada. Se o herdeiro não renuncia é porque confirma a definitividade da transmissão. O Código Civil não exige manifestação expressa para a aceitação, reputando-a existente quando o herdeiro não manifesta expressamente a renúncia. Se o herdeiro ou o legatário renuncia, o valor correspondente é acrescido à herança dos herdeiros legítimos.

A literatura jurídica costuma referir-se aos termos "adir" e "adição", com sentido de aceitar ou de aceitação da herança. É uma reverência à tradição, vinda do direito romano. Não empregamos o termo "adição" ou o verbo "adir" com significado de aceitação e aceitar, porque eles tiveram significados distintos no direito romano. Neste, a adição era pressuposto necessário para que se desse a transmissão da herança. O direito brasileiro adotou desde o século XVIII modelo diverso do direito romano, que previa a adição como termo final da delação. Esses institutos são incompatíveis com a *saisine* plena do direito brasileiro, pois a aceitação não tem efeito constitutivo como se atribuía à adição.

Tem sido entendido que o pedido de abertura de inventário ou de arrolamento de bens, com a regularização processual por meio de nomeação de advogado, implica a aceitação tácita da herança.

Para evitar dúvidas quanto à manifestação dos sucessíveis, o CC/2002 faculta a qualquer deles requerer ao juiz, após vinte dias da abertura da sucessão, que notifique algum ou todos os demais para dizer expressamente se aceita ou renuncia à herança. A lei não determina prazo dentro do qual o sucessível deve dizer se aceita ou renuncia. Cabe ao juiz estabelecer prazo razoável, dadas as circunstâncias, para tal manifestação, desde que não seja superior a trinta dias. O prazo judicial somente pode começar do momento em que o herdeiro tem conhecimento exato da notificação para manifestar-se. Vencido o prazo, depois de devidamente notificado, tem-se a herança como confirmada e aceita, de modo irrevogável. Dá-se a presunção legal absoluta. Quando o sucessível for absolutamente incapaz, será notificado seu representante legal (pais, tutor, curador). Se relativamente incapaz, será notificado juntamente com quem lhe deva prestar assistência. Se faltar o representante legal ou assistente, o prazo não começará a correr contra o incapaz, senão a partir do momento em que alguém assumir o múnus da representação ou assistência. Com relação ao nascituro, o início do prazo depende de seu nascimento com vida e desde que conte com representante legal. Dentro do prazo judicial, quando requerido por qualquer herdeiro, o sucessível poderá renunciar à herança; não mais, depois dele.

A lei não se referiu ao decurso do prazo judicial, exceto quanto ao máximo. Esclarece Pontes de Miranda (1972, v. 55, p. 53) que pode haver duas situações inconfundíveis: a) a do herdeiro do herdeiro, se este morreu antes de iniciar o prazo judicial; b) a do herdeiro do herdeiro, se, quando este morreu, já fora notificado. Na espécie "a" o herdeiro do herdeiro tem de ser notificado. Na espécie "b" o prazo foi substituído pelo prazo judicial para se manifestar o herdeiro do herdeiro quanto à segunda sucessão.

A aceitação pode ser implícita, mas a renúncia é sempre expressa. Pode aceitar ambas as heranças, porém não pode renunciar à herança do herdeiro e aceitar a primeira. Exemplificando: O neto pode renunciar à herança deixada pelo avô e aceitar a herança própria deixada por seu pai, que faleceu depois daquele; não pode, contudo, renunciar à herança do pai e aceitar a do avô, porque infringiria a vedação de aceitação parcial, uma vez que o pai já tinha incorporado a seu patrimônio a herança recebida do avô, em virtude da *saisine*.

A aceitação pode ser inexistente, inválida ou ineficaz. É inexistente quando o aceitante não é herdeiro ou legatário, ou quando é feita após a renúncia, dado o caráter de irrevogabilidade desta. Em face da especificidade da aceitação, no direito das sucessões, de confirmação de transmissão legal de bens a causa de morte, não se lhe aplica a teoria da aparência. É nula a aceitação que viola lei expressa ou forma essencial, exemplificando-se, respectivamente, com a aceitação de legado quando o testador ainda é vivo e com aceitação expressa não escrita. Também é nula, por violação de lei, a aceitação feita por tutor ou curador, quando não autorizados pelo juiz, ou feita diretamente pelo menor absolutamente incapaz. É anulável a aceitação com vício da manifestação de vontade, como o erro em relação ao objeto da herança, ou quando feita diretamente pelo relativamente incapaz não assistido.

Diferentemente de outros ordenamentos jurídicos, a aceitação da herança, no Brasil, não está sujeita a prazo decadencial ou prescritivo. Assim é porque não é constitutiva de direito, mas sim confirmatória.

2.5. Modalidades de Aceitação da Herança

A transmissão da herança, automática por força de lei, gera o direito de confirmá-la pela aceitação expressa ou tácita. Se o sucessível, na ordem da vocação hereditária (por exemplo, o filho) aceitar, por qualquer modo, não mais poderá renunciar à herança. Ou aceita (confirma) ou renuncia.

A aceitação pode ser expressa ou tácita. Nos negócios jurídicos em geral, a manifestação de vontade é considerada expressa quando se descola do âmbito psíquico do sujeito ou quando se revela por quaisquer sinais que possam ser percebidos pelo outro, ou seja, a fala, os escritos, os gestos. Enfim, quando a vontade se exterioriza de algum modo. Porém, para a aceitação expressa da herança, a lei apenas admite que se revele de forma escrita, que a torne indiscutível. Na vida social brasileira, a forma escrita de aceitação da herança é de utilização escassa. A restrição havida no CC/2002 deixou incluída nas aceitações tácitas as aceitações expressas sem terem sido feitas por escrito.

A aceitação é tácita quando decorre de atitudes e comportamentos do sucessível, principalmente em duas situações: (1) quando não renuncia expressamente à herança; (2) quando age em conformidade com o padrão reconhecido de herdeiro, segundo os costumes, ou de quem não rejeita a herança. Assim, configuram aceitação tácita: a) a realização de atos que só se poderiam atribuir a herdeiro; b) a assunção da posse imediata dos bens e sua administração; c) o recebimento de sua quota em créditos ou em algum crédito; d) o pagamento de dívidas da herança; e) a outorga de poderes a alguém para que seja advogado na ação de inventário e partilha, ou em ação possessória, ou em assistência em

— 49 —

inventário extrajudicial; f) a construção, demolição ou reforma em imóvel da herança, sem característica de emergência; g) a cobrança de créditos que o *de cujus* deixou e o recebimento para si; h) as providências para abertura do inventário; i) o pagamento de dívidas da herança, sem expressar que o faz na condição de gestor de negócios alheios; j) a defesa judicial do espólio. Também se considera aceitação a omissão do herdeiro que deixa escoar o prazo que lhe foi dado pelo juiz, para dizer se aceitava ou não a herança.

Escreveu Carlos Maximiliano (1958, v. 1, p. 56) que se presume sempre a aceitação tácita. Discordou Pontes de Miranda (1972, v. 55, p. 61), pois o que se compõe tacitamente não é presumido, não depende de presunção. Se os fatos mostram que se manifestou a vontade, houve tácita manifestação de vontade, não a manifestação de vontade presumida.

Não se consideram aceitação tácita da herança certas condutas que o sucessível adota, que podem ser vistas como expressões de solidariedade, afeição e consideração com a memória do *de cujus*, inclusive para se evitar que os bens deixados se deteriorem. São aquelas que qualquer pessoa afetivamente próxima dele poderia adotar, sem vínculo de parentesco ou interesse sucessório. A lei qualifica essas condutas como atos oficiosos, exemplificando com as providências de funeral do falecido, ou as de mera conservação dos bens antes que o façam os herdeiros ou o administrador da herança nomeado, ou de administração e guarda provisória dos bens, à semelhança do que faz o gestor de negócios alheios. Essas condutas não presumem aceitação da herança, ainda que provenientes de sucessível. São dessa natureza os pagamentos dos empregados domésticos, o recebimento dos aluguéis e seu depósito em conta do *de cujus*, a contratação de mão de obra para conservação das coisas deixadas, ou de vigilantes, ou outras situações que se qualifiquem como de gestão de negócios alheios.

Se o herdeiro for menor absolutamente incapaz, a aceitação expressa ou tácita será ato de seu representante legal. Se for relativamente incapaz, será assistido por seu assistente. O titular do poder familiar não precisa de autorização do juiz para aceitar a herança, em nome do filho absolutamente incapaz, nem assisti-lo, no ato de aceitação, se relativamente incapaz. Quem assiste não aceita, nem renuncia à herança; apenas assiste ao relativamente incapaz que quer aceitar ou renunciar. O herdeiro que foi excluído da herança, por cometer qualquer das situações ilícitas previstas no CC/2002 (art. 1.814), não poderá representar seu filho, que herdará em seu lugar; tampouco poderá administrá-la, porque, em ambos os casos, seria beneficiário indireto, o que importaria fraude à lei. Nessa circunstância de exclusão do herdeiro genitor, seu filho absolutamente incapaz é representado exclusivamente pelo outro genitor, para a aceitação da herança, ou assistido por este, se relativamente incapaz. Se faltar o outro genitor, a aceitação da herança ou de legado competirá ao curador especial (CC, art. 1.692) designado pelo juiz, a requerimento do próprio menor ou do Ministério Público, em virtude de colisão de interesses, o que a torna necessariamente expressa. Quanto ao tutor de menores (se faltam ambos os pais) e curador de pessoa com deficiência mental somente podem aceitar herança com autorização do juiz (CC, art.1.748, II).

O credor do herdeiro pode, excepcionalmente, tomar o lugar desse para a aceitação da herança do *de cujus*. A faculdade excepcional ocorre quando o herdeiro, que não contar com patrimônio ativo suficiente para responder por suas dívidas, renunciar à herança que teria direito a receber, o que, objetivamente, poderá pôr em risco a garantia do crédito e prejudicar o credor. Qualquer renúncia à herança fica exposta a essa eventual ineficácia, quando o credor exerce o direito de aceitar no lugar do herdeiro e limitado ao montante do crédito. O credor requererá ao juiz que seja admitido a aceitar a herança no lugar do herdeiro que lhe é devedor, no montante suficiente à segurança do crédito. No que excede à soma devida, a eficácia da renúncia não é atingida, pois, pagas as dívidas (CC, art. 1.813) do renunciante, o remanescente do que seria cabível ao herdeiro é acrescido aos quinhões dos demais herdeiros. Não há, pois, substituição do herdeiro pelo credor, pois essa aceitação anômala e forçada tem por fito a reserva de bens para segurança do crédito, quando da partilha, ou seja, o credor não se converte em herdeiro. Ressalte-se que essa modalidade de aceitação forçada apenas é cabível em relação às dívidas do herdeiro, mas nunca para as dívidas deixadas pelo próprio *de cujus*. Neste caso não há necessidade de recorrer-se a tal modalidade, pois o credor pode habilitar-se diretamente no inventário, requerendo ao juiz a reserva necessária dos bens deixados pelo *de cujus*, para cobertura das dívidas deste. A lei concede ao credor o prazo de trinta dias para sua habilitação ao inventário, contados do "conhecimento do fato", ou seja, não é da data da abertura da sucessão, mas do conhecimento que o credor teve desse fato, cabendo ao herdeiro renunciante ou aos demais herdeiros, interessados no acréscimo de seus respectivos quinhões hereditários, o ônus de provar que o conhecimento alegado pelo credor do falecimento do *de cujus* se deu antes dos trinta dias do pedido de habilitação.

Para Pontes de Miranda (1972, v. 55, p. 67-70), os dois pressupostos necessários para a aceitação pelo credor são apenas a anterioridade dos créditos, em relação à renúncia, e a insuficiência dos bens do devedor para a solução das suas dívidas. Não é preciso, sequer, que os bens da herança, a que se renuncia, bastem para a solução da dívida. O inventário sempre foi a segurança para os credores. O credor pede ao juiz a autorização, pois é indispensável a citação do renunciante, para sua defesa, se for o caso. O renunciante pode alegar e provar, por exemplo, que não está insolvente, ou que nada deve ao suposto credor, ou que as dívidas foram posteriores à renúncia. Se o renunciante pagar as dívidas, a aceitação forçada perderá sua eficácia, prevalecendo a renúncia. Desde o momento em que se paga todo o crédito, cessa a legitimação obtida.

2.6. Situações Vedadas na Aceitação da Herança

A aceitação expressa há de ser pura e simples. Aceita-se ou não se aceita. Não é possível que a aceitação se faça sob condição de qualquer espécie ou que seja considerada a partir de determinada data. A condição ou o termo são considerados ineficazes, como se a aceitação a eles não aludisse. Todavia, se a condição ou o termo forem considerados essenciais, ou seja, sem eles não interessa ao sucessível confirmar a herança, então sua manifestação será recebida como renúncia irrevogável.

Tampouco é admitida a aceitação de parte da herança. Ou se aceita a integralidade da herança, com seu ativo e passivo, suas vantagens e desvantagens, ou se tem de renunciar a ela. Se não há renúncia, tem-se a aceitação como total, seja da integralidade da herança, quando for herdeiro único, ou de sua parte ideal, quando forem dois ou mais herdeiros. Essa proibição decorre do fato de ser a herança um todo indivisível, até a partilha, havida em condomínio pelos herdeiros. Se assim não fosse, o herdeiro ou os herdeiros poderiam excluir de seu quinhão hereditário as dívidas deixadas pelo *de cujus*, com que eles devem arcar até ao limite do que receberam de ativo, ou excluir determinados bens deixados com encargos, que devem ser por eles respeitados.

O autor da herança pode ter destinado alguns bens para beneficiar determinadas pessoas, inclusive seus próprios herdeiros. São os legados, que ele contemplou em testamento. Nessa circunstância, o herdeiro pode, sem risco de violar a proibição de aceitação parcial, aceitar a herança e repudiar o ou os legados, ou até mesmo renunciar à herança e aceitar apenas os legados. Nesta última hipótese, deixou de ser herdeiro e restou apenas como legatário.

O CC/2002 (art. 1.808) criou outra exceção à regra de vedação da aceitação parcial, ao permitir que o herdeiro, "chamado, na mesma sucessão, a mais de um quinhão hereditário, sob títulos sucessórios diversos", pode aceitar um ou alguns quinhões e renunciar a outro ou outros. O que importa é que a sucessão seja a mesma, isto é, do mesmo autor da herança. A diversidade de títulos sucessórios ocorre quando o herdeiro necessário (descendente, ascendente ou cônjuge ou companheiro) também é instituído herdeiro pelo mesmo autor da herança em testamento, relativamente à metade disponível. Por exemplo, um dos três filhos do autor da herança, além do quinhão assegurado em lei na metade legítima, foi beneficiado em testamento com a totalidade ou porção ideal da metade disponível: pode aceitar um quinhão e rejeitar o outro. Do mesmo modo, se foi destinatário em testamento de dois ou mais legados distintos: pode rejeitar um e aceitar o outro ou outros. O CC/1916 apenas admitia que aceitasse ou repudiasse o conjunto da herança ou o conjunto dos legados, ainda que houvesse diversidade de títulos sucessórios, sem poder discriminar os quinhões de cada conjunto. Esclareça-se que não se consideram títulos sucessórios diversos, quando há o direito de acrescer, ou seja, quando um herdeiro tem acrescido seu quinhão hereditário em virtude de renúncia por parte de outro herdeiro, ou de morte ou declaração de indignidade ou exclusão de outro herdeiro que não deixou herdeiros, pois, como diz José Luiz Gavião de Almeida (2003, p. 138), nessas hipóteses o herdeiro não recolhe por títulos diversos, sendo o mesmo direito, aumentado em relação ao benefício original; recolhe-se a totalidade da herança (ou de parte ideal dela) por título único, pelo que não se cogita de quinhões diversos.

2.7. Renúncia da Herança ou do Legado

Em homenagem aos princípios constitucionais da liberdade e da autodeterminação das pessoas, o herdeiro ou o legatário poderão renunciar à herança a cujo recebimento fariam jus, por força de lei ou de testamento. A renúncia é declaração unilateral do beneficiado, subjetiva e não sindicável por quem quer que seja, inclusive pelo Poder Judiciário. Pode o renunciante guardar exclusivamente para si os motivos que o levaram a renunciar à herança ou ao legado. A gratuidade é inseparável da renúncia; não sendo, por consequência, possível uma renúncia a título oneroso, por ausência de correspectivo (Cavalcanti; Cavalcanti Filho, 2015, p. 107). Só se renuncia a direito já nascido – pela *saisine* – e incorporado ao patrimônio do renunciante, que a declaração unilateral de vontade extingue, com efeito retroativo dado pela lei. Por tais razões, a renúncia deve ser interpretada restritivamente; nem se amplia de uma pessoa a outra, nem de coisa a outra diferente.

A renúncia, em virtude da eficácia retroativa negativa, opera o apagamento da situação jurídica de herdeiro ou de legatário, como se o renunciante nunca tivesse sido. Tem-se de considerar o beneficiado como se nunca tivesse existido, por força dessa ficção jurídica de resultados práticos, que apaga os efeitos de outra ficção jurídica, a *saisine*.

A renúncia é ato jurídico unilateral, decorrente de exercício de direito potestativo, a qual, por suas consequências, é cercada de requisitos formais. Para que possa produzir efeitos é necessário que seja comprovadamente conhecida pelos interessados diretos, o que a faz espécie dos atos receptíveis. A forma é indispensável, para que se torne conhecida e indiscutível. Não se admite renúncia tácita ou por silêncio; por mais expressiva e verídica que seja a manifestação de vontade de renunciar, não se tem como renunciada a herança, se não for expressa por escrito. Optou o direito brasileiro por uma de duas formas escritas: a) escritura pública, lavrada por notário; b) por termo nos autos, se o renunciante optar por manifestar sua vontade em juízo. O ato de renúncia, apesar da forma pública, que presumiria sua publicidade, é exigente de recepção pelos interessados. O termo judicial há de ser perante juiz competente, que é o do lugar da abertura da sucessão. A escritura pública pode ser lavrada em qualquer lugar e não apenas no foro do inventário, o que bem demonstra a necessidade de recepção.

Para o direito brasileiro, a renúncia provoca a consequência mais radical entre as hipóteses de afastamento do herdeiro. Se o herdeiro morre antes da partilha, ou se foi excluído da herança, ou deserdado em testamento, é substituído por seus próprios herdeiros (por exemplo, seus filhos). Porém, se renuncia é como se nunca tivesse existido, pois a parte que lhe caberia é acrescida às dos demais herdeiros ou legatários de iguais classes e graus. Assim estabelece o CC/2002 (art. 1.811) de modo peremptório: "ninguém pode suceder, representando herdeiro renunciante".

A renúncia é irrevogável. Seu efeito é imediato. Nenhum arrependimento posterior é possível. Se os motivos são irrelevantes, basta o ato. Todavia é invocável sua invalidade, em razão das mesmas causas que invalidam as manifestações de vontade. Da mesma forma que a aceitação, não se admite renúncia de parte da herança, ou subordinada a condição de qualquer espécie, ou a termo.

Qualquer herdeiro ou legatário pode renunciar à herança ou ao legado, desde que não os tenha aceitado, porque a aceitação também é irrevogável. A Fazenda Pública (municipal, distrital ou federal), contudo, não pode renunciar, porque a herança não pode ficar sem titular, beneficiando-se a sociedade como um todo.

Se o herdeiro falecer antes de ter aceitado a herança, seu direito potestativo de renunciar transfere-se a seus herdeiros, que poderão fazê-lo, por decisão pessoal, ainda que houvesse indícios de que o herdeiro originário pretendia aceitá-la. Sendo dois ou mais herdeiros do herdeiro, qualquer desses pode renunciar, acrescendo-se sua parte às dos demais. Assim, se forem três os filhos do herdeiro, a parte correspondente a 1/3 do renunciante será acrescida às dos dois outros filhos. A renúncia da primeira herança (no exemplo, a do avô) não prejudica a aceitação da segunda herança (no exemplo, a do pai).

— 54 —

Da mesma forma que a aceitação, a renúncia pode ser declarada inexistente, inválida ou ineficaz. É inexistente a renúncia se o renunciante não é herdeiro ou legatário do *de cujus*. É nula a renúncia feita em descumprimento da forma essencial, ou que tenha por objeto herança de pessoa viva, ou infrinja vedação legal, ou que seja feita por absolutamente incapaz, ou pelo representante legal deste sem autorização do juiz. É anulável a renúncia feita por relativamente incapaz sem assistência dos pais, tutor ou curador, ou com vício da manifestação de vontade. É ineficaz a renúncia se o renunciante já tinha aceitado a herança ou a ela já tinha renunciado.

A renúncia tem de existir, ser válida e eficaz. Se houver decretação de nulidade ou de invalidade da renúncia, os atos que o renunciante tiver praticado serão atingidos pela eficácia retroativa da sentença transitada em julgado. Responderá o renunciante como simples gestor de negócios alheios.

Se o herdeiro renunciar porque eram excessivos os gravames impostos pelo testador, mas, depois, em decisão judicial forem consideradas nulas as respectivas disposições testamentárias, poderá propor a ação de anulação da renúncia, pelo erro.

A renúncia pode ser feita por procurador, com poderes específicos. Não basta a alusão genérica na procuração a poder renunciar. Exige-se que indique precisamente que pode renunciar à herança e quem é o autor da herança. Na hipótese de legatário, de qual bem se trata. Para a escritura pública de herança, a procuração também deverá revestir a forma pública, tendo em vista expressa previsão do CC/2002, art. 657, para esses casos. É dispensável a forma pública da procuração quando a renúncia se der por termo nos autos.

A doutrina frequentemente cogita de duas espécies de renúncia: a abdicativa e a translativa. A renúncia abdicativa é a rejeição pura e simples da herança. A renúncia translativa, ou *in favorem*, ocorreria quando o herdeiro renunciasse a favor de determinada pessoa. Porém, renúncia a favor de determinada pessoa não existe; o ato seria de herança, ou de doação, como adverte Pontes de Miranda (1972, v. 55, p. 73). Mas o CC/2002 (art. 1.805, § 2º) inovou para atender a práticas sociais comuns, admitindo que "não importa igualmente aceitação a cessão gratuita, pura e simples da herança, aos demais coerdeiros". O objetivo da norma legal é evitar a incidência de tributos e outros encargos legais, se ficasse caracterizada a cessão, equivalente a doação. A cessão aos demais coerdeiros ou apenas a um coerdeiro, se os demais assim também agem, normalmente ocorre para beneficiar o mais necessitado (exemplo, os irmãos cedem a herança a um deles). Esse tipo de cessão tem forma de cessão, mas natureza de renúncia direcionada. Rigorosamente não é cessão nem renúncia, mas aglutinação das duas. Apenas se cede o que já está incorporado no patrimônio jurídico do cedente. Para os herdeiros cedentes, a cessão, todavia, tem os efeitos de renúncia, pois opera retroativamente e presume a inexistência de aceitação.

Os pais, o tutor e o curador não podem alienar bens imóveis de seus filhos, pupilos e curatelados sem prévia autorização do juiz. Pela mesma razão, não podem renunciar à herança desses bens, em nome das pessoas protegidas, salvo por motivo justificado e após autorização judicial. De qualquer modo, se houver colisão de interesses entre os pais e os filhos, cabe ao juiz dar aos segundos curador especial (CC, art. 1.692).

Quais as consequências em relação aos atos praticados pelo renunciante, em relação à herança, mas que não podem ser considerados como aceitação tácita? Aplicam-se-lhes as mesmas regras da gestão de negócios alheios (CC, arts. 861 a 875), com as responsabilidades daí decorrentes de informação e prestação de contas.

Não se exige a outorga do cônjuge ou do companheiro para o ato de renúncia do herdeiro. A renúncia é ato unilateral e exclusivo do herdeiro, além de retro-operante, apagando todos os efeitos, inclusive da *saisine*. Não há aquisição patrimonial nem pelo herdeiro nem por seu cônjuge ou companheiro (Dias, 2008, p. 196). O cônjuge do herdeiro renunciante nada herda porque não se transfere o que não se adquiriu. Assim, é inaplicável o disposto no art. 1.647, I, do CC/2002, que prevê a autorização do cônjuge para alienação de bens imóveis, exceto no regime de separação absoluta, porque o herdeiro renunciante não herdou. Nesse sentido, estabelece o parágrafo único do art. 1.804 que a transmissão se tem por não verificada quando o herdeiro renuncia à herança, inclusive na modalidade de cessão gratuita (CC, art. 1.805, § 2º). Difere, portanto, da renúncia em sentido geral, a qual importa a existência de titularidade do direito renunciado.

Não há renúncia da meação do cônjuge ou companheiro sobreviventes, porque a meação destes não se inclui na herança do *de cujus*. A renúncia da herança pressupõe a abertura da sucessão e só pode ser realizada por aqueles que ostentam a condição de herdeiro.

Aquele que renuncia à herança não tem legitimidade para pleitear eventual nulidade de negócio jurídico que envolva um dos bens que integram o patrimônio do *de cujus*.

Inspirada em legislação estrangeira, há corrente doutrinária que admite a licitude no Brasil da inserção em pacto antenupcial de renúncia prévia, ou repúdio de herança do futuro cônjuge, uma vez que essa antecipação da não aceitação de herança não caracterizaria pacto sucessório, vedado pelo CC, art. 426, que diz não poder ser "objeto de contrato a herança de pessoa viva". Essa orientação pode encontrar acolhida na natureza *sui generis* do pacto antenupcial, que não é espécie do contrato do direito das obrigações – onde se insere o art. 426 –, o que afastaria sua incidência. Para a corrente majoritária, todavia, a renúncia em pacto antenupcial seria inválida, pois dependeria de lei expressa que a admitisse, como o fizeram outros ordenamentos jurídicos (cf. Carvalho, 2022, p. 85).

2.8. Legitimação para Suceder

São legitimados a suceder os sujeitos de direito que podem ser qualificados como herdeiros, de acordo com a lei, ou como legatários, designados em testamento. A legitimação para a sucessão não se confunde com a capacidade civil, pois esta é atributo das pessoas físicas (seres humanos nascidos com vida) ou de pessoas jurídicas. A legitimação para a sucessão hereditária é mais ampla que a capacidade civil, pois alcança outros sujeitos de direito, que não são pessoas. Por sua vez, sujeito de direito é categoria jurídica mais ampla que a de pessoa, sendo esta espécie daquele. Todos aqueles entes ou entidades que sejam legitimados a adquirir, defender e transmitir direitos e deveres jurídicos são sujeitos de direito. Pessoas são sujeitos de direito dotados de plenitude de capacidade civil. Porém, há outros sujeitos de direito não personalizados, dotados de capacidades jurídica ou de agir limitadas, que são legitimados parcialmente a adquirir, defender e transmitir direitos. O CC/2002 tomou o rumo certo quando substituiu a expressão capacidade por legitimação para suceder, atendendo à crítica da melhor doutrina. Não há, portanto, de se falar em capacidade ou incapacidade para suceder.

A evolução do direito e as exigências do mundo da vida levaram à necessidade de se conferir a certos entes partes ou parcelas de capacidades para aquisição, exercício e defesa de direitos, dispensando-lhes a personalidade. São os entes não personificados. Para a realização dos fins a que estão destinados, ou para sua tutela jurídica, não precisam ser personalizados nem equiparados a pessoas. Para que possam defender seus interesses em juízo basta que se lhes atribua excepcional capacidade processual.

São legitimados a suceder, no direito brasileiro:

a) as pessoas físicas;

b) os nascituros;

c) as pessoas físicas ainda não concebidas, ou prole eventual de determinadas pessoas, contempladas em testamento. São os *nondum concepti*, entes humanos futuros ou prole eventual, destinatários de sucessão testamentária (CC, art. 1.799, I), ou de outros negócios jurídicos unilaterais, ou de estipulações em favor de terceiro;

d) as pessoas jurídicas, designadas em testamento;

e) as entidades não personificadas, porém existentes, como as sociedades em comum ou as sociedades em conta de participação, designadas em testamento;

f) as pessoas jurídicas futuras, que serão constituídas com legados deixados pelo testador, sob a forma de fundações.

O CC/2002 admite como legitimada a suceder pessoa jurídica não existente, mas que será constituída ou personalizada após a abertura da sucessão, com bens deixados pelo testador. A única forma admitida é a fundação de direito privado, excluídas as associações civis, sociedades empresárias ou quaisquer outras entidades admitidas em direito civil ou direito empresarial. A fundação é a personalização jurídica de um patrimônio ou de um conjunto de bens destinados à realização de fins definidos pelo instituidor. A fundação difere, fundamentalmente, das demais pessoas jurídicas pela singularidade de não ser integrada por pessoas físicas. Os administradores eventualmente indicados pelo testador não são membros da fundação; não são sócios, cooperados ou associados. O estatuto será elaborado pela pessoa ou pelas pessoas às quais o testador tiver confiado o patrimônio, ou então pelo Ministério Público, se ultrapassados seis meses em branco. O testador pode estipular, na hipótese de insuficiência dos bens para a finalidade da fundação, que o patrimônio seja atribuído a outra instituição ou a seus próprios herdeiros. Se houver herdeiros necessários (descendentes, ascendentes, cônjuge ou companheiro), o testador pode afetar para a fundação até metade de seus bens, para que não alcance a legítima daqueles. O direito brasileiro não mais admite fundações criadas no interesse pessoal do testador, de sua família ou de sua atividade econômica. O CC/2002 estabeleceu corretamente que apenas podem ser instituídas fundações para os seguintes fins: religiosos, morais, culturais ou de assistência. O testamento não necessita conter a organização da fundação, ou o Estatuto, mas deve definir com clareza quais os bens afetados que retira da parte disponível e os fins aos quais são destinados. Considerando que o testador não mais existirá quando a fundação for constituída, nem esta contará com sócios ou associados, a lei faz competir ao Ministério Público a fiscalização de suas atividades, o controle e a aprovação de suas contas e das reformas estatutárias.

2.9. Administração da Herança

A herança, enquanto não se der a partilha dos bens, direitos e obrigações deixados pelo *de cujus*, necessita ser administrada por alguém. Essa é uma imposição de ordem prática, para que o patrimônio não fique acéfalo, sem defesa, conservação e continuidade das atividades e da solução das dívidas. É também imposição da natureza jurídica de que o direito a investe, considerando-a bem imóvel para fins legais (CC, art. 80), um "todo unitário", bem indivisível ou condomínio (CC, art. 1.791). A herança, portanto, é totalidade patrimonial, que pressupõe gestão ou administração e representação judicial e extrajudicial, dado seu caráter de entidade não personalizada.

O direito não admite qualquer vazio de gestão da herança. Por isso, estabelece uma ordem preferencial, que deverá ser observada, enquanto alguém não for investido na qualidade de inventariante, no inventário judicial, ou for celebrada a escritura pública de inventário, quando todos os herdeiros forem plenamente capazes. A gestão importa representação judicial e extrajudicial da herança. A ordem é obrigatória e o investido legalmente na administração da herança apenas pode dela se eximir, justificadamente, por decisão judicial.

Na ordem sucessiva, incumbe inicialmente a gestão ao cônjuge ou companheiro de união estável. O requisito é que o cônjuge ou o companheiro esteja convivendo de fato com o *de cujus*, no momento da abertura da sucessão. Em razão dessa convivência, pressupõe-se que ambos compartilhem da gestão do patrimônio comum e até mesmo do particular de cada qual, no mesmo domicílio, com domínio das informações necessárias, o que recomenda sua continuidade na pessoa do sobrevivente. Não mais depende do regime de bens a preferência do cônjuge (e do companheiro) para administrador, sendo apenas necessária a convivência com o *de cujus* no momento de sua morte. No direito anterior, não poderia ser administrador o cônjuge casado sob regime de separação total.

Na falta do cônjuge ou do companheiro, assume a administração da herança o herdeiro que já estiver na posse ou na administração dos bens, mais uma vez em razão da conveniência de continuidade. É situação comum a de filhos ou parentes próximos que, em virtude da velhice do titular dos bens, passam gradativamente a deles cuidar. Para os fins legais, herdeiro é o que tem primazia na ordem da sucessão hereditária: os filhos, em primeiro lugar, depois os demais descendentes, os ascendentes e os parentes sucessíveis. Entre os herdeiros da mesma classe (exemplo, os filhos), se mais de um estiver na gestão do patrimônio, prevalece o mais velho. Se quem estiver na administração do patrimônio for sucessível de outra classe (exemplo, o neto, existindo os filhos herdeiros), não é considerado herdeiro para fins da administração da herança.

Na falta de herdeiro que estivesse na administração fática do patrimônio (não basta o título de herdeiro), assume a administração da herança o testamenteiro que foi designado pelo testador. Presume-se que o testador seja pessoa a quem o *de cujus* depositou sua confiança na boa gestão dos bens.

Se faltarem o cônjuge, o companheiro, o herdeiro ou o testamenteiro, caberá ao juiz designar o administrador da herança, entre pessoas de sua confiança. Essa pessoa poderá ser um parente do *de cujus* ou terceiro. O juiz também designará terceiro, quando o administrador designado entre as pessoas indicadas na ordem legal tiver sido afastado por motivo grave, pelo juiz, notadamente quanto a gestão ruinosa ou apropriação indevida de bens, em prejuízo dos herdeiros. O conhecimento desse fato será levado ao juiz por qualquer interessado na herança, principalmente herdeiros e credores. A escolha da pessoa não é ato arbitrário do juiz, porque, ao escolher, decide, devendo motivá-la. Não basta a confiança; exige-se demonstrada aptidão para gestão ou administração. A má escolha, que cause prejuízos à herança, pode levar à responsabilidade civil do Estado e administrativa do próprio juiz.

A administração compulsória da herança, segundo a ordem legal referida, é temporária e de prazo presumivelmente curto. O administrador assume tal múnus até que haja o compromisso do inventariante, que a partir daí passa a exercê-lo, quando o inventário for judicial. Se for extrajudicial, até que se conclua a escritura pública da partilha.

2.10. Cessão da Herança

O herdeiro pode transferir para outrem sua parte na herança, dita cessão de direitos hereditários. Como a herança é um todo indivisível, segundo as regras do condomínio, até que se dê a partilha, cada herdeiro é titular de uma parte ideal, desde a abertura da sucessão. Se há três herdeiros, cada um é titular de parte ideal equivalente a um terço da herança. Se há único herdeiro (por exemplo, o cônjuge ou o companheiro, porque o *de cujus* não deixou descendentes e ascendentes) a herança é de titularidade integral dele, não se cogitando de parte ideal. A parte ideal, da mesma forma como ocorre com o condomínio, pode ser transferida para outro herdeiro ou para terceiro, mediante instrumento público de cessão gratuita ou onerosa. As partes do negócio jurídico de cessão de herança são denominadas cedente (o herdeiro) e cessionário (o que adquiriu a herança ou parte dela).

Controvertia a doutrina sobre se, com a cessão, se transmitiria a qualidade de herdeiro. A controvérsia ficou superada com a admissão pelo CC/2002 da cessão do "direito à sucessão aberta, bem como o quinhão que disponha o coerdeiro" (art. 1.793). Cede-se não a qualidade mas, propriamente, a posição de herdeiro, inclusive para fins de aceitação e petição da herança.

Não é possível a cessão da herança com utilização de instrumento particular, porque, ainda que não contenha qualquer imóvel, a este é equiparada para os fins legais. Mas não há impedimento a que se faça promessa de cessão de herança por instrumento particular. O CC/2002 dispõe que o direito à sucessão pode ser objeto de cessão "por escritura pública". Essa precisão, contudo, não existia no direito brasileiro e a questão era controvertida na doutrina e jurisprudência. A exigência da lei atual é exclusivamente para que a cessão se dê por escritura pública, não se fazendo necessário o registro público, inclusive imobiliário, para que produza seus efeitos perante o espólio, pois o cessionário, ao assumir a posição de herdeiro, é alcançado pela transmissão do domínio e da posse do herdeiro cedente desde a abertura da sucessão, por força de lei (*saisine*) e não em razão do registro. O registro imobiliário de partilha, relativamente aos bens imóveis objetos da cessão, tem efeito declarativo e não constitutivo da transmissão, que operou desde a abertura da sucessão.

Para que a cessão de direitos hereditários possa produzir efeitos contra terceiros, e não apenas entre os herdeiros, é necessário seu registro no registro de títulos e documentos, de acordo com o art. 129, 10º, da Lei de Registros Públicos, com a redação da Lei n. 14.382/2022.

A cessão gratuita dos direitos hereditários equivale à doação, sendo as normas deste contrato supletivas daquela. A cessão onerosa, dependendo de sua finalidade, equivale à compra e venda, quando a totalidade ou a parte ideal é transferida mediante o pagamento de preço; equivale à permuta, quando a parte ideal tem como contrapartida a entrega de outro bem, sem pagamento de preço ou quando este for apenas complementar; equivale à dação em pagamento, quando a parte ideal for entregue ao credor para solução de dívida.

Pode a cessão da herança ser de determinada proporção ou percentual dela (quando houver único herdeiro), ou da parte ideal de algum herdeiro. A cessão pode não envolver, portanto, a totalidade da herança ou até mesmo da parte ideal. Por exemplo, pode-se ceder trinta por cento da parte ideal de um herdeiro. O risco será do cessionário, quando tiver interesse por determinado bem da herança, pois que terá de fazer o pedido na partilha, podendo ser atendido ou não pelos herdeiros, na partilha amigável, ou deferido ou não pelo juiz no inventário judicial.

O direito brasileiro não admite que o herdeiro fraude a natureza de todo indivisível da herança, imposta por lei, cedendo bem determinado. Nenhum bem deixado pelo testador pertence a determinado herdeiro, que é titular de parte ideal sobre o conjunto da herança. A cessão de bem determinado é considerada ineficaz, nesse ponto, permanecendo válida apenas quanto ao percentual que corresponder à parte ideal do herdeiro cedente, para fins da futura partilha, cuja quota poderá ou não ser integrada pelo referido bem, mas não em virtude da cessão. Também é ineficaz a disposição que o herdeiro faça de bem componente da herança, para outros fins, sem autorização expressa do juiz, como o arrendamento ou locação a terceiro, ou sua entrega para garantia de dívida, como penhor e hipoteca.

A cessão da parte ideal – ou de parte da parte ideal – diz respeito ao valor proporcional à herança, no momento da escritura pública da cessão. Não alcança o que, posteriormente, tenha sido a ela acrescido. Assim, se o herdeiro, titular de um terço da herança, ceder a totalidade dessa sua parte ideal ao cessionário e, posteriormente à escritura pública, tiver recebido a parte que lhe corresponder em virtude da renúncia à herança de um dos três herdeiros, esse ganho posterior não se inclui na cessão.

A cessão da herança não pode preterir o direito de preferência que deve ser assegurado aos coerdeiros. É ineficaz a cessão da herança feita a terceiro, se outro herdeiro a quiser para si. O direito de preferência é aplicável apenas à cessão onerosa a terceiro estranho à sucessão, mas não para a cessão gratuita (Hironaka, 2007, p. 83), que se depreende da expressão "tanto por tanto" (CC, art. 1.794). A cessão a estranho é admissível apenas quando: a) for comunicada previamente aos demais coerdeiros; b) for dada preferência aos demais coerdeiros para aquisição da parte ideal, pelo mesmo preço que o estranho ofereceu, "tanto por tanto"; c) os demais coerdeiros não exercitarem a preferência dentro do prazo concedido.

O prazo para manifestação não é indicado expressamente pelo CC/2002. Consequentemente, deve ser entendido como o mesmo que o coerdeiro tem para requerer que a quota cedida lhe seja atribuída, quando não for comunicado da cessão a estranho, ou seja, de cento e oitenta dias a partir da data da transmissão, prazo decadencial que a lei considera razoável para que o coerdeiro interessado possa reunir as condições para pagamento do mesmo preço ofertado pelo estranho. O CC/2002 alude a transmissão, que, para os fins de cessão da herança, não deve ser entendida como o do registro imobiliário ou da tradição da coisa móvel, mas sim do conhecimento da cessão, que se dá com o pedido de habilitação do cessionário. Contudo, esse tempo é máximo, não podendo ultrapassar a abertura da partilha, para que esta não seja comprometida, salvo se todos os coerdeiros concordarem em deixar a quota do coerdeiro cedente sob reserva, ou assim for decidido pelo juiz, no inventário judicial.

O exercício da preferência depende da assunção do pagamento do valor "tanto por tanto". Não o exerce o coerdeiro que faz contraproposta diferente da que ofereceu o estranho. Se os demais coerdeiros não responderem à comunicação feita pelo coerdeiro cedente e houver por parte deste fundada convicção de não haver interesse em exercerem a preferência, ainda assim terá de ser aguardado o término do prazo para resposta.

O coerdeiro que não tiver seu direito de preferência respeitado pelo interessado em alienar sua quota ou parte ideal poderá havê-la para si. O exercício do direito dar-se-á mediante requerimento do depósito do preço, nas condições da escritura de cessão com terceiro, e decisão no sentido da ineficácia deste e de transferência da titularidade para o depositante. O art. 1.795 do CC/2002, ao tratar da matéria, não esclarece em que juízo se fará o requerimento do depósito, mas entendemos que não há necessidade de ação distinta, podendo ser feito no próprio inventário judicial, onde devem ser resolvidas todas as questões relativas à herança, salvo se demandarem alta indagação, o que não é o caso. O depósito judicial será em dinheiro, por se tratar de cessão onerosa, salvo se o preço pago pelo cessionário tiver sido parcialmente em dação de coisa. O coerdeiro depositante poderá optar por realizar dação equivalente ou pagar a totalidade do preço em dinheiro.

Se forem vários os coerdeiros interessados em exercer a preferência, o CC/2002, art. 1.795, estabelece que entre eles "se distribuirá o quinhão cedido, na proporção das respectivas quotas hereditárias". Ou seja, se as quotas dos coerdeiros forem iguais, o valor da parte ideal cedida, fixada na escritura de cessão ao terceiro, será dividido entre eles para compor o depósito; se forem desiguais, de acordo com a proporção de cada uma. Exemplos: a) se forem três coerdeiros interessados, cada um depositará o equivalente a um terço do valor da cessão; b) se forem quatro únicos irmãos do cedente, mais o pai (cônjuge ou companheiro sobrevivente do *de cujus*), por força do art. 1.832 do CC/2002, o pai deverá depositar um quarto do valor e cada um dos irmãos o valor correspondente a 18,75% (100% − 25% = 75% dividido por quatro).

Se o herdeiro cedente for casado ou companheiro de união estável, havendo bens comuns, exige-se que haja outorga do outro cônjuge ou companheiro, salvo se o regime de bens for o de separação absoluta. Se faltar a outorga, a cessão será inválida, em relação ao cedente, e ineficaz em relação à meação do cônjuge ou companheiro. A exigência de outorga também é aplicável quando a herança não contiver bens imóveis, dado a que, até a partilha, o direito à sucessão aberta é equiparado a bem imóvel (CC, art. 80).

O cessionário, sendo sucessor a título singular, só responde pelas dívidas do *de cujus* na proporção da parte da herança adquirida, porque a alienação da herança não despe o vendedor de sua qualidade de herdeiro, isto é, de sucessor a título universal do *de cujus*, qualidade esta intransmissível ao cessionário (Itabaiana de Oliveira, 1986, n. 113).

A cessão de direitos hereditários legitima o cessionário a interpor embargos de terceiro para proteção da posse do bem singular cedido, conforme decidiu o STJ (REsp 1.809.548). Para o Tribunal, se celebrado pelo único herdeiro ou havendo a anuência de todos os coerdeiros, o negócio é válido e eficaz desde o seu nascimento, independentemente de autorização judicial, pois o que a lei busca evitar é que um único herdeiro, em prejuízo dos demais, aliene um bem que ainda não lhe pertence isoladamente.

2.11. Responsabilidade da Herança pelas Dívidas e Demais Encargos

O *de cujus* pode deixar, além de patrimônio ativo, dívidas vencidas ou a vencer. O patrimônio que se transmite aos herdeiros é o ativo e o passivo. Como diz Pontes de Miranda (1972, v. 55, p. 86), a responsabilidade do herdeiro pelas dívidas e outros deveres sempre foi assunto de relevância para o direito das sucessões. A herança é patrimônio; assim sendo, as dívidas e outros interesses contra ela pesam. Enquanto não se pagam todas as dívidas, o valor do ativo é o de cada momento em que se exige o adimplemento.

No passado, inclusive no Brasil, a herança podia ser encargo indesejável, quando o montante das dívidas superava ou comprometia o patrimônio ativo deixado. Admitia-se que os credores, quando o patrimônio deixado pelo *de cujus* fosse insuficiente para responder por suas dívidas, pudessem alcançar também o patrimônio pessoal de seus herdeiros.

Foi longa a evolução do direito sucessório até chegar à diretriz que hoje domina inquestionavelmente a quase totalidade dos ordenamentos jurídicos, entre eles o brasileiro, de limitar a responsabilidade do *de cujus* exclusivamente ao que deixou: seus bens, direitos, créditos.

Assim é que o CC/2002 (art. 1.792) estabelece que o herdeiro não responde por encargos superiores às "forças da herança" ou, como a doutrina denominava, *ultra vires*. No mesmo sentido, o art. 796 do CPC. Prevalece, na atualidade, a separação entre o patrimônio herdado e o patrimônio próprio do herdeiro. O herdeiro responde pelas dívidas do *de cujus* até o limite do valor da herança que receber. Se as dívidas absorverem todo o ativo, os herdeiros nada recebem; "são herdeiros sem herança" (Veloso, 2008, p. 31), ou "herança negativa"

(Carvalho, 2014, p. 28). Antes, para o mesmo fim, aludia-se ao instituto do benefício de inventário, que se tornou ultrapassado.

A referência da lei a encargos, em vez de créditos, significa que aqueles não se esgotam nestes. O conceito de encargos, para esse fim, inclui modos ou condições estipulados pelo testador, cujo cumprimento possa implicar custos que ultrapassem o valor da própria quota hereditária.

A responsabilidade pelas dívidas e demais encargos é exclusivamente do herdeiro, seja ele legítimo, seja ele assim investido em testamento. Assim, os legatários, pelo fato de serem beneficiados com bens determinados, não respondem por elas. Para o fim de responsabilidade dos débitos da herança, o legatário assume peculiar posição de credor e não de devedor; é credor contra os herdeiros em relação ao bem que lhe foi destinado, com pretensão para que lhe seja entregue a posse.

Igual limitação às forças da herança se aplica às dívidas decorrentes de ilícitos cometidos pelo autor da herança. A Lei n. 8.429/1992, com a redação da Lei n. 14.230/2021, que dispõe sobre a improbidade administrativa, estabelece em seu art. 8º que o sucessor ou o herdeiro daquele que causar dano ao erário ou que se enriquecer ilicitamente estão sujeitos apenas à obrigação de repará-lo até o limite do valor da herança ou do patrimônio transferido.

Eventualmente, pode haver solidariedade passiva dos sucessores, mesmo após a partilha. Assim, decidiu o STJ (REsp 1.994.565) que, subsistindo o regime de copropriedade sobre um imóvel após a partilha, por ato voluntário dos coerdeiros que aceitaram a herança, esses sucessores coproprietários respondem solidariamente pelas despesas condominiais, independentemente de ter havido expedição do formal de partilha, resguardado o direito de regresso previsto no art. 283 do Código Civil, não se aplicando a regra legal que limita a obrigação de cada herdeiro ao valor de sua quota hereditária.

CAPÍTULO III
Sucessão Legítima

Sumário: 3.1. Concepção e características. 3.2. Ordem da vocação hereditária. 3.3. Herdeiros necessários. 3.4. Legítima dos herdeiros necessários ou parte indisponível. 3.5. Parte disponível. 3.6. Dever de redução do excesso da parte disponível. 3.7. Multiparentalidade e sucessão hereditária.

3.1. Concepção e Características

A sucessão legítima ou legal é a que se dá em observância à ordem de vocação e aos critérios estabelecidos na legislação. A sucessão legítima divide-se em sucessão necessária e sucessão legítima em sentido amplo. Os beneficiários da sucessão são os herdeiros definidos em lei, denominados legítimos, que se distinguem dos herdeiros testamentários, estes dependentes de nomeação pelo testador, nos limites legais.

A legitimidade no direito das sucessões tem sentido distinto do que é empregado em outras áreas do direito; coincide com o legal, porque fundada na lei, razão por que poderia ser denominada sucessão hereditária legal. A expressão sucessão legítima tem, igualmente, função de distinção com a sucessão testamentária (quando o *de cujus* tiver deixado testamento). Portanto, não se confunde essa expressão com o significado de legitimidade que marcou a família matrimonial, discriminando como ilegítimas as demais entidades familiais, até o advento da Constituição de 1988.

A sucessão legítima expressa a evolução por que passam todos os povos, notadamente quanto às concepções e funções das famílias na tessitura das sociedades civis e políticas. No início, os bens eram tidos em comunhão coletiva, o que reduzia a importância da sucessão hereditária aos bens de uso pessoal e aos objetos simbólicos; a comunhão hereditária era a regra. Depois surge a copropriedade familial ou do clã, com a sucessão hereditária do chefe atribuída ao grupo; quando morria o pai, um filho ou outro membro do grupo o substituía. Nos primitivos direitos grego e romano, nos quais a propriedade era familial, não

— 66 —

se podia falar rigorosamente de sucessão individual: os filhos já eram condôminos, ao nascerem, e não presumíveis herdeiros; a transmissão se dava pelo nascimento e não pela morte.

Após o surgimento da propriedade privada, e, concomitantemente, quando e enquanto a família foi tida como célula nuclear da sociedade e do Estado, a sucessão legítima expressou a preocupação com a continuidade do patrimônio e os riscos de sua fragmentação, o que refletiria no equilíbrio dos poderes. Daí que houvesse o privilégio do primogênito, a preferência pelo regime dotal, a exclusão dos filhos extramatrimoniais, as limitações sucessórias em relação à mulher.

Diz-nos Fustel de Coulanges (2011, Liv. 2, Cap. 7) que, nos antigos greco--romanos, a propriedade da família, cujo direito era estabelecido para o cumprimento de um culto hereditário, não poderia extinguir-se ao cabo da curta vida de um indivíduo; morto o *pater familias* o culto e a propriedade passavam para a pessoa encarregada de fazer as oferendas sobre o túmulo dos antepassados. A hereditariedade não era resultado da convenção dos homens; o pai não precisava fazer testamento, pois o filho herdava de seu pleno direito, até porque a continuação da propriedade, como a do culto, era para ele uma obrigação. A desistência não era permitida no direito grego. Em Roma, o filho herdava de si mesmo, porque não havia mudança na propriedade, posto que, enquanto vivia o pai, aquele já era coproprietário da casa e do campo. A sucessão era, portanto, apenas legítima; a sucessão testamentária preferencial somente surgiu na segunda metade do Império Romano.

No direito luso-brasileiro, a legislação de 1754 determinou o abandono da tradição romanista tardia, que privilegiava a sucessão testamentária, com os abusos e injustiças que ela provocava, determinando o princípio do favor da sucessão legítima, que estava mais em conformidade com a "boa razão" das nações civilizadas.

Na contemporaneidade, o direito sucessório se democratizou, assegurando participação igualitária dos familiais de qualquer origem na herança e na sucessão legítima. O modelo legal pretende corresponder ao modelo ideal de sucessão hereditária que se apreende na sociedade, em cada momento histórico. Quanto maior é essa correspondência, menor o uso da sucessão testamentária.

O CC/2002 revela preferência pela sucessão legítima, apesar da manutenção de vários institutos da sucessão testamentária que caíram em desuso. A preferência legal pela sucessão legítima reflete a realidade social e a evolução histórica do direito sucessório no Brasil.

Ao definir o conteúdo da sucessão legítima, o legislador pretendeu expressar com maior fidelidade o modelo que a sociedade entende como adequado e justo. Se a população prefere não utilizar testamentos, na quase totalidade das sucessões hereditárias ocorridas no Brasil, presume-se que o modelo de sucessão legítima é bem aceito. Pode-se argumentar com a inércia das pessoas, até pelo desconhecimento da sucessão testamentária ou pelos custos decorrentes da elaboração de testamentos, mas se a sucessão legítima não correspondesse aos valores sociais, em sua aferição média, dificilmente teria o elevado grau de aplicação que se observa.

Ressalte-se que a Constituição de 1988 tem como direito fundamental o direito à herança e não o direito à sucessão em geral. É dizer, quando o testamento colidir com a sucessão legítima, esta. As normas legais da sucessão legítima não podem ser contrariadas pela vontade do testador, salvo quando expressamente facultar-lhe o poder de escolha.

Por tais razões fundamentais, não se compreende por que o CC/2002 continuou a localizar institutos que são, exclusiva ou primacialmente, integrados à sucessão legítima, no contexto da sucessão testamentária, como a colação. Cabe à doutrina corrigir essa evidente erronia formal do legislador, trazendo-os ao contexto da sucessão legítima.

Quando houver testamento, a sucessão testamentária é afastada, prevalecendo a sucessão legítima ocorrendo uma das seguintes hipóteses: a) quando o testamento for declarado nulo ou inexistente, pelo juiz; b) quando o testador revogar o testamento expressa ou tacitamente; c) quando o testamento for destruído ou extraviado, sem possibilidade de recuperação, máxime quando utilizar as formas particular ou cerrada; d) quando os herdeiros testamentários e legatários forem considerados excluídos da herança, ou indignos, ou falecerem antes do *de cujus*, ou tiverem renunciado à herança.

3.2. Ordem da Vocação Hereditária

Por ordem de vocação hereditária entende-se a ordem de preferências e substituições que a lei estabelece entre os herdeiros legítimos do *de cujus* que possam sucedê-lo. Por meio dela, são explicitados quais são os herdeiros legítimos. Em outras palavras, quais são os herdeiros legítimos e quem precede quem. Em nosso direito, a vocação não tem o significado de ato de chamar ou de devolução, em razão da *saisine* plena.

A ordem de vocação hereditária variou muito no direito brasileiro, refletindo as mudanças ocorridas na sociedade, principalmente na família. Quando se põe algum sucessível à frente de outro ou quando um antes excluído nela ingressa, a ordem é substancialmente modificada. As mudanças dos papéis da família foram contributos decisivos para a redefinição da ordem de vocação hereditária, pois esta não pode ser opção arbitrária do legislador, uma vez que promana de raízes profundas nas concepções sociais reinantes em cada tempo. As inclusões, exclusões e preferências decorrem de valores morais, políticos, religiosos, afetivos. Foram essas as razões da exclusão no passado dos filhos extramatrimoniais da ordem de vocação hereditária em relação à herança deixada por seus pais biológicos, que nem mesmo poderiam contemplá-los em testamento. Enquanto perdurou a exclusividade legal da família matrimonial, os parentes extramatrimoniais não existiram para o direito das sucessões. Do mesmo modo, o cônjuge era preterido em favor de parentes colaterais distantes, que chegaram a atingir o décimo grau, no direito brasileiro.

Na legislação brasileira anterior a 1907 era a seguinte a ordem de vocação hereditária: descendentes, ascendentes, colaterais até o décimo grau de consanguinidade, cônjuge sobrevivente, Fazenda Pública. Somente com a Lei n. 1.839/1907, o cônjuge foi alçado à terceira classe na ordem da vocação hereditária, ficando assim a ordem: descendentes, ascendentes, cônjuge sobrevivente, colaterais limitados ao sexto grau e a Fazenda Pública. Essa ordem foi mantida no Código Civil de 1916, tendo sido posteriormente alterada a limitação dos colaterais ao quarto grau.

As grandes mudanças ocorridas, principalmente após a Constituição de 1988, dizem respeito à igualdade de direitos sucessórios dos filhos de qualquer origem, à preferência ao cônjuge sobrevivente, à inclusão do companheiro de união estável, à limitação dos parentes colaterais. Percebe-se, contemporaneamente e não apenas no Brasil, uma viragem em prol dos que integram o núcleo familiar, em detrimento dos laços de parentesco mais extensos, é dizer, das relações de família no lugar das relações de parentesco, que constituíam o modelo do direito tradicional das sucessões.

Após o advento da Constituição de 1988, extinguiram-se as distinções entre os descendentes, notadamente entre os filhos, ficando proibidas as designações discriminatórias. Todos são iguais em direitos e deveres, inclusive sucessórios, independentemente da origem biológica ou socioafetiva, neste caso, incluindo-se a adoção, a posse de estado de filho e a concepção por inseminação artificial heteróloga. Para fins de sucessão, não pode haver distinção entre filhos legítimos e ilegítimos, matrimoniais e extramatrimoniais, biológicos e não biológicos.

O CC/2002 adota, resumidamente, a seguinte ordem: descendentes, ascendentes, cônjuge (ou companheiro, de acordo com o STF) sobrevivente, parentes colaterais. Os herdeiros da classe seguinte só herdam se faltarem os herdeiros da classe anterior. Mas a ordem não se resume a essas classes de herdeiros, porque dentro de cada classe há subordens ou graus; nestes, os parentes mais próximos preferem aos mais remotos.

Na classe dos descendentes, consideram-se mais próximos os filhos, depois os netos, depois os bisnetos e assim sucessivamente. Na classe dos ascendentes também os mais próximos preferem aos mais remotos, mas de acordo com as linhas paterna e materna, nas quais se biparte a herança (ou mais de duas linhas, na hipótese de multiparentalidade): se faltarem os pais, os avós não herdam igualmente, mas de acordo com sua linha (o único avô paterno herda a metade e os dois avós maternos herdam a outra metade); esse exemplo demonstra que a sucessão por linhas pode levar à desigualdade de quinhão hereditário entre os ascendentes. Na classe dos colaterais, alguns parentes de mesmo grau preferem a outros, como os sobrinhos que preferem aos tios (ambos são parentes em terceiro grau). Nas linhas diretas dos descendentes e dos ascendentes não há limite de grau, que é infinito, salvo as limitações biológicas da sobrevivência, diferentemente da linha colateral, encerrada no quarto grau, para os fins de sucessão.

Todos os herdeiros legítimos são titulares de direito sucessório em relação à herança deixada pelo *de cujus*. Todavia, em razão da ordem de vocação hereditária, o exercício do direito fica sujeito à precedência nessa ordem ou à falta do que precederia cada titular. Se vivos forem os herdeiros de primeira classe ou os de primeiro grau da mesma classe, os da classe ou grau seguintes não se investem na qualidade de herdeiros, porque a legitimação para suceder não se concretizou. Antes da sucessão, para essas pessoas, havia potência, mas não ato; eram herdeiros potenciais, ou em estado de expectativa, até porque não há direito à herança de pessoa viva. O critério decisivo é o da coexistência entre o herdeiro potencial e o *de cujus* na data do falecimento deste.

3.3. Herdeiros Necessários

Entre os herdeiros legítimos há os que o direito tutela de modo especial, garantindo-lhes uma parte intangível da herança, denominada legítima. São os herdeiros necessários. A sucessão legítima necessária, também denominada sucessão legitimária, provém da concepção, primitiva e antiga, de ter o patrimônio de ficar, primacialmente, no círculo estreito da comunidade doméstica. Com o advento do CC/2002, passaram a ser considerados herdeiros necessários os descendentes, os ascendentes, o cônjuge sobrevivente ou o companheiro sobrevivente. Na legislação anterior, o cônjuge sobrevivente não se incluía entre os herdeiros necessários.

A finalidade da qualificação legal dos herdeiros necessários, entre os herdeiros legítimos, diz respeito à proteção da parte da herança que não pode ser destinada a outros parentes ou a estranhos, mediante atos de liberalidade (doação, testamento, partilha em vida), denominada legítima ou parte indisponível.

O CC/2002 também introduziu a concorrência sucessória obrigatória do cônjuge e do companheiro com os descendentes ou ascendentes do falecido, o que os converte em tipos especiais de herdeiros necessários, pois compartilham a parte legítima ou indisponível da herança.

Essa ampliação do elenco dos herdeiros necessários parece contemplar a crítica de Pontes de Miranda à sucessão que denomina de individualista com a liberdade de o testador dispor em absoluto. A inclusão do cônjuge e do companheiro, como herdeiros necessários concorrentes dos descendentes, atende à tendência atual de tutela dos integrantes mais próximos das entidades familiares, em desfavor dos parentes de graus mais distantes. Nessa mesma direção, de restrição ao poder do testador, o CC/2002 (art. 1.848) apenas admite as cláusulas de inalienabilidade, impenhorabilidade e incomunicabilidade sobre os bens da legítima se houver justa causa declarada no testamento, o que mitiga a violação da legítima.

3.4. Legítima dos Herdeiros Necessários ou Parte Indisponível

A existência de qualquer pessoa que possa se investir na figura de herdeiro necessário limita a liberdade do doador e a liberdade do testador. Quando alguém doa algum bem a seu descendente, o valor dessa doação será apropriado para a composição futura da legítima de todos os herdeiros, quando falecer, salvo se expressamente declarar no contrato de doação que tal valor deve ser computado fora da parte legítima. O testador não é livre para dispor da totalidade de seus bens, pois deve respeitar o valor correspondente à legítima dos herdeiros necessários, quando resolver distribuir seus bens em testamento.

No direito brasileiro a legítima dos herdeiros necessários, também denominada parte legítima ou necessária, corresponde, no mínimo, à metade ou 50% do valor do patrimônio pertencente ao *de cujus*. A metade legítima e a metade disponível são invariáveis, em razão do número de herdeiros necessários ou de outras circunstâncias. Mas, se o *de cujus* tiver feito doações em vida a descendentes ou ao outro cônjuge ou companheiro, os respectivos valores são acrescidos ao da metade do patrimônio, compondo o valor final da legítima.

Assim, o cálculo da legítima não se resume à imputação do valor de metade do patrimônio deixado pelo *de cujus*, mas sim de seu patrimônio líquido. Em primeiro lugar, devem ser deduzidos da herança os valores das dívidas deixadas pelo *de cujus*, vencidas ou a vencer. Em segundo lugar, deduzem-se as despesas feitas com seu funeral. Tem-se, consequentemente, o patrimônio líquido. Deste se apura o valor da metade. Em terceiro lugar, por fim, acrescentam-se à metade do patrimônio líquido os valores das liberalidades feitas em vida pelo *de cujus* a seus descendentes ou ao outro cônjuge ou companheiro, que ele não tenha expressamente dispensado de serem levados à herança. Somando-se a metade do patrimônio líquido e os valores das liberalidades tem-se o valor final da legítima dos herdeiros necessários ou parte indisponível.

Se há descendentes, eles herdam necessariamente metade do patrimônio deixado pelo *de cujus*, que não podia destiná-la a terceiros ou a outros herdeiros. Se não há descendentes, os ascendentes herdam necessariamente essa metade. Se não há descendentes ou ascendentes, a sucessão necessária é do cônjuge ou companheiro sobrevivente. Se há descendentes, o cônjuge ou companheiro sobrevivente é também herdeiro necessário, pois faz jus a uma quota igual à daqueles ou no mínimo de um quarto da parte legítima, se os descendentes forem também seus (CC, arts. 1.829 e 1.832). Se há apenas ascendentes, o cônjuge ou companheiro sobrevivente também é herdeiro necessário, pois tem direito a um terço da legítima ou até mesmo metade da legítima, se concorrer com apenas um ascendente ou com avós ou bisavós do *de cujus*.

Também o companheiro sobrevivente é herdeiro necessário, pois, com a inconstitucionalidade proclamada pelo STF do art. 1.790 do CC/2002 (RE 878.694), as normas do Código sobre os direitos sucessórios do cônjuge também se estenderam ao companheiro.

Historicamente, a parte legítima está relacionada com a ideia abstrata de igualdade, como ela foi introduzida na Europa continental com objetivo de abolição do sistema de primogenitura, penetrando profundamente nos sentimentos populares. No Código Napoleônico, houve solução de compromisso entre a liberdade do testador e a garantia de maior parte da herança para os herdeiros, em partes iguais (Bouckaert, 2009, p. 91).

O direito romano, em seus primórdios, não a contemplava, porém os abusos dos testadores que afastavam arbitrariamente de sua herança seus familiares próximos, inclusive filhos, para beneficiar terceiros, levaram à mudança que se observou de preservação de um mínimo equivalente a um quarto, que deveria ser por eles observado, de acordo com a Lei Falcidia, como nos informa Gaio, em suas *Institutas* (II, 227; 1997, p. 349). Posteriormente, o imperador Justiniano, no século VI, ampliou-a para um terço da herança, quando fossem menos de quatro filhos e para metade quando fossem quatro ou mais filhos. Após a queda do império romano do Ocidente, os germanos que invadiram a península ibérica ampliaram a legítima para 3/4 ou 4/5 em favor dos descendentes e ascendentes (Código Visigótico, liv. 4, tít. 2, leis 20 e 21).

A sucessão necessária, no direito luso-brasileiro, foi reafirmada pela Reforma Josefina, de 1769, implantada pelo Marquês de Pombal, que limitou a sucessão testamentária, em prol da sucessão legítima. A literatura jurídica tem encontrado a gênese da legítima, no direito luso-brasileiro, em atos portugueses de doação desde o século XI. De acordo com M. A. Coelho da Rocha (1984, § 349), dividia-se a herança em três partes iguais, depois de deduzidas as dívidas, duas partes formando a legítima dos herdeiros necessários, ficando livre a terça parte para satisfazer os legados ou liberalidades do defunto. As doações em vida aos herdeiros necessários eram computadas nas duas partes. Essa forma de cálculo da legítima apenas foi alterada pelo Código Civil de 1916, que a reduziu para metade, segundo Clóvis Beviláqua (2000, § 82), acompanhando uma tendência verificada em alguns países do sistema romano-germânico, mantendo-se assim no CC/2002.

Na América Latina, destaque-se o Código Civil da Argentina de 2014, cujo artigo 2.445 estabelece gradação da legítima em razão dos herdeiros necessários existentes na abertura da sucessão: dois terços da herança quando houver descendentes; metade quando estes não houver, mas sim ascendentes; igualmente de metade para o cônjuge, quando não houver aqueles. Tal como no direito brasileiro, o cálculo da legítima leva em conta o valor líquido da herança mais o valor das doações em vida.

A gradação da legítima também foi adotada pela França, com as alterações da Lei 2006-728, de 2006, aos arts. 913 e 914 do Código Civil: a legítima é equivalente à metade da herança se houver apenas um filho (ou seu descendente) no momento da morte do *de cujus*; se forem dois filhos (ou seus descendentes), a legítima sobe para dois terços da herança; se forem três filhos ou mais (ou seus descendentes), a legítima será de três quartos; equivale à metade da herança se, à falta de descendentes, deixar um ou mais ascendentes de ambas as linhas ou de três quartos se deixar descendente de apenas uma linha, ou se deixar apenas o cônjuge. Os ascendentes não têm direito à legítima. A gradação é igualmente prevista no Código Civil português (art. 2.158), com preferência para o cônjuge sobrevivente.

Em alguns países que prezam a liberdade total do testador, como os de tradição anglo-saxônica, até hoje a parte legítima é desconsiderada, porque a sucessão testamentária é o modelo prioritário. Todavia, no modelo de *common law*, a desconsideração da legítima é temperada pela existência de uma poderosa jurisdição discricionária dos tribunais, que frequentemente reescrevem o testamento segundo as normas gerais, quando o consideram injusto ou desarrazoado (Matthews, 2009, p. 150). Leis inglesas de 1938 em diante estabeleceram o direito de sustento a familiares e pessoas dependentes do *de cujus* – *reasonable provision* –, segundo o juízo de discricionariedade do magistrado, para atenuar a dureza desse modelo, deslocando-se o dever de alimentos da pessoa do *de cujus* para sua herança ou espólio. *De lege ferenda*, há quem sustente a excelência desse modelo excludente da legítima e sua adoção no Brasil (Andrade, 2019, p. 106), ainda que se advirta que a ampla aceitação social da legítima lhe confere legitimidade e a consequente limitação da liberdade de testar (Teixeira, 2018, p. 138).

Na doutrina estrangeira discute-se se a legítima seria um direito hereditário, ou seja, um direito do herdeiro à parte legitimada e reservada da herança (*pars hereditaris*), ou se seria um direito de crédito sobre os bens da herança (*pars bonorum*), que seria atendido com bens dela ou até mesmo com bens e valores que não a integrem (Garcia; Luelmo, 2012, p. 25). Essa discussão não faz sentido no direito brasileiro, pois, desde suas origens, é direito qualificado à herança, conferido a herdeiro legitimário ou necessário.

Em virtude da *saisine*, os herdeiros necessários do *de cujus* são "de pleno direito" (CC, art. 1.846) titulares da metade dos bens da herança, que constitui a legítima. Essa titularidade não incide sobre bens determinados, mas sobre o valor correspondente à metade do patrimônio líquido deixado. A metade é, portanto, uma parte ideal. O valor a ser considerado é o existente na abertura da sucessão.

A proteção da legítima dos herdeiros necessários diz respeito às liberalidades estipuladas em vida pelo *de cujus*, em doação ou testamento. Não alcança o que ele alienou onerosamente, mediante compra e venda, dação em pagamento, permuta ou cessão. Também não atinge os bens que ele, voluntariamente, destruiu ou abandonou.

Parece-nos incompatível com a garantia prevista na Constituição brasileira (art. 5º, XXX) do direito à herança a supressão da legítima pelo legislador ordinário, ou sua redução, em nível tal que a descaracterize.

Nesse mesmo sentido, sentença de 19 de abril de 2005 do Tribunal Constitucional da Alemanha decidiu pela constitucionalidade da legítima como limite à liberdade de testar; a legítima se justifica pela solidariedade intergeracional e pela proteção da família, outorgando ao herdeiro uma cota-parte da herança independentemente de qualquer tipo de necessidade. Entendeu a Corte que entre o testador e seus familiares as relações constituem uma comunidade de toda a vida, com direitos e obrigações de responsabilidade entre si. Essas obrigações justificam a garantia de uma base econômica, representada na legítima. Mas o legislador ordinário pode alterar para mais ou para menos sua proporção, pois esta não estaria coberta pela garantia constitucional (Repertório B Ver GE 112, p. 332-63). As razões de constitucionalidade são as mesmas para o Brasil, pois a Constituição brasileira garante o direito à herança, tal como a Constituição alemã.

3.5. Parte Disponível

O art. 1.849 do CC/2002 alterou a denominação "metade disponível", constante da legislação anterior, para "parte disponível". Fê-lo bem, pois a parte disponível pode não corresponder à metade dos bens da herança, quando houver bens sujeitos à colação, pois se o *de cujus* tiver feito doações em vida a descendentes ou ao outro cônjuge ou companheiro, os respectivos valores são acrescidos ao da metade do patrimônio, compondo o valor final da legítima.

A parte disponível, que pode ser objeto de doações ou disposições testamentárias, a quem não seja herdeiro necessário, apura-se de acordo com os bens que estão no patrimônio do *de cujus* na data de sua morte, considerando-se os valores nessa ocasião. Pode ser inferior à metade do patrimônio líquido, pois é o que sobra depois de somadas a metade legítima dos herdeiros necessários e os valores dos adiantamentos das legítimas (liberalidades feitas em vida).

A parte disponível, quando houver adiantamento da legítima, vincula-se à data da morte do *de cujus*, para sua apuração e verificação de eventual excesso do que foi destinado ao herdeiro necessário, em liberalidade. Se o *de cujus* doou tudo em vida aos herdeiros necessários, com adiantamento da legítima, reservando para si apenas o necessário para sua sobrevivência, como o usufruto vitalício dos bens, nada sobrou para a parte disponível. Diferentemente, se a doação foi feita a herdeiro necessário sem adiantamento da legítima, por declaração expressa do doador, o cálculo da parte disponível leva em conta a data da liberalidade e corresponde à metade do valor do patrimônio então existente. Neste caso, tendo havido respeito a tal limite da parte disponível, o herdeiro necessário donatário não está obrigado a levar o valor da doação ao inventário do doador, quando este falecer.

Ingressam na parte disponível os valores das liberalidades recebidas do *de cujus* pelos ascendentes e, também, os descendentes de grau mais remoto – apesar de serem herdeiros necessários –, por não constituírem adiantamento da legítima. O parágrafo único do art. 2.005 do CC/2002 presume imputada na parte disponível a liberalidade feita ao descendente que não seria chamado à sucessão na qualidade de herdeiro, considerando o tempo da liberalidade, ainda que, na abertura da sucessão, seja chamado pelo direito de representação, em virtude de ter falecido seu pai ou sua mãe antes do *de cujus*.

3.6. Dever de Redução do Excesso da Parte Disponível

O que exceder da parte disponível, em virtude de liberalidades do *de cujus* ou de disposição testamentária, deve ser reduzido, para que a parte indisponível, ou necessária, ou legítima dos herdeiros necessários existentes na abertura da sucessão não seja comprometida. As liberalidades podem estar contidas em contrato de doação, em testamento ou em outro negócio jurídico. O que exceder da parte disponível incide em nulidade. Só existe dever de redução se houver herdeiros necessários, ao tempo da morte do *de cujus*.

O dever de redução do excesso não se confunde com a colação, pois esta consiste no dever que têm seus descendentes e o cônjuge ou companheiro de levar à herança comum o que receberam do *de cujus*, mediante doação. Os dois institutos se tocam, todavia, quando o *de cujus* doa a descendentes ou ao cônjuge ou companheiro bens que excedem 50% do patrimônio líquido dele, salvo se dispensar da colação o valor da liberalidade, considerando a data desta. Assim, se não houver dispensa da colação pelo doador, deverá haver redução do excesso (do que exceder de 50% do patrimônio líquido do doador), além da colação do que foi doado nesse limite da parte disponível, uma vez que há incidência conjunta dos arts. 544 e 549 do CC.

Observe-se que o patrimônio líquido do doador, para fins de apuração do excesso ou do dever de colação, esta na abertura da sucessão, é sobre aquele que ele era titular exclusivo, dependendo do regime matrimonial de bens adotado. Assim, no regime legal de comunhão parcial, o patrimônio do doador era composto de metade dos bens adquiridos durante a convivência conjugal e dos seus bens particulares.

Se houver dispensa de colação, os valores dos bens doados a descendentes não podem ultrapassar a metade disponível do patrimônio líquido do doador, para que não seja alcançada a legítima dos herdeiros necessários, inclusive dos donatários. As doações feitas a outros herdeiros não descendentes ou a terceiros também devem observar o limite da parte disponível (metade do patrimônio líquido), pela mesma razão de preservação da parte indisponível (legítima) dos herdeiros necessários.

O dever de redução do excesso também é imputável a quem não é herdeiro necessário, mas foi beneficiário de doações que excederam a metade do patrimônio líquido do doador. Também é oponível aos herdeiros ou legatários que foram beneficiados com disposições em testamento deixado pelo *de cujus* que excederam essa parte disponível. Se o *de cujus*, em vida, doou mais do que podia doar, ou se, no testamento, deixou como herança, ou legado, aquilo de que não podia dispor, há o dever de redução do excesso.

No que toca às doações, o CC/2002 (art. 549) estabelece que é nula a doação quanto à parte que exceder à de que o doador, no momento da liberalidade, poderia dispor em testamento, enquanto o art. 2.007 estabelece que estão sujeitas à redução as doações em que se apurar excesso quanto àquilo de que o doador poderia dispor, no momento da liberalidade. A lei não estabelece a nulidade de toda a doação, mas do que exceder da parte disponível. É proibição do excesso.

O valor de cada doação será considerado quando foram feitas. Se a coisa é indivisível, a nulidade alcançará todo o contrato de doação. A soma dos valores das doações não poderá ultrapassar a metade do patrimônio, quando forem feitas. Se ocorrer, terá de ser calculado o excesso; este será pronunciado nulo, considerando a doação que por último for realizada. Sendo mais de uma doação, em momentos diversos, a redução do excesso atinge em primeiro lugar o valor da última; se o valor desta for insuficiente, a nulidade atingir-lhe-á por inteiro, porque doou o que já não poderia doar, e a parcela necessária do valor da doação antecedente. As doações feitas em tempos diversos exigem o cálculo da metade do patrimônio do doador, em cada momento, se ele variar de valor, para mais ou para menos. Assim, supondo-se duas doações feitas por um pai a dois de seus filhos, em momentos distintos, há de se calcular a percentagem do valor de cada uma em relação à totalidade do valor patrimônio existente em cada momento, de modo a se verificar se excedeu a cinquenta por cento.

Para o cálculo dos valores que são deduzidos na parte disponível, incluem-se as doações a terceiros, não herdeiros, e aos próprios herdeiros necessários, quando estes forem dispensados da colação pelo doador. Considera-se terceiro o cônjuge ou companheiro do herdeiro necessário que figure como beneficiário de bens doados em vida pelo *de cujus*, cuja doação não importa adiantamento da legítima, porque genro ou nora não é herdeiro necessário. Toma-se o momento de cada liberalidade, para a consideração dos valores respectivos. Nessas hipóteses, notadamente as doações a estranhos, o direito das sucessões não incide, sendo cabível a redução do excesso, antes ou após a abertura da sucessão do doador.

O momento de cada doação para se aferir o limite, somando-se às anteriores, é fundamental para se apurar o patrimônio do doador e, consequentemente, o valor da parte disponível e o valor do eventual excesso desta. A doação, ainda quando para descendentes, é negócio jurídico de eficácia imediata; produz, de logo, seus efeitos jurídicos de transferência dos bens. Não depende da sucessão hereditária, para que seus efeitos se produzam.

O CC/2002 não optou pelo momento da abertura da sucessão para se verificar o excesso da parte disponível ou da legítima dos herdeiros necessários, mas o da liberalidade. O patrimônio sofre flutuações de valor, ao longo do tempo, mercê das vicissitudes por que passa. Se a redução se der posteriormente à data da doação, comprometendo a legítima, a nulidade não será retroativa. O aumento do patrimônio, posteriormente ao momento da doação em excesso, não altera este fato; a nulidade é cabível. Se de nada poderia dispor, no momento da doação, toda ela é nula.

Não se levam em conta as doações que foram feitas ao tempo em que o doador não tinha herdeiros necessários; mas somam-se os valores das que se fizeram em todo o tempo em que o doador tinha herdeiros necessários. Se a doação foi remuneratória, até onde houve remuneração, não se computa; bem assim, se feita para cumprir dever moral, ou onerada com encargos que não sejam gratuitos.

A nulidade não é de ordem pública, mas no exclusivo interesse dos herdeiros necessários. Assim, apenas estes estão legitimados a reclamá-la. Do mesmo modo, o Ministério Público pode alegá-la e o juiz pronunciá-la, sempre no interesse dos herdeiros necessários incapazes.

A ação deve ser promovida pelos futuros herdeiros necessários contra o doador, que seriam assim ao tempo da doação, a qualquer tempo e após o conhecimento do excesso. Não se aguarda a abertura da sucessão porque a ação tem por objeto contratos entre vivos e é referente ao momento da liberalidade. Se já faleceu o doador, são legitimados ativos apenas os herdeiros necessários ao tempo da abertura da sucessão, dirigindo-se a ação contra o donatário. A pretensão não prescreve, pois a sanção é de nulidade. O interesse é de todos os que são herdeiros necessários.

Equivoca-se certa corrente jurisprudencial que entende ser a abertura da sucessão o termo inicial de prazo prescricional para exercício da pretensão. A pretensão à redução do excesso da doação não prescreve, pois independe da sucessão hereditária, uma vez que o legislador apenas utilizou o mesmo parâmetro que determinou para o testador. O art. 549 do CC/2002 não condiciona a pretensão e ação de redução do excesso da doação apenas quando for aberta a sucessão, podendo ser ajuizada a partir do momento da liberalidade.

Para Pontes de Miranda, a ação de redução do excesso da doação é a mesma ação de decretação de nulidade. O donatário é um dos legitimados passivos, porém também o é o doador, se ele mesmo, que doou de boa-fé, não propôs a ação. Quando a ação é proposta, o que se espera é que o donatário possa restituir o bem, ou a parte do bem, que o princípio da indisponibilidade atingiu. Se já não tem a propriedade e a posse própria do bem, ou a posse própria, cabe-lhe o ônus de alegá-lo e prová-lo, de jeito que seja condenado a prestar o equivalente. Se o donatário alienou em diferentes momentos os bens doados por um só ato, o terceiro atingido pela ação é aquele que adquiriu depois. "Primeiro se faz a verificação do valor que era disponível e do valor que não era, e a ação não se dirige contra o donatário para se haver determinado bem ou determinados bens, mas o bem ou os bens que correspondem ao excesso em relação ao valor disponível" (1972, v. 46, p. 284).

Se o donatário tiver alienado a coisa recebida em excesso de doação, responderá pelo preço, não sendo cabível o pronunciamento da nulidade. Porém, se a coisa pereceu sem culpa do donatário, este não tem de restituir o valor.

O valor da doação leva em conta o que foi fixado no contrato, na data deste, não sendo passível de atualização no ajuizamento da ação de redução ou na abertura da sucessão. A correta opção do CC/2002 deve-se ao fato de que a ação de redução e nulidade do excesso da doação pode ser ajuizada a qualquer tempo, não dependendo da abertura da sucessão, além de levar em conta o valor do patrimônio no momento da celebração do contrato de doação, para que haja fiel correspondência com a parte disponível, que, apenas nesse momento e segundo os respectivos valores, pode ser conferida, sem uso de ficção.

Quando a redução do excesso da doação resultar do cumprimento do dever de colação, então o momento adequado da apuração é o da abertura da sucessão. Ainda assim, o valor a ser computado é o que foi praticado no momento da liberalidade, sem atualização, ainda que tenha transcorrido longo tempo entre a doação e a abertura da sucessão. O patrimônio tanto pode crescer nesse período quanto pode decrescer. O valor real e histórico da doação pode ser pequeno, se o patrimônio cresceu, mas pode ser grande, ainda que não atualizado, se o patrimônio decresceu. Essas vicissitudes não podem ser consideradas para efeito da redução do excesso, no momento da abertura da sucessão.

O direito brasileiro considera, consequentemente, duas modalidades de aferição do patrimônio e da correspondente metade disponível, para fins de apuração e redução de excesso: a) para a doação, tanto para futuros herdeiros necessários ou legítimos, quanto para terceiros donatários, confere-se o valor do patrimônio existente na data do contrato (ou dos contratos) e o valor da doação, na mesma data, devendo-se reduzir o que exceder da metade disponível; b) para a colação, devida apenas por descendentes e cônjuge ou companheiro, o valor do patrimônio a ser considerado é o da abertura da sucessão e não o da doação, enquanto o valor a ser considerado para esta última é o da data do respectivo contrato, apurando-se desse modo o eventual excesso a ser devolvido.

A partilha em vida do *de cujus*, assegurada pelo direito brasileiro (CC, art. 2.018), não pode infringir a regra de respeito da legítima dos herdeiros necessários. Se algum herdeiro necessário tiver recebido, além de seu quinhão da parte legítima, mais do que a totalidade da parte disponível, obriga-se a devolver o excesso. Os demais herdeiros necessários têm contra ele direito à redução, indicando o que atingiu a legítima necessária na própria partilha em vida. A partilha em vida não pode prejudicar os descendentes do *de cujus* nascidos ou reconhecidos depois dela, ou o cônjuge, se o casamento foi celebrado também depois, porque todos os herdeiros necessários têm direito à sucessão legítima no momento da morte do *de cujus*. Por essa razão, ao contrário da doação, o cálculo da parte indisponível (legítimas) leva em conta a data da abertura da sucessão e não a da partilha em vida. Se na partilha em vida o *de cujus* não tiver feito menção às doações anteriores que beneficiaram herdeiros necessários, entende-se que houve dispensa implícita da colação dos respectivos valores, desde que tenha observado a legítima dos demais herdeiros necessários, quando doou; a dispensa implícita depende de interpretação das circunstâncias.

Com relação ao testamento, estabelece o CC/2002 (art. 1.789) que, havendo herdeiros necessários, o testador só pode dispor da metade da herança e não de todo o patrimônio existente na data em que foi elaborado. O testador pode escolher os bens com os quais deseja beneficiar seus herdeiros ou terceiros, mas deve observar a legítima dos herdeiros necessários, considerando-se o valor de seu patrimônio. As vantagens recebidas pelos beneficiários no testamento, que sejam herdeiros necessários, não importam dever de colação, como ocorre com as doações. O que tiverem recebido por disposições testamentárias, nos limites da metade disponível, isto é, além do que lhes é devido na metade necessária ou indisponível, não impõe dever de colação. Porém, os herdeiros necessários, ou outros herdeiros legítimos, ou terceiros legatários, que tiverem sido agraciados com bens e valores pelo testador terão o dever de redução se esses benefícios excederem o valor da metade disponível, considerando-se o valor do patrimônio na data da abertura da sucessão.

O dever de redução diz respeito apenas ao excesso, de modo que se respeite a parte indisponível. Na hipótese de testamento, os valores dos bens deixados a determinados beneficiários pelo testador, o valor do patrimônio geral do *de cujus* e o valor da parte disponível são os existentes na data da abertura da sucessão. Diferentemente da doação, a data do testamento, para efeito de conferência da parte disponível, não é considerada, até porque o testamento apenas produz efeitos jurídicos com a morte do testador, enquanto a doação produz todos seus efeitos jurídicos com a celebração do contrato e registro público, quando for o caso. O excedente da parte disponível pertencerá aos herdeiros necessários.

A lei (CC, art. 1.967) estabelece os critérios de redução do excesso da parte disponível. O primeiro é o da proporcionalidade. Se o testador, tendo herdeiros necessários, tiver instituído mais de um herdeiro testamentário, com percentuais distintos sobre o patrimônio, a redução considerará tais proporções. Supondo-se que atribuiu a A o equivalente a 30%, a B o equivalente a 20% e a C o equivalente a 20%, houve excesso de 10% da parte disponível (metade). Esse excesso será objeto de redução das quotas de cada herdeiro instituído, sendo que A, que tem a quota maior, sofrerá a maior redução. Se os herdeiros instituídos tiverem recebido quotas iguais, a redução será igual.

O segundo critério é o da redução dos legados, quando estes tenham sido destinados em conjunto com a instituição de herdeiros testamentários. Os legados apenas serão atingidos se a redução das quotas dos herdeiros testamentários, em sua totalidade, for insuficiente para se atingir o limite da parte disponível. Primeiro, reduzem-se as heranças, depois os legados. Em outras palavras, quando os legados ultrapassarem o limite da parte disponível, os herdeiros testamentários nada receberão, e os legados serão reduzidos proporcionalmente, em razão de seus valores. Segundo Pontes de Miranda (1973, v. 58, § 5.819), o que se presume é que o testador quis que precipuamente se paguem os legados; porque é o que decorre em geral, da categoria jurídica dos legados; por isso mesmo, os legatários podem exigir que do patrimônio do falecido se discrimine o do herdeiro.

O terceiro critério é o da preferência para certos herdeiros testamentários ou legatários, quando o testador assim estabelecer: os demais apenas serão atingidos se os valores atribuídos aos primeiros não forem suficientes para a redução. Esses critérios, todavia, não são obrigatórios e podem ser alterados pelo testador.

Quando o legado consistir em imóvel que possa ser dividido (por exemplo, uma propriedade rural), a redução consistirá em subtrair-lhe a porção que corresponda ao excesso da parte disponível, que deva compor a legítima dos herdeiros necessários. Se o imóvel for indivisível (por exemplo, um apartamento) e tiver sido deixado inteiramente em legado a uma pessoa, e se o excesso for superior a um quarto de seu valor, o imóvel integrará inteiramente a legítima dos herdeiros necessários, cabendo ao legatário o direito de pedir a estes que lhe seja destinado outro bem da parte disponível, correspondente ao valor que lhe seria devido (até ao limite da parte disponível). Porém, se o valor do imóvel legado não ultrapassar um quarto da parte disponível, terá o legatário direito a ficar com o bem, desde que pague em dinheiro aos herdeiros necessários o valor correspondente ao excedente. Ainda que a lei refira expressamente a dinheiro, cumpre-se sua finalidade (redução do excesso da parte disponível) se o legatário der em pagamento outro bem, no valor do excesso, com a concordância dos herdeiros.

É possível que o legatário seja herdeiro necessário, isto é, além da parte que lhe cabe na legítima, o testador atribuiu-lhe determinado imóvel, divisível ou indivisível, com legado. Nesta hipótese, se o imóvel ultrapassar o valor da parte disponível, poderá o herdeiro manter o legado, desde que haja redução proporcional de sua quota da parte legítima. Essa solução apenas é possível se o excedente da parte disponível, em virtude do valor do imóvel legado, se contiver na sua quota da legítima. Se o valor do imóvel legado ultrapassar o valor da parte disponível e o valor da quota do herdeiro necessário, sendo o bem indivisível, cabe ao herdeiro pagar em dinheiro o excedente aos demais herdeiros necessários.

Se o testador não dispuser de toda a parte disponível, o remanescente pertencerá aos herdeiros legítimos. Esta é hipótese oposta à de excedente, pois o testador não ultrapassa a parte disponível e apenas destina uma porção dela a herdeiros testamentários ou a legatários. Suponha-se que o testador tenha deixado como legado a uma pessoa que não é sua herdeira apenas um bem, que corresponda a um terço da parte disponível; os dois terços remanescentes seguirão a ordem de vocação hereditária da sucessão legítima.

Estabelece o CC/2002 (art. 1.966) que o remanescente das disposições testamentárias "pertencerá aos herdeiros legítimos", quando o testador dispuser apenas de porção da parte disponível. Essa regra modifica, substancialmente, o direito anterior, que interpretava a existência do remanescente como disposição tácita do testador em benefício dos herdeiros legítimos, como se a vontade daquele fosse a fonte da aquisição do direito. Se o remanescente da parte disponível pertence aos herdeiros legítimos, então se lhes assegura a plenitude da *saisine* e

— 82 —

do direito à herança, constitucionalmente estabelecido, que não dependem de qualquer ato de vontade expressa ou tácita do testador. A regra do remanescente é apenas aplicável se sobreviverem ao testador seus descendentes, ou ascendentes, ou cônjuge ou companheiro.

A ação para redução do excesso é prescritível. Chega-se a essa conclusão apesar de o art. 549 do CC/2002 aludir a "nula é também a doação". O termo "nula" não corresponde à nulidade em sentido estrito, mas sim, por suas finalidades, à anulabilidade, pois apenas o descendente que se julgar prejudicado pode intentar a invalidade da doação. Não pode ser suscitada por qualquer outro parente ou até mesmo pelo Ministério Público (CC, art. 168). O juiz não pode declará-la de ofício.

3.7. Multiparentalidade e Sucessão Hereditária

O STF reconheceu como repercussão geral a matéria da socioafetividade e consolidou seu entendimento sobre a multiparentalidade, como Tema 622, em decisão plenária tomada em 2016, tendo como caso paradigma o RE 898.060, com a seguinte tese geral:

"A paternidade socioafetiva, declarada ou não em registro público, não impede o reconhecimento do vínculo de filiação concomitante baseado na origem biológica, com os efeitos jurídicos próprios".

Além do reconhecimento da parentalidade socioafetiva, avançou no sentido de contemplar a multiparentalidade. É o que se extrai dos termos "reconhecimento do vínculo de filiação concomitante baseado na origem biológica". O vínculo de filiação "concomitante" leva à multiparentalidade. Ou seja, na hipótese explicitada de paternidade, de acordo com o caso concreto que serviu de paradigma ao julgamento do STF, o registro civil deve contemplar dois pais, isto é, o pai socioafetivo e o pai biológico, além da mãe biológica; dois pais e uma mãe.

Por ser tema de repercussão geral, não pode ficar adstrito ao caso concreto. Destarte, têm-se como abrangidas as hipóteses de mãe e pai socioafetivos registrados, aos quais se pode acrescentar a mãe biológica, ou o pai biológico ou ambos, o que resultará em três ou quatro pais, no total. Se não há mais a exclusividade do modelo binário e se é admissível a multiplicidade das parentalidades, o registro civil da parentalidade biológica deixou de ser obstáculo à concomitância do registro da parentalidade socioafetiva subsequente. Pelas mesmas razões, não há impedimento para a concomitância de parentalidade socioafetiva.

A sucessão hereditária legítima é assegurada ao filho de pais concomitantes biológicos e socioafetivos, em igualdade de condições. Aberta a sucessão de cada um deles é herdeiro legítimo de quota parte atribuída aos herdeiros de mesma classe (direta ou por representação), imediatamente, em virtude da *saisine*. A igualdade entre filhos de qualquer origem é princípio cardeal do direito brasileiro, a partir da Constituição, incluindo o direito à sucessão aberta. Os limites dizem respeito às legítimas dos herdeiros necessários de cada sucessão aberta e não ao número de pais autores das heranças.

O filho será herdeiro necessário tanto do pai socioafetivo ou da mãe socioafetiva quanto do pai biológico ou da mãe biológica, em igualdade de direitos em relação aos demais herdeiros necessários de cada um. Terá duplo direito à herança, levando-o a situação vantajosa em relação aos respectivos irmãos socioafetivos, de um lado, e irmãos biológicos, do outro, mas essa não é razão impediente da aquisição do direito.

Após a edição da tese do Tema 622/STF (multiparentalidade), o STJ teve oportunidade de afirmar em ambas as turmas de direito privado (REsp 1.618.230 e REsp 1.487.596) que, comprovando-se multiparentalidade, deve ser reconhecida a equivalência de tratamento e efeitos jurídicos sucessórios entre as paternidades biológica e socioafetivas.

Se o autor da herança não deixar descendentes, seus ascendentes biológicos e socioafetivos herdarão concorrentemente, de acordo com suas linhas (maternas e paternas), por força do CC, art. 1.836, § 2º.

Nas hipóteses de multiparentalidade, havendo o falecimento do descendente com o chamamento de seus ascendentes à sucessão legítima, se houver igualdade em grau e diversidade em linha entre os ascendentes convocados a herdar, a herança deverá ser dividida em tantas linhas quantos sejam os genitores (Enunciado 643 das Jornadas de Direito Civil/CJF). A reciprocidade é acentuada no Enunciado 33 do IBDFAM, ao prever que "o filho faz jus às heranças, assim como os genitores, de forma recíproca, bem como dos respectivos ascendentes e parentes, tanto por direito próprio como por representação".

O mesmo direito de sucessão dos filhos de pais biológicos em conjunto com pais socioafetivos, transmite-se aos filhos daqueles. O neto será herdeiro necessário tanto do avô socioafetivo, quanto do avô biológico, em igualdade de direitos em relação aos demais herdeiros necessários de cada um.

Quanto às linhas do parentesco avoengo, algumas considerações se impõem, quando houver reconhecimento judicial de multiparentalidade: (1) as linhas são mais do que as duas tradicionais (paterna e materna), podendo ser três (paradigma do caso concreto julgado pelo STF) ou mais do que três, ante as consequências da realidade da vida de vários relacionamentos familiares socioafetivos sucessivos, ou do uso de técnicas de reprodução assistida; (2) não há hierarquia entre essas múltiplas linhas, mas sim igualdade, não só para o exercício dos direitos por todos os avós, concorrentemente, nas relações familiares, mas também na distribuição igualitária aos avós, por linhas, da herança deixada pelo neto, cujos pais não lhe sobreviveram.

Capítulo IV
Dever de Colação na Sucessão Legítima Necessária

Sumário: 4.1. Colação. 4.2. Adiantamento da legítima dos herdeiros necessários. 4.3. Doação entre cônjuges e entre companheiros. 4.4. Doações excluídas da colação. 4.5. Consideram-se os valores atribuídos nas datas das doações. 4.6. Hipóteses de devolução em espécie. 4.7. Cálculo do valor do adiantamento da legítima. 4.8. Legitimados ativos e passivos da colação. 4.9. Colação voluntária. 4.10. Dispensa da colação.

4.1. Colação

Colação é o dever imposto aos descendentes e ao cônjuge ou companheiro de levarem à herança os valores das doações que receberam do *de cujus*, em vida deste, para que possam compor o valor total da legítima dos herdeiros necessários. Tem por fito a equalização das partes de todos os herdeiros necessários sucessíveis, em relação ao valor da legítima. O beneficiário da doação leva para a herança do *de cujus* ou restitui o valor da liberalidade dele recebida, para conferência.

A palavra *colação* tem a sua origem etimológica em *collatio*, que deriva do mesmo verbo de onde vem a palavra conferência; assim, colação e conferência são sinônimos (Santos, 2002, p. 419).

O descumprimento do dever de colação tem como consequência a pena de sonegação, explicitamente referida no CC/2002. "A colação é figura típica da sucessão legítima, até, melhor dizendo, da sucessão necessária ou legitimária, pois tem o objetivo de igualar os quinhões dos herdeiros necessários" (Veloso, 2003, p. 413).

Os valores das doações são deduzidos da parte que cada um teria a receber, em relação ao montante da legítima. Exemplificando: se são três os filhos do *de cujus* e um deles recebeu doação em vida no valor de 100, sendo o valor total da parte legítima de 500, soma-se este àquele, resultando em 600; cabe a cada filho o valor de 200, devendo receber o donatário apenas 100. Por isso é que a solução da lei é considerar a doação a herdeiro necessário como adiantamento da legítima, sendo a colação o meio que permite a verificação se o valor da liberalidade não ultrapassou a sua quota da legítima e a integração desse valor nessa quota. A colação permite discriminar o que foi e o que não foi adiantamento da legítima.

O CC/2002 (art. 2.002) tornou claro que o que vai à colação é o valor da doação. Não é objeto da colação a doação em si ou o bem doado. Na redação anterior, no Código Civil de 1916, havia dúvidas, refletidas na doutrina, se a colação era em espécie ou em valor, porque se aludia a "conferir as doações", enquanto a norma atual estabelece o dever de "conferir o valor das doações". Pontes de Miranda era preciso, interpretando a regra anterior, quanto a ser objeto da colação o valor da doação e não o bem doado. A orientação antes majoritária dos autores, dentre eles Carlos Maximiliano, da colação *in natura*, não mais prevalece.

Esse valor é nominal e histórico, não sendo suscetível de atualização monetária, porque a verificação do limite das legítimas dos futuros herdeiros necessários leva em conta o valor do patrimônio do doador, no momento da doação e não posteriormente. A jurisprudência dos tribunais controverte sobre a atualização do valor objeto da colação, havendo entendimento do STJ, anterior ao CC/2002, no sentido de ser exigível a correção monetária, relativa ao período da data da liberalidade até a abertura da sucessão. Essa orientação não mais se sustenta.

O valor da doação, tanto para a colação quanto para a redução do excesso, apenas pode considerar o que foi fixado no contrato, na data deste, não sendo passível de atualização no ajuizamento da ação de redução do excesso ou na abertura da sucessão, porque faria incerta a proporção com o patrimônio existente na data da doação. O CC/2002 fez opção clara por essa orientação. Também é esse o entendimento que se firmou no STJ (REsp 1.284.828), ratificando decisão de segunda instância, para a qual o momento da doação é aquele em que deve ser feito o exame da disponibilidade patrimonial, porquanto a colação não serve para conferi-la, mas, sim, para igualar os quinhões dos herdeiros necessários.

Outros argumentos contra a correção monetária do valor atribuído na doação podem ser alinhados:

1º a correção monetária é técnica de restabelecimento do poder aquisitivo da moeda, aviltado pelo processo inflacionário;

2º a doação é negócio jurídico bilateral que opera imediata transferência dos bens ao donatário. Não é pacto sucessório, nem se qualifica como testamento. A doação produz efeitos jurídicos imediatos, enquanto o testamento é negócio jurídico unilateral cujos efeitos jurídicos estão subordinados a evento futuro, que é a morte do testador. A doação apenas pode ser revogada em situações excepcionais de ingratidão do donatário ou de inexecução de encargo (CC, art. 555). O testamento pode ser revogado imotivadamente pelo testador, deixando de produzir efeitos jurídicos;

3º o dever de colação não se classifica entre as dívidas de valor, cuja fixação depende de liquidação e atualização constante. Essas dívidas não são adimplidas considerando-se o valor nominal; não são atingidas pela desvalorização da moeda, porque interessa o valor que se determina no momento do pagamento;

4º apenas se admite correção monetária, em caráter excepcional, quando expressamente prevista em lei ou quando estipulada em negócio jurídico, em virtude da autonomia privada, ainda assim com limitações e vedações. Não há norma legal alguma que admita a correção monetária do valor de bens doados, para fins de colação;

5º a má-fé não se presume. O valor fixado na doação a descendente não pode ter a presunção de preterição ou prejuízo de outro descendente.

O que exceder à quota do herdeiro necessário, beneficiário da doação, terá de ser reduzido. A colação não significa restituição; o dever de colação não é dever de restituição. Apenas há restituição do excesso da metade disponível, mas este dever não se inclui no conceito de colação, uma vez que também existe dever de redução e restituição do que exceder da parte disponível, em relação a terceiros donatários. Dever de colação e dever de redução do excesso são dois conceitos distintos.

As doações aos futuros herdeiros são permitidas; o que não se permite é o excesso do valor correspondente às legítimas dos herdeiros necessários. Denomina-se doação inoficiosa a que excede esse limite, o que conduz à nulidade do excedente. Como previam as Ordenações Filipinas o fundamento é o de evitar-se "enganos e demandas" entre ascendentes e descendentes. Teixeira de Freitas, em nota ao art. 1.206 da sua *Consolidação das Leis Civis*, disse, em lição atual, que a obrigação de trazer à colação "não depende de nenhuma declaração do ascendente doador", positiva ou negativa. O doador não pode fazer declaração em contrário, que afaste a incidência da colação, em qualquer circunstância, salvo sua dispensa, dentro dos limites legais.

A colação tem fundamento no respeito que se tornou predominante, em nosso direito, à sucessão legítima, notadamente em relação aos herdeiros legítimos necessários. O dever de colação evita que haja fraude à lei, o que ocorreria se o *de cujus*, em vida, pudesse livremente promover doação de seus bens para beneficiar determinados herdeiros necessários, com risco de, na abertura de sua sucessão, nada mais ter para compor a herança dos demais herdeiros necessários. Por isso, a doação a futuro herdeiro necessário importa adiantamento de sua legítima, devendo o respectivo valor integrar o quinhão que lhe caberá, quando morrer o doador. Não importa se a doação tem por objeto direito real, ou posse, ou crédito, ou perdão de dívida do donatário, ou renúncia a direito que o doador tenha em relação ao donatário, ou de qualquer outra liberalidade que diminuiu o patrimônio do doador em favor do donatário.

A doação deve ser interpretada, no seu conjunto ou em cada uma de suas cláusulas, de modo restritivo. Na dúvida, não se pode estender a certos atos, mesmo que de liberalidades, a qualidade de doação. Ou seja, nem toda liberalidade é doação. Por exemplo, o capital estipulado no seguro de vida ou de acidentes pessoais não se considera doação ou herança (CC, art. 794), não se lhe aplicando o dever de colação. Também não se equiparam a doação, para fins de colação, a ocupação e o uso de imóvel objeto da sucessão por um dos herdeiros, a título gratuito (STJ, REsp 1.722.691). Aplica-se à doação a regra geral de interpretação, nas hipóteses de liberalidades, prevista no art. 114 do CC/2002: "Os negócios jurídicos benéficos e a renúncia interpretam-se restritivamente". Se a doação se fez a outros parentes, ou a pessoas físicas e jurídicas, estranhas à sucessão, não se pode cogitar de colação.

4.2. Adiantamento da Legítima dos Herdeiros Necessários

A colação não resulta de infração à lei, mas de limitação e conformação de legítimos exercícios de direitos (doar e aceitar a doação), pois não há impedimento a que o doador doe seus bens aos futuros herdeiros necessários. A colação resulta da qualificação de determinadas doações como adiantamento da legítima, estabelecendo liame entre negócio jurídico entre vivos (doação) e a sucessão a causa da morte.

O futuro herdeiro necessário nenhum direito à herança tem, antes da morte do *de cujus*. Assim, a colação apenas pode ser exigível quando houver a abertura da sucessão. A doação é ato entre vivos e a sucessão da titularidade do bem doado entre doador e donatário é sucessão entre vivos e não sucessão hereditária. Não depende para seus efeitos jurídicos da abertura da sucessão: o bem doado passa a ser do futuro herdeiro, mas não como sucessor a causa da morte. Porém, deu-se o adiantamento da legítima, o que ensejará, quando da abertura da sucessão, o direito à colação. A doação, que estiver dentro do limite a que faria jus o futuro herdeiro, integrar-se-á à sua quota hereditária, com a abertura da sucessão. O que exceder ao limite que deveria ser observado pelo doador sujeita-se à sanção de nulidade, ou seja, invalida-se a doação do excedente quando houver a abertura da sucessão.

O CC/2002 (art. 544) ampliou a restrição à liberdade de doação, alcançando todos os descendentes e o cônjuge ou companheiro. O Código Civil de 1916 apenas aludia à doação de pais aos filhos; a doação feita aos demais descendentes, inclusive netos que representassem filho falecido, e ao cônjuge ou companheiro não importava adiantamento da legítima. A relação de ascendente a descendente é infinita, em tese, enquanto vivos estiverem esses parentes em linha reta.

Não se trata de impedimento legal a essas doações, pois elas podem ser feitas, mas a lei as inibe, na medida em que obriga os donatários à colação, reduzindo-se proporcionalmente o que lhes caberá como herança quando da abertura da sucessão do doador. A doação de ascendente a descendente, ou do cônjuge ou companheiro a outro, não é nula, devendo ser conferida mediante colação, quando da abertura da sucessão.

A referência a descendentes deve ser entendida como relativa à ordem da vocação hereditária, da sucessão legítima. Se o avô doa um bem a um neto, esta doação não importa adiantamento da legítima, quando apenas concorrerem os descendentes de grau superior ao do donatário, ou seja, os filhos do doador, inclusive o pai do donatário. O neto apenas estará alcançado pela obrigatoriedade da colação se suceder por representação, no lugar do pai.

Os efeitos de adiantamento da legítima são exclusivamente decorrentes de doação de ascendentes para descendentes ou de cônjuge para cônjuge ou de companheiro a companheiro. Os ascendentes são também herdeiros necessários dos descendentes, mas as doações destes para aqueles não estão alcançadas pela obrigatoriedade de colação. Entendeu o legislador que, na hipótese de doação a ascendente, não se apresentam os riscos de conflitos tão comuns entre os descendentes, pois é da natureza humana que as pessoas esperem, principalmente de seus pais, tratamento igualitário, nos planos afetivo e patrimonial. Por outro lado, não é tão frequente a iniciativa de doação a ascendentes, dado que o senso comum indica que se espera destes que cuidem e ajudem sua descendência, prioritariamente.

A legítima dos herdeiros necessários, ou metade indisponível, enquanto vivo o doador, não pode ser atingida por nenhuma hipótese de liberalidade. Além das doações regulares, estão sujeitas à colação, porquanto também importam adiantamento da legítima, as falsas transferências onerosas, como ocorre com as doações disfarçadas em contratos de compra e venda ou em cessões de direitos.

Quando se abre a sucessão, a legítima dos herdeiros necessários deixa de corresponder a cinquenta por cento do patrimônio do *de cujus*, pois o direito brasileiro estabelece que os valores da liberalidade são acrescidos à metade indisponível. Os valores colacionados somam-se ao que seria a metade necessária, elevando-se necessariamente esta.

4.3. Doação entre Cônjuges e entre Companheiros

Incluiu-se na incidência do adiantamento da legítima a doação entre cônjuges, apesar da omissão do art. 2.002, pois este deve ser interpretado sistematicamente com o art. 544, que alude expressamente ao cônjuge, porque um está relacionado ao outro. A doação, nessa hipótese, depende do regime matrimonial de bens, para que sejam identificáveis os bens particulares ou fora da comunhão, que podem ser individualmente disponíveis.

Apenas se considera adiantamento da legítima se o cônjuge estiver na ordem da vocação hereditária, quando da abertura da sucessão, isto é, se não houver descendentes ou descendentes do outro cônjuge.

Todavia, considerar-se-á adiantamento quando concorrer com os descendentes ou ascendentes, porque investe-se em peculiar posição de herdeiro necessário, a depender do regime de bens. Na hipótese do regime de comunhão parcial, o cônjuge sobrevivente concorre apenas quanto aos bens particulares eventualmente deixados pelo outro. Esse entendimento doutrinariamente majoritário restou acolhido pela jurisprudência dos tribunais (STJ, REsp 1.368.123). Haverá, pois, dever de colação em relação aos bens particulares que o *de cujus* doou em vida ao cônjuge.

Em relação aos ascendentes, só há colação se o cônjuge sobrevivente tiver recebido bens em doação do outro e concorrer com os ascendentes.

O CC/2002 não se refere ao companheiro em união estável, entre os que estão obrigados à colação. Todavia, o princípio da igualdade impõe tratamento idêntico ao do cônjuge. O companheiro é herdeiro necessário, por força da decisão do STF (RE 878.694) de declaração de inconstitucionalidade do art. 1.790 do CC, e da aplicação consequente do art. 1.829 do CC. Herdeiro por sucessão concorrente, quer pela aplicação comum do art. 1.829 ao cônjuge e companheiro. Sendo assim, qualquer doação que o outro companheiro lhe faça é adiantamento da legítima e, consequentemente, dever de colação.

4.4. Doações Excluídas da Colação

As doações remuneratórias como recompensa de serviços feitos ao ascendente-doador não importam adiantamento, estando excluídas do dever de colação. Exemplifique-se com a doação feita pelo pai a um filho, por determinados trabalhos que este realizou em favor daquele, sem nada cobrar. Além da doação pura, onde a liberalidade é integral sem qualquer restrição, o CC/2002 admite outros tipos, nos quais a liberalidade é contida (doação meritória, doação remuneratória, doação com encargo ou modal), mas seu art. 2.011 apenas alude às doações remuneratórias, como as não sujeitas a colação. A doação remuneratória conjuga liberalidade e remuneração por serviços prestados pelo donatário ao doador. Tem o propósito de recompensar serviços gratuitos recebidos. A doação remuneratória não se confunde com adimplemento de obrigação nem com dação em pagamento, que é a substituição da coisa devida por outra. O pagamento ou adimplemento de obrigação é incompatível com a *causa donandi*; em outras palavras, se há negócio jurídico, não se pode solver a obrigação mediante doação. Se, na doação remuneratória houver excesso da remuneração, em relação aos serviços, que ponha em dúvida o elemento de gratidão e generosidade que caracteriza essa doação, o excesso deve ir à colação, pois é doação dissimulada.

Também não estão sujeitos à colação os gastos na educação, vestuário, sustento do descendente menor, as despesas com casamento do descendente e as feitas no interesse de sua defesa criminal (CC, art. 2.010), segundo as condições sociais e econômicas do ascendente e os costumes.

Entendem-se como despesas com o casamento, que escapam da colação, a dação de móveis e utensílios para a casa onde morará o descendente. Porém, se o *de cujus* vendeu imóvel ou outro bem valioso para empregar o valor decorrente na festa suntuosa de casamento do descendente, esse valor deve ir à colação, porque é despesa manifestamente excessiva que deslizou para doação inoficiosa, dadas as condições do *de cujus*.

Excluem-se da colação os gastos do "descendente menor", cuja menoridade, literalmente (CC, art. 5º), cessa aos dezoito anos, mas a doutrina e a jurisprudência têm admitido a extensão da idade até vinte e quatro anos, quando se presume que um brasileiro possa concluir o curso universitário, para fins de alimentos; a razão de ser dessa extensão é a mesma que deve orientar a aplicação da norma que exclui da colação as despesas educacionais do menor, por sua natureza protetiva. Os gastos com educação incluem a compra de livros, materiais escolares, roupas, equipamentos eletrônicos, instrumentos para pesquisa.

As despesas feitas pelo *de cujus* com herdeiro necessário, excluídas da colação, não se esgotam no elenco da lei, que são meramente exemplificativas. Não constituem, portanto, *numerus clausus*. Contrariamente, amplia-se o sentido de doação indireta ou dissimulada, as quais, se configuradas assim, devem ser levadas à colação.

Pontes de Miranda exclui também da colação (1972, v. 55, p. 354) os gastos com montagem de locais de trabalho profissional, como escritórios, consultórios, oficinas, lojas, salvo se houver excesso. O ônus de provar que tais despesas estiveram dentro dos limites do razoável é do herdeiro necessário beneficiário.

4.5. Consideram-se os Valores Atribuídos nas Datas das Doações

Para a colação vão os valores das doações, não necessariamente os bens doados. Daí que os valores para fins da colação têm natureza contábil, porque consiste em operação matemática; a colação é adimplemento de dever contábil. O que interessa para se saber o valor a ser colacionado é o preço que foi atribuído na escritura pública ou em outro ato de liberalidade; esse valor é matematicamente utilizado para a composição da parte indisponível, para cálculo da quota do herdeiro donatário e para cálculo do excesso de sua quota. Só o excesso da parte disponível é que tem de voltar em dinheiro, ou bem imóvel ou móvel, à parte legítima.

O direito brasileiro não exige que a colação consista em devolução *in natura* dos bens recebidos em doação. O valor que vai à colação é o do tempo da liberalidade e que nesta tenha sido determinado ou estimado, pouco importando se houve valorização ou desvalorização até o momento da abertura da sucessão. Os lucros, as valorizações, as perdas, as depreciações que correrem entre a data da liberalidade e a data da abertura da sucessão ficam por conta do donatário, sem refletirem no que deva ser levado por colação.

Se os bens já tiverem sido alienados pelo donatário, quando da abertura da sucessão, esse fato não altera o dever de colação, pois o valor atribuído na liberalidade é o que interessa, justamente por não ser exigível a devolução *in natura*. Essa característica do direito brasileiro foi reforçada com o advento do CC/2002, especialmente pela interpolação da expressão "conferir o valor das doações", na redação do art. 2.002. Já o art. 2.004 enfatiza que o valor da colação é o que lhe atribuir o ato de liberalidade.

Diz João Baptista Villela que é mais justo estabelecer como referência o tempo da liberalidade, que foi aquele, de fato e de direito, em que o bem migrou do patrimônio do doador e, portanto, aquele em que a sua perda se verificou (1964, *passim*).

Fez-se clara opção pelo valor atribuído ao bem recebido em doação (colação por estimação), no lugar da restituição ao espólio do próprio bem (colação em substância). Como disse Clóvis Beviláqua, a colação por estimação é "a imputação do valor do objeto doado sobre o quinhão do donatário" (1955, p. 319). A opção brasileira importa inviolabilidade da doação, em respeito à autonomia do doador morto, que decidiu por beneficiar seu descendente (ou o outro cônjuge ou companheiro). O que vai à colação, repita-se, não é o bem doado, mas o valor que foi estimado no contrato de doação. Opera-se idealmente mediante a imputação do valor da doação na quota do herdeiro a ela obrigado. Não há a restituição efetiva dos bens doados, "mas uma simples operação aritmética" (Telles, 2004, p. 104).

A única exceção a essa regra é quando não houver outros bens no acervo hereditário em valor suficiente para assegurar a igualdade das legítimas dos descendentes e do cônjuge ou companheiro (quando este concorrer com aqueles), o que, logicamente, implica que o donatário tenha de restituir em espécie o correspondente ao que excedeu.

Não se pode argumentar, igualmente, com o princípio da vedação do enriquecimento sem causa que o art. 2.004 poderia provocar, pois haveria o inverso, segundo o modelo revogado: o herdeiro donatário teria sua quota na herança reduzida não apenas pelo valor da doação, mas também de um *plus* de valor arbitrado de acordo com variáveis de mercado, o que igualmente limitaria o *quantum* da liberalidade fixado pelo doador e, o que não é razoável, penalizaria o donatário operoso, que, ao invés de usufruir e desgastar a coisa, agregou valor com melhoramentos.

No sentido do entendimento que perfilhamos, a Segunda Seção do STJ (AR 3.493) decidiu que os valores da doação ou das doações se conferem nos tempos destas, pouco importando que haja várias doações. Como se afirmou no julgamento, embora esse sistema legal possa resultar menos favorável para os herdeiros necessários, atende melhor aos interesses da sociedade, pois não deixa inseguras as relações jurídicas, dependentes de um acontecimento futuro e incerto, como o eventual empobrecimento do doador. Com razão, pois o argumento de pobreza final, ou de inexistência de bens quando da abertura da sucessão, é irrelevante, até porque o doador pode se desfazer de todos seus bens, mediante alienações variadas, no uso de sua autonomia privada. A questão é de expectativa de direito, para os futuros herdeiros, mas não de direito constituído. Se houver divergência quanto ao valor atribuído aos bens no ato de liberalidade, deve se proceder à avaliação por perícia técnica.

Reafirmando o critério do legislador civil, decidiu o STJ que eventuais influências de elementos externos de natureza econômica, temporal ou mercadológica deverão ser experimentadas exclusivamente pelo donatário, não impactando o acertamento igualitário da legítima, de modo que não é possível substituir o critério legal pelo proveito ou benefício econômico, ou depreciações, eventualmente constatados a partir da liberalidade (REsp 1.713.098).

Se o ato de liberalidade não contiver a atribuição do valor, os bens correspondentes terão os valores estimados segundo o valor de mercado da época da liberalidade, corrigido monetariamente na data da abertura da sucessão; a avaliação é retrospectiva, segundo os elementos que possam ser colhidos da época. Se o valor atribuído ao bem doado, ao tempo da liberalidade, tiver sido falso ou irreal, pode ser impugnado pelos interessados. A impugnação em juízo tem por objeto a avaliação do preço, na época da liberalidade, mas não a anulação desta, porque não se trata de defeito do negócio jurídico. Na hipótese de promessa de doação, frequente em acordos de divórcio para beneficiar futuramente os filhos dos divorciados, o valor a ser considerado é o do momento da doação quando esta se consumar e não o do momento em que se prometeu.

As benfeitorias realizadas posteriormente à doação são do donatário e não podem ser consideradas para efeito do valor da liberalidade; da mesma forma, os danos ou perdas que sofrer, qualquer que seja a origem. As benfeitorias necessárias, úteis ou voluptuárias, feitas pelo donatário, ou por outrem e não pelo doador, nada têm com o objeto da doação, porque a avaliação que interessa é a da data da liberalidade, não importando o que aconteceu depois. Além das benfeitorias, não se incluem na colação os valores das acessões feitas pelos donatários nos bens doados, nem os rendimentos e lucros auferidos com esses bens, desde a data da doação. Sobre as acessões, benfeitorias e rendimentos não têm os demais ascendentes ou o cônjuge ou companheiro sobrevivente (quando concorrer com os descendentes do doador) qualquer direito. Não se incluem em colação os valores dos bens adquiridos originalmente pelos descendentes, com os rendimentos dos bens auferidos pela administração e locação dos bens recebidos em doação. A inclusão das benfeitorias, dos frutos e acessões na colação conduz ao enriquecimento sem causa, desatendendo ao princípio do valor na data da doação. Há enriquecimento sem causa se o herdeiro, que pretende a colação, se beneficia do valor agregado durante vários anos à atividade empresarial, sem o seu concurso.

Essa questão é de direito material e não de direito processual, pois diz com a natureza mesma do instituto da colação. Assim, o disposto no parágrafo único do art. 639 do CPC, aparentemente antinômico com o que estabelece o art. 2.004 do CC/2002, não revogou este. A interpretação harmonizada dos dois dispositivos legais leva à seguinte conclusão: o valor da colação do bem doado é o atribuído no ato da liberalidade, corrigido monetariamente até a abertura da sucessão, excluídas as melhorias e os acréscimos feitos no bem pelo donatário. O valor corrigido não pode ser superior ao valor de mercado que o bem, nas condições em que foi doado, teria na data da abertura da sucessão.

4.6. Hipóteses de Devolução em Espécie

Respondendo se o direito brasileiro faculta ao herdeiro a entrega do bem no lugar da colação do respectivo valor, que lhe compete comunicar, Pontes de Miranda deu resposta negativa: "Não há no direito brasileiro, quanto aos bens que cabem no quinhão legítimo necessário, colação *in natura* ou pelo valor, a líbito do herdeiro colacionante. O herdeiro colacionante não pode fazer volver ao acervo o que recebera, nem, sequer, à quota necessária" (1972, v. 55, p. 341). Com efeito, a doação já produziu seus efeitos jurídicos no momento da celebração do contrato (e do registro, quando necessário), incluindo a transferência da posse e da propriedade do bem; o adiantamento da legítima diz respeito a seu valor, como se este tivesse continuado na titularidade do *de cujus*. O bem doado não volta à titularidade do *de cujus*, como se fosse transmissão sujeita à condição resolutiva.

O herdeiro é constrangido à entrega *in natura* apenas do que exceder ao seu quinhão da legítima, porque essa parcela da doação é nula, ou (CC, art. 2.003) se não houver no acervo hereditário bens e valores suficientes para equalização das legítimas dos demais herdeiros necessários, nesta hipótese se não tiverem sido alienados.

Considerando-se que a colação leva em conta o valor da liberalidade, na data desta, segundo sua natureza contábil, o CC/2002 estabelece que, se na data da abertura da sucessão não houver no acervo hereditário bens suficientes (imóveis, móveis, créditos etc.) que permitam a equalização das quotas das legítimas dos herdeiros necessários, nos limites da parte indisponível, os bens doados deverão ser devolvidos em espécie, até alcançar esse montante, ou em dinheiro, se já não existirem esses bens, neste caso mantendo-se sempre o valor da data da liberalidade e não a da alienação.

O valor dos bens que são devolvidos em espécie, nessa circunstância, não é o da data da morte do *de cujus*, mas sim o da data da liberalidade. O objetivo da regra é assegurar que os demais herdeiros necessários recebam efetivamente o valor de sua quota da legítima. Imagine-se que o valor total da legítima dos quatro herdeiros necessários do *de cujus* seja de 800, incluindo o valor dos bens doados (estimado em 300), o que resulta em quota individual de 200, mas o valor dos bens existentes no acervo hereditário seja de 400; há necessidade de devolução pelo herdeiro donatário de 200, em espécie, dos bens doados, se ainda existirem ou no seu valor, para que os três outros herdeiros necessários possam receber seus quinhões, que totalizariam 600 (3 × 200 = 600), se não houver sucessão concorrente do cônjuge do *de cujus*. Essa regra de devolução em espécie não altera a regra da apuração do valor das doações, com base no preço atribuído na data da liberalidade.

4.7. Cálculo do Valor do Adiantamento da Legítima

Os valores da doação são condicionados por dois momentos distintos, para fins de aferição do adiantamento da legítima. O primeiro é o momento da doação ou liberalidade, que determina o valor que deve ser considerado para fins de verificação se o doador poderia ou não o fazer até esse montante, tendo em vista o limite de cinquenta por cento de seu patrimônio, nesse momento. O segundo é o da abertura da sucessão, quando, mediante a colação, deve ser verificado se o valor da doação está no limite da quota hereditária do herdeiro necessário donatário, considerando os valores da legítima de todos os herdeiros necessários e do patrimônio, nesse momento. Somente na abertura da sucessão é que se pode saber qual a parte indisponível (legítima), porque esta leva em conta o valor da metade do patrimônio deixado pelo *de cujus*, notadamente seu ativo, nesse momento, ao qual se somam os valores das doações feitas em vida por ele. Só se pode calcular a quota legítima de cada herdeiro necessário com a avaliação dos bens encontrados na herança, somando-se os valores dos bens doados em vida, objetos de colação. O herdeiro necessário donatário tem de prestar aos demais herdeiros necessários a diferença, em dinheiro, entre o valor de seu quinhão e o que recebeu a mais em liberalidade.

Para fins da colação, há três espécies de valores e bens: a) os valores dos bens doados, que devem ir à colação; b) os valores dos bens doados, com dispensa de colação, que devem compor a parte disponível; c) os valores dos bens doados, dispensados da colação, que devem ser devolvidos à herança, porque excederam o valor geral da parte disponível do patrimônio do *de cujus*. A colação diz respeito, por exclusão, apenas aos valores da alínea (a), que devem ser apontados pelo herdeiro necessário donatário, para que sejam computados. Não apenas relacionados aos bens doados, mas também os valores resultantes de vantagens e rendimentos auferidos pelo herdeiro de bens do *de cujus*, e por este a ele cedidos, como aluguéis de imóveis, aplicações financeiras; ou valores de dívidas do herdeiro, pagas pelo *de cujus*; ou valores de pagamentos de seguros e planos de saúde e previdência, sendo deles usuário ou beneficiário o herdeiro necessário; os valores das liberalidades indiretas ou dissimuladas, como empréstimos a juros excessivamente baixos, a compra de bem em nome do herdeiro, a participação em sociedade empresária, sem que o herdeiro disponha de recursos para tal. Mas a indenização de seguro de vida não vai a colação, quando o *de cujus* designar o herdeiro necessário como beneficiário, pois a este pertence totalmente, por não integrar o patrimônio daquele. Tampouco vão à colação os ônus e encargos impostos pelo doador à doação, que devem ser deduzidos do valor da doação.

Como consequência do modelo brasileiro de colação por valor e não em espécie, tem-se que a perda, destruição ou desaparecimento da coisa doada são sem relevância para a colação. Extinta a coisa antes da abertura da sucessão, vai à colação o valor atribuído na doação. Ao direito brasileiro não se aplica a regra do art. 744 do Código Civil italiano, que estabelece não ser sujeita à colação a coisa perdida por causa não imputável ao donatário, pois nosso Código (art. 2.003) determina que se o donatário não dispuser da coisa doada na abertura da sucessão a colação é de "seu valor ao tempo da liberalidade". O valor da indenização eventualmente recebido, em virtude de contrato de seguro, não altera essa regra.

Na hipótese de regime matrimonial de comunhão (parcial ou universal) de bens, se um dos cônjuges ou companheiros doa bem comum a um dos filhos, só deve ir à colação o valor da doação que corresponder à metade dos bens conjugais e relacionado à meação do doador. Na hipótese de direitos reais imobiliários, a ocorrência dessa situação é reduzida, pois sua transferência, inclusive a doação, exige escritura pública e outorga do outro cônjuge ou companheiro. Se os dois cônjuges ou companheiros, sob regime de comunhão parcial ou universal, fizerem a doação de bem comum, há o dever de colação em relação à meação de cada um, nos respectivos inventários; a meação dos bens comuns e mais os valores dos bens particulares, se houver, constituem o valor do patrimônio de cada um, para fins de apuração da parte indisponível.

4.8. Legitimados Ativos e Passivos da Colação

Legitimado passivo é o donatário descendente ou cônjuge ou companheiro, ou quem a lei pôs em seu lugar. Se o descendente foi julgado indigno assumem sua posição seus filhos ou outros descendentes dele, por direito de representação.

Tem o sucessor do descendente indigno o dever de colação dos bens que o indigno recebera por herança do *de cujus*. O mesmo ocorre com o herdeiro necessário donatário, que vem a morrer antes do *de cujus*, em virtude do direito de representação dos herdeiros daquele. Os coerdeiros não podem ser prejudicados pelo fato de os descendentes do donatário o representarem. Há norma expressa (CC, art. 2.009) que prevê o dever dos netos, representando os pais mortos antes do avô (*de cujus*), que sucederem este, de trazerem à colação o que os pais receberam em doação do avô; pais estão aí em lugar de ascendentes e os netos no lugar de descendentes. Essa norma reafirma a natureza contábil da colação, pois o valor do bem doado pelo *de cujus* ao filho deve ser conferido pelo neto. O neto tem o dever de colação, ainda que não tenha recebido em herança o bem que o avô tenha doado a seu pai; colaciona o valor e não o bem *in natura*.

Se o donatário falecer, sem deixar descendentes, antes do *de cujus*, os demais herdeiros necessários deste não têm direito à colação; os bens que recebeu como donatário do *de cujus* irão para a sucessão dele e não deste.

O herdeiro necessário que renunciou à herança não é mais herdeiro, mas o que tiver recebido por doação em vida do *de cujus* deve ser levado à colação, porque o efeito do adiantamento da legítima já o alcançou, por força de lei, e não pode ser fraudado por renúncia posterior, ao constatar, por exemplo, que houve diminuição do patrimônio do doador e ser-lhe-á mais vantajoso renunciar à herança, mantendo a doação; ainda que ele não mais tenha direito à herança, é necessário, considerando o valor do patrimônio, na abertura da sucessão, verificar se o valor da doação não ultrapassará a parte disponível, nesse momento apurada, devendo "repor o que exceder o disponível" (CC, art. 2.008). Tendo em vista que o art. 2.008 do CC/2002 manteve a redação do CC/1916, permanece a advertência de Pontes de Miranda de que sua interpretação literal pode levar à fraude a lei, pelo indevido aproveitamento de "vantagem tal que mais aproveita a ele renunciar que aceitar" (1972, v. 55, p. 333) a herança, para escapar do efeito legal de adiantamento da legítima. A diferença do dever de redução do herdeiro necessário renunciante e o do donatário que não seja herdeiro é que o valor do patrimônio a ser considerado para fins da parte disponível, para aquele, é o da abertura da sucessão, e, para este, o da data da liberalidade. Se todos os herdeiros necessários renunciarem à herança, desaparece o dever de colação, porque o direito à legítima também desaparece. Mas se apenas um dos herdeiros necessários não renunciar, permanecerá o dever de colação.

Todos os herdeiros necessários são legitimados ativos para exigi-la do herdeiro necessário que tenha recebido, por doação em vida, bens do *de cujus*. Esse direito corresponde ao dever de colação do donatário. A legitimidade ativa é

— 99 —

atribuída aos herdeiros necessários que sejam beneficiários diretos ou imediatos, por exemplo, descendentes de mesmo grau. Os netos, salvo se no exercício do direito de representação, não são legitimados ativos se os filhos do *de cujus* não exigirem a colação do coerdeiro donatário.

É irrelevante o fato de o herdeiro interessado ter nascido antes ou depois da doação feita a outros herdeiros necessários.

Outros interessados na herança, como os demais herdeiros legítimos (ascendentes e colaterais), não têm legitimação ativa para exigir a colação, porque a doação não lhes afeta diretamente. O cônjuge ou companheiro é legitimado ativo quando concorrer com os descendentes do *de cujus* (CC, art. 1.829, I). Os credores da herança não têm tal legitimação ativa, ainda que o passivo seja superior ao ativo; têm pretensão e ação contra a herança, mas não para fins de colação, ainda que esta importe acréscimo patrimonial. Os credores, mesmo após a morte do *de cujus*, têm ação pauliana ou de fraude contra os credores, para o fim de anulação da doação. Porém o credor do herdeiro necessário, que aceitou a herança no lugar dele, tem o dever de levar à colação o que o herdeiro recebeu.

Na casuística do STJ, não têm legitimação ativa o testamenteiro (REsp 170.037), a viúva, em relação às liberalidades recebidas pelas filhas do inventariado (REsp 167.421) e o herdeiro testamentário (REsp 400.948).

Comete sonegação o herdeiro necessário (descendente ou cônjuge ou companheiro) que não cumpre o dever de colação, não mencionando no inventário o valor dos bens que lhe foram doados ou dados em outros atos de liberalidade. Não há sonegação se o herdeiro necessário não sabia da doação: por exemplo, o pai comprou em seu nome ações e não lhe comunicou; ou depositou joias ou outros recursos no cofre da filha e esta não teve conhecimento disso.

Os herdeiros testamentários, assim instituídos pelo *de cujus* em testamento, isto é, quando são destinatários de partes indeterminadas da herança, só recebem suas quotas hereditárias depois que for deduzida do total da herança líquida a parte indisponível, incluindo o que a ela foi como adiantamento da legítima, para assim saber-se qual a parte disponível, pois nesta suas quotas são computadas. Se os herdeiros necessários tiverem recebido doações cujos valores avancem na quase totalidade do patrimônio, os herdeiros testamentários ou legatários terão reduzidas suas quotas se o que sobrar para a parte disponível não for suficiente para cobri-las. Apenas o que sobrar como parte disponível, após a computação dos adiantamentos das legítimas, é que se divide proporcionalmente entre os herdeiros testamentários.

4.9. Colação Voluntária

A doutrina cogita da possibilidade de colação voluntária, que pode ser inserida como cláusula especial em contrato de doação ou em cláusula testamentária, quando o donatário ou beneficiário não se qualificar como futuro herdeiro necessário, inexistindo legítima a preservar.

É ato de autonomia privada que condiciona ou restringe a doação ou a disposição testamentária. Difere da colação, propriamente dita, porque esta é determinada por força de lei, para garantia da legítima.

O direito brasileiro apenas prevê a colação por força de lei. A instituição voluntária, ainda que utilize tal denominação, assemelha-se à colação, mas não é espécie desta, por lhe faltar o requisito essencial que é a legítima dos herdeiros necessários. A restrição à doação, por esse meio, pode ofender o direito legítimo do donatário, que só deve ser atingido dentro dos princípios gerais e especiais, como sua ingratidão ou reversão ao doador, se este sobreviver ao donatário; a cláusula, se for inserida em disposição testamentária, pode ser entendida como revogação total ou parcial da doação.

4.10. Dispensa da Colação

Não integrará a quota hereditária do herdeiro necessário o que tiver recebido em doação do *de cujus*, se este tiver determinado expressamente que o valor respectivo ficará dispensado da colação (CC, art. 2.006); nesta hipótese, o valor correspondente não se soma à legítima dos herdeiros necessários, passando a compor a parte disponível.

Basta inserir declaração expressa no contrato de doação, seja dispensando o donatário da colação, seja afirmando que o objeto doado não importará adiantamento do que lhe caberá por herança. A dispensa da colação, por ato de vontade do doador, afasta a norma jurídica que estabelece o efeito de adiantamento da legítima à doação a determinados herdeiros necessários (descendentes e cônjuge ou companheiro). A dispensa pode ser feita no próprio contrato da doação, ou ser inserida depois no testamento, com remissão à doação feita anteriormente; se o doador não declarou na doação que dispensava a colação, pode fazê-lo posteriormente em testamento. No testamento pode declarar expressamente a dispensa da colação do bem antes doado ou deixá-lo como legado ao próprio herdeiro necessário, o que produz o mesmo efeito. A dispensa da colação desfaz o efeito de adiantamento da legítima e produz o efeito distinto de inserir o valor do bem doado na parte disponível.

Não pode, todavia, ultrapassar o valor da parte disponível, o que levaria à nulidade do excesso.

O dever de colação não resulta de norma jurídica cogente, mas sim de norma jurídica dispositiva, uma vez que pode ser afastado por declaração de vontade do doador, no ato da doação. O dever de colação não é presunção *juris tantum*, mas dever jurídico decorrente de norma não cogente. A norma jurídica sobre o dever de colação é dispositiva, mas limitada, porque deve observar o limite da metade disponível, isto é, o doador pode dispensar a colação para o descendente ou o cônjuge ou companheiro donatário, desde que a doação não exceda cinquenta por cento do seu patrimônio; o limite para a dispensa da colação é norma jurídica cogente cuja infração leva à nulidade do que exceder.

A regra é que o doador pode dispensar da colação os bens e valores que doar a descendentes e ao cônjuge ou companheiro, mas não pode ferir a parte legítima dos herdeiros necessários (incluindo os donatários). O respeito da legítima dos herdeiros necessários resulta de norma cogente. Para Pontes de Miranda, em verdade, não se dispensaria a colação, não se pré-excluiria o dever de colacionar. O que se permite é que se explicite ter-se posto na metade disponível aquilo que excede a quota do herdeiro necessário, ou que lhe foi doado em vida pelo *de cujus*. Não haveria dispensa; haveria inclusão no quanto disponível do que teria de ser colacionado (1972, v. 55, p. 312). Essa sutil explicitação não prejudica, todavia, o que o uso linguístico e as leis consagraram como dispensa da colação.

A legitimidade da dispensa da colação reside no fato de ser direito de qualquer pessoa dispor de metade do seu patrimônio, como entender, doando bens dentro desse limite, inclusive para terceiros. Se há esse direito de disposição, não faria sentido que a pessoa ficasse impedida de dispensar a colação de bens doados a seus futuros herdeiros necessários, dentro dos limites da parte disponível. Há pontos de equivalência com o direito que o testador tem de, respeitando a metade indisponível, deixar a metade disponível para qualquer herdeiro necessário, beneficiando-o desse modo, sem prejuízo da legítima deste e dos demais. Assim, é legalmente possível que o doador doe metade de seu patrimônio a um de seus três filhos, dispensando-o da colação, o qual, na abertura da sucessão, também fará jus a um terço da outra metade (legítima); igual resultado haverá se o testador deixar toda sua parte disponível para um dos três filhos, o qual será contemplado com 66,66% da herança (1/3 da metade legítima – 16% do total – e a totalidade da metade disponível – 50% do total).

O CC, art. 2.006, estabelece que a dispensa da colação pode ser feita no "próprio título de liberalidade" ou em testamento do doador. Mas a liberalidade pode estar contida em atos que não a revelem expressamente, como o pagamento que o *de cujus* fez de dívida de seu filho; é uma liberalidade indireta, distinta da doação formal. Para esse ato de liberalidade também é possível a declaração, nele ou em testamento, de que o pagamento da dívida tem a natureza de doação com dispensa de colação do respectivo valor. Esse deve ser o sentido amplo da expressão empregada pela lei de título de liberalidade, que não se resume à doação formal. Pontes de Miranda (1972, v. 55, p. 324) também admite que quem fez liberalidade distinta da doação possa utilizar-se de escritura pública ou particular, sem o ser em testamento, para declarar a dispensa da colação; diga o que "doou" e que não quer que se considere adiantamento da legítima o que pagou. A forma da dispensa da colação deve seguir a forma exigível para a liberalidade; se a lei determinar a forma pública (exemplo, bens imóveis), a dispensa da colação entre vivos deve observar esta forma. Como a forma testamentária, dentre as previstas em lei, é de livre escolha do testador, ela não se vincula à forma da doação, para fins de disposição testamentária da dispensa da colação.

Admitindo-se que a dispensa da colação possa ser feita em ato posterior à doação, discute-se se, nesta hipótese, haveria necessidade de consentimento do donatário. Entendemos que não, porque a dispensa da colação é negócio jurídico unilateral, inserido em negócio jurídico bilateral (doação), ou em outro negócio jurídico unilateral (testamento), ou em ato isolado autônomo. O negócio jurídico unilateral caracteriza-se justamente por ingressar no mundo jurídico a partir da vontade unilateral de quem o declara, sem necessidade de manifestação de outra pessoa, que o aceite.

A dispensa da colação, inserida na doação, é irrevogável. A doação é negócio jurídico bilateral que depende da manifestação de vontade do proponente doador e da manifestação de vontade do aceitante donatário. O doador vinculou-se, em negócio jurídico bilateral, não lhe sendo dado romper unilateralmente a relação jurídica que se estabeleceu. A única exceção admitida em lei é a revogação por ingratidão do donatário, nas hipóteses previstas. A dispensa da colação é negócio jurídico unilateral, mas sua inserção na doação torna-a acessória desta; a sorte da doação é a sorte da dispensa da colação. Se inserida em testamento, segue a sorte deste: revogado o testamento, revogada estará a dispensa da colação.

Capítulo V

Sucessão dos Descendentes e Ascendentes

Sumário: 5.1. Descendentes sucessíveis. 5.2. Princípio da coexistência e nascituros. 5.3. Filhos não concebidos (concepturos). 5.4. Descendentes socioafetivos e a sucessão legítima. 5.5. Cálculo da quota hereditária do descendente. 5.6. Direito de representação. 5.7. Sucessão dos ascendentes.

5.1. Descendentes Sucessíveis

No direito das sucessões, a linha reta define a prioridade da ordem da vocação hereditária, vindo em primeiro lugar os descendentes e, em segundo lugar, os ascendentes (CC, art. 1.829). A qualificação como parente em linha reta importa para o direito das sucessões, pois cada descendente passa a constituir uma estirpe em relação ao descendente imediato.

Descendentes são os que se originam de uma pessoa e dão origem a outras pessoas e assim sucessivamente (filhos, netos, bisnetos, trinetos, tetranetos). São todos os parentes de sucessivas gerações a partir dos filhos biológicos ou socioafetivos. Na linha reta descendente, os parentes de graus mais próximos preferem aos mais remotos quanto aos direitos da sucessão legítima; nesse sentido, os filhos são descendentes de primeiro grau, que preferem aos netos, que são descendentes de segundo grau, e assim sucessivamente. O testador, todavia, pode alterar essa ordem de precedência, convertendo o descendente de grau mais remoto em herdeiro testamentário, dentro dos limites da parte disponível.

A principal relação de descendência é de origem biológica. Não é a única, pois a Constituição estabelece que a filiação e o parentesco decorrente têm origem natural ou adotiva, vedadas quaisquer designações discriminatórias (art. 227, § 6º). Vai mais além o CC (art. 1.593), ao estabelecer que o parentesco é natural ou civil, conforme resulte de consanguinidade ou outra origem.

Os descendentes apenas são titulares de direitos sucessórios quando se dá a abertura da sucessão. Antes desta, não há qualquer direito à herança, porque o ordenamento jurídico brasileiro rejeita os pactos sucessórios. Enquanto vivo for o ascendente, este pode alienar como lhe aprouver seu patrimônio, salvo se o fizer em estado de incapacidade de exercício dos atos da vida civil, dependente de curatela determinada judicialmente.

A origem biológica ou não biológica dos filhos, a nulidade do casamento ou o divórcio não afetam o igual direito sucessório dos descendentes. A diretriz vem traçada desde a Constituição de 1988: os filhos de qualquer origem são investidos nos mesmos direitos e deveres, inclusive sucessórios, independentemente de serem matrimoniais ou extramatrimoniais, biológicos ou socioafetivos. Antes, os direitos sucessórios dos filhos passavam pelo filtro da legitimidade: os filhos ilegítimos tinham direitos sucessórios inferiores aos dos filhos legítimos matrimoniais. Se a aquisição dos direitos se dá sem máculas ou restrições, são do mesmo modo adquiridos os direitos sucessórios pelos descendentes dos filhos, quando os substituem.

O enunciado do art. 1.596 do CC, segundo o qual os filhos de origem biológica e não biológica têm os mesmos direitos e qualificações, proibidas quaisquer discriminações, que reproduz norma equivalente da Constituição Federal, é, ao lado da igualdade de direitos e obrigações dos cônjuges ou companheiros e da liberdade de constituição de entidade familiar, uma das mais importantes e radicais modificações havidas no direito de família brasileiro, após 1988. É o ponto culminante da longa e penosa evolução por que passou a filiação, ao longo do século XX, na progressiva redução de odiosas desigualdades e discriminações, ou do *quantum* despótico na família, para utilizarmos uma categoria expressiva de Pontes de Miranda.

A norma constitucional não necessitava de concretização infraconstitucional, porque é dotada de força normativa própria, suficiente e autoexecutável. Todavia sua reprodução no artigo introdutório do capítulo do CC destinado à filiação contribui para reforçar sua natureza de fundamento, assentado no princípio da igualdade, determinante de todas as normas subsequentes. Não se permite que a interpretação das normas relativas à filiação possa revelar qualquer resíduo de desigualdade de tratamento aos filhos, independentemente de sua origem, desaparecendo os efeitos jurídicos diferenciados nas relações pessoais e patrimoniais entre pais e filhos, entre os irmãos e no que concerne aos laços de parentesco.

A presunção de concepção do filho, prevista no CC (art. 1.597), aplica-se a qualquer entidade familiar. A referência na lei à convivência conjugal deve ser entendida como abrangente da convivência em união estável. Enquanto no casamento a convivência presume-se a partir da celebração, na união estável deve ser provado o início de sua constituição, pois independe de ato ou declaração. Consideram-se concebidos na constância da união estável os filhos nascidos nos trezentos dias subsequentes à dissolução por morte ou separação de fato comprovada. A alusão a marido compreende o companheiro.

A filiação – e a linha de descendência daí decorrente – é provada mediante certidão do registro do nascimento. Não se exige, para o registro, prova da origem genética, bastando a declaração perante o oficial do registro público, tendo em vista as hipóteses de filiação de outra natureza.

No casamento, basta a respectiva certidão apresentada pela mãe para que o oficial do registro público faça consignar o nome do marido como pai. A união estável, por ser fundada em ato-fato jurídico – o direito não leva em conta a vontade subjacente, considerando apenas o fato resultante – e não em ato jurídico, oferece dificuldades para aplicação da presunção da paternidade do companheiro, justamente por faltar instrumento jurídico de constituição. Mas dificuldades de ordem prática não podem ser obstáculos à aquisição de direito, pois faria a paternidade dependente de reconhecimento voluntário ou judicial, o que negaria aplicabilidade aos efeitos parentais decorrentes da união estável, como entidade familiar, equiparando o pai ao genitor que não assumiu a paternidade. A presunção da paternidade decorre do simples fato da existência não controvertida da união estável, para o que basta a declaração do nascimento feita pelo pai e sua declaração de que convive em união estável com a mãe, feitas perante o oficial do registro público. Se foi declarante apenas a mãe, basta juntar declaração escrita do companheiro ou outra prova da existência da união estável, como o contrato de regime de bens dos companheiros ou certidão de nascimento de outro filho comum. Se o oficial tiver dúvidas deve suscitá-las ao juiz, mas não pode recusar de antemão o registro.

Se ao tempo da morte do *de cujus* havia filho que não tinha sido voluntariamente reconhecido por ele, esse fato não prejudica o direito sucessório daquele. O filho, biológico ou socioafetivo, poderá ajuizar investigação de paternidade (ou maternidade), cumulada com petição de herança, que lhe possa assegurar o exercício do direito sucessório.

Se o *de cujus* mantinha famílias simultâneas (casamento e concubinato; duas ou mais uniões estáveis), seus filhos, havidos em cada uma, são dotados dos mesmos direitos sucessórios, pois não se admite distinção entre filhos matrimoniais e extramatrimoniais, filhos legítimos ou ilegítimos. Ou é filho ou não é filho. Se é filho, independentemente de sua origem, adquire a herança em igualdade de condições com os demais filhos do *de cujus*.

Para o fim de sucessão hereditária, em relação aos filhos de qualquer origem, é sem repercussão a discussão que se abriu após a Constituição de 1988 e o Código Civil de 2002, acerca da qualificação da união concubinária ou da união estável simultânea como entidade familiar, regida pelo direito de família, ou como mera sociedade de fato, regida pelo direito das obrigações. Para os que sustentam que essas uniões configuram entidade familiar, os companheiros são também titulares de direitos sucessórios, segundo a ordem de vocação sucessória e de acordo com o que estabelece o direito das sucessões. Para os que entendem que tais uniões não são reconhecidas pelo direito brasileiro como entidades familiares, as relações patrimoniais dos companheiros entre si são regidas pelo direito das obrigações, por equivalência dos institutos da prestação de serviços ou da sociedade em comum (antiga sociedade de fato), nesta hipótese com objetivo de partilha dos bens adquiridos com o esforço comum real ou presumido dos companheiros ou consociados. Contudo, essa controvérsia, sob o ponto de vista do direito das sucessões, cinge-se aos efeitos das relações dos companheiros entre si, não afetando os direitos dos filhos do *de cujus*, que são inteiramente iguais.

O respeito aos direitos sucessórios dos filhos, de qualquer origem, também alcança os de origem incestuosa. O direito brasileiro não reconhece como entidade familiar a união de pessoas que, pela proximidade das relações de parentesco ou familiares, não podem casar ou constituir união estável. São os exemplos de pai e filha, mãe e filho, irmãos, sogros e nora ou genro, padrasto ou madrasta e enteada ou enteado. Quando os cônjuges ou companheiros desconhecem o impedimento presumem-se em boa-fé (casamento ou união estável putativa). Quando conhecem, incorrem em má-fé. Todavia, os filhos havidos dessas uniões não sofrem qualquer redução em seus direitos sucessórios.

A nulidade do casamento, mesmo se contraído de má-fé, não retira dos filhos ou demais descendentes dos cônjuges o direito sucessório, porque a filiação continua íntegra, em virtude de se reger por princípios próprios. Do mesmo modo, os direitos sucessórios dos filhos e outros descendentes não sofrem restrição em face do *de cujus* divorciado.

A descendência não pode ser desfeita por ato de vontade. Pode haver modificações dos efeitos jurídicos do parentesco, mas nunca a rejeição voluntária. O pai (ou a mãe) poderá perder o poder familiar sobre o filho ou sua guarda, mas não deixará de ser pai ou mãe, persistindo os demais efeitos previstos em lei, em virtude desse parentesco (por exemplo, impedimento para casar ou sucessão). O parentesco poderá ser extinto, todavia, na hipótese de adoção, pois esta desliga o adotado de qualquer vínculo sucessório com os pais e parentes consanguíneos.

Por ato de vontade, os direitos sucessórios dos descendentes apenas podem ser totalmente excluídos mediante a deserdação, nas hipóteses estritas da lei (ofensa física, injúria grave, relações sexuais com madrasta ou padrasto, desamparo do ascendente em alienação mental ou grave enfermidade). É possível a redução dos direitos sucessórios dos descendentes quando ocorrer doação ou disposição testamentária em favor de outros parentes ou de estranhos, desde que tais liberalidades não ultrapassem metade do valor do patrimônio do ascendente (parte disponível).

5.2. Princípio da Coexistência e Nascituros

O princípio da coexistência (herdeiro e *de cujus* no tempo da abertura da sucessão) é um dos pilares de nosso direito sucessório: o herdeiro deve estar vivo, ou concebido no momento da morte do *de cujus*. Assim, não é herdeiro o filho que faleceu antes do *de cujus* nem o que foi concebido após a morte dele, com utilização de técnicas de reprodução assistida, salvo se tiver deixado testamento com disposição expressa nesse sentido, em virtude do reconhecimento do princípio da autonomia privada do testador. Nesse sentido é, também, o atual entendimento de Francisco José Cahali, que refluiu de opinião anterior, para considerar herdeiros "apenas os filhos nascidos e nascituros existentes no momento da abertura da sucessão", porque não há desigualdade no tratamento dos filhos, pois a situação jurídica de cada qual é diversa: "uns existentes no momento da abertura da sucessão; outros não" (2007, p. 104). E do jurista português José de Oliveira Ascensão, que respondeu negativamente a se as novas fronteiras da biologia modificariam a lógica da sucessão legítima, que está arquitetada tendo em vista um desenlace da situação em curto prazo; se se admitisse a relevância sucessória destas situações nunca seria praticamente possível a fixação do mapa dos herdeiros e o esclarecimento das situações sucessórias (2000, p. 128).

Diverge Maria Berenice Dias, que sustenta direito sucessório de filho decorrente de fertilização *post mortem*, tanto na hipótese de inseminação artificial homóloga quanto de heteróloga, em qualquer tempo que ocorra o nascimento, ainda que muitos anos após o falecimento do *de cujus*, principalmente em razão da igualdade entre filhos (2008, p. 117).

A 4ª Turma do STJ (REsp 1.918.421) decidiu pela impossibilidade de implantação de embriões após a morte do cônjuge, sem manifestação inequívoca, expressa e formal, acatando pretensão dos filhos do falecido, inclusive pelas repercussões na sucessão.

Entendemos que há resposta adequada no sistema jurídico brasileiro, aplicando-se analogicamente a regra dos filhos não concebidos (filiação eventual), inclusive quanto ao tempo de dois anos, após a abertura da sucessão, para que a concepção no ventre materno se realize; entre as "pessoas indicadas pelo testador" pode estar sua própria mulher ou companheira. A regra do § 4º do art. 1.800 do CC preencheu lacuna do direito brasileiro ao fixar o prazo máximo de dois anos para que os bens fiquem reservados até à confirmação ou não da concepção, evitando-se a indefinição da titularidade da herança; findo esse prazo, os bens caberão aos sucessores legítimos do *de cujus*. A impossibilidade da sucessão legítima resolve-se com o recurso à sucessão testamentária. Não há qualquer afronta ao princípio da igualdade dos filhos, respeitado que foi quando da incidência da norma legal da *saisine*, que tem por suporte fático precisamente o momento da abertura da sucessão, do qual brotam as titularidades sucessórias.

Não podemos concordar com os que entendem que o sentido de concebido, previsto no art. 1.798 do CC/2002, deve ser estendido aos concebidos *post mortem*, mediante técnicas de reprodução assistida, com posterior uso de petição de herança, segundo o Enunciado 267 da III Jornada de Direito Civil/CEJ, porque elege modelo inexistente em nosso direito, embaralhando os conceitos. Se a petição de herança é prescritível, de acordo com a Súmula 149/STF, se fosse possível ser manejada (e não é, porque não se trata de herdeiro), incorrer-se-ia na mesma subordinação de tempo, que é uma das objeções à solução legal que acima alvitramos.

O princípio da coexistência do herdeiro e do *de cujus*, no momento da morte deste, é o que melhor contempla a segurança jurídica, que estaria comprometida se os efeitos da partilha dos bens deixados ficassem em suspenso, a depender de futura e incerta concepção mediante técnicas de reprodução assistida, com evidente prejuízo para os herdeiros, os credores destes e terceiros adquirentes. Impõe-se a regra de simetria com o herdeiro pré-morto, que também não herda, pois inexistente no momento da abertura da sucessão; nas hipóteses de direito de representação, herda-se por direito próprio e não como substituto do pré-morto.

Nascituros são os seres humanos que se desenvolvem no ventre feminino. Sua existência, para os fins do direito civil, tem início com a implantação uterina efetiva, por meios naturais ou artificiais, e se encerra quando nasce com vida ou morto. Não é pessoa, nem mesmo "pessoa por nascer", como pretendeu Teixeira de Freitas em seu *Esboço do Código Civil* (1983, p. 37), pois ainda não dotado de personalidade civil. Mas é sujeito de direito, pois o art. 2º do CC/2002 estabelece que "a lei põe a salvo, desde a concepção, os direitos do nascituro".

Os nascituros são sujeitos de direito ainda não personificados, dotados de legitimação para adquirir por testamento. O nascituro tem direito à tutela dos direitos sucessórios, que lhe serão transferidos se nascer com vida, quando se converterá em pessoa. É o direito expectativo que incide imediatamente ao início da gravidez. O direito expectativo é resolúvel, pois se encerra com o parto (nascimento com vida ou morte do nascituro). Se nascer com vida herda, pois se resolve o direito expectativo, de que é titular o nascituro, adquirindo definitivamente os direitos próprios à pessoa. Se nascer morto, resolve-se o direito expectativo, sem qualquer transmissão ou aquisição; a herança segue direta para os demais herdeiros (para os outros filhos do pai pré-morto, se existirem, ou para os avós paternos, se não houver outros filhos, porque no direito brasileiro primeiro herdam os descendentes, depois os ascendentes, depois o cônjuge ou companheiro, depois os parentes colaterais).

O nascituro é sujeito de direito expectativo (existente), o que o legitima a defendê-lo, inclusive em juízo, por seu representante legal; é distinto da titularidade como pessoa, se nascer com vida, e de natureza diferente serão os direitos que advierem desse fato. Diferentemente, expectativa de direito diz respeito a direito que ainda não se constituiu; portanto, não é ainda figura do mundo do direito, porque é suporte fático que ainda não se completou.

A lei brasileira (CC, art. 1.798) prevê que estão legitimados a suceder os já concebidos no momento da abertura da sucessão e ainda não nascidos. A concepção de que trata a lei é que se dá no ventre materno, com implantação exitosa, ainda que tenha origem em inseminação artificial ou *in vitro*. Para fins de sucessão, não se considera a fecundação *in vitro*, cujo embrião não tenha sido implantado no útero materno, pois não se qualifica como nascituro. O CC/2002 (art. 1.597) admite como presunções decorrentes de manipulação genética a fecundação artificial homóloga (com elementos genéticos de ambos os pais), a fecundação artificial de embriões excedentários (espécie da anterior) e a inseminação artificial heteróloga (com utilização de sêmen de outro homem, desde que tenha havido prévia autorização do marido). Para que possa suceder, em qualquer dessas hipóteses, é necessário que já se tenha originado o nascituro, no ventre materno; nesse sentido, concebido.

O CC/2002 faz distinção entre concepção e fecundação ou inseminação, daí se concluindo que há concepção a partir da nidação (fixação do óvulo fecundado à parede do útero), não da fecundação, ou da inseminação, ou da técnica de reprodução assistida. Enquanto não ocorre a nidação, o embrião que foi fecundado *in vitro* (fora do organismo feminino) não é considerado legalmente concebido, para fins de sucessão legítima. Assim é porque embriões que o CC/2002 considera excedentários, ainda que tenham sido fecundados *in vitro* antes da morte do *de cujus*, podem jamais ser transferidos para o útero da mulher, ou ser transferidos sem haver gravidez, ou ser considerados inviáveis, ou haver divergência quanto a sua utilização devido a separação ou divórcio do casal.

Admitiu a Terceira Turma do STJ, por maioria (REsp 1.120.676), o direito à sucessão aos pais do nascituro para receberem a indenização por danos pessoais, prevista na legislação regulamentadora do seguro DPVAT, em face da morte do feto. A minoria entendeu que o nascituro não detém capacidade sucessória, possuindo apenas expectativa de direitos, equivocadamente, pois há direito expectativo, como sustentamos. Mas há equívoco também na decisão da maioria, uma vez que o nascituro não chegou a adquirir o direito, não podendo transmitir por sucessão hereditária a seus pais, pois não se converteu em pessoa e seu direito permaneceu expectativo. A decisão reflete a confusão entre direito constituído, direito expectativo e expectativa de direito, que ainda persiste na doutrina e na jurisprudência dos tribunais.

5.3. Filhos Não Concebidos (Concepturos)

A regra do direito brasileiro é que somente podem ser dotados de legitimação para suceder hereditariamente as pessoas nascidas ou os já concebidos no momento da morte do autor da herança. Mas é admitida, excepcionalmente, a legitimação dos "filhos, ainda não concebidos, de pessoas indicadas pelo testador, desde que vivas estas ao abrir-se a sucessão" (CC, art. 1.799). O exemplo comum é o do testador que deseja agraciar seu futuro neto, após o casamento do filho ou da filha. Assim, há sujeitos de direitos potenciais, ou seja, titulares de direito sucessório, que ainda não foram concebidos (implantados no útero materno). Os filhos não concebidos são também denominados concepturos.

Nas palavras de Pontes de Miranda (1973, v. 58, p. 19), no caso da filiação eventual de pessoa designada, a lei nem sequer exige a concepção ao tempo da morte do testador. É típica a futuridade da pessoa: filhos, apenas possíveis, e não só prováveis, de A, ou de A e de B. É "um rombo (digamos assim) nos princípios gerais da capacidade de direito": dá-se eficácia a verba testamentária, em que o contemplado ainda não é, nem, sequer, começou a formar-se. Faltam todos os elementos, exceto um: A, homem, ou B, mulher, que pode ter filhos. Se esse filho nascer, estará demonstrada a eficácia da verba.

A lei não exige que a filiação eventual advenha de casal. Não há impedimento para que o testador indique como herdeiros ou legatários os filhos de apenas uma pessoa, nada obstante faça a lei (CC, art. 1.799) referência a pessoas, até porque a Constituição permite a família monoparental (Hironaka, 2007, p. 100).

Se a filiação eventual tornar-se impossível (em razão, por exemplo, de morte ou esterilidade da pessoa indicada como futuro genitor), a destinação é considerada ineficaz, embora tenha sido existente e válida. Somente o alargamento do conceito de sujeito de direito é apto a absorver quem ainda não existe como pessoa e poderá não existir. A reserva dos bens aos não concebidos assemelha-se à dos nascituros; em ambas as situações não há pessoas, aguardando-se que sejam confirmadas com o nascimento com vida.

Os herdeiros ainda não concebidos têm os bens que lhe serão destinados confiados a um curador especial nomeado pelo juiz, após a partilha. O curador investe-se de legitimação para guarda e administração dos bens, enquanto perdurar a situação de incerteza. O curador não é nem pode agir como herdeiro, pois sua função é de guardião e gestor dos bens reservados. A curadoria não é relativa à pessoa ou ao nascituro, porque estes não existem ainda, mas aos bens que serão destinados a eles. O curador natural é a pessoa "cujo filho o testador espera ter por herdeiro", na redação do CC/2002, ou seja, o futuro pai ou a futura mãe, que tenham vínculos de parentesco com o testador (exemplo, seu filho ou sua filha), ou não os tendo, a mãe, que seja solteira, divorciada ou separada de fato, ou os pais se casados ou companheiros de união estável. Ao curador são aplicáveis as regras da curatela dos incapazes, notadamente quanto aos deveres de cuidado e manutenção dos bens que lhe são confiados, durante o prazo legal, aos impedimentos para alienação e oneração, à prestação de contas e à representação legal (judicial e extrajudicial).

O CC/2002 estabeleceu limite máximo de dois anos, a partir da abertura da sucessão, para a confirmação ou não da concepção e para a gestão do curador. Esse é o tempo máximo decadencial para que a sucessão se confirme. Findo o prazo, sem concepção do beneficiário, os bens são redistribuídos aos herdeiros legítimos ou outros sucessores do *de cujus*, mediante sobrepartilha. O prazo de dois anos não é para que se dê o nascimento, mas para que se confirme a concepção. Assim, dois são os prazos para tutela da futura pessoa, que se somam: a) o prazo certo de até dois anos, a partir da abertura da sucessão, para que ocorra a concepção (filiação eventual); b) a partir desta, o prazo variável para a gestação e o parto (nascituro). Desde que a concepção se verifique dentro de dois anos, o nascimento poderá ocorrer após esse tempo limite, por evidente. Logo após a concepção, encerra-se a curatela especial e passam a ser incidentes as normas a respeito do nascituro, cuja representação é de seus genitores.

A lei refere a filho não concebido de pessoa indicada pelo testador. Não há impedimento legal, todavia, para que o testador admita que a pessoa indicada, se não houver concepção biológica, possa adotar filho, dentro do prazo legal de dois anos da abertura da sucessão, ou mesmo constituir outro modo de filiação socioafetiva, como o início de posse de estado de filho. A doutrina e a jurisprudência dos tribunais brasileiros consagraram a filiação socioafetiva como igual em direitos e deveres à filiação biológica, sem supremacia desta sobre aquela, por força da vedação constitucional de desigualdade entre filhos de qualquer origem. Pelas mesmas razões, se o testamento for omisso ou até mesmo se o testador não aceitar a filiação socioafetiva, esta se imporá, se ficar comprovada sua constituição, a partir da qual os bens reservados serão definitivamente transferidos. Somente uma interpretação conforme com os princípios constitucionais poderá dar sentido à expressão "não concebidos", que veio do Código Civil de 1916, como estado de filiação ainda não constituído, seja biológico ou não.

Para Carlos Maximiliano (1958, v. 2, p. 498), em lição acolhida pelos tribunais, quando, no testamento, se designam de modo genérico os filhos de tal pessoa, entendem-se todos, atuais e futuros; dados à luz antes ou depois da feitura do testamento, antes ou depois da morte do testador; do matrimônio atual ou de outro, anterior ou posterior à abertura da sucessão, daí incluindo-se a filiação eventual.

5.4. Descendentes Socioafetivos e a Sucessão Legítima

Não pode haver colisão entre filiação socioafetiva e filiação biológica nas sucessões abertas. A igualdade entre filhos de qualquer origem é princípio cardeal do direito brasileiro, a partir da Constituição, incluindo o direito à sucessão aberta.

A legislação brasileira prevê quatro tipos de estados de filiação, decorrentes das seguintes origens: a) por consanguinidade; b) por adoção; c) por inseminação artificial heteróloga; d) por força de posse de estado de filiação. A consanguinidade, a mais ampla de todas, faz presumir o estado de filiação quando os pais são casados ou vivem em união estável, ou ainda na hipótese de família monoparental. O direito brasileiro não permite que os estados de filiação não consanguíneos sejam contraditados, com fundamento na ausência de origem biológica, pois são irreversíveis e invioláveis, no interesse do filho.

— 113 —

A parentalidade socioafetiva consolidou-se na legislação, na doutrina e na jurisprudência brasileiras orientada pelos seguintes eixos:

1. reconhecimento jurídico da filiação de origem não biológica (socioafetiva);

2. igualdade de direitos dos filhos biológicos e socioafetivos;

3. não prevalência *a priori* ou abstrata de uma filiação sobre outra, dependendo da situação concreta;

4. impossibilidade de impugnação da parentalidade socioafetiva em razão de posterior conhecimento de vínculo biológico.

Em 2016, o STF fixou tese de repercussão geral (Tema 622, RE 898.060) com o seguinte enunciado: "A paternidade socioafetiva, declarada ou não em registro público, não impede o reconhecimento do vínculo de filiação concomitante baseado na origem biológica, com efeitos jurídicos próprios". Resulta dessa decisão, de aplicação geral pelos tribunais, reconhecimento jurídico da parentalidade socioafetiva (abrangente tanto da paternidade quanto da maternidade), incluindo os efeitos jurídicos decorrentes da sucessão hereditária.

A decisão do STF implica reciprocidade entre ascendentes e descendentes socioafetivos dos mesmos efeitos jurídicos atribuídos aos ascendentes e descendentes biológicos, sem qualquer restrição ou primazia. Como essa decisão é abrangente da multiparentalidade, a sucessão hereditária legítima deve ser assegurada ao filho de pais concomitantes biológicos e socioafetivos, em igualdade de condições. Aberta a sucessão de cada um deles é herdeiro legítimo de quota-parte atribuída aos herdeiros de mesma classe (direta ou por representação), imediatamente, em virtude da *saisine*. Os limites dizem respeito às legítimas dos herdeiros necessários de cada sucessão aberta e não ao número de pais autores das heranças. O filho será herdeiro necessário tanto do pai socioafetivo quanto do pai biológico, em igualdade de direitos em relação aos demais herdeiros necessários de cada um; terá duplo direito à herança, levando-o a situação vantajosa em relação aos respectivos irmãos socioafetivos, de um lado, e irmãos biológicos, do outro, mas essa não é razão impediente da aquisição do direito.

5.5. Cálculo da Quota Hereditária do Descendente

O descendente do mesmo grau recebe quota igual da herança. Esse princípio da igualdade sucessória deve ser observado em qualquer circunstância. Não há mais, no direito brasileiro atual, a regra do benefício do descendente legítimo, com exclusão ou limitação dos direitos sucessórios dos demais descendentes, que havia no direito anterior. Tampouco persiste a desigualdade sucessória entre descendentes ditos bilaterais e unilaterais de mesmo grau, ou seja, a partir de filhos comuns (com o cônjuge ou companheiro) ou exclusivos do *de cujus*.

A sucessão concorrente do cônjuge ou companheiro do *de cujus*, introduzida pelo CC/2002, trouxe como consequência a redução do montante partilhável entre os descendentes de mesmo grau (por exemplo, filhos). Conforme se demonstrará abaixo, nos capítulos destinados à sucessão do cônjuge e à do companheiro, essa modalidade de herança necessária, dependente do regime de bens adotado, atribui ao cônjuge ou companheiro sobrevivente uma quota igual à de seus descendentes sucessíveis (filhos, ou netos, ou bisnetos) havidos com o *de cujus*, ou a dos descendentes exclusivos do *de cujus* – além da eventual meação – incidente sobre os bens particulares (não comuns) que componham a herança. Assim, em relação à herança dos descendentes, o cônjuge ou companheiro participa como se fosse um deles. Por exemplo, se o *de cujus* deixou dois filhos e cônjuge, a herança é dividida em três partes iguais; no direito anterior, ela seria dividida em duas partes.

Se o *de cujus* tiver deixado mais de três filhos, o cônjuge ou companheiro sobrevivente terá direito a um quarto da herança dos bens particulares, exceto se o regime for de comunhão universal ou de separação total de bens (a alusão do CC, art. 1.829, I, a "separação obrigatória" deve ser entendida como abrangente da separação de bens havida em pacto antenupcial, pois esta é também obrigatória quando passa a vigorar com a celebração do casamento). A parte restante, correspondente a setenta e cinco por cento, é partilhada entre os filhos. Sobre o que corresponder à meação do *de cujus* sobre os bens havidos em comunhão com o cônjuge ou companheiro sobrevivente, os descendentes têm direito exclusivo sobre tal herança.

A igualdade das quotas hereditárias dos descendentes de mesmo grau é observada quando um deles falece antes do *de cujus*, pois os descendentes do herdeiro falecido, em virtude do direito de representação, o substituem na quota, tal como ele receberia se tivesse sobrevivido.

5.6. Direito de Representação

O direito de representação ocorre, por força de lei, quando a pessoa que seria herdeiro falece antes do *de cujus*, ou quando o herdeiro é excluído da herança ou deserdado, sendo substituído pelo seu sucessor imediato. O herdeiro

— 115 —

representante sucede no lugar do representado, assumindo sua posição, nos limites do que herdaria se vivo fosse ou não tivesse havido sua exclusão ou deserdação. Diz-se herança por estirpe.

O direito de representação apenas tem lugar se houver concorrência entre quem herda por direito próprio (por cabeça) e os que assumem o lugar do pré-morto ou do excluído da herança (por estirpe). O direito de representação somente ocorre se a pessoa que substitui é descendente, ou, na sucessão colateral de segundo grau, quando for filho (filha) de irmão (irmã) do *de cujus*.

Reafirma-se antiga lição doutrinária: a representação não se dá *per saltum et omissio medio*, com omissão de uma geração, ou seja, não se pode suceder saltando a geração ou a pessoa do herdeiro intermediário (Carvalho, 2014, p. 507).

O vínculo de família, e não a vontade presumida do *de cujus*, é que fundamenta a regra jurídica sobre o direito de representação. Tanto assim é que não há direito de representação em se tratando de direito de herdeiro testamentário que pré-morto. Se não houvesse o direito de representação, a quota do pré-morto seria acrescida às quotas dos descendentes sobreviventes do mesmo grau dele (seus irmãos sobreviventes ou, na falta destes, os irmãos e primos dos netos sobreviventes). Alguns autores buscam a legitimidade do direito de representação nesse argumento, que reflete a concepção individualista e voluntarista do direito das sucessões, que atribuía primazia ao testamento. Na contemporaneidade, são os vínculos familiares mais estreitos que fundamentam a opção da lei.

O direito de representação, na linha reta, limita-se aos descendentes do pré-morto (o que seria herdeiro se tivesse sobrevivido ao *de cujus*). Filho representa pai, ou o neto representa o avô, se faltam filhos daquele e, assim, sucessivamente. Não há representação na linha ascendente, não podendo o pai ou o avô representar o que seria herdeiro ou o herdeiro excluído, porque a sucessão pelos ascendentes é excepcional, tendo em vista a natureza humana evoluir de geração a geração seguinte.

Apesar de os ascendentes serem considerados herdeiros necessários, na falta de descendentes, se aqueles falecerem antes do *de cujus* não são representados na sucessão, pela ordem natural da vida, pois o descendente é o próprio *de cujus*; se antes falecidos seus pais e vivos os avós, ocorreria a mesma situação. A única hipótese plausível seria se a ordem de representação fosse inversa (dos pais, para os avós, destes para os bisavós), o que não é contemplado no direito brasileiro. Para Pontes de Miranda (1972, v. 55, p. 270) o trato desigual dos ascendentes e dos descendentes "atende a que mais interessa à família que os filhos, os netos e

— 116 —

os bisnetos sejam representados (substituídos legitimamente) do que os pais, ou os avós, ou os bisavós", pois a proximidade fática é o que interessaria. Ou, como diz Carvalho Santos, a "afeição é como os rios: desce sempre e não sobe nunca" (1981, p. 356).

Assim, se o filho do *de cujus* tiver falecido antes dele, ocupa seu lugar, nas mesmas circunstâncias, o filho ou filhos do filho antes falecido, ou seja, o neto ou netos respectivos do *de cujus*. Exemplificando: se o *de cujus* teve dois filhos, A e B, que faleceram antes dele, o filho único de A tem direito à metade da herança do *de cujus* e os três filhos de B têm direito à outra metade. Assim é porque os três filhos representam B, que, se vivo fosse, teria direito à metade da herança.

"O patrimônio herdado por representação, nem mesmo por ficção legal, jamais integra o patrimônio do descendente pré-morto e, por isso, não pode ser alcançado para pagamento de suas dívidas. Para tanto, limita-se a responsabilidade patrimonial dos sucessores de devedor às forças da herança por ele deixada" (STJ, REsp 1.627.110).

Mantemos a expressão direito de representação quando, em terminologia precisa, deveríamos falar de substituição hereditária legal. A representação, no direito das sucessões, tem sentido inteiramente distinto do que é empregado para a representação em sentido amplo, nas quais o representante é quem recebe poderes para exercê-los no interesse do representado. A representação no direito sucessório, consequentemente, difere da representação em geral (CC, arts. 115 a 120), da representação convencional, que se dá por mandato e procuração, e da representação legal. O direito de representação, na sucessão hereditária, não é o exercício de poderes outorgados por outrem ou exercício de poderes estabelecidos em lei no interesse de outrem. É direito de substituir, de se pôr no lugar de outrem. Trata-se de direito de quem herda. O direito é de quem substitui. Por isso é que não há relação jurídica entre o *de cujus* e o que seria herdeiro e não foi (representado). O direito do herdeiro representante é direito próprio, nascido com a abertura da sucessão. A substituição é determinada em lei. O herdeiro representante herda do *de cujus* e não do representado. A sucessão é legal, como seria a do representado se tivesse herdado ou pudesse herdar. O representante põe-se no lugar do representado, que nada herdou. Assim, não se pode dizer que o representante sucedeu o representado.

O direito de representação sucessória opera com total abstração do representado, como se ele não existisse ou tivesse existido. Tanto se abstrai da pessoa do representado que pode ocorrer que não tenha morrido, mas tenha sido deserdado, ou julgado indigno. À morte equiparou-se a exclusão de quem seria herdeiro. Como lembra Itabaiana de Oliveira (1986, n. 217), esse é o único caso de representação de pessoa viva, quando o presumido herdeiro é declarado, por sentença, indigno por atos praticados contra a pessoa do *de cujus* ou de seus familiares. Sendo o indigno considerado como se morto fosse, desde o momento da abertura da sucessão, em seu lugar são chamados os seus descendentes, que, concorrendo com os outros descendentes em grau mais próximo para com o *de cujus*, sucedem por estirpe.

Na representação sucessória o representante põe-se no lugar do representado, sucedendo diretamente o *de cujus*. Diferentemente ocorre quando o herdeiro falece em seguida ao *de cujus*, ainda que sem aceitar expressa ou tacitamente a herança, pois seus herdeiros o sucedem e não ao *de cujus*, por força da *saisine*; nessa hipótese não há direito de representação.

O direito brasileiro não conhece a representação testamentária. Somente existe o direito de representação na sucessão legítima. Se a pessoa foi contemplada em testamento como herdeiro testamentário ou legatário e veio a falecer antes do *de cujus*, seus filhos não detêm o direito de representação sucessória. Direitos de outros países admitem a representação testamentária; assim estabelece o art. 2.041 do Código Civil português, que também a prevê para a hipótese de renúncia à herança. Para o direito brasileiro, a renúncia afasta a representação, pois seus filhos ou, na falta destes, os demais descendentes herdam por direito próprio, em igualdade de condições (por cabeça).

Não há direito de representação se o herdeiro renunciar à herança. Nessa hipótese, vale-se de ficção jurídica, como se o renunciante nunca tivesse existido. Há transeficácia da renúncia, de modo a alcançar todos os herdeiros do renunciante. Essa regra restritiva é inexistente em outros países; o art. 467 do Código Civil italiano estabelece que a representação é garantida aos descendentes no lugar de seu ascendente em todos os casos nos quais este "não possa ou não queira aceitar a herança ou o legado". Não obstante assentar em raciocínio lógico e inatacável, segundo Orlando Gomes (1973, p. 67), a vedação ao direito de representação que atinge os descendentes do renunciante tem sido condenada pela doutrina.

No Brasil, não se pode cogitar de direito de representação quando o único descendente imediato ou os únicos descendentes imediatos do *de cujus* renunciam, pois, nesta hipótese, seus filhos ou, na falta destes, os demais descendentes herdam por direito próprio, em igualdade de condições (por cabeça). Exemplificando: se o *de cujus* deixou dois filhos, que renunciaram à herança, sendo que o primeiro tem dois filhos e o segundo três filhos, os cinco netos herdam igualmente (um quinto para cada um), pois não representam seus pais.

Também não ocorre o direito de representação quando houver unidade de estirpe, ou seja, quando os descendentes seguintes na ordem de vocação vincularem-se ao mesmo grau (todos são netos, ou todos são bisnetos do *de cujus*). Nessa hipótese, a sucessão é por cabeça. Exemplificando: se os filhos A e B do *de cujus* faleceram antes deste, sendo que A deixou dois filhos e B três filhos, a herança é dividida por cinco partes iguais. O mesmo ocorre se A e B tiverem sido excluídos da herança, por terem sido considerados indignos, ou se um premorreu e o outro foi excluído.

Entre os representantes do herdeiro que morreu antes do *de cujus*, a quota hereditária que este receberia deve ser dividida em partes iguais. Se o herdeiro premorto deixou três filhos biológicos ou socioafetivos, a parte que ele receberia será dividida igualmente pelos três netos do *de cujus*. O problema ocorre quando os descendentes não estiverem situados no mesmo grau, havendo representação em graus diferentes, ou concorrência de representação por estirpe e representação por subestirpe. Por exemplo, se um dos três filhos do herdeiro premorto também houver falecido antes do *de cujus*, mas deixando dois filhos. Nesta hipótese, cada um dos dois filhos (netos do *de cujus*) representa o herdeiro falecido, com direito a um terço da quota hereditária deste, e cada um de seus dois netos (bisnetos do *de cujus*) representa o herdeiro falecido, com direito a um sexto da quota hereditária deste. O art. 1.854 do CC/2002 estabelece que "o quinhão do representado partir-se-á por igual entre os representantes", mas deve ser interpretado em harmonia com o art. 1.835 que determina que, na linha descendente, os filhos sucedem por cabeça "e os outros descendentes, por cabeça ou por estirpe, conforme se achem ou não no mesmo grau". No exemplo citado, os netos herdam por estirpe, correspondente ao segundo grau de descendência, e os bisnetos herdam considerando sua estirpe, correspondente ao terceiro grau de descendência. A igualdade dos quinhões apenas existe entre os representantes de mesmo grau, dentro da mesma estirpe. No direito brasileiro, portanto, se os herdeiros representantes não se acham no mesmo grau, a divisão é por estirpe e não por cabeça.

Correspondente à sucessão geracional, admite-se a representação dos filhos dos irmãos do *de cujus*, quando esses tiverem falecido antes ou forem excluídos da herança, ou seja, os sobrinhos; na linha colateral esta é a única hipótese de representação.

Enquanto na linha dos descendentes não há limite para o exercício do direito de representação (filhos, netos, bisnetos, tetranetos e assim por diante), na linha colateral está limitado aos filhos dos irmãos, quando estes herdam diretamente. Se o *de cujus* não tiver deixado descendentes, ascendentes ou cônjuge ou companheiro, ou se estes forem considerados indignos, herdam os irmãos, se houver.

Não há direito de representação dos netos ou bisnetos dos irmãos. Assim, se um irmão e o respectivo filho tiverem morrido antes do *de cujus*, mas deixando neto, este não pode representá-lo, seja por cabeça seja por estirpe; nada herda, salvo se for o único herdeiro colateral ou apenas houver colaterais de mesmo grau (sobrinhos-netos do *de cujus*). Se os sobrinhos-netos tivessem direito de representação, ficaria inviabilizada a sucessão dos tios e tios-avós do *de cujus*. A quota que caberia ao irmão (ou ao filho deste, se também não fosse premorto) é acrescida às dos demais irmãos do *de cujus*. Se todos os irmãos do *de cujus* tiverem falecido antes dele, os filhos daqueles herdam igualmente por cabeça, porque aí não se cogita de representação, que apenas ocorre quando os filhos do irmão falecido concorrerem com irmão ou irmãos sobreviventes do *de cujus*.

5.7. Sucessão dos Ascendentes

Ascendente é toda pessoa da qual se origina outra pessoa, imediata ou mediatamente. Para o direito das sucessões, ascendentes são as pessoas de que desce o *de cujus* (pai e mãe, avô e avó, bisavô e bisavó, tetravô e tetravó). De mesma forma que na linha descendente, a linha ascendente é infinita, mas nela a sobrevivência ao *de cujus* é reduzida em razão da idade que avança a cada grau.

Em simetria ao que ocorre com os descendentes, a principal relação de ascendência é de origem biológica. Todavia, não é a única, pois a Constituição e o CC/2002 estabelecem que o parentesco é natural ou civil, conforme resulte de consanguinidade ou de origem socioafetiva (adoção, inseminação artificial heteróloga ou posse de estado de filiação).

O que singulariza os ascendentes, como sucessores, é o fato de serem agrupados em duas linhas, a materna e a paterna, ou mais de duas linhas na hipótese de multiparentalidade. A linha de ascendência, em verdade, bifurca-se entre os ascendentes do pai e os ascendentes da mãe, prosseguindo em sucessivas bifurcações. A linha reta ascende em ramificações. Por isso fala-se em "árvore genealógica". Os ascendentes de cada pessoa são maternos ou paternos, quando os vínculos derivam da mãe ou do pai. Assim, os avós, bisavós, trisavós são maternos ou paternos. Ao contrário do direito anterior, não há mais precedência dos ascendentes paternos sobre os maternos. As linhas materna e paterna determinam a sucessão dos ascendentes e não as pessoas dos ascendentes que tenham sobrevivido ao *de cujus*, que, por sua vez, não deixou descendentes.

Se há pai e mãe, herdam igualmente; se falta a mãe e há pai e avós maternos, estes nada herdam porque não detêm direito de representação, ficando a herança inteiramente com o pai sobrevivente. Os ascendentes mais próximos pré-excluem os outros. Se somente há um genitor vivo, esse é que herda. Se há pluralidade de herdeiros (ascendentes do mesmo grau), a herança é por linha.

Considerando a conjugação de linhas e graus, várias combinações podem ocorrer. Se os pais do *de cujus* falecerem antes dele, mas lhe sobreviverem a avó paterna e os dois avós maternos, a herança é dividida em duas partes, uma para aquela e outra para estes. Se os avós paternos forem falecidos, herdam apenas os dois avós maternos, ainda que os bisavós paternos estejam vivos, pois a linha não prevalece sobre o grau mais próximo da outra linha e não há direito de representação entre os ascendentes.

A referência do CC, art. 1.836, § 2º, à diversidade em linha, que assegura a igualdade por linha aos parentes ascendentes de mesmo grau, abrange os ascendentes que constituam casal de mesmo sexo, ou os ascendentes destes; e as relações de multiparentalidade, quando houver dois ou mais pais ou duas ou mais mães biológicas e socioafetivas. Nesse último caso, poderá haver três ou mais linhas ascendentes, dividindo-se por igual a herança do descendente comum de acordo com o número de linhas.

O direito também considera ascendente o que se vincula a outro por laços de afinidade, em decorrência do casamento (exemplo: sogro e genro). Contudo, essa espécie de parentesco não ingressa na ordem de vocação sucessória, ou seja, não se aplica o direito das sucessões, confinando-se no direito de família, principalmente quanto à vedação de casamento ou união estável entre eles, por extensão da ancestral interdição do incesto.

O cônjuge ou companheiro sobrevivente figura em terceiro lugar na ordem de vocação hereditária, se não existir ascendente do *de cujus*, no momento da morte deste. No entanto, ainda quando haja ascendentes, o cônjuge ou companheiro sobrevivente tem direito à sucessão concorrente com estes, independentemente da eventual meação, observados os seguintes critérios: a) cabe ao cônjuge ou companheiro um terço da herança, quando sobreviverem ambos os pais do *de cujus*; b) cabe ao cônjuge ou companheiro metade da herança, quando sobreviver um dos pais do *de cujus*; c) cabe ao cônjuge ou companheiro metade da herança, quando forem mortos os pais mas sobreviverem os avós, um dos avós, os bisavós ou um destes; nesta hipótese, a outra metade da herança será destinada aos ascendentes, consideradas as linhas.

CAPÍTULO VI
Direitos Sucessórios do Cônjuge

Sumário: 6.1. Cônjuge como herdeiro legítimo e necessário. 6.2. Sucessão do cônjuge separado de fato. 6.3. Direito real de habitação do cônjuge sobrevivente. 6.4. Sucessão concorrente do cônjuge sobrevivente com os parentes sucessíveis. 6.4.1. Sucessão concorrente no regime de comunhão parcial. 6.4.2. Sucessão concorrente nos regimes de comunhão universal ou de participação final nos aquestos. 6.4.3. Sucessão concorrente no regime de separação total. 6.4.4. Quota sucessória do cônjuge em concorrência com descendente. 6.4.5. Sucessão concorrente do cônjuge ante cláusula de incomunicabilidade. 6.5. Direito sucessório do cônjuge no casamento putativo.

6.1. Cônjuge como Herdeiro Legítimo e Necessário

Existindo o cônjuge com o qual conviva, não pode a pessoa destinar livremente seus bens, mediante liberalidades a outras pessoas ou entidades, notadamente doações e disposições testamentárias. O respeito à legítima do cônjuge, como herdeiro necessário, se impõe.

O CC/2002 (art. 1.845) elevou o cônjuge a herdeiro necessário em duas situações: a) quando não houver descendente nem ascendente; b) quando houver descendentes ou ascendentes, terá direito a concorrer com esses, em determinadas circunstâncias.

"Ainda que casado sob o regime da separação convencional de bens, o cônjuge sobrevivente é herdeiro necessário e concorre com os descendentes" (Enunciado 15/IBDFAM).

Além da proteção de sua legítima, o cônjuge figura em terceiro lugar na ordem de vocação hereditária, na falta de descendentes e ascendentes. Nesta hipótese, se o *de cujus* não tiver deixado testamento, o cônjuge será o herdeiro universal. Se o *de cujus* tiver deixado testamento, serão válidas as disposições testamentárias em benefício de terceiros, desde que não exceda o que corresponder à parte disponível, ou seja, no máximo a metade da herança.

Por ser herdeiro necessário, o cônjuge pode sofrer restrições decorrentes de disposições testamentárias deixadas pelo *de cujus*, que estabeleçam inalienabilidade, impenhorabilidade ou incomunicabilidade sobre os bens que correspondam à legítima do cônjuge sobrevivente. Tais restrições, no entanto, apenas são válidas e eficazes se houver justa causa, que o testador tenha declarado no testamento. Havendo impugnação da justa causa, cabe ao juiz decidir se ela é razoável.

A promoção do cônjuge sobrevivente a herdeiro legítimo e até mesmo a herdeiro necessário constitui uma das mais fortes mudanças do direito das sucessões, principalmente a partir do século XX, porque a família matrimonial deixou de ser concebida como instituição de procriação e transferência de patrimônio, para se converter em parceria de duas pessoas iguais, que se amam e garantem a cada uma o autodesenvolvimento e a segurança (Castelein, 2009, p. 14).

O modelo que vigorou até o final do século XIX foi o da preferência do parentesco derivado da consanguinidade (relação vertical) em detrimento do cônjuge (relação horizontal). A ideia central era a de que o patrimônio tinha de ir ou retornar ao parente consanguíneo, e não ao cônjuge sobrevivente, que era um estranho em relação à família (de sangue) do falecido. Essa ideia era pacífica entre os elaboradores do Código Civil francês de 1804, para os quais o cônjuge sobrevivente, quaisquer que fossem os laços que o unissem ao falecido, pertencia a uma família diversa à deste e somente poderia herdar se não sobrevivesse parente consanguíneo.

No Brasil, a evolução do direito imprimiu giro profundo a essa orientação, posicionando o cônjuge sobrevivente antes dos parentes colaterais. A mulher casada somente herdava após os colaterais e foi a Lei n. 1.839/1907, que a pôs na frente desses, situando-se o cônjuge em terceiro lugar na ordem da vocação hereditária, após os ascendentes e descendentes.

Em seu projeto originário do Código Civil, Clóvis Beviláqua já propusera a inclusão da mulher entre os herdeiros necessários, mas o Congresso Nacional rejeitou a proposta. Vozes influentes da doutrina brasileira, a exemplo de Orlando Gomes (1973, p. 84), propugnaram por sua aceitação, em face da política de valorização do vínculo de casamento que, para efeitos sucessórios, o considera título superior ao parentesco. Também Caio Mario da Silva Pereira (1997, n. 447): "Formando embora uma unidade psicofísica, não tem qualquer deles meios de evitar que a disposição de última vontade, ainda que mal dirigida e mal inspirada, conduza a outras mãos os haveres matrimoniais. Somente a qualificação do cônjuge na condição de herdeiro necessário pode defender a sua quota reservatária".

A inclusão do cônjuge entre os herdeiros necessários despertou reação contrária da doutrina especializada, forte nas seguintes razões: a) a tradição longeva do direito brasileiro de conter os herdeiros necessários nos descendentes e ascendentes sucessíveis, que contava com o consenso da comunidade jurídica; b) a redução do espaço de autonomia para testar; c) a inexistência de parentesco entre os cônjuges, que são oriundos de famílias distintas.

Esses argumentos, apesar de razoáveis, têm sido contraditados pela transformação social das famílias, que, cada vez mais, se distanciam da concepção tradicional de grupos de parentes consanguíneos em prol da concepção de grupos unidos por laços de afetividade, solidariedade, convivência e cuidado, para os quais a proximidade e integração de seus membros são mais relevantes que os laços mais distantes de parentesco. Nesse sentido, a proteção da legítima de quem conviveu proximamente ao *de cujus*, como seu cônjuge sobrevivente, é mais justificável que o direito sucessório do irmão, tio ou primo daquele. Note-se que a proteção legal se volta ao cônjuge que convivia de fato com o *de cujus*, no momento de sua morte.

No ambiente lusófono, a reforma de 1977 do direito das sucessões em Portugal elevou o cônjuge da quarta posição na ordem de vocação hereditária (após os irmãos do *de cujus*) para a primeira, passando a figurar necessariamente ao lado dos descendentes, o que denota a valorização do cônjuge sobrevivente.

Assim, são os laços de afetividade, que se presumem entre cônjuges, descendentes e ascendentes, e não os de parentesco, que determinam a escolha legal dos herdeiros necessários. Não é mais justificável na contemporaneidade que parentes distantes (que já atingiram o décimo grau, no Brasil), alguns até mesmo desconhecidos do *de cujus*, prevaleçam sobre o cônjuge sobrevivente. A ideia de patrimônio familiar, que deve permanecer na família extensa, em razão do sangue, não mais se sustenta.

Não é cabível a continuidade do divórcio, para fins de definição dos titulares da transmissão hereditária e respectivas quotas, notadamente do cônjuge, se o divorciando tiver falecido antes de sua conclusão. Não se pode fundamentar a continuidade do processo na autonomia privada, porque o divórcio é ato complexo que não se esgota em sua iniciativa judicial ou extrajudicial, até porque pode ser objeto de indeferimento judicial ou de conflito de interesses que possam obstá-lo. Assim, morto o divorciando, não pode prosseguir o processo judicial ou a escritura extrajudicial de divórcio, devendo ser arquivados, realizando-se a sucessão com a participação do cônjuge supérstite como herdeiro necessário ou como sucessor concorrente.

6.2. Sucessão do Cônjuge Separado de Fato

O cônjuge separado de fato não pode herdar do outro. Essa regra do direito brasileiro também contempla fundamentação moral, uma vez que não deve herdar quem já não integra o núcleo familiar. As razões dessa restrição legal podem ser encontradas no desaparecimento da afetividade e da convivência familiares, que consolidam a família contemporânea e a sucessão hereditária que com essa está correlacionada.

É antiga a regra da existência de fato da sociedade conjugal, para que o cônjuge possa ser sucessor. Nas Ordenações Filipinas (Livro IV, título 95) está dito que a mulher só podia ficar em posse da herança quando ao tempo da morte do marido vivia com ele "em casa teúda e manteúda, como marido e mulher".

A restrição diz respeito aos bens que integram a titularidade do *de cujus*, ou seja, seus bens particulares e sua meação, caso haja, de acordo com o regime de bens existente, na abertura da sucessão. A meação do cônjuge separado de fato é sua, exclusivamente, como parte ideal do patrimônio comum, não se incluindo na herança deixada pelo *de cujus*, por não ser objeto de sucessão.

A regra geral de não sucessão pelo cônjuge separado de fato foi restringida, no CC/2002 (art. 1.830), pois um de dois requisitos podem afastá-la: a) se a separação de fato ainda não tiver completado dois anos; b) se a separação de fato, com mais de dois anos, não resultou de culpa do cônjuge sobrevivente, que não deu causa à impossibilidade da convivência. Decorrido o prazo de dois anos, "a lei presume que a relação, por rompida, não autoriza mais a participação sucessória do sobrevivente no acervo pertencente ao *de cujus*" (Hironaka, 2007, p. 221).

Os dois requisitos são incompatíveis com a redação explícita do § 6º do art. 226 da Constituição dada pela Emenda Constitucional n. 66, de 2010, – que suprimiu qualquer requisito para o divórcio – e com o princípio constitucional implícito da razoabilidade, que tem fundamentado o STF na declaração de inconstitucionalidade de leis infraconstitucionais.

O primeiro requisito, de natureza temporal (dois anos de separação de fato), interpretada isoladamente, entra em colisão com a regra adotada pelo próprio CC/2002 (art. 1.723, § 1º), que admite que a pessoa casada, separada de fato e ainda não divorciada, possa constituir união estável com outra pessoa, sem qualquer exigência de tempo. Separando-se de fato de seu cônjuge, pode o companheiro iniciar imediatamente, sem impedimento legal, união estável com outra pessoa, passando a incidir o regime legal de comunhão parcial de bens adquiridos por ele a partir daí. Assim, a separação de fato gera dois efeitos jurídicos no direito brasileiro: cessação dos deveres conjugais e interrupção do regime matrimonial de bens, com reflexos diretos no direito das sucessões. Se tiver sido casado sob o regime legal de comunhão parcial, os bens que foram adquiridos na constância do casamento são comuns dos cônjuges até a separação de fato. Se os cônjuges permanecerem separados, sem constituírem união estável com outras pessoas, os bens que cada um adquirir são considerados particulares e não comuns; sobre estes não há meação.

Segundo a regra do art. 1.830, o cônjuge sobrevivente, se a sucessão se der dentro de dois anos da separação de fato, tem direito sucessório. Todavia, se o cônjuge separado de fato constituir união estável com outra pessoa, dentro de dois anos da separação, a partir da constituição dessa nova união, os bens adquiridos onerosamente são comuns dos companheiros, em virtude do regime legal de comunhão parcial de bens (art. 1.725), salvo se tiverem celebrado contrato escrito definindo outro regime de bens, não tendo o ex-cônjuge qualquer direito sucessório sobre eles.

Os bens adquiridos pelo *de cujus*, após a separação conjugal de fato e constituição de nova união estável, não integrarão jamais a massa patrimonial do ex-cônjuge. Esses bens integram a segunda massa patrimonial, tendo o companheiro do *de cujus* direito à meação deles, se o regime for o legal de comunhão parcial e direito sucessório sobre a meação pertencente ao *de cujus*.

A EC-66 dispensou a separação judicial prévia para fins de divórcio, existente na redação anterior do § 6º do art. 226 da Constituição. A pessoa separada judicialmente, ainda que não tenha se divorciado até a data abertura da sucessão de seu ex-cônjuge, não tem direito sucessório em relação a este.

Como bem anota Maria Berenice Dias (2021, p. 199), "conferir ao ex--cônjuge a condição de herdeiro e, via de consequência, de meeiro dos bens adquiridos depois do fim da vida em comum, viria em prejuízo dos herdeiros legítimos, gerando incabível enriquecimento sem causa".

O segundo requisito é ainda mais complexo. Não contém o lapso temporal do primeiro (dois anos após a abertura da sucessão) e depende de prova de culpa do falecido pela separação de fato. Nessa hipótese, o ex-cônjuge sobrevivente separado de fato e não divorciado terá direito sucessório (como herdeiro universal, quando não houver descendentes e ascendentes, ou como herdeiro concorrente com os descendentes ou ascendentes), pouco importando há quanto tempo se tenha dado a separação de fato. Supondo que o falecimento tenha ocorrido vinte anos após a separação de fato, é forte a probabilidade de cada um ter constituído vidas afetivas e familiares distintas. Tanto tempo após o fim da convivência familiar e dos laços de afetividade não justifica que persista o direito sucessório do outro ex-cônjuge. Se o ex-cônjuge não é mais familiar ou parente do outro, o direito sucessório não pode subsistir. A imputação da culpa do

— 127 —

falecido pela separação de fato viola um dos princípios fundamentais do Estado Democrático de Direito, que é o da garantia de contraditório e de ampla defesa a qualquer acusado ou litigante (art. 5º, LV, da Constituição); o falecido não pode exercê-los nem contraditar a acusação de culpa. Essa incongruente exigência normativa foi apodada de "culpa mortuária" por Rolf Madaleno (2005, p. 146-9), que estende no tempo os efeitos do regime de bens, contrariando o princípio do art. 1.511 do CC/2002, que estabelece que o casamento dependa da comunhão plena de vida. Em circunstâncias que tais, apenas o ex-cônjuge sobrevivente tem voz e direito de lançar as provas que entender, inclusive para atribuir ao morto a culpa exclusiva, quando tiver ocorrido culpa concorrente, que impede a imputação individual de culpa. Resulta a norma em sanção ao ex-cônjuge falecido em favor do sobrevivente. O direito das sucessões não é meio de punição, mas de transmissão de bens.

No direito brasileiro não há sucessão legítima autônoma, desvinculada das relações de família e de parentesco. A comunhão plena de vida importa não apenas para caracterizar a existência da relação de família, mas também para os efeitos sucessórios daí decorrentes. A única inteligência possível do art. 1.830, que possa entroncar-se em interpretação em conformidade com a Constituição, seria a de que assegura o direito de herança ao ex-cônjuge, sobre os bens adquiridos até à separação de fato, se, a partir desta, a abertura da sucessão se der em até dois anos, ou em prazo maior se a culpa tiver sido do falecido. Mas, em nenhuma hipótese, o direito de herança pode alcançar os bens adquiridos após a separação de fato, que integram o patrimônio dos herdeiros legítimos ou do novo companheiro, se tiver constituído união estável.

Argumente-se, todavia, que, além da ausência de fundamentos legais, históricos, morais e constitucionais das circunstâncias impostas na segunda parte do art. 1.830 do CC/2002, ocorreu sua revogação tácita pela superveniente Emenda Constitucional n. 66, de 2010. No Brasil, adota-se a diretriz de não haver direito adquirido contra a Constituição, na sua redação originária ou em face de emenda constitucional. A EC-66 extinguiu os requisitos prévios para a dissolução do casamento, que eram a separação de fato de mais de dois anos ou a separação judicial, fundada esta principalmente na culpa.

Desaparecida a separação judicial, desapareceu sua causa fundamental, a culpa. O uso da justiça para punir o outro cônjuge, máxime quando já falecido, não atende aos fins sociais nem ao bem comum. A Constituição (art. 5º, X) estabelece que "são invioláveis a intimidade, a vida privada, a honra e imagem das pessoas", sem qualquer exceção ou restrição. Ora, nada é mais íntimo e privado que as relações entretecidas na convivência familiar. Sob esse importante ângulo, não pode a lei ordinária excepcionar, de modo tão amplo, a garantia constitucional da inviolabilidade, justamente no espaço privado e existencial onde ela mais se realiza. A culpa não tem espaço no direito das sucessões. Após a EC-66, a culpa confinou-se ao âmbito próprio do direito de família: o das hipóteses de anulabilidade do casamento, tais como os vícios de vontade aplicáveis ao casamento, a saber, a coação e o erro essencial sobre a pessoa do outro cônjuge.

O mesmo argumento se aplica ao requisito temporal (dois anos de separação de fato), porque sua relação com a redação originária do § 6º do art. 226 da Constituição era visceral, por coerência lógica. Se a dissolução voluntária do casamento dependia do requisito prévio de dois anos de separação de fato, este mesmo tempo deveria ser considerado para fins de extensão dos direitos sucessórios do cônjuge separado.

Admitida a incompatibilidade com a Constituição, o art. 1.830, decotado dos requisitos extravagantes, deve ser interpretado no sentido de não ser investido em direito sucessório o ex-cônjuge que se encontrava separado de fato na data da abertura da sucessão do outro, independentemente de tempo da separação ou de verificação de culpa do falecido.

A simples separação de fato, independentemente do lapso temporal ou de culpa, retira do cônjuge a condição de herdeiro; saliente-se que separação de fato é expressão empregada em sua acepção jurídica e não vulgar (Simão, 2015, p. 270).

6.3. Direito Real de Habitação do Cônjuge Sobrevivente

É assegurado o direito real de habitação ao cônjuge sobrevivente (CC, art. 1.831). Esse direito é independente de sua eventual meação e dos direitos sucessórios (como herdeiro concorrente de descendentes e ascendentes ou, na falta destes, como herdeiro universal do *de cujus*). Tampouco é relevante o regime de bens que adotaram os cônjuges. Protegido é o cônjuge sobrevivente que tenha sido casado com o *de cujus* tanto sob o regime de separação total quanto o de comunhão universal, de comunhão parcial, de participação final nos aquestos ou de outro livremente escolhido em pacto antenupcial. Esse direito não pode ser previamente excluído em pacto antenupcial ou em escritura de alteração do regime de bens, porque decorre de norma cogente de tutela.

Orlando Gomes (1973, p. 88) considerava essa modalidade de direito real de habitação, por força de lei, anacrônico e economicamente ineficiente. Todavia, na atualidade, tem recebido bom acolhimento, como instrumento do dever de solidariedade familiar.

O direito real de habitação assegurado ao cônjuge colide com o direito de propriedade sobre a parte ideal do imóvel, conferido aos herdeiros, que desejam exercê-lo. O conflito resolve-se em favor do direito real de habitação, para que este não se torne ineficaz.

O direito real de habitação é espécie dos direitos reais limitados e sobre coisas alheias. Não é direito de aquisição de coisa, mas exclusivamente direito de uso. Consiste no direito de habitar gratuitamente casa alheia (CC, art. 1.414), no interesse direto do titular, o qual não pode dela dispor, ceder ou alugar. A casa ou o apartamento apenas podem ser ocupados pelo titular e sua família. Esse peculiar direito real, segundo o modelo originário do direito das coisas, pode ser temporário ou vitalício, de acordo com o que as partes ajustarem. O direito real de habitação decorrente de sucessão hereditária é assegurado pela lei, não dependendo de escritura pública ou de registro público ou de qualquer ato de vontade. Consequentemente, é direito vitalício conferido ao cônjuge sobrevivente, enquanto este utilizar a casa como sua moradia.

De acordo com o que resultar da partilha amigável ou judicial, os herdeiros legítimos ou testamentários têm assegurado o direito de propriedade sobre o imóvel habitado pelo cônjuge sobrevivente, na sua totalidade ou em partes ideais, mas sem uso sobre ele. Adquirem, pela sucessão hereditária, direito de propriedade e posse indireta. Equiparam-se à titularidade de nu-proprietários em face do usufrutuário, que é o modelo supletivo do direito real de habitação (CC, art. 1.416). O próprio cônjuge sobrevivente pode ser titular de parte ideal do imóvel, em virtude de meação e de herança concorrente.

O CC/2002 estabelece, como requisitos essenciais, que o imóvel, objeto do direito real de habitação, seja destinado à residência da família do *de cujus* e que seja o único com tal destinação a inventariar.

Entendem-se como família, para os fins do direito real de habitação do cônjuge sobrevivente, os familiares e parentes que integrem a unidade familiar que com ele ocupem o imóvel. Podem ser os descendentes (filhos e netos) ou até mesmos ascendentes que com ele convivam. A lei não a restringe à família nuclear (pais e filhos), o que permite considerá-la abrangente dos parentes que convivem nessa unidade domiciliar com o cônjuge sobrevivente, tais como irmãos, sobrinhos, tios, de acordo com a realidade brasileira de cada região. Tampouco há limitação aos parentes que já habitavam o imóvel na data do falecimento do *de cujus*, pois a proteção é ao cônjuge sobrevivente. Assim, não cessa o direito real de habitação se o cônjuge sobrevivente vier a constituir nova entidade familiar, pelo casamento ou pela união estável, ou se outros parentes vierem a conviver com ele, desde que permaneça no imóvel como sua residência efetiva.

O segundo requisito é o de ser o imóvel "o único daquela natureza a inventariar", de acordo com o enunciado da lei. Não significa que o *de cujus* tenha deixado um único bem imóvel. Pode ter deixado outros imóveis, desde que sejam destinados para fins não residenciais (lojas, salas, sítios, fazendas) e até mesmo casa que destinava para fins de lazer ou veraneio. Tais imóveis não impedem a incidência da norma legal de direito real de habitação sobre o único imóvel residencial que deixou. Se tiver deixado mais de um imóvel residencial, a lei presume que não haverá prejuízo para o cônjuge sobrevivente, pois disporá de outra opção equivalente de moradia. Evidentemente, que cada caso é um caso. Se, como frequentemente ocorre, o imóvel habitado pela família é o mais valorizado, inclusive afetivamente, tendo o outro imóvel residencial reduzido valor ou localização desvantajosa para o cônjuge sobrevivente, essa circunstância não impede a incidência do direito real de habitação sobre o primeiro.

O fim social da norma legal é assegurar ao cônjuge sobrevivente a permanência no local onde conviveu com o *de cujus*, que é o espaço físico de suas referências afetivas e de relacionamento com as outras pessoas. O trauma da morte do outro cônjuge não deve ser agravado com o trauma de seu desenraizamento do espaço de vivência. O direito do cônjuge sobrevivente à vivência ou ao processo de viver prevalece ou é mais relevante que a posse direta do bem adquirido pelos parentes do *de cujus*. A exigência de imóvel único já havia sido afastada pela Lei n. 9.278/1996, que assegurou igual direito aos companheiros.

O direito de habitação se extinguirá: a) pela morte do cônjuge sobrevivente; b) se o cônjuge sobrevivente der outra destinação à casa, ainda que parcial, porque haverá cessação do motivo de que se origina; c) se o imóvel for destruído; d) se o cônjuge sobrevivente ceder, emprestar ou alugar o imóvel a quem não integre sua unidade familiar; e) se o imóvel ficar deteriorado por sua culpa; f) se mantiver o imóvel sem uso; g) se renunciar expressamente a seu uso.

O STJ tem decidido que: (1) o art. 1.831 do CC/2002 não impõe como requisito para o reconhecimento do direito real de habitação a inexistência de outros bens no patrimônio próprio do cônjuge/companheiro sobrevivente (REsp 1.582.178); (2) o direito real de habitação é assegurado, inclusive se o regime de bens tiver sido de separação total (REsp 821.660); (3) quem deve suportar o ônus do direito real de habitação são os herdeiros do *de cujus*, e não quem já era proprietário do imóvel antes do óbito, que havia permitido a utilização do imóvel pelo casal a título de comodato (REsp 1.212.121); (4) a copropriedade anterior à abertura da sucessão impede o reconhecimento do direito real de habitação (EREsp 1.520.294); (5) o direito real de habitação não admite extinção de condomínio nem cobrança de aluguel da companheira do *de cujus* (REsp 1.846.167).

6.4. Sucessão Concorrente do Cônjuge Sobrevivente com os Parentes Sucessíveis

Rompendo uma longa tradição do direito brasileiro, o CC/2002 introduziu na ordem da vocação hereditária o direito do cônjuge sobrevivente de concorrer com os descendentes exclusivos ou comuns ou com os ascendentes do *de cujus*, em determinadas circunstâncias e quotas de participação na herança.

Nos países de nosso trato cultural nota-se uma linha de tendência favorável à sucessão concorrente do cônjuge. Entende-se que, na contemporaneidade, a família matrimonial tem nos cônjuges seus elementos mais estáveis, porque os filhos, em determinado momento de suas vidas, se desligarão da entidade familiar originária para formar outra. Compreende-se que essa estabilidade diz respeito à que perdurou como convivência até o momento da abertura da sucessão.

Diz-se que a proeminência do casamento sobre o parentesco consanguíneo pode ser explicada pelo fato de "que os cônjuges fizeram suas fortunas conjuntamente, enquanto os parentes, descendentes ou colaterais, não tiveram mérito algum em obtê-las, muito ao contrário", daí a tendência para a horizontalização do direito sucessório (Castelain, 2009, p. 13).

O cônjuge está posicionado em terceiro lugar na ordem da vocação hereditária, na falta de descendentes ou ascendentes, mas a concorrência, estabelecida pela lei, emparelha-o com o descendente, ou, na falta deste, com o ascendente do *de cujus*, elevando-o ao primeiro nível da ordem de vocação hereditária.

A quota do cônjuge sobrevivente e concorrente é variável:

I – quando concorrer com descendentes do *de cujus*, ou com descendentes deste e mais os comuns, terá direito a uma quota igual à daqueles de acordo com o regime de bens;

II – quando concorrer com descendentes comuns (de ambos os cônjuges), caber-lhe-á uma quota de ¼ da herança deixada pelo falecido, de acordo com o regime de bens;

III – quando concorrer com ambos os pais do *de cujus* terá direito a um terço da herança, independentemente do regime de bens;

— 132 —

IV – quando concorrer com um dos pais do *de cujus*, que a este tenha sobrevivido, ou quando concorrer apenas com avós ou bisavós dele terá direito à metade da herança, independentemente do regime de bens.

A concorrência não ocorre em duas situações:

I – se os cônjuges foram casados sob os regimes matrimoniais de bens de comunhão universal ou de "separação obrigatória";

II – se os cônjuges foram casados sob o regime matrimonial de bens de comunhão parcial e o *de cujus* não tiver deixado bens particulares.

A redação excessivamente ambígua dada ao inciso I do art. 1.829 e ao art. 1.832 do CC/2002 provocou divergências e controvérsias na doutrina especializada, com reflexos nas decisões dos tribunais e, consequentemente, na atribuição dos direitos sucessórios entre o cônjuge sobrevivente e os descendentes do *de cujus*. Em relação aos descendentes do *de cujus*, a lei não esclareceu como se daria a concorrência, quando o *de cujus* deixasse filhos exclusivamente seus conjuntamente com os filhos havidos com o cônjuge sobrevivente (filhos comuns).

Diferentemente de legislações de outros países que disciplinaram a sucessão concorrente, a lei brasileira vinculou essa modalidade aos regimes matrimoniais de bens, existentes, na abertura da sucessão, admitindo-a em alguns e excluindo-a em outros. A mais grave divergência diz respeito à alusão aos bens particulares no regime de comunhão parcial, que é o predominante no Brasil nos casamentos celebrados a partir da Lei do Divórcio, de 1977, em virtude de sua designação como regime legal supletivo. O vínculo com o regime matrimonial de bens é elemento complicador e fonte de divergências que estariam superadas se não tivesse sido previsto na lei. No intuito de se buscar interpretação consequente às normas do CC/2002, entendeu-se (VII Jornada de Direito Civil/CJF) que o regime de bens no casamento somente interfere na concorrência sucessória do cônjuge com descendentes do falecido.

Em relação à concorrência do cônjuge sobrevivente com os ascendentes, não há controvérsia, pois a lei estabeleceu que não dependesse do regime matrimonial de bens e que a quota de participação fosse fixa, de acordo com o grau na classe dos ascendentes que sobreviveram ao *de cujus*.

Na concorrência de cônjuge sobrevivente e ascendente é nulo o pacto antenupcial que excluir o cônjuge sobrevivente da sucessão do *de cujus*, porque a sucessão concorrente é imposta por lei, que passou a privilegiar as pessoas que, apesar de não terem qualquer grau de parentesco, são o eixo central da família. O cônjuge sobrevivente terá direito, além da meação, caso haja, ao seu quinhão na herança do *de cujus*.

Diferentemente do que ocorre com os descendentes, a quota conferida ao cônjuge, quando concorrer com ascendente, tem por base de cálculo todo o patrimônio deixado pelo *de cujus*, incluindo a parte deste sobre os bens comuns e os particulares, adquiridos antes ou após o casamento.

Entendemos que, em relação aos descendentes do *de cujus*, a finalidade da lei é assegurar ao cônjuge sobrevivente patrimônio mínimo, quando, em razão do regime matrimonial adotado, não haja bens comuns ou estes sejam em proporção inferior aos bens particulares, salvo na hipótese da separação total. Bens particulares, para fins da sucessão concorrente, são os que não ingressaram em comunhão, nos regimes que a admitem, ou seja, a comunhão universal, a comunhão parcial e a participação final nos aquestos. Nesses regimes pode haver bens particulares sem bens comuns; pode haver bens particulares ao lado de bens comuns; pode haver apenas bens comuns.

São os bens particulares que devem ser objeto da sucessão concorrente. Presume-se que a meação dos bens comuns já atende adequadamente ao fim social da lei de proteção do cônjuge sobrevivente. Os bens comuns, garantida a meação do cônjuge sobrevivente, são insuscetíveis de sucessão concorrente, devendo a meação do *de cujus* compor integralmente a legítima dos descendentes, consequentemente sem prejuízo do direito constitucional de herança (CF, art. 5º, XXX).

O direito do cônjuge sobrevivente à sucessão concorrente, que sofreu reação negativa de parcela ponderável da doutrina, já era prenunciado na evolução do direito brasileiro, principalmente do direito de família, com a lei de reconhecimento de filho ilegítimo (Lei n. 883/1949, art. 3º) e com as leis que instituíram em benefício do cônjuge sobrevivente o direito real de usufruto sobre parte da herança (Decreto-lei n. 3.200/1941 e Lei n. 4.121/1962 – Estatuto da Mulher Casada), que configurava sucessão concorrente indireta. No lugar do direito real de usufruto, o CC/2002 optou pela sucessão concorrente. A Exposição de Motivos de 1975 do anteprojeto desse Código, todavia, indica como justificativa a passagem do regime legal supletivo de comunhão universal para o de comunhão parcial.

Há orientação doutrinária, que compartilhamos, no sentido de ser excluída a sucessão concorrente, mediante partilha em vida prevista no art. 2.018 do CC/2002 (Dias, 2022, p. 145). Com efeito, os bens particulares que tenham sido adquiridos por determinado cônjuge podem ser totalmente distribuídos a seus herdeiros, em partilha em vida, em qualquer de suas modalidades (autônoma, doação coletiva, testamentária), nada deixando, além da meação do sobrevivente.

6.4.1. Sucessão Concorrente no Regime de Comunhão Parcial

O maior impacto dos efeitos da sucessão concorrente do cônjuge sobrevivente com os descendentes do *de cujus* diz respeito ao regime de comunhão parcial, que é o regime legal supletivo desde 1977, pois a imensa maioria da população brasileira não costuma valer-se de pacto antenupcial para escolha de outro regime matrimonial de bens. O CC/2002 o tem como principal destinatário da disciplina dessa modalidade de sucessão concorrente, utilizando-se o discurso invertido, ou seja, ela não se aplica quando "o autor da herança não houver deixado bens particulares". Em oração direta: o cônjuge sobrevivente concorrerá com os descendentes do *de cujus* sobre os bens particulares, quando o regime for o de comunhão parcial. Sobre os bens comuns não haverá concorrência, pois sua meação já está assegurada pela lei. A meação do *de cujus* transmite-se inteiramente aos descendentes.

Desse regime, podem resultar três massas patrimoniais distintas, cada uma com seus respectivos ativos e passivos: duas particulares e uma comum. Até ao casamento, os bens adquiridos pelos cônjuges permanecem particulares, inclusive os adquiridos posteriormente com os valores derivados de suas alienações. Após o casamento os bens se comunicam. Há, também, bens particulares posteriores, cuja aquisição ocorre após o casamento, principalmente em virtude de herança ou de doação. Os bens comuns, ou os que são comunicáveis, formam um todo unitário, ou condomínio. Os cônjuges são condôminos de cada bem que o integra, de modo indistinto, como titulares de partes ideais ou meações. A titularidade do cônjuge sobrevivente sobre a própria meação não é afetada com a abertura da sucessão do outro. Sobre a própria meação não há sucessão. A sucessão incide exclusivamente sobre a meação do *de cujus* e sobre seus bens particulares.

A opção do legislador é a de haver a sucessão concorrente do cônjuge sobrevivente com os descendentes do *de cujus* exclusivamente sobre os bens particulares que deixou. Se o *de cujus* não adquiriu bens sucessíveis antes do casamento, nem adquiriu bens mediante liberalidade de terceiros ou sucessão hereditária de outrem (legítima ou testamentária), não se cogita de sucessão concorrente. A meação do *de cujus* sobre os bens comuns integra, inviolavelmente, a legítima de seus descendentes.

A concorrência do cônjuge com os descendentes do *de cujus*, em relação aos bens particulares, contempla a possibilidade real de a meação dos bens comuns ser desproporcionalmente inferior à massa dos bens particulares, podendo comprometer o patrimônio mínimo existencial daquele. Se a massa comum é superior ou exclusiva, a meação presume-se satisfatória. Porém, há situações em que o *de*

— 135 —

cujus, ao se casar, já detinha patrimônio consolidado, principalmente ante a elevação da faixa etária entre os brasileiros, para o primeiro casamento, ou quando um ou ambos os nubentes eram divorciados ou viúvos e novamente se casaram, trazendo patrimônio amealhado por muitos anos, ou, ainda, quando a morte do *de cujus* ocorreu em tempo curto após o casamento, o que não lhe permitiu acumular patrimônio comum. São essas as situações que correspondem às finalidades da sucessão concorrente, pois, se incidisse sobre a meação, incorreria em redução injustificável da legítima dos descendentes.

A primeira espécie de bens particulares, no regime de comunhão parcial, é a dos adquiridos antes do casamento por qualquer dos cônjuges. O direito brasileiro distingue a posse da propriedade, atribuindo-lhes natureza e consequências próprias. A posse é estado de fato, consistindo em "exercício, pleno ou não, de algum dos poderes inerentes à propriedade". Ainda que não seja direito subjetivo seus efeitos são tutelados pelo direito, em virtude de sua utilidade social. Em princípio, a posse é corolário do direito de propriedade ou domínio, quando o titular detém um e outra. Contudo, a posse pode ser exclusiva e em contraposição ao titular do direito de propriedade. Se o cônjuge apenas detinha a posse do bem, ao casar, manteve-se assim como bem particular seu, não se alterando se vier a adquirir a propriedade pela usucapião, após o casamento. Se o cônjuge detinha apenas o direito de propriedade, desacompanhado da posse, aquele será bem particular seu, incluído no âmbito do termo "possuir".

A lei prevê três outras espécies de bens que, malgrado adquiridos após o casamento, qualificam-se como particulares: a) os recebidos por liberalidade do alienante (principalmente doação) ou por sucessão; b) os adquiridos ou sub-rogados no lugar destes; e c) os adquiridos com valores de alienação dos bens particulares (neste sentido, sub-rogados). Para fins do regime de comunhão parcial, pouco importa que a doação tenha se aperfeiçoado antes ou após o casamento, pois sempre integrará o patrimônio particular do cônjuge donatário. A aquisição por sucessão hereditária pode ter sido na condição de herdeiro ou de legatário, com ou sem testamento. Dá-se a sub-rogação do bem quando é substituído por outro, na titularidade do domínio. Na hipótese do bem adquirido por doação ou sucessão, o cônjuge o vende a terceiro e com os valores pecuniários recebidos adquire outro bem, que substituirá o primeiro no seu patrimônio particular. A relação de pertinência não é com determinado bem, mas com a origem do valor patrimonial. Do mesmo modo, permanecem no domínio particular do cônjuge os bens adquiridos em sub-rogação aos bens que já estavam em seu domínio e posse antes do casamento. A sub-rogação pode derivar de

— 136 —

venda ou permuta. O limite da sub-rogação é o valor do bem originário (particular, doado ou herdado). Se o bem sub-rogado é mais valioso que o alienado, a diferença de valor, se não foi coberta com recursos próprios e particulares do cônjuge, entende-se comum a ambos os cônjuges; ou seja, o outro cônjuge deterá parte ideal sobre o bem, correspondente a cinquenta por cento da diferença. Por exemplo, o marido é proprietário de um bem particular no valor de 100, que ele permuta por outro no valor de 120. O novo bem é do marido, mas este terá de compensar a comunhão no valor de 10 (metade do excedente de 20).

A lei presume que os bens de uso pessoal, os livros e os instrumentos de profissão foram adquiridos com recursos do próprio cônjuge, antes ou após o casamento, configurando-se como particulares. Essa presunção é absoluta, não podendo o interessado fazer prova da origem conjunta dos recursos correspondentes. Bens de uso pessoal são aqueles destinados à existência cotidiana de cada um, à sua intimidade pessoal, como suas roupas, suas lembranças, suas joias, seus objetos de lazer, seu celular, seu computador, seus arquivos pessoais e, se há em duplicidade, seu carro, seu televisor. Para os fins legais, livros abrangem periódicos e a produção intelectual informatizada. Dada a constante mutação do mercado de trabalho, profissão deve ser entendida como toda aquela cujos instrumentos de trabalho são adquiridos pelo cônjuge, especialmente em atividades autônomas. No caso de prestadores de serviços, seus equipamentos, ainda que estejam instalados no domicílio conjugal, são bens particulares.

Também são bens particulares os rendimentos provenientes de trabalho de cada cônjuge. A lei utiliza o termo "proventos" como gênero, do qual são espécies: a) as remunerações de trabalho assalariado público ou privado; b) as remunerações decorrentes do trabalho prestado na condição de empresário; c) as remunerações de aposentadoria, como trabalhador inativo; d) os honorários do profissional liberal; e) o *pro labore* do serviço prestado. Sua origem etimológica autoriza a abrangência, pois vem do latim *proventus*, com sentido de ganho, proveito, resultado obtido ou lucro no negócio. No sentido estrito do termo, ele tem sido empregado para remuneração de aposentadoria. Os rendimentos concernem a qualquer atividade desenvolvida pelo cônjuge, seja agrícola, liberal, industrial, comercial.

Por fim, são bens particulares os pagamentos feitos a beneficiários dos variados sistemas de previdência social e privada, principalmente as pensões. Incluem-se os meio-soldos que consistem na metade do soldo de um oficial militar, correspondente ao posto em que se reforma ou à pensão que deixa aos seus herdeiros; os montepios, que são benefícios financeiros (pensões, empréstimos, subsídios, assistência financeira) pagos por instituições públicas e privadas a beneficiários dos segurados ou associados, ou a estes próprios.

Encerrando a controvérsia no STJ, a 2ª Seção (REsp 1.368.123), de acordo com nosso entendimento, decidiu que "o cônjuge sobrevivente, casado no regime de comunhão parcial de bens, concorrerá com os descendentes do cônjuge falecido somente quando este tiver deixado bens particulares" e que "a referida concorrência dar-se-á exclusivamente quanto aos bens particulares constantes do acervo hereditário do *de cujus*".

Em conclusão, o cônjuge, no regime de bens de comunhão parcial, concorre com seus descendentes e os descendentes do outro cônjuge falecido, somente quando este tiver deixado bens particulares. Se concorrer apenas com os descendentes comuns, sua quota é de ¼ desses bens (CC, art. 1.832); se concorrer apenas com os descendentes do falecido, ou com descendentes do falecido em conjunto com os comuns, a sua quota é igual ao de cada descendente sobre esses bens.

Quando o cônjuge concorrer apenas com os ascendentes de primeiro grau do falecido, sua quota será de um terço de toda a herança. Se tiver sobrevivido apenas um dos ascendentes, caberá ao cônjuge sobrevivente metade de toda a herança deixada pelo falecido, além de sua meação.

A 2ª Seção do STJ (direito privado) firmou entendimento (EREsp 1.623.858) no sentido de subsistência da Súmula 377/STF, que prevê comunhão parcial em relação aos bens adquiridos durante o casamento, quando o casal for submetido ao regime de separação obrigatória. Essa decisão acrescentou o requisito de comprovação do esforço comum para aquisição dos bens, reduzindo – a nosso ver desarrazoadamente – o alcance da Súmula 377/STF. A mesma 2ª Seção aplicou esse entendimento à união estável. No REsp 1.922.347, o STJ admitiu que os nubentes ou companheiros possam estipular previamente [pacto antenupcial, pacto de regime de bens na união estável, ou pactos de alteração de regimes de bens] que a Súmula 377 não lhes seja aplicada, ampliando a separação total aos bens adquiridos após o casamento ou a união estável. Essas orientações jurisprudenciais repercutem na sucessão concorrente do cônjuge ou do companheiro.

6.4.2. Sucessão Concorrente nos Regimes de Comunhão Universal ou de Participação Final nos Aquestos

No regime de comunhão universal há, ainda que residualmente, bens particulares. Todavia, a lei (CC, art. 1.829, I) excluiu da sucessão concorrente o regime de comunhão universal, o que inclui tanto os bens comuns quanto os bens particulares. Essa exclusão reforça o entendimento de que onde houver

— 138 —

meação não há sucessão concorrente. São bens particulares, no regime de comunhão universal, que também não são objeto de sucessão concorrente: a) os bens doados ou herdados por um dos cônjuges, com cláusula de incomunicabilidade, inclusive quando a doação tiver sido feita, antes do casamento, por um dos cônjuges ao outro; b) os bens recebidos por um dos cônjuges em fideicomisso; c) as dívidas anteriores ao casamento contraídas pelos cônjuges, individualmente, salvo se revertidas em proveito comum, que ingressam na comunhão universal de bens; d) os bens de uso pessoal e profissional, inclusive livros; e) os salários, proventos de aposentadoria e pensões recebidas pelo *de cujus*. Os frutos civis, naturais e industriais dos bens recebidos pelo cônjuge com cláusula de incomunicabilidade, ou seja, tudo o que deles derive com valor pecuniário, sem lhes alterar a substância, são suprimidos do patrimônio particular e integram a comunhão universal; essa regra guarda simetria com a do art. 1.660, V, do CC/2002. Também entram para a comunhão a aplicação dos valores que a lei determina sejam particulares, incluindo a aplicação financeira de parte dos salários, dos proventos ou pensões.

A opção da lei de excluir os bens particulares do *de cujus* da sucessão do cônjuge sobrevivente em concorrência com os descendentes daquele (incluindo os filhos comuns de ambos) radica no fato de a meação da quase totalidade do patrimônio comum ser considerada justa repartição dos bens, sem necessidade de reduzir os direitos sucessórios dos descendentes.

No regime de participação final nos aquestos, os bens adquiridos antes ou após o casamento constituem patrimônios particulares dos cônjuges, da mesma forma que as dívidas que cada um contrai, mas, na dissolução da sociedade conjugal, os bens adquiridos onerosamente são considerados segundo o modelo da comunhão parcial. Esse regime, sem tradição na experiência brasileira, foi introduzido na Alemanha em 1957, cuja denominação é criticada, pois não há comunhão patrimonial, que só adquire seu significado quando do seu término (Schlüter, 2002, p. 165); o regime é mais bem qualificado como de separação do patrimônio com um processo especial de equalização do ativo ao fim do casamento (Dethloff, 2006, p. 220). Para fins de sucessão, os aquestos não são apenas os que restarem no momento da morte do *de cujus*. Sua apuração, de natureza contábil, levará em conta todos os bens adquiridos durante o tempo em que durou o casamento ou os respectivos valores, se tiverem sido alienados. Se houver saldo em favor do cônjuge sobrevivente, este será credor do *de cujus* do respectivo montante. Aquestos são apenas os bens adquiridos pelo casal a título oneroso, excluindo-se os que foram recebidos por liberalidade (doação ou sucessão hereditária) de terceiro.

O regime de participação final nos aquestos, durante a vida do *de cujus* tem como referência o regime de separação total de bens, mas na abertura da sucessão, equipara-se ao regime de comunhão parcial, convertendo-se os aquestos em bens comuns, sobre os quais deve ser apurada a meação. Enquanto não houver a abertura da sucessão, não se cogita de comunhão de bens, ainda que parcial. Há uma expectativa de direito, que será constituído quando se der a abertura da sucessão. A sucessão concorrente do cônjuge sobrevivente com os descendentes do *de cujus*, nesse regime, dá-se apenas sobre os bens particulares em sentido estrito, ou seja, os que foram adquiridos antes do casamento pelo *de cujus* e os adquiridos por ele mediante doação ou herança. Permanecem nessa qualidade de bens particulares os bens adquiridos com a alienação dos bens originariamente particulares (adquiridos antes do casamento, ou por doação ou por herança), isto é, os sub-rogados em seu lugar.

Segundo o parâmetro da comunhão parcial (art. 1.662), os bens móveis presumem-se adquiridos após a data do casamento. Essa presunção é *juris tantum*, apenas prevalecendo se o cônjuge não provar que os adquiriu antes, valendo-se de qualquer meio de prova. Os bens móveis adquirem-se pela tradição, cujo tempo deve ser considerado. Se a tradição se deu após a data do casamento, malgrado ter sido celebrado o contrato de compra e venda antes dela, o bem respectivo ingressa no montante dos aquestos.

A parte dos patrimônios próprios de cada cônjuge, relativa ao que adquiriram após o casamento, de modo oneroso, soma-se à do outro para formar o patrimônio comum para apuração das respectivas meações. Antes, encontrava-se em latência ou expectativa. Mas a apuração do montante dos aquestos não leva em conta apenas o que se encontra nesse momento, pois retroage para levantar todos os bens que foram adquiridos onerosamente (compra e venda, permuta, dação em pagamento, aquisição de direitos de terceiros, inclusive hereditários) desde o casamento ou seus respectivos valores, se foram alienados e não houve sub-rogação de outros em seu lugar. Os bens são considerados em seus valores, na data da abertura da sucessão. Os bens alienados, mas substituídos por outros, têm o valor destes levado em conta. Se a alienação não foi seguida da aquisição de novo bem, considera-se o valor do dia da alienação, devendo ser atualizado monetariamente até a data da dissolução.

No montante dos aquestos devem ser computados os valores equivalentes aos bens que foram adquiridos por qualquer dos cônjuges na constância do casamento, por título oneroso, e alienados antes da dissolução da abertura da sucessão, inclusive mediante doação não autorizada. Os bens não mais existem, mas devem ser substituídos por seus valores, para apuração da meação de cada cônjuge.

Trata-se de operação contábil. No caso de doação não autorizada pelo outro cônjuge, este pode exigir que o valor atualizado seja declarado no monte partilhável ou reivindicar o bem. A doação assim feita é nula, por violar expressa determinação legal, nomeadamente do art. 1.647, IV, do CC/2002, que proíbe fazer doação, não sendo remuneratória, dos bens "que possam integrar futura meação", cuja condição enquadra-se no regime de participação final nos aquestos. O valor da doação, a ser incorporado, leva em conta a época da dissolução da abertura da sucessão e não o que constou no contrato ou foi estimado, à época em que se efetivou. Esse valor é equivalente, supondo-se o bem com as características que teria quando foi doado e seu valor atual de mercado. Se o bem não mais existe nem é fabricado, deve ser estimado ou ter seu valor histórico corrigido monetariamente.

6.4.3. Sucessão Concorrente no Regime de Separação Total

Ao tratar da sucessão concorrente, o CC/2002 (art. 1.829, I) a excluiu quando o cônjuge sobrevivente tivesse sido casado com o *de cujus* no regime "da separação obrigatória de bens". Ao não incluir nas ressalvas da sucessão concorrente a separação consensual de bens, pode levar à interpretação literal de que o que não entrou em comunhão, em vida, entrará após a morte. Essa interpretação, todavia, colide com a disposição do art. 1.639, fundado no princípio da autodeterminação do casal, o qual pode livremente escolher o regime de bens que lhe convier, mediante pacto antenupcial ou alteração posterior de regime diverso. Tampouco se pode isolar uma norma legal de outra, mas sim buscar a inteligência que resulte da harmonização delas.

No regime de separação de bens, os bens de cada cônjuge, independentemente de sua origem ou da data de sua aquisição, compõem patrimônios particulares e separados, em caráter absoluto e permanente. Não há convivência com patrimônio comum nem participação nos aquestos. Singulariza-se, justamente, pela ausência de massa comum. O CC/2002 ampliou os efeitos da separação, ao estabelecer que o cônjuge poderá alienar qualquer de seus bens particulares, sem autorização do outro, o que o Código de 1916 apenas admitia para os móveis. Qualquer modo de comunhão, em vida ou em morte, descaracteriza o regime.

Escolhido livremente o regime de separação de bens, os bens adquiridos antes ou após o casamento não se comunicam, não entram em comunhão nem em vida, nem após a morte. A interpretação restritiva e literal do significado das expressões contidas no art. 1.829, I, do CC/2002, apenas seria possível, para se evitar a antinomia com o art. 1.639, se se admitisse que a separação consensual de bens vigora apenas em vida dos cônjuges. Mas tal não é possível, pois esse entendimento deveria ser estendido para todos os regimes de bens, não apenas para um deles, e resulta em efeitos contrários aos que foram pretendidos pelos cônjuges ao se casarem. A eliminação da incompatibilidade, porque é aparente, apenas é possível na referida norma legal, conferindo-se interpretação compreensiva às expressões "separação obrigatória de bens", de modo a abranger tanto a separação legal quanto a separação consensual.

Quando os nubentes escolhem livremente o regime de bens, mediante pacto antenupcial, ou aceitam (o que é também expressão da liberdade e da autodeterminação) o regime legal supletivo (comunhão parcial de bens), têm como um dos objetivos principais, exatamente, os efeitos na sucessão por morte. A interpretação que postula a extinção de efeito essencial do regime de separação convencional de bens (incomunicabilidade), quando morto for o cônjuge, esvazia de sentido lógico suas finalidades e nega respeito à liberdade de escolha e, consequentemente, ao princípio constitucional da liberdade (art. 5º da Constituição), que é expressão do macroprincípio da dignidade da pessoa humana (art. 1º, III, da CF/88), pois não há dignidade se a pessoa não pode organizar livremente seu projeto de vida privada e familiar.

A impossibilidade jurídica da concorrência sucessória, no regime de separação convencional, não impede que o cônjuge sobrevivente, sob esse regime, tenha assegurado o direito à sucessão legítima, integralmente, quando não haja descendentes e ascendentes, em virtude de ser o terceiro na ordem de vocação hereditária (CC, art. 1.829, III). O direito à herança, conferido ao cônjuge sobrevivente, independe do regime de bens, quando não concorre com descendentes e ascendentes.

O CC/2002 admite a mudança de regime, após o casamento – o que diz com seus efeitos, notadamente os mais importantes que são o da comunhão ou não comunhão dos bens –, apenas se os cônjuges quiserem alterá-lo e houver decisão judicial autorizativa (art. 1.639, § 2º). Mais uma vez, a depender da liberdade ou da autodeterminação dos cônjuges. Não é a morte, portanto, que determina se o que não era comunicável passa a sê-lo, em violação dos princípios. O direito das sucessões não modifica as relações jurídicas constituídas durante a vida da pessoa, pois apenas as recepciona para projetá-las nos âmbitos jurídicos de seus sucessores.

Depois do exercício da liberdade de escolha e do casamento, o regime matrimonial de bens passa a ser obrigatório, não só para os cônjuges como para os terceiros que com eles se vinculem juridicamente, por imperativo de segurança jurídica. Nesse sentido, todos os regimes de bens são obrigatórios aos cônjuges, que os não podem alterar unilateralmente. Aos terceiros, pessoas físicas e jurídicas de direito privado e público, interessa saber quais os bens do devedor casado que respondem por suas dívidas. A esses mesmos terceiros interessa o respeito à projeção do regime de bens, após a abertura da sucessão, no patrimônio dos herdeiros, em razão das dívidas próprias destes.

O próprio coordenador da comissão elaboradora do anteprojeto do CC/2002 reconheceu que a "redação infeliz" do inciso I do art. 1.829 tem dado lugar a controvérsias, mas que a única interpretação razoável é excluir a separação de bens da concorrência do cônjuge, pois "a obrigatoriedade da separação de bens é uma consequência necessária do pacto concluído pelos nubentes, não sendo a expressão 'separação obrigatória' aplicável somente nos casos relacionados no parágrafo único do art. 1.641" (Reale, 2003, p. 61).

Sob outro ângulo, a interpretação do art. 1.829, I, há de se fazer conformada ao princípio da boa-fé, nomeadamente ao subprincípio da vedação de *venire contra factum proprium*, ou de comportamento contraditório. Significa dizer que a ninguém é dado valer-se de determinado comportamento, quando lhe for conveniente e vantajoso, e depois voltar-se contra ele quando não mais lhe interessar mediante comportamento contrário (Lôbo, 2022, p. 83). São requisitos necessários para sua aplicação: a) existência de uma conduta anterior, relevante e eficaz; b) o exercício de um direito subjetivo pelo mesmo sujeito que cria a situação litigiosa, devido à contradição existente entre ambas as condutas; c) a identidade de sujeitos que se vinculam em ambas as condutas. Se o regime de separação convencional foi pactuado livremente por pessoa capaz e consciente de seus efeitos, mediante escritura pública e perante notário, que é obrigado a lhe informar sobre as consequências jurídicas do regime escolhido, não pode o cônjuge sobrevivente voltar-se contra ele quando o outro tiver morrido. Ninguém é obrigado a casar se o regime de bens lhe não convém. Portanto, a interpretação que levasse à sucessão concorrente na hipótese de regime convencional de bens levaria à legitimação da má-fé.

Todavia, contraditando tais razões, a Segunda Seção do STJ decidiu (REsp 1.382.170) que "no regime de separação convencional de bens, o cônjuge sobrevivente concorre com os descendentes do falecido. A lei afasta a concorrência apenas quanto ao regime da separação legal de bens prevista no art. 1.641 do Código Civil". Esse entendimento jurisprudencial, evidentemente, não encerra a controvérsia e mantemos, doutrinariamente, as razões expostas em sentido contrário, na expectativa de que o STJ o reveja, cujo entendimento inibirá, profundamente, a já escassa escolha desse regime de bens, no Brasil, o qual reduz potencialmente os conflitos e cresce como tendência na legislação dos povos ocidentais.

6.4.4. Quota Sucessória do Cônjuge em Concorrência com Descendente

São três as situações que devem ser consideradas, na definição da quota sucessória do cônjuge sobrevivente, quando concorre com descendentes do *de cujus*. A primeira e mais frequente é a de descendentes comuns do cônjuge sobrevivente e do *de cujus*, ou seja, é a de filhos de ambos, biológicos ou socioafetivos (de origem adotiva, ou de posse de estado de filho, ou de inseminação artificial heteróloga), ou, na falta destes, de netos comuns, ou de filhos comuns mais netos em representação de filho falecido antes do *de cujus*. A segunda é de filhos exclusivos do *de cujus*, pois, do relacionamento com este, o cônjuge sobrevivente não teve filhos; esses filhos podem ter vindo de casamento ou união estável anteriores ou de relacionamento sexual ocasional, reconhecidos voluntária ou judicialmente. A terceira é a de conjugação de filhos exclusivos do *de cujus* e de filhos comuns havidos com o cônjuge sobrevivente, principalmente nas hipóteses de famílias recompostas, muito presentes na sociedade brasileira.

A regra geral, contida no art. 1.832 do CC/2002, é de que o cônjuge sobrevivente tem direito a uma quota sucessória igual à do descendente comum de mesmo grau. Assim, em havendo um filho comum, cabe-lhe metade da herança. Essa aquisição sucessória impressiona, tendo em vista duas circunstâncias: a) o crescente número de famílias com apenas um filho; b) a predominância considerável do regime matrimonial de comunhão parcial de bens, que assegura ao cônjuge sobrevivente a meação do patrimônio adquirido a partir da celebração do casamento, salvo os bens advindos de doação ou herança. O censo demográfico decenal de 2010, da população brasileira, indica que a taxa de fecundidade caiu, nas décadas anteriores, para 1,9 filho por mulher, na média nacional, sendo que, nos grandes centros urbanos é menor, o que já preocupa quanto à reposição demográfica. Ou seja, o número de filhos da família brasileira tem caído drasticamente, na média, para um ou dois. A família, com filhos numerosos, que o direito das sucessões tinha como paradigma, está em profundo declínio. Sendo assim, a quota sucessória concorrente do cônjuge sobrevivente tende a ser metade da herança deixada (um filho) ou um terço (dois filhos). Por seu turno, a predominância do regime de comunhão parcial já contempla o cônjuge sobrevivente com metade do patrimônio comum, que se soma ao da quota sucessória concorrente. Assim, na hipótese de único filho, o cônjuge sobrevivente tem direito à meação do patrimônio comum e metade dos bens particulares deixados pelo *de cujus*, o que resulta em igualdade na partilha. Na hipótese de dois filhos, o cônjuge tem direito à sua meação mais um terço dos bens particulares, a partir daí passando a desfrutar de vantagem patrimonial em relação aos filhos, pois cada um destes tem de compartilhar a meação do *de cujus* sobre os bens comuns, enquanto o cônjuge mantém a titularidade integral sobre a sua.

A quota do descendente observa a regra de representação. Se um dos dois filhos houver falecido antes do *de cujus*, seus filhos (netos deste) terão conjuntamente o mesmo valor da quota do filho sobrevivente e da quota do cônjuge concorrente.

Também estabelece o art. 1.832 do CC/2002 que a quota do cônjuge sobrevivente sobre os bens particulares do *de cujus* não pode ser inferior à quarta parte da herança, "se for ascendente dos herdeiros com que concorrer". É hipótese aplicável apenas a família numerosa, quando o cônjuge sobrevivente e o *de cujus* tiverem pelo menos quatro filhos comuns, pois se forem em número igual ou inferior a três a divisão já contempla essa quota mínima.

Se o *de cujus* tiver deixado apenas filhos seus, ou exclusivos, o cônjuge sobrevivente também fará jus à sucessão concorrente. Sua quota sucessória será igual à dos enteados, independentemente do número. Não se lhe aplica, nessa situação, a garantia à quota mínima de um quarto, pois esta apenas pode ser invocada quando os descendentes sucessíveis forem exclusivamente comuns. Justifica-se a consequente restrição aos direitos dos filhos comuns, pois estes também herdarão do cônjuge sobrevivente quando este falecer. Quanto aos filhos apenas exclusivos do *de cujus*, a redução de suas quotas em favor da quota mínima de um quarto em favor do padrasto ou madrasta será definitiva, pois não herdam destes.

Na situação de conjugação de filhos exclusivos do *de cujus* e de filhos comuns dele e do cônjuge sobrevivente, este também fará jus a uma quota igual à de cada um dos filhos sobre os bens particulares deixados. Os filhos, por sua vez, independentemente da origem, têm direito à quota igual não só sobre a meação dos bens comuns, mas também sobre os bens particulares deixados pelo *de cujus*. Se este deixou três filhos exclusivos e um comum, ou o inverso, serão cinco quotas iguais sobre os bens particulares deixados, ou seja, uma quota do cônjuge sobrevivente e quatro dos filhos. Nessa situação, o cônjuge sobrevivente não faz jus à quota mínima de um quarto. A existência de apenas um filho exclusivo do *de cujus* é suficiente para impedir a incidência da garantia da quota mínima, pois esta é restrição de direito que não admite interpretação extensiva. E se preservasse, por operação matemática, o valor da quota dos filhos exclusivos, a diminuição correspondente das quotas dos filhos comuns, para satisfazer a quota mínima do cônjuge, conduziria à discriminação de tratamento entre os filhos, em razão de suas origens, violando a vedação constitucional.

Portanto, apenas quando de filhos comuns se tratar, pode-se cogitar de quota mínima em favor do cônjuge sobrevivente. Nas demais situações, sua quota é igual à de cada um dos filhos do *de cujus*.

6.4.5. Sucessão Concorrente do Cônjuge ante Cláusula de Incomunicabilidade

Há uma aparente colisão entre as normas que tutelam a concorrência sucessória (com a interpretação prevalecente, no regime de comunhão parcial, de incidir sobre os bens particulares) e as que facultam a estipulação de cláusula de incomunicabilidade em contrato de doação ou testamento.

A decisão da Segunda Seção do STJ (REsp 1.368.123), quando conclui que, na comunhão parcial, a concorrência dar-se-á "exclusivamente quanto aos bens particulares constantes do acervo hereditário do *de cujus*" não inclui, neles, os bens particulares insuscetíveis de comunhão.

Uma hipótese de interpretação nos é fornecida pela prevalência da regra especial sobre a regra geral. A sucessão concorrente é regra geral, todavia não aplicável quando o bem particular for insuscetível de comunhão a que se chegue, indiretamente, com a morte do cônjuge, em razão da faculdade legal de se doar ou testar um bem a um dos cônjuges com cláusula de incomunicabilidade (regra especial).

Tem-se como certo, em nosso direito, que não pode prevalecer a interpretação que leve à insubsistência do ato de vontade, tutelado pelo direito, do doador ou do testador. Tal ocorreria se a comunhão vedada ocorresse, por via indireta, mediante a concorrência sucessória, com o advento da morte do cônjuge exclusivamente beneficiário da doação ou do testamento. Para o testamento, o CC, art. 1.899, estabelece que, quando a cláusula testamentária for suscetível de interpretação diversa, prevalece a que melhor assegure a vontade do testador. Para a doação, há de se respeitar a autonomia privada válida e eficaz, assegurada pelo CC, art. 104; nesse sentido, há consenso doutrinário de que nas escrituras de doação não é necessário justificar a imposição de cláusula restritiva, até mesmo em relação à legítima.

6.5. Direito Sucessório do Cônjuge no Casamento Putativo

Casamento putativo (do latim *puto, putare*: pensar) é o que foi constituído com infringência dos impedimentos matrimoniais (nulidade), ou das causas suspensivas (anulabilidade), quando um ou ambos os cônjuges desconheciam o fato obstativo. O cônjuge está de boa-fé pelo simples fato de crer na plena validade do casamento. A boa-fé, que deve estar presente na celebração, é sempre presumida, assumindo relevância para permitir a permanência dos efeitos do casamento declarado nulo ou anulável, em face de um ou de ambos os cônjuges. O casamento é putativo, por exemplo, quando um irmão se casa com irmã, desconhecendo ambos a relação de parentesco.

Os filhos, independentemente da boa ou má-fé de seus pais ou da invalidação do casamento putativo são filhos com igualdade de direitos aos dos filhos de casamento válido, inclusive quanto ao direito sucessório. Apesar da invalidação do casamento, permanecem com os mesmos direitos decorrentes do estado de filiação. Portanto, em relação aos filhos, a invalidação do casamento putativo em nada modifica os direitos sucessórios.

Quanto aos cônjuges, além dos efeitos quanto ao regime matrimonial dos bens, há o efeito de direito das sucessões porque o pressuposto é provindo do direito de família (ser cônjuge, não separado de fato). Todavia, os efeitos são apenas até o dia da sentença, que decreta a nulidade ou a anulação, de modo que a herança pelo cônjuge há de ter sido em relação aos bens adquiridos antes de transitar em julgado a sentença desconstitutiva. Como adverte Pontes de Miranda (1972, v. 55, p. 236), só se atribui à sentença que decreta a nulidade ou a anulação do casamento eficácia *ex nunc*, pois tal limitação, no tempo, é excepcional. O que se passa é o atendimento dos efeitos civis do matrimônio putativo.

Se for decretada a nulidade do casamento, por infringência de impedimento matrimonial – por exemplo, um dos cônjuges já era casado –, o cônjuge sobrevivente de boa-fé herda, como herdeiro necessário ou como herdeiro concorrente, em relação aos bens adquiridos até à decretação da invalidação do casamento, dado que a partir daí cessa a boa-fé. Se a sentença de invalidação ocorrer após a morte do *de cujus*, o cônjuge sobrevivente putativo herda integralmente, porque satisfaz os requisitos do Código Civil, a saber, não estar divorciado nem separado de fato há mais de dois anos. Na hipótese invalidação do casamento após a morte do *de cujus*, porque este já era casado, entende Pontes de Miranda que, no direito brasileiro, herdam os dois – o cônjuge legítimo e o cônjuge putativo – em partes iguais (1972, v. 55, p. 237), diferentemente do Código Civil italiano (art. 584), que exclui o cônjuge putativo nessa hipótese. Tem razão Pontes de Miranda, pois a orientação brasileira é a melhor, uma vez que o casamento putativo, em relação ao cônjuge de boa-fé, produz todos seus efeitos, até à invalidação, inclusive os de natureza sucessória. Um dos efeitos é a aquisição da herança em virtude de *saisine*. Se os dois cônjuges estavam de boa-fé, o cônjuge sobrevivente, qualquer que seja, herda do outro.

Se um dos cônjuges vier a falecer antes do trânsito em julgado da sentença anulatória, o sobrevivente participará da sucessão dele. Esse é o entendimento de Luiz Edson Fachin e Carlos Eduardo Pianovski Ruzyk, para os quais a sucessão *mortis causa* não é afetada pelo decreto de invalidade, porque a transmissão da propriedade já se operou pelo princípio da *saisine* (2003, p. 193) e a eficácia da decisão judicial não é retroativa.

CAPÍTULO VII
Direitos Sucessórios do Companheiro na União Estável

Sumário: 7.1. Configuração da união estável. 7.2. Evolução do direito sucessório do companheiro. 7.3. Direito real de habitação para o companheiro sobrevivente. 7.4. Direito sucessório do companheiro no Código Civil. 7.5. Igualdade de direitos sucessórios entre cônjuges e companheiros. 7.6. Direito sucessório na união homoafetiva. 7.7. Direitos sucessórios dos companheiros de uniões simultâneas. 7.8. Direitos sucessórios nas uniões estáveis putativas.

7.1. Configuração da União Estável

A união estável, concebida como entidade familiar, foi recepcionada pelo direito positivo brasileiro, nos dois principais diplomas legais que dela tratam: (1) o § 3º do art. 226 da Constituição estabelece que "é reconhecida a união estável entre o homem e a mulher como entidade familiar". Tem-se aí o reconhecimento jurídico de determinado fato social e afetivo, ou socioafetivo, convertido em entidade familiar, merecedora de proteção do Estado, antes apenas admitido para o casamento, ou a família matrimonial. A Constituição, portanto, apanha uma situação fática, existente no mundo dos fatos, que passa a receber sua tutela normativa ou sua incidência, sem qualquer exigência de elemento volitivo, ou de declaração de vontade; (2) o art. 1.723 do CC/2002, por seu turno, acrescenta que deve ser "configurada na convivência pública, contínua e duradoura e estabelecida com o objetivo de constituição de família". O que se acrescentou aos elementos do suporte fático da norma constitucional foi a referência à convivência que deve ser pública, contínua e duradoura. No rigor dos termos, a exigência de convivência não é elemento adicional, pois tem o nítido propósito de regulamentar o elemento estabilidade, esclarecendo que deve ser pública.

Ao contrário do casamento que tem início em atos certos e públicos, a saber, a declaração de vontade dos nubentes e a celebração, a união estável, situação jurídica fática, apresenta reais dificuldades em ser comprovada. O termo inicial é importante, tendo em vista que os deveres dos companheiros promanados de suas relações pessoais e patrimoniais dele dependem para sua exigibilidade. A Lei n. 8.971/1994 exigia o prazo mínimo de cinco anos para que se caracterizasse a estabilidade e, consequentemente, tivesse início a relação jurídica de união estável. Mas ela também não resolvia o problema do início desse prazo determinante da constituição de união estável. Na sistemática atual, a estabilidade prévia não é pressuposta, cujo término determinaria o início da relação jurídica. Seu início, ainda que naturalmente aferido *a posteriori*, é concomitante ao termo inicial da união estável.

A lei não exige que, para o início da união estável, o companheiro casado tenha antes obtido o divórcio, única hipótese de dissolução voluntária do casamento. Mas é necessário que esteja separado de fato de seu cônjuge. Assim, na hipótese de o relacionamento com o outro companheiro ter começado quando ainda havia convivência com o cônjuge, somente após a separação de fato se dá o início da união estável, pois antes configurava concubinato (CC, art. 1.727).

O CC/2002 não exige tempo determinado para se caracterizar a separação de fato da pessoa casada, para fins de constituição de união estável, considerando-se tal o dia em que efetivamente o companheiro casado se separou de seu cônjuge, produzindo-se todos seus efeitos, inclusive a comunhão pelos companheiros dos bens adquiridos por qualquer deles, a partir dessa data. O direito sucessório do ex-cônjuge é relativo aos bens adquiridos até a data da separação de fato, quando cessaram a comunhão conjugal e o impedimento para que o *de cujus* pudesse constituir união estável com outra pessoa.

Para o STJ (REsp 1.685.935), o reconhecimento da união estável pode ser feito no próprio processo de inventário, quando comprovada por documentos incontestes juntados aos autos, sendo que a falta de determinação do marco inicial da união estável só importa na anulação de seu reconhecimento se houver demonstração concreta de que a partilha será prejudicada pela indefinição da duração do relacionamento.

7.2. Evolução do Direito Sucessório do Companheiro

Desde o início de vigência da Constituição de 1988, até o advento do CC/2002, o direito sucessório na união estável sofreu idas e vindas, de acordo com as diferentes opções legislativas e as interpretações dadas pelos tribunais. Antes da Constituição, como a união estável não era considerada entidade familiar, inexistia a sucessão legítima do companheiro, que era substituída pela solução paralela, haurida no direito das obrigações, da equiparação da união à sociedade de fato, de acordo com a Súmula 380 do STF, com a partilha dos bens adquiridos em comum, com a participação efetiva e comprovada de ambos os companheiros ou apenas presumida, de acordo com o entendimento de cada tribunal, ou, ainda, como relação de prestação de serviços.

Essas questões de direito intertemporal são relevantes, pois a lei aplicável, nas sucessões hereditárias, é a que estava em vigor na data da abertura da sucessão. Os conflitos decorrentes costumam arrastar-se por muitos anos, além de inventários iniciados muito tempo depois da morte do *de cujus*, tendo o juiz de aplicar a lei antiga.

As regras da sucessão legítima do companheiro sobrevivente, nas sucessões abertas entre 30 de dezembro de 1994 (data da publicação da Lei n. 8.971) e 11 de janeiro de 2003 (entrada em vigor do CC/2002), são as seguintes:

a) convivência de mais de cinco anos ou, em qualquer tempo, se tiver tido filho com o *de cujus*; os cinco anos de convivência, comprovados por qualquer meio admitido em juízo, devem estar cumpridos na data da morte do *de cujus* (a Lei n. 9.278/1996 não mais alude ao requisito de cinco anos);

b) o *de cujus* deveria ser solteiro, separado judicialmente, divorciado ou viúvo, não sendo prevista a separação de fato;

c) ao companheiro sobrevivente foi assegurado, como modalidade de sucessão concorrente, o direito real de usufruto da quarta parte da herança do *de cujus*, em concorrência com os filhos deste, exclusivos ou comuns;

d) na falta de descendentes, o companheiro sobrevivente teve direito ao direito real de usufruto da metade da herança, em concorrência com os ascendentes;

e) na falta de descendentes ou ascendentes, a lei assegurou ao companheiro sobrevivente a totalidade da herança, passando, portando, a figurar em terceiro lugar na ordem da vocação sucessória, antes dos demais herdeiros sucessíveis;

f) assegurou-se, igualmente, o direito à meação, quando os bens deixados pelo *de cujus* foram adquiridos em razão de atividades em que o companheiro sobrevivente tenha colaborado, o que supunha a participação comum efetiva na aquisição desses bens, ainda que vários tribunais tenham decidido pela presunção dessa participação, na maioria dos casos.

Para as sucessões abertas entre 30 de dezembro de 1994 até o início de vigência da Lei n. 9.278/1996, consolidou-se a jurisprudência do STJ no sentido de exigir-se a comprovação do esforço comum para a aquisição dos bens dos companheiros, afastando-se o direito à meação, na hipótese em que houve participação indireta de um dos companheiros na formação do patrimônio, devendo a partilha ser estabelecida com observância dos princípios da razoabilidade e proporcionalidade (EDcl no REsp 674.483).

A Lei n. 9.278/1996, introduziu dois importantes direitos ao companheiro, com reflexos nas sucessões abertas após 13 de maio de 1996 (início da vigência da lei):

a) a meação passou a ser a regra, em relação aos bens adquiridos de modo oneroso (excetuando as liberalidades e a aquisição por herança), cuja participação ou colaboração comum foram legalmente presumidas, sem necessidade de se fazer prova nesse sentido;

b) foi garantido ao companheiro sobrevivente o direito real de habitação sobre o imóvel destinado à moradia da família.

Nas sucessões abertas entre 30 de dezembro de 1994 e o início de vigência do CC/2002, decidiu o STJ (REsp 704.637) que, não havendo descendente ou ascendente do *de cujus*, mas apenas irmão, este não é sucessor, devendo o companheiro sobrevivente herdar a totalidade da herança, por força da Lei n. 8.971/1994.

As sucessões abertas a partir de 11 de janeiro de 2003 passaram ao regime do CC/2002.

7.3. Direito Real de Habitação para o Companheiro Sobrevivente

De acordo com a Lei n. 9.278/1996, o companheiro sobrevivente passou a ter direito real de habitação sobre o imóvel que ele e o *de cujus* tinham destinado para residência ou moradia da família. Em relação ao idêntico direito conferido pelo CC/2002 ao cônjuge, há duas distinções:

(1) o direito é resolúvel e não vitalício, pois perdura enquanto o companheiro sobrevivente não casar ou constituir nova união estável. Não há tal restrição para o cônjuge;

(2) o direito real de habitação é assegurado, ainda que o patrimônio comum do *de cujus* e do companheiro sobrevivente conte com outros imóveis residenciais. O que interessa é a destinação para residência da família, que já existia na data do falecimento do *de cujus*. Em contrapartida, para o cônjuge sobrevivente, exige o CC/2002 que haja apenas único imóvel residencial na herança e que seja ocupado pela família.

— 152 —

Com o advento do CC/2002 implantou-se a dúvida da sobrevivência do direito real de habitação para o companheiro, pois apenas refere ao cônjuge. Entendemos que não houve revogação expressa ou implícita da Lei n. 9.278/1996, nesse ponto, pois o CC/2002, no art. 1.831, ao explicitar o direito do cônjuge não o fez de modo exclusivo. A Lei de Introdução às Normas do Direito Brasileiro, em seu art. 2º, estabelece que a lei posterior revoga a anterior quando seja com ela incompatível, ou quando regule inteiramente a matéria de que tratava a lei anterior, ou quando estabeleça disposições gerais ou especiais a par das já existentes. Nenhum desses requisitos se apresenta. Não há incompatibilidade, pois o CC/2002 trata do direito real de habitação do cônjuge, mas não exclui o do companheiro. O CC/2002 não regulou toda a matéria relativa ao direito real de habitação, pois o art. 1.831 é desdobramento do art. 1.830, quanto ao direito sucessório do cônjuge. O CC/2002 estabeleceu disposição especial a par da já existente (Lei n. 9.278/1996), convivendo harmonicamente ambas as normas, sem conflitos, pois conferem direitos subjetivos distintos a distintos titulares.

Tendo em vista a declaração de inconstitucionalidade do CC, art. 1.790, pelo STF, em razão da adoção irrestrita do princípio da igualdade sucessória entre cônjuges e companheiros, o direito real de habitação é idêntico, aplicando-se a ambos o CC, art. 1.831.

7.4. Direito Sucessório do Companheiro no Código Civil

A sucessão legítima dos companheiros de união estável foi objeto de tratamento à parte pelo CC/2002, em artigo específico (1.790), à margem da ordem de vocação hereditária prevista no art. 1.829. Quase um apêndice. O texto foi introduzido, em 1986, no Projeto do CC, por meio da Emenda 300 do Senador Nelson Carneiro, inspirada no Projeto de CC de Orlando Gomes de 1960. O que parecia avanço converteu-se em retrocesso, em face da legislação existente após a CF/88 e do contributo desenvolvido pela doutrina especializada e pela jurisprudência dos tribunais, que procuraram harmonizar tais direitos aos princípios constitucionais.

O modelo adotado pelo art. 1.790 do CC/2002 para o companheiro diferia inteiramente do que estabeleceu para o cônjuge e do que regularam as leis de 1994 e 1996. Eis como estruturou o direito sucessório do companheiro sobrevivente:

(1) os bens objeto da sucessão seriam exclusivamente os adquiridos "onerosamente" durante a vigência da união estável, o que exclui os bens particulares

deixados pelo *de cujus*, ou seja, os adquiridos antes do início da união estável, ou em virtude de herança ou doação, ou os que foram adquiridos com os valores de alienações de tais bens (sub-rogados em seu lugar);

(2) os bens deixados não teriam correlação com o regime de bens adotado pelo casal durante a união estável, mediante contrato escrito, fazendo jus o companheiro aos bens adquiridos onerosamente pelo outro ou por ambos, salvo se o regime tenha sido o de separação total;

(3) na ordem de vocação sucessória, o companheiro não estava em terceiro lugar, após as classes dos descendentes e ascendentes, mas após todos os "parentes sucessíveis", ou seja, após os parentes em quarto grau do *de cujus* (o tio-avô, o sobrinho-neto e o primo). Essa desqualificação sucessória do companheiro o fazia remontar à situação do cônjuge antes de 1907, no Brasil;

(4) se não houvesse parentes sucessíveis, o companheiro teria direito à totalidade da herança, independentemente do regime de bens do casal, o que também diferia do direito do cônjuge, na mesma circunstância. O inciso IV do art. 1.790 aludia à "totalidade da herança", mas o *caput* alude aos bens adquiridos onerosamente;

(5) a sucessão concorrente, em relação aos filhos, não se daria sobre os bens particulares, de acordo com determinados regimes de bens, como ocorre com o cônjuge sobrevivente, mas sim sobre a totalidade da herança, uma vez que a norma legal questionada aludia à "quota equivalente à que por lei for atribuída ao filho". Assim, contraditoriamente, conferia-se ao companheiro situação de vantagem superior à conferida ao cônjuge, em idêntica circunstância, pois a quota do companheiro teria como referência a totalidade do patrimônio deixado (bens particulares e bens onerosamente adquiridos);

(6) ainda quanto à sucessão concorrente, com relação aos filhos comuns, o companheiro sobrevivente teria direito a uma quota igual à de cada filho. Mas não teria direito à quota mínima de um quarto da herança do *de cujus*, quando houvesse quatro ou mais filhos comuns, prevista para o cônjuge.

Era assim a confusa situação dos direitos sucessórios do companheiro, antes da declaração da inconstitucionalidade do referido art. 1.790 do CC/2002, pelo STF (RE 878.694).

Algumas peculiaridades da sucessão do companheiro, em relação ao cônjuge, não tiveram relação com a declaração de inconstitucionalidade do CC, art. 1.790, e permaneceram.

(1) A sucessão concorrente converte tanto o cônjuge quanto o companheiro em herdeiros necessários. O companheiro, tal como o cônjuge, concorre com

— 154 —

qualquer descendente ou ascendente do *de cujus*, sendo nesse sentido também herdeiro necessário, em virtude do CC, arts. 1.829 e 1.832. Assim, não pode o testador excluí-lo de sua sucessão, se tiver deixado qualquer desses parentes.

O companheiro, no regime de bens de comunhão parcial, concorre com seus descendentes e os descendentes do outro companheiro falecido, somente quando este tiver deixado bens particulares. Se concorrer apenas com os descendentes comuns, sua quota é de ¼ desses bens (CC, art. 1.832); se concorrer apenas com os descendentes do falecido, ou com descendentes do falecido em conjunto com os comuns, a sua quota é igual ao de cada descendente sobre esses bens.

Quando o companheiro concorrer apenas com os ascendentes de primeiro grau do companheiro falecido, sua quota será de um terço de toda a herança. Se tiver sobrevivido apenas um dos ascendentes, caberá ao companheiro metade de toda a herança.

(2) O companheiro não concorre com o cônjuge, em razão do art. 1.830 do CC/2002, relativamente aos bens adquiridos pelo *de cujus* casado e separado de fato, que em seguida constituiu união estável. Essa norma ambígua estabelece que somente é reconhecido ao cônjuge sobrevivente, além de sua eventual meação, o direito à herança do *de cujus* se não estavam separados de fato há mais de dois anos, ou por prazo maior se provar que a culpa da separação foi do morto. Tanto o lapso temporal de dois anos, quanto a dispensa de tempo em caso de culpa do falecido são incompatíveis com a ordem constitucional, como demonstramos no item 6.2 acima. Por outro lado, o que a norma procura assegurar é o direito à herança ao ex-cônjuge, ainda que separado de fato naquelas circunstâncias temporais, mas exclusivamente em relação aos bens adquiridos até ao fim da comunhão conjugal, mas não aos que foram adquiridos após essa data até o falecimento do *de cujus*. Se o *de cujus* tiver constituído união estável com outra pessoa, a partir da separação de fato com seu cônjuge, cuja constituição é permitida pelo art. 1.723, § 1º, do CC/2002, os bens doravante adquiridos onerosamente são comuns dos companheiros, em virtude do regime legal de comunhão parcial de bens (art. 1.725), salvo se tiverem celebrado contrato escrito definindo outro regime de bens, não podendo sobre eles concorrer o cônjuge sobrevivente separado de fato. Assim, cabe ao cônjuge a meação e a sucessão concorrente sobre os bens adquiridos durante o casamento, até a separação de fato, e ao companheiro, a meação e a sucessão concorrente com os herdeiros sucessíveis sobre os bens adquiridos após esse momento.

(3) A união estável pode ser convertida em casamento, de acordo com o art. 226, § 3º, da Constituição, o que repercute no direito sucessório, em razão dos respectivos regimes de bens. Se o regime na união estável for o da comunhão

parcial de bens, que é o legal supletivo (CC, art. 1.725), e o casamento o manter, por ser também o legal supletivo no matrimônio (CC, art. 1.658), então nenhum problema haverá para a sucessão hereditária, pois o regime é comum para os bens adquiridos na constância das duas entidades. Todavia, se houver mudança do regime de bens, na conversão para o casamento, o novo regime não retroage e produzirá efeitos apenas para frente, após o casamento. Assim, se durante a união estável incidiu o regime de comunhão parcial e no casamento alterou-se para a separação convencional, permanece a meação de cada cônjuge sobre os bens comuns adquiridos durante a união estável, passando os bens adquiridos após o casamento a ser particulares de cada cônjuge, deixando de haver meação sobre estes.

(4) Interpretando o art. 1.725 do CC/2002, que estabelece o regime legal supletivo da comunhão parcial entre os companheiros, e seus reflexos na sucessão hereditária, esclareceu o STJ que, com a morte de um dos companheiros, do patrimônio do autor da herança retira-se a meação do companheiro sobrevivente, que não se transmite aos herdeiros do falecido por ser decorrência patrimonial do término da união estável; a meação é entregue ao companheiro sobrevivo, e, somente então, defere-se a herança aos herdeiros do falecido (REsp 975.964).

7.5. Igualdade de Direitos Sucessórios entre Cônjuges e Companheiros

A Constituição (art. 226) adota o princípio da igualdade de direitos entre as entidades familiares, sem hierarquia entre elas, e a liberdade de escolha pelas pessoas que as constituam e integrem. As pessoas são livres para constituírem as entidades familiares que desejarem, dentre as explicitamente referidas na Constituição e as que são por ela implicitamente garantidas. Diferença não significa desigualdade de direitos. No Estado Democrático de Direito, as pessoas são diferentes entre si, por sexo, etnia, cultura, crença, higidez ou deficiência física ou mental, mas são iguais em direito. Assim também as entidades familiares que essas pessoas integrem. O tratamento legal diferenciado entre as entidades familiares, a partir de suas diferenças, repercute diretamente na desigualdade de atribuição de direitos às pessoas que a formam, como ocorria com os direitos sucessórios dos companheiros, atribuídos pelo art. 1.790, em comparação com os direitos sucessórios dos cônjuges, atribuídos pelos arts. 1.829 a 1.832 do CC/2002. E com relação aos filhos, que eram discriminados pelo art. 1.790 em razão de serem exclusivos do *de cujus* ou comuns com o companheiro sobrevivente.

Não há nem havia razão constitucional, lógica ou ética para tal discrime, em relação aos direitos sucessórios das pessoas, que tiveram a liberdade de escolha assegurada pela Constituição e não podem sofrer restrições de seus direitos em razão dessa escolha. Não há fundamento constitucional para a desigualdade de direitos entre dois casais, com famílias constituídas e filhos, pelo fato de um ter escolhido o casamento e o outro, a união estável. Essa é uma desigualdade que a Constituição não acolhe, tornando com esta incompatível a norma infraconstitucional que a estabelece.

Em obra seminal sobre essa matéria, denominada *Entidades familiares constitucionalizadas:* para além do *numerus clausus* (Lôbo, 2002, *passim*), tivemos oportunidade de argumentar que as expressões contidas na Constituição sobre "devendo a lei facilitar sua conversão em casamento" não podem ser entendidas como de supremacia do casamento e de desigualdade de direitos, pois, a norma do § 3º do artigo 226 da Constituição não contém determinação de qualquer espécie. Não impõe requisito para que se considere existente união estável ou que subordine sua validade ou eficácia à conversão em casamento. Configura muito mais comando ao legislador infraconstitucional para que remova os obstáculos e dificuldades para os companheiros que desejem se casar, se quiserem, a exemplo da dispensa da solenidade de celebração. Em face dos companheiros, apresenta-se como norma de indução. Contudo, para os que desejarem permanecer em união estável, a tutela constitucional é completa, segundo o princípio de igualdade que se conferiu a todas as entidades familiares. Não pode o legislador infraconstitucional estabelecer dificuldades ou requisitos onerosos para ser concebida a união estável, pois facilitar uma situação não significa dificultar outra. O inverso também é verdadeiro: os casados que se divorciarem podem voltar a conviver constituindo união estável, sem redução de direitos sucessórios entre si e em relação aos filhos.

Como diz Massimo Bianca, a liberdade do núcleo familiar deve ser entendida como "liberdade do sujeito de constituir a família segundo a própria escolha e como liberdade de nela desenvolver a própria personalidade" (1989, p. 15). Essa liberdade de constituição projeta-se nos direitos sucessórios correspondentes.

A desigualdade de direitos sucessórios entre cônjuge sobrevivente e companheiro sobrevivente converter-se-ia em sanção pela não conversão da união estável em casamento, ferindo de morte a liberdade constitucional de escolha da entidade familiar.

As desigualdades de direitos sucessórios perpassavam todo o art. 1.790, tornando inviável a interpretação em conformidade com a Constituição, nomeadamente com os princípios da igualdade, da liberdade e da não discriminação.

Acrescente-se que o artigo violava o princípio de vedação do retrocesso, em matéria de aquisição de direitos, porquanto reduz os direitos sucessórios do companheiro conferidos pela Lei n. 8.971/1994. A desigualdade alcança o patrimônio sucessível, pois os bens particulares estão incluídos para o cônjuge e excluídos para o companheiro, para o qual o dispositivo reserva apenas os adquiridos onerosamente; o reconhecimento explícito do cônjuge como herdeiro necessário e a omissão em relação ao companheiro; a ordem de vocação hereditária, pois o cônjuge vem em terceiro lugar após as classes dos descendentes e ascendentes e o companheiro após todos os herdeiros colaterais até quarto grau; a sucessão concorrente, pois são díspares as quotas atribuídas ao cônjuge e ao companheiro quando concorrerem com descendentes e ascendentes e distintas as bases de cálculo sobre a herança, participando o cônjuge sobre os bens particulares em determinados regimes de bens e o companheiro sobre a totalidade da herança, mas a este não se assegurando o direito daquele à quota mínima de um quarto; os direitos à herança dos filhos do *de cujus*, que variam em razão de ser o genitor sobrevivente cônjuge ou companheiro, pois estes recebem quotas distintas que refletem nos direitos daqueles, para mais ou para menos.

Com a declaração de inconstitucionalidade do art. 1.790 do CC/2002, não há vazio legal quanto aos direitos sucessórios do companheiro. Aplicam-se as mesmas regras do CC/2002 sobre os direitos sucessórios do cônjuge. De acordo com o art. 4º da Lei de Introdução às Normas do Direito Brasileiro, quando a lei for omissa, o juiz decidirá de acordo com a analogia. A lei é considerada omissa quando a norma nela existente é considerada inconstitucional. Entre todas as entidades familiares existentes, a que mais se aproxima da união estável é a união conjugal, pois ambas são compostas de casais com ou sem filhos, em convivência pública, contínua e duradoura, com objetivo de constituição de família, distinguindo-se apenas pela existência ou não do ato jurídico do casamento. Portanto, são equiparados os direitos sucessórios do cônjuge sobrevivente e do companheiro sobrevivente, inclusive quanto à ordem de vocação hereditária e à qualificação como herdeiro necessário.

Essas eram as razões que sustentamos em edições anteriores desta obra, para fundamentar a inconstitucionalidade do CC, art. 1.790, ao lado de outros doutrinadores.

Finalmente, o STF, em 10 de maio de 2017, no RE 878.694, apreciando o tema 809 de repercussão geral, reconheceu a inconstitucionalidade do art. 1.790 do CC/2002 e fixou a tese nos seguintes termos: "É inconstitucional a distinção de regimes sucessórios entre cônjuges e companheiros prevista no art. 1.790 do CC/2002, devendo ser aplicado, tanto nas hipóteses de casamento quanto nas de união estável, o regime do art. 1.829 do CC/2002". O STF modulou seus efeitos "aos processos judiciais em que ainda não tenha havido trânsito em julgado da sentença de partilha, assim como às partilhas extrajudiciais em que ainda não tenha sido lavrada escritura pública".

A decisão do STF, ainda que explicitamente não refira aos seus efeitos (*ex tunc* ou *ex nunc*), deve ser entendida como retroativa ao início de vigência do CC/2002 (11-1-2003), para as sucessões abertas a partir dessa data, para as quais deve ser aplicado o princípio da igualdade sucessória entre cônjuge e companheiro. Assim é porque o STF, no caso concreto paradigma da decisão (RE 878.694), de sucessão aberta antes desta, declarou "o direito da recorrente a participar da herança de seu companheiro em conformidade com o regime jurídico estabelecido no art. 1.829 do Código Civil de 2002".

Logo após o julgamento, alguns doutrinadores, em primeira análise, entenderam que uma de suas consequências era o desaparecimento de qualquer distinção entre cônjuge e companheiro, tanto no plano sucessório quanto no do direito de família. Não acompanhamos esse entendimento.

As diferenças entre casamento e união estável, enquanto entidades familiares, permanecem, pois os efeitos do julgamento do STF não as alcançam. A decisão é limitada, pela própria natureza da declaração de inconstitucionalidade, a:

(1) declarar a inconstitucionalidade do CC, art. 1.790;

(2) declarar que os direitos sucessórios dos cônjuges e companheiros são iguais, aplicando-se explicitamente o CC, art. 1.829 e, implicitamente, os demais artigos correlacionados para a consecução desse fim.

O direito das sucessões não diz respeito às entidades familiares, que não são herdeiras ou sucessoras do *de cujus*, mas sim às pessoas que as integram, independentemente daquelas e de suas diferenças. No direito de família permanecem inalteradas as disposições distintas de constituição, composição e extinção do casamento e da união estável. O Título III do Livro de Direito de Família do CC/2002 (arts. 1.723 a 1.727), permanece inalterado, sem reflexo da declaração de inconstitucionalidade do art. 1.790, notadamente quanto ao modo de sua constituição, à aplicação dos impedimentos matrimoniais à união estável salvo se a pessoa casada estiver separada de fato, às relações pessoais entre os companheiros, ao regime supletivo legal de comunhão parcial de bens, ao direito de instituir por convenção regime patrimonial diferente ou de modificá-lo e o modo de fazê-los e o direito de conversão da união estável em casamento. Os direitos, deveres e restrições que são próprios dos cônjuges permanecem sem extensão aos companheiros.

Subjaz à decisão do STF que é inadmissível que a Constituição assegure a liberdade de escolha das pessoas pelas entidades familiares que desejarem constituir e manter e, contraditoriamente, sancione de forma negativa o exercício dessa liberdade, reduzindo-lhes os direitos sucessórios.

As diferenças jurídicas são admissíveis e positivas quando valorizam os destinatários e contemplam suas peculiaridades, mas são inadmissíveis e negativas quando arbitrárias.

Do julgamento decorrem:

(1) a declaração de inconstitucionalidade do art. 1.790, considerado inválido e ineficaz para as sucessões abertas desde 11 de janeiro de 2003;

(2) a interpretação em conformidade com a Constituição, máxime do princípio da igualdade jurídica, do art. 1.829, sem redução de seu texto, no sentido de que, onde alude a cônjuge deve ser interpretado como abrangente do companheiro;

(3) por arrastamento, pelo mesmo princípio da igualdade sucessória, a interpretação em conformidade com a Constituição dos demais artigos do Livro do Direito das Sucessões do CC/2002 que aludam a direito sucessório do cônjuge, para ser interpretados como abrangentes do companheiro.

Relativamente ao art. 1.829, o STF fez interpretação conforme, para evitar o vazio que resultaria da declaração de inconstitucionalidade do art. 1.790, pura e simplesmente. Em razão disso, há interpretação conforme por arrastamento dos demais artigos que referem à sucessão do cônjuge, para que sejam interpretados como incluindo o companheiro, porque especificam as consequências da ordem da sucessão legítima, inclusive quanto à sucessão concorrente.

Assim, são iguais os direitos dos cônjuges e companheiros relativamente à ordem de vocação hereditária (art. 1.829, III), ao direito real de habitação (art. 1.831), à sucessão concorrente com os descendentes e quota mínima (art. 1.832), à sucessão concorrente com os ascendentes (art. 1.837), à qualificação como herdeiro necessário (art. 1.845).

Julgando embargos declaratórios interpostos ao RE 878.694, relativamente ao CC, art. 1.845, o STF decidiu ao final de 2018 que "a repercussão geral reconhecida diz respeito apenas à aplicabilidade do art. 1.829 do CC/2002 às uniões estáveis. Não há omissão a respeito da aplicabilidade de outros dispositivos a tais casos". Mas não excluiu expressamente. Ateve-se à questão formal, relativa à decisão e aos limites da repercussão geral. Não decidiu o STF, por exemplo, que o companheiro não seja herdeiro necessário, até porque o STF declarou inconstitucional a distinção entre regimes sucessórios, tese esta que terminou sendo explicitada no STJ, no julgamento do REsp 1.357.117.

Permanecem os efeitos sucessórios distintos, decorrentes dos regimes matrimoniais de bens, para o casamento, e os regimes de bens adotados pelos companheiros na união estável. Conforme esclarece o enunciado 641 das Jornadas de Direito Civil/CJF, adotado em 2018, "é constitucional a distinção entre os regimes, quando baseada na solenidade do ato jurídico que funda o casamento, ausente na união estável".

7.6. Direito Sucessório na União Homoafetiva

A união familiar entre pessoas de mesmo sexo, também denominada união homoafetiva, é entidade familiar própria, tutelada pela norma de inclusão do art. 226 da Constituição, que a não discrimina. A ausência de lei que regulamente essas uniões não é impedimento para sua existência, porque a norma constitucional é autoaplicável, independentemente de regulamentação. As uniões homoafetivas são constitucionalmente protegidas como tais, com sua natureza própria. Em sua singularidade, equiparam-se para fins de direitos e deveres jurídicos, às uniões estáveis, por aplicação analógica, na forma do art. 4º da Lei de Introdução.

Na ADI 4.277, em julgamento de 2011, o STF foi mais longe e classificou a entidade homoafetiva como espécie do gênero união estável. Para o Tribunal, a norma constante do art. 1.723 do CC/2002 não obsta que a união de pessoas do mesmo sexo possa ser reconhecida como entidade familiar apta a merecer proteção estatal, em virtude do que lhe deu interpretação conforme a Constituição para excluir qualquer significado que impeça o reconhecimento dessa união como entidade familiar. Consequentemente, concluiu o Tribunal que esse reconhecimento jurídico deve ser feito segundo as mesmas regras e com idênticas consequências da união estável heterossexual. A decisão recebeu efeito vinculante, o que impõe aplicação obrigatória pelos tribunais brasileiros, tal como se dá com a lei editada pelo Poder Legislativo.

Na direção do reconhecimento jurídico da união estável homoafetiva, decidiu o STJ (REsp 1.085.646) que, comprovada a existência da união afetiva entre pessoas do mesmo sexo, é de se reconhecer o direito do companheiro à meação dos bens adquiridos a título oneroso ao longo do relacionamento, mesmo que registrados unicamente em nome de um dos companheiros. Decidiu, ainda, o STJ (EDcl no REsp 633.713) que a meação dos bens adquiridos independe de prova de esforço comum, que, nesse caso, é presumida.

Por força da decisão do STF, os direitos sucessórios do companheiro em união estável homossexual ou homoafetiva são em tudo equiparados à união estável heterossexual. Por tal conduto, por serem equiparados os direitos sucessórios do companheiro aos do cônjuge, em virtude da inconstitucionalidade do

CC, art. 1.790, os companheiros da união homoafetiva têm, consequentemente, os mesmos direitos que a legislação brasileira atribui ao cônjuge sobrevivente. Se não tiverem celebrado contrato escrito de regime de bens, antes ou durante a união estável, prevalece o regime de comunhão parcial, aplicando-se-lhes as mesmas regras da sucessão do cônjuge quando concorrerem com os descendentes ou ascendentes e da ordem de vocação hereditária.

7.7. Direitos Sucessórios dos Companheiros de Uniões Simultâneas

Desde a Constituição de 1988 abriu-se controvérsia acerca da possibilidade jurídica de uniões estáveis paralelas, tendo em vista a inexistência de regra expressa a respeito na legislação, inclusive no CC/2002. O princípio da monogamia é apenas aplicável ao casamento, dada a natureza deste e a tutela constitucional das entidades familiares que refogem ao modelo matrimonial, cujo exemplo saliente são as famílias monoparentais.

A lei (CC, art. 1.724) impôs o dever de lealdade entre os companheiros, o que tem levado parte da doutrina e da jurisprudência dos tribunais a enxergar nesse dever o impedimento de uniões paralelas ou simultâneas. Neste sentido decidiu o STJ (REsp 789.293) que, "mantendo o autor da herança união estável com uma mulher, o posterior relacionamento com outra, sem que se haja desvinculado da primeira, com quem continuou a viver como se fossem marido e mulher, não há como configurar união estável concomitante, incabível a equiparação ao casamento putativo". No caso referido, o tribunal de origem admitiu a união estável putativa, "em que a companheira posterior desconheça a existência da união anterior", para admitir ambas.

Em sentido contrário, sustenta-se que o dever de lealdade é norma jurídica sem sanção, ou norma de conteúdo moral, não podendo servir como impedimento para o reconhecimento das uniões simultâneas. Não seria razoável considerar como juridicamente inexistente ou ineficaz união estável que preenche todos os requisitos legais, ante a precedência no tempo de outra. Note-se que o fato de o companheiro ser casado e separado de fato é impedimento para novo casamento, até que obtenha o divórcio, mas não é impedimento para a constituição de união estável, o que torna inviável a simetria com o casamento.

Todavia, em 2020, na contramão dessa orientação doutrinária e jurisprudencial que se consolidou, a apertada maioria (6 a 5) do STF fixou a seguinte tese de repercussão geral (Tema 529, RE 1.045.273): "A preexistência de casamento ou de

— 162 —

união estável de um dos conviventes, ressalvada a exceção do artigo 1.723, § 1º, do Código Civil, impede o reconhecimento de novo vínculo referente ao mesmo período, inclusive para fins previdenciários, em virtude da consagração do dever de fidelidade e da monogamia pelo ordenamento jurídico-constitucional brasileiro". A ressalva ao art. 1.723, § 1º, do CC exclui da restrição da decisão as pessoas formalmente casadas, mas separadas de fato, o que não constituiria concubinato.

Essa decisão do STF ancora no princípio da monogamia, ainda que este não esteja nela explicitado, que é aplicável ao casamento, mas não pode ser estendido à união estável, que nele não pode ser espelhada, pois é entidade familiar autônoma e singular, com idêntica tutela constitucional.

Independentemente da posição adotada, a perplexidade ressalta, pois uma mesma situação fática (a união estável paralela) é fundamento de direitos de família e sucessórios para alguns integrantes (filhos), e não para outros (os companheiros "concubinos"). Os filhos dos companheiros de uniões estáveis concubinárias têm os mesmos direitos dos filhos havidos no casamento ou da primeira união estável (CF, art. 227, § 6º), em face do mesmo pai comum ou mesma mãe comum (casado/a e companheiro/a), uma vez que o direito brasileiro repele a anterior discriminação entre filhos legítimos e ilegítimos. Portanto, a decisão do STF não produz qualquer efeito em relação aos filhos comuns.

Ante a igualdade constitucional de direitos dos filhos, a decisão do STF nega a existência jurídica de uma entidade familiar existente no mundo da vida (união estável concubinária ou a segunda união estável), mas provoca o reconhecimento de duas entidades familiares simultâneas em relação aos filhos comuns: o casamento (ou a primeira união estável) e a entidade familiar monoparental. Ou seja, os filhos comuns são filhos do/a genitor/a casado/a ou companheiro/a da primeira união estável (casamento ou primeira união estável) e do/a genitor/a chefe da família monoparental (a segunda união estável).

Por outro lado, ainda que não se considere a união estável paralela como entidade familiar, os direitos sucessórios que são negados ao companheiro podem chegar indiretamente a eles, pois os filhos do companheiro morto têm como herdeiro necessário potencial seu ascendente direto, ou seja, o companheiro sobrevivente.

7.8. Direitos Sucessórios nas Uniões Estáveis Putativas

Considera-se putativa a união estável constituída por pessoas impedidas de casar, por força do § 1º do art. 1.723 do CC/2002, pelas mesmas razões para o casamento, salvo quanto à pessoa casada, mas separada de fato. Este impedimento ao casamento não alcança a união estável. Também não se aplicam à união estável as causas suspensivas do casamento. A boa-fé perdura até que haja a decretação da ineficácia ou desconstituição da união estável. Nesta hipótese não se cogita de invalidade (nulidade ou anulabilidade) porque a união estável é situação de fato à qual o direito atribui eficácia jurídica (ato-fato jurídico).

A união estável é putativa, por exemplo, quando um irmão se une com irmã, desconhecendo ambos a relação de parentesco. A união estável constituída de boa-fé por ambos os cônjuges ou por ambos os companheiros produz todos os seus efeitos, até a sentença de desconstituição dela, tanto em relação a eles quanto a seus filhos, inclusive os sucessórios. Os filhos não são afetados em seus direitos em razão dessas circunstâncias, nomeadamente os sucessórios.

Se apenas um dos companheiros uniu-se em boa-fé, desconhecendo o fato obstativo, os efeitos civis, inclusive os sucessórios, só a ele aproveitam. Os efeitos da desconstituição retroagem em relação ao companheiro de má-fé, como se união estável não tivesse havido. O patrimônio adquirido na constância da união estável putativa é partilhado entre os companheiros de má-fé, segundo as regras do direito das obrigações (sociedade em comum), observada a participação de cada um nessa aquisição.

Com relação aos filhos, a regra dos art. 1.561 do CC/2002 que veio do regime anterior, fundado na legitimidade ou ilegitimidade dos filhos, deve ser interpretada em conformidade com o princípio de absoluta igualdade inaugurado pelo § 6º do art. 227 da Constituição. Independentemente da boa ou má-fé de seus pais ou desconstituição da união estável putativa, são filhos com igualdade de direitos aos filhos de união válida e eficaz. Os filhos poderão fazer valer em relação aos pais (ainda que entre si deixem de ser cônjuges ou companheiros) todos os direitos derivados da filiação já determinada, inclusive os sucessórios.

Capítulo VIII

Sucessão dos Parentes Colaterais e da Fazenda Pública. Heranças Jacente e Vacante

Sumário: 8.1. Parentes colaterais sucessíveis. 8.2. Contagem dos graus e espécies de parentes colaterais. 8.3. Irmãos unilaterais e bilaterais. 8.4. Direito de representação na sucessão colateral. 8.5. Concorrência entre tio e sobrinho. 8.6. A Fazenda Pública como herdeira legítima. 8.7. Herança jacente. 8.8. Herança vacante.

8.1. Parentes Colaterais Sucessíveis

Na falta de parentes em linha reta, a saber, descendentes e ascendentes, e de cônjuge ou companheiro, herdam os parentes na linha colateral. Colaterais são os parentes que não têm procedência direta, ainda que descendam do mesmo tronco ancestral. Diferentemente dos parentes em linha reta descendente ou ascendente, os colaterais percorrem duas linhas que se encontram no ascendente comum.

Ante a declaração do STF da inconstitucionalidade do art. 1.790 do CC/2002, o companheiro sobrevivente herda antes dos parentes colaterais. Consideram-se parentes colaterais: irmão, tio, sobrinho, sobrinho-neto, tio-avô e primo (filho do tio, também chamado primo de primeiro grau).

O parentesco colateral ou transversal supõe ancestral comum, que a lei chama de tronco, segundo o modelo natural de árvore genealógica. Por consequência, os parentes colaterais não descendem uns dos outros. Ao contrário da linha reta, as linhas colaterais são finitas, para fins jurídicos. No direito brasileiro, encerra-se no quarto grau, para fins sucessórios.

Não há parente colateral em primeiro grau, porque esse parentesco se conta subindo ao ascendente comum; há, no mínimo, dois graus e três pessoas relacionadas.

Não há distinção entre parente colateral ou parente transversal. Os significados dos termos são iguais. Diz-se colateral porque os parentes estão em linha paralela, ao contrário das linhas retas ascendentes e descendentes. Diz-se transversal porque os parentes mais remotos se distanciam em linha transversal em virtude da necessidade de remontarem aos ancestrais comuns. Assim, quase não

— 165 —

há transversalidade no parentesco entre irmãos, que é nítida no parentesco com o tio-avô.

Entre os parentes colaterais prevalece a mesma regra de precedência. Os mais próximos preferem aos mais remotos, de acordo com os graus de parentesco. No último grau (quarto) todos herdam por direito próprio, por cabeça.

8.2. Contagem dos Graus e Espécies de Parentes Colaterais

A contagem dos graus de parentesco, no direito brasileiro e desde as Ordenações Filipinas, sempre se fez levando em conta as gerações que medeiam um parente e outro. Grau é a distância que separa um parente do outro mais próximo. A importância da identificação dos graus de parentesco reside na titularidade de direitos e deveres que se atribuem aos parentes, sendo que os mais próximos preferem aos mais remotos. Se a linha reta é infinita, a colateral é sempre limitada pelo direito, pois há os inevitáveis distanciamento e estranhamento entre parentes, na medida em que o ascendente comum seja mais remoto.

Na linha colateral, para fins de sucessão, a contagem dos graus é mais complexa. Inicia-se a partir do *de cujus*, subindo-se até o ascendente comum do outro parente, daí descendo-se até este, para se poder constatar ou não a relação de parentesco, no limite legal do quarto grau. Não há parentes colaterais de primeiro grau, pois não descendem uns dos outros, mas de um tronco comum, que é o ponto de convergência. Por essa razão, os irmãos são parentes em segundo grau, pois o primeiro grau é o do filho com o pai e o segundo grau é o do pai com o outro filho.

O art. 1.594 do CC/2002 alude a subir de "um dos parentes ao ascendente comum", descendo até encontrar o outro possível parente. Com efeito, não há outro modo de se alcançar o parente colateral senão subindo e descendo do ascendente comum. Nesse exercício sabe-se o tipo de parentesco e o grau correspondente. Apenas os irmãos são parentes em segundo grau, salvo na hipótese do parentesco por afinidade, no qual os cunhados são assim considerados.

São parentes em terceiro grau o tio ou a tia e o sobrinho ou a sobrinha. Nesse parentesco, a partir do *de cujus* sobem-se dois graus para alcançar o ascendente comum que é o avô, do qual se desce apenas um grau, para se encontrar o tio (filho da ascendente comum). Ou então, a partir do *de cujus* sobe-se um grau para alcançar o ascendente comum que é o pai, do qual se descem dois graus para se encontrar o sobrinho (neto do ascendente comum).

No quarto grau do parentesco colateral são parentes o tio-avô, o sobrinho-neto e o primo (filho do tio), e suas correspondentes femininas. Exemplificando, do *de cujus* sobem-se dois graus para se alcançar o ascendente comum, o avô, deste descendo-se dois graus para se alcançar o primo.

No direito brasileiro atual os filhos socioafetivos (adotado, ou oriundo de inseminação artificial heteróloga, ou de posse de estado de filiação) integram exclusivamente a família dos pais, desvinculando-se da família biológica. Assim também para os efeitos da sucessão hereditária. Seus parentes colaterais são os mesmos parentes biológicos do ascendente comum. Na legislação brasileira anterior, a adoção simples gerava apenas relação de parentesco com o adotante, permanecendo o parentesco com a família biológica de origem, inclusive para fins sucessórios. Esse parentesco dúplice cessou com o advento da Constituição de 1988, que considerou iguais em direitos os filhos de qualquer origem, notadamente o adotado. Os parentes do adotante são os mesmos do adotado. Os parentes do marido ou companheiro da mãe, que autorizou a inseminação artificial nesta com o sêmen de outro homem, são os mesmos do filho, não tendo este qualquer vínculo de parentesco com o dador de sêmen. Os parentes do perfilhado em virtude de posse de estado de filiação são os mesmos de seus pais socioafetivos, indiferentemente de serem em linha reta ou em linha colateral.

8.3. Irmãos Unilaterais e Bilaterais

O CC/2002, art. 1.841, mantendo a regra do Código Civil de 1916, estabelece que concorrendo à herança do falecido irmão bilateral com irmão unilateral, este deve herdar apenas a metade do que cabe àquele. Essa discriminação entre irmãos bilaterais e irmãos unilaterais, atribuindo para cada um destes metade do que cada um daqueles herdar, configura discriminação que não encontra guarida no parágrafo sexto do art. 227 da Constituição e está em contradição com o art. 1.593 do próprio Código.

Em razão da norma do art. 1.841, para fins de fixação da quota, o irmão unilateral tem peso um e o irmão bilateral tem peso dois. Por exemplo, se o *de cujus* deixou dois irmãos bilaterais e um unilateral multiplica-se 2 por 2 (4) e 1 por 1 (1), resultando-se em um total de cinco partes, cabendo a cada bilateral duas partes e ao unilateral, uma parte.

A desigualdade de tratamento é estendida aos filhos dos irmãos. De acordo com o § 2º do art. 1.843 do CC/2002, se concorrerem filhos de irmãos bilaterais com filhos de irmãos unilaterais, cada um destes herdará a metade do

— 167 —

que herdar cada um daqueles. Só haverá igualdade de quotas hereditárias se todos os netos do *de cujus* forem exclusivamente filhos de irmãos bilaterais ou filhos de irmãos unilaterais.

A doutrina encontra razão para esse tratamento discriminatório no fato de o irmão bilateral ser filho dos mesmos pais do *de cujus*, o que presumiria idêntica origem do patrimônio, enquanto o irmão unilateral poderia, em princípio, ser beneficiário de patrimônio deixado por irmão que não seja filho do *de cujus*, mas do genitor não casado com este. Essa limitação, todavia, tem a mesma origem histórica na rejeição moral do filho havido fora do casamento, que não deveria ter o mesmo direito sucessório dos filhos matrimoniais. Assim, filho natural reconhecido era irmão unilateral do filho legítimo.

Essa discriminação é incompatível com o princípio da Constituição que veda a desigualdade de direitos entre os filhos de qualquer origem, havidos ou não da relação de casamento (art. 227, § 6º). A vedação da discriminação entre filhos repercute necessariamente nos irmãos, pois a qualidade de irmãos vem do fato de essa relação de parentesco decorrer do estado de filiação. Não há parentesco colateral de irmãos que não tenha sido antecedido do parentesco em linha reta entre ascendente e descendente. Se os filhos do *de cujus* herdam em igualdade, independentemente de serem comuns em relação ao cônjuge ou companheiro sobrevivente (bilaterais), ou exclusivos dele (unilaterais), não há amparo constitucional para a sobrevivência da desigualdade entre os irmãos bilaterais e unilaterais. Assim, a norma do art. 1.841 é inconstitucional, devendo ser afastada pelo aplicador, para se garantir igual direito sucessório entre os irmãos, desconsiderando-se, consequentemente, as qualificações discriminatórias como unilaterais ou bilaterais. No mesmo sentido de nosso entendimento é o de Eduardo de Oliveira Leite (2003, p. 250), para quem não há mais espaço para tratamento discriminatório entre filhos, porque contrário à expectativa da sociedade brasileira e, também, por inconstitucional; da mesma forma não há que vingar qualquer discriminação em relação aos irmãos. Essa insustentável restrição de direito, mesmo sem regra constitucional tão clara quanto a brasileira, já foi expurgada de códigos civis da América do Sul, como os de Venezuela, Uruguai e Chile.

8.4. Direito de Representação na Sucessão Colateral

Entre os parentes colaterais, como regra geral, não há direito de representação. Se o parente tiver falecido antes do *de cujus* seus descendentes não o representam e não têm direito sucessório em seu lugar, por estirpe. Herdam os parentes de mesmo grau, que sobreviverem ao *de cujus*. Assim, se os parentes colaterais mais próximos são os sobrinhos, os filhos do sobrinho morto não participam da herança.

A lei, todavia, abre exceção para os filhos dos irmãos do *de cujus*. Estes têm direito de representar o irmão antes falecido, sucedendo em seu lugar por estirpe. Assim, se o *de cujus* não deixou ascendentes, descendentes, cônjuge ou companheiro, tendo tido três irmãos (A, B e C), sendo que B e C faleceram antes dele, os filhos dos irmãos falecidos não herdam por cabeça e a herança será dividida em três partes. Supondo que B tenha deixado dois filhos e C três filhos, cada grupo de filhos tem direito a uma parte. Cada filho de B receberá metade de um terço, o que resulta em um sexto da herança. Cada filho de C receberá um terço de um terço, o que resulta em um nono da herança.

Essa restrição ao direito de representação nem sempre é bem apreendida pela população. Em caso de sucessão legítima, julgado pelo STJ (REsp 1.064.363), os herdeiros legitimados eram todos colaterais, porquanto a *de cujus* não deixou descendentes, ascendentes, cônjuge ou companheiro, ou irmãos, tendo sido chamados seus sobrinhos; ocorre que um dos sobrinhos também era premorto, tendo sido indicada pelos demais, em representação, sua filha (sobrinha-neta da *de cujus*), sendo assim incluída na partilha amigável. Nas instâncias ordinárias, o juiz de primeiro grau julgou ilegítimo o chamamento da sobrinha-neta, em concorrência com os sobrinhos da *de cujus*, no que foi acompanhado pelo tribunal estadual. Também foram excluídos do inventário a mãe da sobrinha-neta e o cônjuge de outro sobrinho-neto, que tinha falecido antes da *de cujus*. Contra essa decisão, recorreu a sobrinha-neta ao STJ, que a confirmou. Os fundamentos comuns em todas as instâncias são os de que, na linha colateral, o direito de representação esgota-se no filho do irmão, e os parentes mais próximos afastam os mais remotos.

É longa a tradição, no direito brasileiro, da regra de que os parentes ou familiares mais próximos excluem os mais remotos, na sucessão legítima. Ela é aplicável tanto em relação aos parentes colaterais quanto aos parentes nas linhas retas descendentes e ascendentes. Assim, os filhos sobreviventes excluem os netos, os pais sobreviventes, na falta de descendentes, excluem os avós, os irmãos excluem os sobrinhos. A modificação a essa antiga regra ocorreu no CC/2002, que admitiu a concorrência do cônjuge ou do companheiro com os parentes, descendentes, ascendentes e colaterais do *de cujus*. Todos são herdeiros legítimos, são dotados de legitimação potencial, mas o exercício do direito à sucessão depende da inclusão na mesma classe (por exemplo, colateral) e, dentro desta, no mesmo grau (por exemplo, segundo grau).

— 169 —

Enquanto na linha dos descendentes não há limite para o exercício do direito de representação (filhos, netos, bisnetos, tetranetos e assim por diante), na linha colateral está limitado aos filhos dos irmãos, quando estes herdam diretamente. Se o *de cujus* não tiver deixado descendentes, ascendentes, ou cônjuge ou companheiro, ou se estes forem considerados indignos, herdam os irmãos, se houver. Não há direito de representação dos netos ou bisnetos dos irmãos. Assim, se um irmão e o respectivo filho tiverem morrido antes do *de cujus*, mas deixando neto, este não pode representá-lo, seja por cabeça seja por estirpe; nada herda, salvo se for o único herdeiro colateral ou apenas houver colaterais de mesmo grau (sobrinhos-netos do *de cujus*). Se os sobrinhos netos tivessem direito de representação, ficaria inviabilizada a sucessão dos tios e tios-avós do *de cujus*. A quota que caberia ao irmão (ou ao filho deste, se também não fosse premorto) é acrescida às dos demais irmãos do *de cujus*. Se todos os irmãos do *de cujus* tiverem falecido antes dele, os filhos daqueles herdam igualmente por cabeça, porque aí não se cogita de representação, que apenas ocorre quando os filhos do irmão falecido concorrerem com irmão ou irmãos sobreviventes do *de cujus*.

É sem relevância que concorram irmãos denominados bilaterais e unilaterais. As normas infraconstitucionais que admitem tal discriminação são incompatíveis com o princípio constitucional da igualdade dos filhos de qualquer origem, o que atrai idêntica vedação em relação aos irmãos, por efeito reflexo (são irmãos porque filhos de alguém). Todos os irmãos têm direito à igualdade das quotas hereditárias, o que repercute no direito de representação dos respectivos filhos.

Na situação objeto da decisão do STJ (REsp 1.064.363), a sobrinha-neta poderia participar da sucessão da *de cujus* se esta tivesse deixado testamento que lhe contemplasse, ou se os tios daquela tivessem promovido a cessão de partes de suas quotas hereditárias para compor a que teria recebido o falecido pai dela, mas nunca por direito de representação.

8.5. Concorrência entre Tio e Sobrinho

Tios e sobrinhos são parentes de mesmo grau. Ambos são parentes colaterais de terceiro grau. Deveriam ser chamados juntamente, pela igualdade de grau de parentesco. Mas há diferenças no modo de contagem dos graus e quanto ao ascendente comum. O direito leva em conta essas diferenças quando o *de cujus* tiver deixado como herdeiros legítimos tanto sobrinhos quanto tios.

No parentesco com o sobrinho, só há um grau na linha reta entre o *de cujus* e o ascendente comum (pai). No parentesco com o tio, há dois graus na linha

— 170 —

reta para se alcançar o ascendente comum (o avô). Consequentemente, os ascendentes nas duas hipóteses não são iguais. Na linha colateral, a partir do ascendente comum, com o sobrinho há mais dois graus, com o tio há mais um grau. Ainda que na soma total tenha-se três graus, nas duas hipóteses, o ascendente, em relação ao sobrinho do *de cujus* é o mais próximo a ele.

Tais diferenças têm servido para o direito brasileiro optar pelo prevalecimento do sobrinho do *de cujus*, quando concorre com o tio deste. Além disso, no plano cultural, estima-se que os sobrinhos estiveram mais próximos do *de cujus* do que os tios deste. Os vínculos de afeto com os parentes são mais estreitos quando as pessoas lidam com as gerações seguintes. É compreensível que estejam mais próximos os filhos dos irmãos do que os filhos dos avós. São, portanto, excluídos os tios quando concorrerem com os sobrinhos do *de cujus*.

Para Orlando Gomes (1973, p. 80), no entanto, a tese da exclusão dos parentes mais afastados pelos mais próximos e a consequência de que os do mesmo grau concorrem com direitos iguais é incompatível com a do prevalecimento dos sobrinhos, até porque o direito de representação somente se concede quando os sobrinhos concorrem com irmãos do *de cujus*. Assim, não deveria haver exclusão de uns parentes por outros, como faz a lei brasileira.

Os tios do *de cujus* herdam quando não há sobrinhos sobreviventes, ou quando estes renunciarem à herança, parcial ou totalmente, ou se o *de cujus* tiver deixado testamento que os contemple. Neste caso, como os herdeiros de linha colateral não são herdeiros necessários, apesar de legítimos, o testador pode excluí-los da herança, se destiná-la apenas aos tios ou a um tio.

Não havendo sobrinhos, que sejam filhos dos irmãos do *de cujus*, são chamados à sucessão os tios que se achem no mesmo grau. Na falta de tios de terceiro grau, são chamados, igualmente e sem precedência, os parentes de quarto grau do *de cujus*, ou seja, os tios-avós, os sobrinhos-netos e os primos (filhos dos tios).

8.6. A Fazenda Pública como Herdeira Legítima

Na época da chegada dos portugueses ao Brasil e no período colonial, as terras eram consideradas domínio da Coroa portuguesa. O sistema das capitanias hereditárias importava concessão da Coroa aos capitães para que explorassem economicamente a terra; se não tivessem êxito, a posse da capitania seria devolvida à Coroa. Não havia transmissão de propriedade. O soberano português limitou-se a outorgar poderes políticos, largos sim, aos donatários, mas de modo nenhum direitos sobre o solo; quando muito, o usufruto.

Posteriormente, o sistema de sesmarias, que perdurou até a chamada Lei de Terras, de 1850, manteve a mesma lógica, transferindo o direito real sob condição de ser dada utilidade às terras concedidas, sob pena de devolução à Coroa. Daí vieram as denominadas terras devolutas, com sentido de devolução à Fazenda Pública, ampliando-se para incluir as terras que nunca tinham sido ocupadas. Enquanto perdurou esse sistema de domínio originário da Coroa de todo território brasileiro, cujas posses e domínios a ela retornavam, quando não se lhes dava utilidade, não se podia cogitar, rigorosamente, de herança vacante. Nenhum patrimônio ficava vago, pois era devolvido à Coroa, a titular originária do domínio.

Com o Alvará de 9 de novembro de 1754, que introduziu no direito luso-brasileiro a transmissão automática dos direitos, que compõem o patrimônio da herança, aos sucessores (direito de *saisine*), mantendo-se assim até hoje, a chamada herança vacante perdeu qualquer sentido. Não há mais o sistema anterior de devolução da posse e domínio, mas sim a qualificação da Fazenda Pública como herdeira – a última dos herdeiros, na ordem da vocação hereditária –, titular da herança desde a abertura da sucessão. A sucessão do Fisco ou da Fazenda Pública consolidou-se com a Lei n. 1.839/1907, com sua inclusão na ordem da vocação hereditária. Essa regra foi mantida desde então no direito brasileiro.

O CC/2002 (art. 1.784) tem a *saisine* como modo exclusivo de sucessão hereditária, não se admitindo qualquer espaço de tempo no qual a herança jazeria sem titular. Não há herança sem dono. Pouco importa que o art. 1.829 não tenha incluído expressamente a Fazenda Pública na ordem de vocação hereditária. Há o art. 1.844 que confere a herança à Fazenda Pública municipal, ou distrital, ou federal, a depender da localização dos bens deixados, na falta de familiares ou parentes sucessíveis do *de cujus*, com os mesmos efeitos atribuídos aos demais herdeiros, isto é, desde a abertura da sucessão.

No direito brasileiro, somente há sucessores universais ou particulares. Os sucessores universais, por força de lei ou de testamento, são herdeiros. Os sucessores particulares são legatários. Os herdeiros sucedem o *de cujus* na totalidade ou em parte ideal da herança. Os legatários sucedem o *de cujus* em bens por ele determinados. Não há terceira figura, como sucessor atípico. A Fazenda Pública é sucessora universal do *de cujus*, portanto herdeira. É a última dos herdeiros legítimos. Por essa razão, não pode renunciar à herança.

É pertinente a crítica de Pontes de Miranda (1972, v. 55, p. 246) a "alguns livros" os quais dizem que a transmissão do domínio e da posse só se dá após a declaração de vacância e de pagas as dívidas do falecido, que tornariam inaplicável a regra da *saisine*. Ora, diz o autor, a Fazenda Pública é herdeira legítima e a expressão "se devolve" do art. 1.619 do CC/1916 (repetida no CC/2002, art. 1.844), se significasse que a herança somente se transmitiria após a vacância e o pagamento das dívidas, ofenderia o princípio da *saisine*. Desde a morte do *de cujus* a titularidade do direito se transmite, automaticamente, aos herdeiros legítimos, inclusive a entidade estatal. Ninguém, sem ser a entidade estatal, teve o domínio e a posse própria mediata enquanto decorreu o tempo entre a morte do *de cujus* e a declaração de vacância.

A Fazenda Pública herdeira já foi a União, já foi o Estado-membro, e desde a Lei n. 8.049/1990 (cuja norma foi mantida no CC/2002), é o Município, ou o Distrito Federal (Brasília), o qual conjuga características de Município e Estado, ou, subsidiariamente a União, em relação aos territórios federais que não estiverem integrados aos Estados. Não há mais a exigência que havia na legislação anterior (Decreto-lei n. 8.207/1945) da destinação dos bens ao desenvolvimento do ensino universitário, o que se lamenta. É competência exclusiva do legislador federal a matéria de legitimação de herdeiro, que pode livremente defini-la, uma vez que a Constituição não a restringe.

A partir de 1990 substituiu-se o critério do domicílio pelo da localização dos bens da herança. Assim, podem herdar vários Municípios, sempre em relação aos bens que estejam localizados em seus respectivos territórios, ainda que a arrecadação e o inventário se processem na comarca do Município correspondente ao último domicílio do *de cujus*.

8.7. Herança Jacente

Considera-se jacente a herança quando o *de cujus* não deixar herdeiros (descendentes, ascendentes, cônjuge, companheiro, parentes colaterais) conhecidos ou testamento. O termo jacente deriva do verbo jazer, cuja origem latina significa estar estendido, estar deitado, estar pousado no chão, ou ainda estar ou parecer imóvel ou morto. A herança jacente deriva do dever de proteção dos bens da sucessão, imputável ao Estado.

Ante a aparência da inexistência de herdeiros familiais ou testamentários, deve o juiz, em cuja comarca tiver domicílio o *de cujus*, determinar a arrecadação e a relação geral dos bens, que serão individualizados e descritos, na forma da legislação processual civil (CPC, arts. 738 e seguintes).

A herança jacente configura período de cautela, durante o qual possa ser administrada provisoriamente por um curador especial designado pelo juiz, que também deverá promover o inventário judicial dos bens arrecadados. Essas providências são obrigatórias para o juiz. O período estabelecido na lei compreende o da arrecadação dos bens, o da investidura do curador, o da conclusão do inventário e, após a conclusão deste, o de mais um ano contado da primeira publicação de edital de chamamento dos eventuais herdeiros, de modo a permitir-lhes a habilitação no inventário e à partilha dos bens.

A arrecadação dos bens, a designação do curador especial e a abertura do inventário devem ser providenciadas pelo juiz, assim que tomar conhecimento da morte do *de cujus*, sem ter, aparentemente, deixado herdeiros. O juiz competente é o da comarca do último domicílio do *de cujus*. A arrecadação deve ser procedida diretamente pelo juiz, na companhia do escrivão, do curador (se já houver designado) e, facultativamente, dos representantes do Ministério Público e da Fazenda Pública, segundo a legislação processual civil. O juiz poderá se valer da autoridade policial, se os bens forem muito distantes ou por motivo justificado. Se houver bens em outras comarcas, o juiz expedirá cartas precatórias para que sejam também arrecadados pelos juízes respectivos. Após a arrecadação dos bens, o juiz deve confiá-los à guarda, conservação e administração do curador.

Se do certificado do óbito não constar a existência de cônjuge, companheiro ou parente sucessível, o oficial de registro público tem o dever de comunicar tal fato ao juiz. Os cônsules brasileiros, no exterior, têm o mesmo dever de comunicação, quanto às pessoas cujos bens devam ser inventariados no Brasil.

Concluída a arrecadação, o juiz mandará expedir edital, que será publicado na rede mundial de computadores, no sítio eletrônico do Tribunal a que se vincule o juiz, e na plataforma de editais do Conselho Nacional de Justiça, onde permanecerá por três meses, para que os sucessores se habilitem no prazo de seis meses (CPC, art. 741). O prazo previsto no CC/2002 era de um ano.

A chamada herança jacente se conclui quando se ultimar o prazo de um ano da primeira publicação do edital, sem que nenhum possível herdeiro tenha se habilitado, ou quando, antes disso, houver habilitação de algum herdeiro. Ultimado o prazo, converte-se em herança vacante, por ato do juiz.

Por força do princípio da *saisine* plena, adotada pelo direito brasileiro, a herança jacente não significa herança sem dono, porque, cumpridos os procedimentos respectivos, sem habilitação de herdeiros, a transmissão confirmar-se-á na titularidade da Fazenda Pública, com efeitos desde o momento da morte do *de cujus*. Como esclarece Pontes de Miranda (1972, v. 55, p. 89), tem-se a automaticidade da transmissão e, apesar disso, o dever do Estado de cuidar da herança. A expressão "herança jacente", com rigor, é sobrevivência do direito romano, para o qual entre a morte e a aceitação (adição), a herança "jazia". No direito

— 174 —

brasileiro, que tem a *saisine*, a herança não jaz sem herdeiro, porque a herança jacente e a herança vacante são procedimentos de verificação se é herdeira a Fazenda Pública, sendo este seu significado atual.

Os credores do *de cujus* têm interesse legítimo em comunicar ao juiz a abertura da sucessão e a se habilitar no inventário. A herança jacente não é obstáculo a que os credores tenham seus créditos reconhecidos e pagos, no curso do inventário, nos limites das forças da herança. Se estas forem insuficientes, sendo vários os credores, devem ser observadas as diretrizes do concurso dos credores, observando a preferência de créditos privilegiados, como os trabalhistas, alimentares, fiscais, os honorários advocatícios (Lei n. 8.906/1994, art. 24). O antigo direito romano, na era republicana, permitiu que o magistrado desse posse dos bens vacantes aos credores, para que se satisfizessem os créditos.

O pedido de pagamento das dívidas deve ser processado em apenso aos autos do inventário; se houver concordância dos herdeiros com o pedido, o credor é declarado habilitado pelo juiz, que pode determinar a reserva de dinheiro ou de bens suficientes para o pagamento. Se o inventário for extrajudicial, a existência de credores do espólio não impede a realização da respectiva escritura pública com a partilha (Res. 35/2007 do CNJ), uma vez que os credores podem alcançar os herdeiros nos limites dos valores que estes tenham recebido.

Decidiu o STJ que a abertura e o regular processamento da herança jacente constituem poder-dever do magistrado, sendo inadequado o indeferimento da petição inicial em virtude de irregular instrução do feito por qualquer dos outros legitimados ativos (REsp 1.812.459).

8.8. Herança Vacante

Se o prazo na herança jacente for concluído sem habilitação de parentes sucessíveis, a herança converter-se-á em "vacante" (que está vaga), por declaração do juiz, iniciando-se procedimento que resultará na confirmação da transmissão dos bens para Fazenda Pública municipal, distrital ou federal, após cinco anos transcorridos da morte do *de cujus*.

O direito brasileiro também considera vacante a herança quando todos os herdeiros, exceto a Fazenda Pública, a ela renunciarem expressamente. Nessa circunstância, não há necessidade dos procedimentos de herança jacente, pois a vacância será automática. A vacância não se dará se qualquer um dos sucessíveis (descendentes, ascendentes, cônjuge, companheiro, colateral até o quarto grau) não renunciar, operando-se nele, inteiramente, a sucessão.

Em nosso direito, desde a introdução da *saisine*, à morte corresponde a transmissão imediata da herança. Assim, não há herança vacante, no sentido de ausência de titular, a despeito do emprego da expressão, que somente pode corresponder à falta de quem fique com a guarda dos bens e o dever de conservação e administração deles, até que haja a habilitação, ou a entrega à Fazenda Pública. Apenas se ignora quem seja herdeiro ou legatário. Mudou, pois, de conteúdo a expressão "herança vacante", no direito brasileiro, significando a que está em processo de verificação se a Fazenda Pública é a única herdeira.

Como diz Pontes de Miranda (1972, v. 55, p. 245), com a transmissão automática da titularidade dos bens da herança, a expressão "bens vacantes" é imprópria. Com razão, pois é reminiscência do modelo do direito romano, do qual o direito brasileiro se distanciou desde o século XVIII, quando ainda era colônia de Portugal. No direito romano, que não conheceu a *saisine*, a herança ficava sem dono, ficava vaga, até que ocorresse a adição. No direito brasileiro não há herança sem dono ou vacante, no sentido estrito do termo. Ou se retira o conteúdo da expressão, para se chamar vago o que não está com algum herdeiro (exceto a Fazenda Pública), ou se emprega erroneamente a palavra. A Fazenda Pública não é titular de ocupação, nem sucessor singular; é herdeira como os outros, desde a abertura da sucessão.

Após a declaração judicial de vacância ainda se espera a conclusão de cinco anos, contados da abertura da sucessão (CC, art. 1.822), para que os possíveis parentes sucessíveis e os sucessores testamentários, caso haja, apareçam e se habilitem na forma da lei. A Fazenda Pública é herdeira legítima, desde a abertura da sucessão, e apenas se há de proceder à chamada declaração de vacância, para que se assegure o eventual comparecimento dos herdeiros necessários, desconhecidos ou tidos como falecidos e que se habilitem. Para que a espera não seja infinita é que a lei estabelece o prazo preclusivo de cinco anos, findo o qual se confirma a transmissão em favor da Fazenda Pública.

Os parentes colaterais ficam desde logo excluídos da sucessão, com a declaração de vacância, que é o termo final para que se habilitem. Ou seja, os parentes colaterais apenas podem se habilitar durante o curso da herança jacente, que é de um ano da publicação do primeiro edital, determinada pelo juiz.

Diferentemente dos demais herdeiros, a Fazenda Pública não pode renunciar à herança, pois, se assim fosse possível, a vacância seria real e definitiva. Desde os antigos romanos havia a repugnância a que tal ocorresse. Com relação às dívidas deixadas pelo *de cujus*, a herança vacante não compromete seus créditos, permanecendo a mesma regra de a herança por elas responder, dentro dos seus limites.

Capítulo IX
Os que Não Podem Suceder

Sumário: 9.1. Herdeiros que não podem participar da herança. 9.2. Pessoas não legitimadas a suceder o *de cujus*. 9.3. Herdeiros excluídos da sucessão por indignidade. 9.4. Natureza judicial da exclusão. 9.5. Efeitos da exclusão por indignidade. 9.6. Reabilitação do excluído da herança. 9.7. Deserdação. 9.8. Causas e provas da deserdação. 9.9. Inconstitucionalidade da deserdação.

9.1. Herdeiros que Não Podem Participar da Herança

Apenas as pessoas que o direito considera herdeiras, assim classificadas na ordem de vocação hereditária, podem participar da herança do *de cujus*. Outros familiares estão excluídos da sucessão, como os parentes por afinidade ou os parentes colaterais acima do quarto grau. Esses familiares não têm direito nem legitimidade para herdarem, salvo se forem contemplados em testamento do *de cujus* como herdeiros (parte indeterminada ou a totalidade da herança) ou como legatários.

Porém, não podem suceder o *de cujus* seus herdeiros familiais que não integrem a classe que tenha prioridade, na ordem da vocação hereditária, e, dentro da classe, os que não integrem o grau mais próximo. São herdeiros legitimados a suceder, mas desprovidos de exercício do direito. Assim, os ascendentes (segunda classe) apenas herdam se faltarem os descendentes (primeira classe), com exceção do pai, ou da mãe, que seja cônjuge ou companheiro do falecido, porque estes concorrem com aqueles. Na classe dos descendentes, os herdeiros de primeiro grau (os filhos) excluem os netos (segundo grau), salvo se estes estiverem representando um daqueles, em virtude de sua morte após a abertura da sucessão do *de cujus*.

Além dos herdeiros legítimos (e até mesmo necessários), que têm legitimidade, mas não podem suceder em razão da posição que assumem na ordem de vocação hereditária, há pessoas que não são legitimadas a suceder, há pessoas legitimadas a suceder, mas que são excluídas da sucessão e há os herdeiros necessários que são deserdados pelo *de cujus*. Nas duas últimas hipóteses, os sucessores incorrem em indignidade.

A distinção entre os não legitimados a suceder e os legitimados indignos é antiga em nosso direito. Os não legitimados eram denominados, impropriamente, de incapazes. Assim, Candido Mendes de Almeida, na edição anotada das Ordenações Filipinas, de 1870, já esclarecia que o "indigno difere do incapaz, em que este não pode nem por momento adquirir e haver a herança, legado ou outros bens", enquanto "o indigno adquire, realiza, e radica em si a sucessão, e retém os bens, os direitos e ações com ela conexos, até que se lhe proponha ação" (1985 [1870], v. 4, p. 917).

9.2. Pessoas Não Legitimadas a Suceder o *De Cujus*

Algumas pessoas, ainda que dotadas de plena capacidade civil ou de exercício em geral, não estão legitimadas a suceder, tanto como herdeiras quanto como legatárias. Não podem ser contempladas pelo testador e, se o forem, as disposições testamentárias são nulas. Essa vedação legal decorre da inserção delas em determinadas situações jurídicas ou fáticas, consideradas incompatíveis com os valores morais vigentes. Consideram-se sem legitimidade:

(1) a pessoa que escreveu o testamento particular ou cerrado, a pedido do testador, porque este não podia ou não sabia escrever, e bem assim o cônjuge, ou companheiro, os ascendentes e irmãos dela. Qualquer legado, estipulado no testamento, em favor dessas pessoas é ineficaz. O CC/2002 apenas alude a quem escreveu, mas deve ser entendida a expressão como abrangente da pessoa que assinou o testamento, também a pedido do testador, porque o testamento particular pode ser escrito de próprio punho ou mediante processo mecânico (CC, art. 1.876). Para a lei o sentido de "escrito" não se restringe ao que é feito de próprio punho. Também abrange quem apenas redigiu mediante processo mecânico, tendo sido o testamento assinado pelo próprio testador, que orientou a redação. O CC/2002 não se refere explicitamente aos descendentes da pessoa que escreveu o testamento a pedido do testador, mas eles devem ser tidos como incluídos na ilegitimidade, pelas mesmas razões de possibilidade de favorecimento de familiares, abusando da confiança que neles depositou o testador, especialmente quando este não souber ler;

(2) as testemunhas do testamento. As testemunhas são necessárias para validade formal do testamento público, do testamento cerrado e do testamento particular. Não são necessárias no testamento simplificado, que é apenas escrito e assinado pelo testador. Essa vedação, de natureza ética, procura evitar a eventual indução para que o testador as beneficie, em virtude de sua presença no momento da feitura do testamento. Quanto mais distanciadas do interesse pelo

— 178 —

conteúdo do ato, tanto melhor. O papel das testemunhas é fundamental no testamento particular, porque não passa pelo crivo do notário ou tabelião. O CC/2002, todavia, não faz distinção, devendo ser entendida a vedação como abrangente das testemunhas que comparecem ao cartório de notas, tanto para o auto da aprovação do testamento cerrado, cujo conteúdo desconhecem, quanto para o testamento público, cujo conteúdo sofre a fiscalização do notário, quanto à legalidade. Assim é porque todos os envolvidos na feitura ou validação do testamento devem ser isentos e desinteressados;

(3) o concubino do testador casado. O concubinato é a união estável afetiva e familiar na qual um ou ambos os companheiros são casados. Apesar de sua finalidade de constituição de família, o CC/2002 rejeita-a em prol do princípio da monogamia no casamento, o que tem suscitado questionamentos sobre sua constitucionalidade, em face da ampla norma inclusiva das entidades familiares, sem restrições, do art. 226 da Constituição. Os filhos da união concubinária não são atingidos pelo impedimento, pois são herdeiros necessários em igualdade de condições com os filhos matrimoniais do *de cujus*. Para se caracterizar o impedimento é necessário que o *de cujus*, na data de sua morte, esteja em convivência de fato com seu cônjuge, ou que esteja separado de fato de seu cônjuge há menos de cinco anos, sem culpa do *de cujus*.

Essa norma do CC/2002, art. 1.801, deve ser interpretada em conjunto com a do art. 1.723, pois este estabelece que a união estável (não concubinária) também ocorre "no caso de a pessoa casada se achar separada de fato ou judicialmente". Ou seja, para que se constitua a união estável não é necessário que o *de cujus* já esteja divorciado na data de sua morte, bastando estar separado de fato de seu cônjuge, e, independentemente do tempo dessa separação (dia, dias, meses, anos), ter iniciado convivência afetiva com outra pessoa; o companheiro da união estável, nessa circunstância, é plenamente legitimado a suceder, nas condições da lei, além da garantia da meação sobre os bens onerosamente adquiridos por qualquer dos companheiros desde o início da união. Para o direito sucessório brasileiro, portanto, concubino sem legitimidade para suceder é o companheiro de união afetiva paralela com o *de cujus*, tendo este convivência com seu cônjuge sobrevivente na data da morte, ou separado de fato do cônjuge há menos de cinco anos, sem culpa sua e sem ter passado a conviver com o concubino. Se tiver havido comprovadamente convivência com o concubino por qualquer tempo, dentro do referido prazo de cinco anos, o concubinato terá sido convertido por força de lei em união estável, não se aplicando a ilegitimidade para suceder.

A lei exige para a ilegitimidade para suceder do concubino que, se a morte se der dentro do prazo de cinco anos da separação de fato do *de cujus*, essa separação não tenha tido causa culposa imputável exclusivamente a ele. A culpa terá de ser imputável exclusivamente ao cônjuge sobrevivente, cabendo o ônus da prova ao concubino. Se as culpas forem recíprocas, independentemente do grau de cada uma, elas se repelem, também reciprocamente, não podendo ser exigíveis. Mesmo com tal mitigação, a exigência de prova de culpa do *de cujus*, que não pode mais se defender, sendo também de dificuldade excessiva para terceiro (concubino) produzi-la, viola os princípios constitucionais da liberdade de constituir e desconstituir entidades familiares e do contraditório e ampla defesa, além do princípio da razoabilidade, cabendo ao Judiciário afastá-la. A norma em si é incongruente e não tem qualquer aplicação (Almeida, 2003, p. 115), pois o separado de fato que forma nova sociedade conjugal não é concubino e as demais situações de concubinato, por serem incompatíveis com a separação de fato, não se enquadram em suas finalidades.

Para o CC/2002, concubinato é a relação não eventual entre homem e mulher, impedidos de casar. Assim, contraditoriamente, relações eventuais ou não estáveis entre pessoa casada e outra não casada, ou entre pessoas de casamentos distintos, não constituem concubinato e, consequentemente, não impedem a nomeação da outra como herdeira ou legatária, em testamento;

(4) os que participaram da feitura ou validação do testamento. A lei refere-se expressamente ao tabelião, ao comandante (do navio ou da aeronave), ao escrivão judicial, ou o que fizer ou aprovar o testamento. A razão de ser é a mesma: afastar o possível conflito de interesses entre a função que cada um desempenhe na elaboração ou aprovação do testamento e sua posição de beneficiário dele. O juiz que determinar a abertura e aprovação do testamento também não pode ser beneficiado por ele.

Nessas vedações legais, as pessoas são, circunstancialmente, ilegítimas para suceder o *de cujus*. Contudo, se qualquer delas for herdeira necessária ou mesmo herdeira legítima, a ilegitimidade não alcança o que lhe é assegurado em lei. A ilegitimidade para suceder, nessas hipóteses, diz respeito apenas aos legados que lhes beneficiem no testamento deixado pelo *de cujus*. No que respeita aos herdeiros necessários, a parte da legítima é inatingível. Quanto aos demais herdeiros legítimos, que se insiram em alguma das situações acima, também são inatingíveis as partes ideais iguais da herança, que não foram objeto de legados pelo testador.

A consequência para o descumprimento dessas vedações é a nulidade das disposições testamentárias e não apenas sua ineficácia. São nulas porque resultam de violação de expressas proibições legais. Também são nulas as disposições testamentárias que beneficiem qualquer dessas pessoas, quando ficar caracterizada a simulação. Negócio simulado é o que tem aparência contrária à realidade. A simulação é o instrumento de aparência, de inverdade, de falsidade, de fingimento, de disfarce. São requisitos da simulação: a) a divergência intencional entre a vontade real e a vontade exteriorizada; b) o acordo simulatório entre as partes; c) o objetivo de prejudicar terceiros. Os contratos aparentemente onerosos, como a compra e venda, a promessa de compra e venda, a dação em pagamento, a permuta, a cessão de direitos hereditários, ou quaisquer outros que tenham por fito a transferência a qualquer dessas pessoas de bens deixados pelo *de cujus*, inclusive quando este tenha sido parte nos contratos, são considerados simulados porque encobrem verdadeiras disposições testamentárias vedadas. Há também simulação quando o testador beneficia um legatário aparente, que verdadeiramente assumiu o compromisso de transferir o bem recebido para qualquer dos ilegitimados a suceder (interposta pessoa, conhecida popularmente como "testa de ferro", "homem de palha", "laranja", títere). O negócio simulado não pode ser convalidado pelo transcurso do tempo, nem ser confirmado pelas partes, porque a simulação destrói a causa ou a função econômico-social do negócio jurídico. Ao contrário da legislação anterior, a simulação deve ser declarada de ofício pelo juiz e alegadas por qualquer interessado e pelo Ministério Público.

Em relação aos estrangeiros, há restrições legais para que possam ser legitimados a suceder. Por exemplo, não podem suceder em terrenos de Marinha ou acrescidos de Marinha. Estabelece a Constituição que é vedada a participação direta ou indireta de empresas ou capitais estrangeiros na assistência à saúde no País, salvo nos casos previstos em lei, estendendo-se tal vedação à sucessão de estrangeiros; também, a aquisição de propriedade rural por estrangeiro depende de requisitos legais.

No nosso antigo direito, de acordo com as Ordenações Filipinas (Liv. 4, T. XXXI), não estavam legitimados a suceder, inclusive por testamento, além dos menores de quatorze e as menores de doze, os furiosos, os mentecaptos, os "filhos-famílias", os hereges, os apóstatas, os escravos, os religiosos não secularizados, os mudos e surdos de nascença, os condenados à pena de morte.

9.3. Herdeiros Excluídos da Sucessão por Indignidade

O herdeiro pode ser excluído da herança, quando incorrer em conduta considerada desviante do comportamento esperado de quem herda ou pode herdar. As condutas podem ser qualificadas como ilícitos penais ou como imorais, mas são tidas como suficientemente graves e atentatórias, de modo a ensejarem sanção específica, no campo civil, que é a exclusão da herança a que fariam jus os que as cometerem. A sanção da exclusão alcança tanto os herdeiros legítimos, quanto os herdeiros testamentários e os legatários. Essas condutas compõem o conceito de indignidade sucessória. Indignidade é a privação do direito hereditário imposta pela lei a quem cometeu condutas ofensivas à pessoa, à honra e aos interesses do *de cujus* (Itabaiana de Oliveira, 1986, n. 191) e a seus familiares.

Não mais existe, em nosso direito, a "morte civil", admitida no mundo ocidental até o século XVIII. A pessoa condenada com a morte civil perdia todos os direitos civis e políticos, cessando as relações de família e abrindo-se sua sucessão, como se estivesse morto. O CC/2002 prevê a exclusão da sucessão de herdeiro, por indignidade (art. 1.814), e a deserdação de descendente em determinadas hipóteses (art. 1.962), o que ainda pode significar resíduo da pena de morte civil, pois o herdeiro indigno ou deserdado é substituído por seus herdeiros "como se ele morto fosse antes da abertura da sucessão" (art. 1.816).

As hipóteses legais constituem *numerus clausus*, ou seja, encerram-se em tipicidade fechada, não podendo outras condutas, por mais graves que sejam, fundamentar a exclusão do herdeiro. Assim é porque em nosso direito as restrições de direito são apenas as que a lei explicita, sendo vedada a interpretação extensiva.

Incorrem na sanção de exclusão por indignidade:

(1) os que participaram do homicídio ou da tentativa de homicídio do *de cujus* ou de familiar próximo deste. A sanção alcança o herdeiro ou legatário que tiver sido o autor material do ilícito penal, ou coautor, ou autor intelectual. O homicídio, ou sua tentativa, terão de ser dolosos, ou seja, quando ficar comprovado que houve intenção de matar. O homicídio culposo (sem intenção de matar) não exclui o herdeiro, ainda que seja por tal fato condenado no âmbito penal.

Da mesma forma, não se considera o homicídio cuja ilicitude foi pré-excluída, como o cometido em legítima defesa ou em estado de necessidade, não se compondo a causa de exclusão por indignidade. Mas, para saber se houve efetivamente estado de necessidade, o herdeiro ou legatário tem de provar que ante a situação de perigo, que não foi provocada por ele nem poderia evitar, não era razoável esperar que sacrificasse a si mesmo em benefício do outro. Igualmente, para caracterizar a legítima defesa, impõe-se a prova de ter sido grave e injusta a agressão que recebeu do *de cujus* ou do seu familiar, e que, além de injusta, foi atual e iminente, tendo sido moderado o meio que utilizou para sua defesa, ainda que levando à morte do agressor.

O CC/2002 ampliou o âmbito pessoal do ofendido. A legislação anterior apenas considerava o ilícito penal praticado contra a pessoa do *de cujus*. A norma legal atual também admite a exclusão do herdeiro ou legatário que participar do homicídio ou da tentativa de homicídio do cônjuge, do companheiro ou de qualquer ascendente ou descendente do *de cujus*. A reprovação moral e social também se evidencia quando são vitimados familiares deste, porque a família é o *locus* especial de realização existencial e afetiva de cada pessoa. A ofensa a qualquer dos familiares repercute na pessoa. Às relações civis não se aplica a individualização da ofensa, típica do direito penal, pois são regidas pelo princípio da solidariedade.

O CC/2002 não exige que tenha havido decisão judicial condenatória, no âmbito penal, nem seu trânsito em julgado. Basta a prova que se faça no juízo cível do fato delituoso. A sanção civil não depende da sanção criminal. Todavia, se houver decisão judicial criminal absolutória, esta prevalecerá no âmbito cível, pois este é o critério adotado pelo direito brasileiro, para superação do eventual conflito das decisões judiciais. Contudo, se a decisão judicial absolutória não for de mérito, isto é, quando se ativer a fundamentos de natureza formal sem ter sido reconhecida a inexistência material do fato, não prevalecerá sobre o juízo cível, que poderá concluir livremente pela exclusão do herdeiro, que é fundada essencialmente na reprovação moral da conduta. A decisão no juízo criminal, que conclui pela extinção da punibilidade não impede o ajuizamento da ação de exclusão do herdeiro e a decisão cível nesse sentido, pois o CC/2002 alude a crime e não a que tenha havido crime e punição. Para Pontes de Miranda, se já ajuizada a ação penal, o juiz cível pode suspender o curso da ação de exclusão do herdeiro ou do legatário, até que aquela seja julgada e haja trânsito em julgado, mas se a sentença criminal concluir que o fato imputado não constitui crime tem de ser atendida pelo juízo cível, se houver trânsito em julgado (1972, v. 55, p. 125).

Para o STJ (REsp 1.943.848) a exclusão atinge igualmente o herdeiro que seja autor, coautor ou partícipe de ato infracional análogo ao homicídio doloso praticado contra ascendentes, sendo irrelevante para fins civis o conceito literal ou textual de homicídio.

(2) os que ofenderem a honra do *de cujus*. A ofensa pode ter sido lançada à pessoa ou à memória do ofendido, para fins de exclusão da herança. A lei brasileira contém a ofensa à honra, para fins de exclusão da herança, em duas hipóteses: a) situações tipificadas como crime contra a honra do *de cujus* ou do cônjuge ou companheiro deste; b) acusação caluniosa em juízo contra o *de cujus*.

Consideram-se crimes contra a honra, segundo a legislação penal, a calúnia (imputação falsa de fato definido como crime a pessoa viva ou morta, ou sua divulgação), a difamação (imputação de fato ofensivo à reputação da pessoa, ainda que verdadeiro) e a injúria (ofensa à dignidade ou ao decoro da pessoa, que pode ser desconsiderada pelo juiz se a ofensa tiver sido provocada pelo ofendido ou se tiver sido revide imediato à injúria cometida pelo próprio ofendido).

Para fins da exclusão do herdeiro, distinguem-se a calúnia, tida como crime, e acusação caluniosa feita em juízo, que não configura crime contra a honra. De modo geral, a ofensa contra honra de uma pessoa, quando irrogada em juízo, em razão de manifestações escritas ou orais no processo, exclui-se do tipo criminal. Todavia, a acusação caluniosa, ainda que proferida em juízo, deve ser sempre considerada como ofensa grave à pessoa ou à memória do *de cujus*, ou a de seu cônjuge ou companheiro, sem as atenuantes ou isenções admissíveis à difamação ou à injúria. Assim, acusação caluniosa irrogada em juízo, lançada por escrito ou durante discussão da causa, leva à exclusão do ofensor da herança do ofendido. Porém, a acusação caluniosa em juízo apenas leva à exclusão do ofensor da herança se a ofensa for dirigida ao *de cujus*, diferentemente da que ocorre fora do processo judicial, abrangente do cônjuge ou do companheiro, em virtude das circunstâncias distintas.

Em razão da natureza punitiva da exclusão do herdeiro, o STJ entende que a melhor interpretação jurídica acerca da questão consiste em compreender que o Código Civil não se contenta com a acusação caluniosa em juízo qualquer, senão em juízo criminal (REsp 1.185.122).

Não constituem crime contra a honra a difamação ou a injúria que forem lançadas em juízo pela parte ou pelo advogado, em virtude de exaltação de ânimos decorrente da discussão da causa, ou se decorreram de crítica literária, artística ou científica, tendo em vista o princípio constitucional de liberdade de expressão, ou, ainda, o conceito desfavorável emitido por funcionário público, no encaminhamento ou apreciação do processo administrativo. A lei penal também admite a isenção da pena se o ofensor se retratar cabalmente da calúnia ou da difamação. Mas a isenção da pena produz efeitos apenas no âmbito criminal, não vinculando o juízo cível, que pode decidir pela exclusão da herança do ofensor, em virtude de sua natureza de reprovação moral.

Não ensejam a exclusão do herdeiro a difamação, a injúria e, até mesmo, a calúnia dirigidas aos descendentes ou ascendentes do *de cujus*. A lei não considera de mesmo grau de reprovação a conduta que leva ao homicídio desses parentes e a conduta ofensiva de suas reputações, boas famas e honorabilidades. Sob o ponto de vista da sucessão, a ofensa à honra não compromete a ordem da vocação hereditária como o assassinato dos familiares sucessíveis.

Em todas as hipóteses de ofensas à honra do *de cujus* ou a de seu cônjuge ou companheiro é de se ressaltar a natureza de reprovação moral da conduta. A

— 184 —

decisão do juízo penal para qualificação do crime contra a honra não é pré-requisito para a decisão no juízo cível da exclusão do herdeiro. O que interessa é que a conduta se enquadre no tipo de crime contra a honra, como critério de delimitação, mas não que haja condenação judicial prévia do herdeiro pelo cometimento do crime. Em sentido contrário, exigindo a materialização do crime com a condenação criminal, Silvio Rodrigues (2002, p. 69) e Maria Helena Diniz (2022, p. 53).

(3) os que tenham inibido, limitado ou impedido o *de cujus* de elaborar seu testamento. Essa hipótese diz respeito às condutas atentatórias à liberdade de testar, cometidas pelo herdeiro ou legatário com intuito de beneficiar a si próprio, outro herdeiro ou terceiro. Essa interferência compromete a autodeterminação do testador e a higidez do testamento. A lei exige, para caracterização dessa hipótese, que o herdeiro ou legatário tenha se utilizado de violência ou meios fraudulentos, que devem ser provados pelos interessados na exclusão, sejam eles os demais coerdeiros ou outros legatários. No direito brasileiro, essa causa de exclusão é antiga, pois já constava das Ordenações Filipinas (Liv. IV, Tít. 84), que considerava indigna a pessoa "que impedir a outra fazer o testamento, ou outra qualquer última vontade, por força, ou engano, que lhe faça per si, ou por interposta pessoa, sendo herdeiro", com a peculiaridade de perder sua parte na herança em benefício da Coroa (Estado). O CC/2002 atendeu à crítica de Pontes de Miranda (1972, v. 55, p. 126) quanto às expressões "violência e fraude", que foram substituídas com vantagem por "violência ou meios fraudulentos", como requisito para exclusão do herdeiro ou legatário que inibir ou obstar a liberdade do testador de dispor de seus bens.

Algumas dessas condutas podem ter ocorrido em vida do *de cujus*: tentativa de homicídio contra ele, ou contra seus familiares; ofensa à sua honra ou a de seu cônjuge ou companheiro; violência ou meios fraudulentos para obtenção de resultados no testamento do *de cujus*. Podem, também, ter ocorrido após sua morte: homicídio ou tentativa de homicídio contra seus familiares herdeiros; ofensa tipificada como calúnia, difamação ou injúria contra sua memória ou contra a pessoa de seu cônjuge ou companheiro sobreviventes ou falecidos.

Entendeu o STJ (REsp 1.102.360) que a indignidade tem como finalidade impedir que aquele que atente contra os princípios basilares de justiça e da moral, nas hipóteses taxativamente previstas em lei, venha receber determinado acervo patrimonial, o que não ocorreu em caso de vários desentendimentos e discussões familiares entre pai e filha.

— 185 —

9.4. Natureza Judicial da Exclusão

A exclusão de herdeiro ou legatário não é automática, em face da ocorrência real de qualquer das hipóteses legais. Exige-se sua comprovação e decisão judicial, assegurada ampla defesa ao que a cometeu. A evidência da conduta enquadrável em qualquer das hipóteses de exclusão de herdeiro ou legatário não é suficiente. Exige-se, pois, decisão judicial. A ação apenas pode ser ajuizada após a abertura da sucessão (morte do *de cujus*).

No entanto, a Lei n. 14.661/2023, ao introduzir o art. 1.815-A ao Código Civil, instituiu modalidade de exclusão automática do herdeiro ou legatário, independentemente de pedido de interessado ou de decisão do juízo cível, quando houver trânsito em julgado de sentença penal condenatória em qualquer das hipóteses previstas no CC, art. 1.814 (especialmente homicídio doloso ou sua tentativa, acusação caluniosa em juízo ou crime contra a honra, todos contra o autor da herança, seu cônjuge ou companheiro, ascendente ou descendente), ainda que não tenha havido a abertura da sucessão; quando esta se der, o herdeiro será automaticamente excluído, sem incidência de prazo decadencial. Essa exclusão automática não alcança o que não integra a herança, a exemplo dos benefícios de seguros ou de planos previdenciários.

Se não houver trânsito em julgado de sentença penal condenatória, o pedido de exclusão de herdeiro ou legatário deve ser processado em autos distintos dos do inventário judicial, quando deste se tratar. A exclusão de herdeiro ou legatário é questão de alta indagação, o que reclama ação própria. A decisão judicial da exclusão é prejudicial da partilha, que deve aguardá-la, porque os quinhões dos herdeiros delas podem ser dependentes, se o excluído não tiver descendentes que o representem. O inventário e a partilha amigáveis podem ser sustados ou terem seus efeitos suspensos por decisão judicial, a pedido de eventuais beneficiários pela exclusão (como os descendentes), ainda que os diretamente suscetíveis e partícipes da escritura pública estejam concordes em não a suscitar.

Pode requerer a exclusão de herdeiro ou legatário qualquer interessado na sucessão ou o Ministério Público (CC, art. 1.815, § 2º). Não pode ser qualquer pessoa, pois a lei alude a "direito de demandar a exclusão do herdeiro". Considera-se interessado o herdeiro legítimo da classe chamada a suceder, ou seja, o diretamente beneficiado com a sucessão (descendente, ou ascendente, ou parente colateral), o cônjuge ou o companheiro, em virtude do direito à sucessão concorrente com qualquer dos anteriores, e o legatário, se for beneficiário da exclusão, por força do direito de acrescer. Também são interessados os descendentes do herdeiro que pode ser excluído, em razão do direito de representação. Tendo em vista que o Código Civil ampliou o universo pessoal da ofensa, são legitimados a pedir a exclusão do herdeiro ou legatário qualquer dos que essa lei considerou vítimas da ofensa, ou seja, o cônjuge, ou companheiro, os descendentes e os ascendentes, na hipótese de homicídio ou tentativa de homicídio contra qualquer deles, ou o cônjuge, ou companheiro, vítima de crime contra sua honra.

De acordo com entendimento expressado no enunciado 116 da Jornada de Direito Civil/CJF, o Ministério Público também é legitimado a promover a ação de exclusão de herdeiro ou legatário, por indignidade, desde que presente o interesse público.

Não são legitimados a requerer judicialmente a exclusão do herdeiro os credores do *de cujus*, pois a garantia de seus créditos é dada pela herança em conjunto, independentemente de quem seja o herdeiro.

O direito de pedir sofre o curso do tempo. Há de ser exercido dentro do prazo total de quatro anos (CC, art. 1.815, § 1º), que é de decadência, e não mais de prescrição, como estabelecia a legislação anterior. Por essa razão, o prazo não pode ser submetido a suspensão ou interrupção. O termo inicial será sempre o da data do falecimento do *de cujus*.

9.5. Efeitos da Exclusão por Indignidade

A exclusão produz efeitos apenas em relação ao herdeiro ou legatário que seja o autor da lesão ou ofensa. Não repercute em relação aos seus próprios descendentes ou sucessores, que assumirão seu lugar, no exercício do direito de representação.

A exclusão do herdeiro ou do legatário equivale à morte destes. O direito vale-se de instrumento operacional de ficção, afastando o excluído como se tivesse morrido antes da abertura da sucessão. Difere da renúncia, pois esta opera como se o renunciante nunca tivesse existido. Como não há representação do legatário, sua exclusão acarreta a transmissão do bem a que fariam jus os herdeiros do *de cujus*, assemelhando seus efeitos ao da renúncia.

Os descendentes do excluído sucedem em seu lugar, com efeitos a partir da abertura da sucessão, em razão do princípio da *saisine*, fazendo jus ao exato montante de seu quinhão, de acordo com o grau nessa classe, a saber, os filhos dele preferem aos netos e, assim, sucessivamente. Se os descendentes forem absolutamente incapazes, o excluído não deterá a representação legal destes, para o fim específico da sucessão do *de cujus*, pois sua atuação poderia ser em fraude à lei, que o pôs fora inteiramente da sucessão, direta ou indiretamente. Do mesmo modo, não poderá assistir os descendentes relativamente incapazes. Em consequência, o excluído não pode exercer a administração dos bens que seus descendentes herdarem em seu lugar, nem o usufruto sobre eles, que são direitos regularmente atribuídos aos que exercem o poder familiar. Tampouco poderá ser sucessor de seus descendentes nesses bens (por exemplo, se seu único filho, que tiver herdado em seu lugar, por força da exclusão, vier a morrer antes dele, sem ter deixado filhos).

No regime matrimonial de comunhão universal, os bens adquiridos por herança entram na comunhão do casal automaticamente. Se um cônjuge herdar, o outro passa a ser titular da metade ideal desses bens. Contudo, se houver exclusão de herdeiro por indignidade, os efeitos retroativos da decisão judicial transitada em julgado também alcançam a comunhão e a meação de seu cônjuge, sob pena de tornar parcialmente inócua tal decisão.

Os terceiros de boa-fé não são prejudicados pelos efeitos da exclusão. Considera-se em boa-fé o terceiro que tiver pactuado negócio jurídico com o herdeiro, antes da sentença judicial que determinar a exclusão. Assim, se o herdeiro ou legatário, antes da sentença, transferiu para terceiro sua parte ideal na herança, mediante escritura pública de cessão de seus direitos, esse negócio jurídico é válido. Do mesmo modo, se tiver vendido bem que lhe foi destinado no inventário e partilha extrajudicial, antes da sentença judicial de exclusão. A presunção de boa-fé é absoluta, por força de lei, porque antes da sentença o indigno é herdeiro e titular do direito subjetivo correspondente e da posse que lhe foram transmitidos desde a abertura da sucessão, por força da *saisine*. Somente o trânsito em julgado da sentença retira-lhe a legitimidade para suceder, mas com efeito retroativo relativo. "Seria perturbante da ordem social e jurídica que os atos de quem está de posse da herança, inclusive se é inventariante ou até mesmo cabeça de casal, ficassem expostos à eficácia *ex tunc* da exclusão do herdeiro por indignidade" (Pontes de Miranda, 1972, v. 55, p. 132). A aparência da regularidade da aquisição da herança é suficiente, não podendo ser questionados em juízo indícios ou mesmo provas do prévio conhecimento pelo terceiro dos fatos que poderiam levar à exclusão, pois não lhe cabe antecipar resultado de decisão judicial, dependente de convencimento do julgador. O mesmo ocorre com os negócios jurídicos legalmente celebrados, em razão da administração dos bens da herança, pelo herdeiro que vier a ser excluído posteriormente (por exemplo, contrato de locação).

Todavia, os demais herdeiros que demonstrarem prejuízos ou danos com esses atos, ainda que não possam revê-los, têm pretensão a receber do herdeiro excluído a respectiva indenização, ou reparação em dinheiro. A lei também impõe ao herdeiro ou legatário excluído o dever de devolver ao espólio ou, se já concluída a partilha antes da sentença de exclusão, aos herdeiros, os frutos civis, naturais e industriais, ou seus respectivos valores, e os rendimentos provenientes da administração dos bens da herança, percebidos antes da sentença. Para que não se incorra, inversamente, em enriquecimento sem causa, o herdeiro excluído tem direito a receber os valores próprios que desembolsou no exercício da administração dos bens, em razão do princípio que regula a posse, inclusive quando de má-fé, a exemplo de pagamentos que efetuou de tributos incidentes sobre os bens da herança.

A legislação processual (art. 640 do CPC) também impõe ao excluído o dever de conferir, para o efeito de repor a parte inoficiosa, as liberalidades que houve do doador. Se a parte inoficiosa da doação recair sobre bem imóvel que não comporte divisão cômoda, o juiz determinará que sobre ela se proceda a licitação entre os herdeiros.

Se os atos não foram legalmente praticados pelo herdeiro excluído, como exige a lei, tem-se ação de nulidade ou desconstituição desses atos, e não apenas de indenização. Incluem-se entre os atos ilegalmente praticados os que se efetivaram após a sentença judicial transitada em julgado. Tais atos são nulos e ineficazes, por faltar poder ao herdeiro excluído.

Em princípio, os efeitos da sentença judicial de exclusão são retroativos à data da abertura da sucessão, pois se opera a ficção jurídica de sua morte civil, para fins da sucessão do *de cujus*, que seria anterior à morte real deste. Contudo, a proteção dos terceiros de boa-fé mitiga a retroatividade dos efeitos, que não os atinge.

9.6. Reabilitação do Excluído da Herança

O direito admite que a exclusão da herança seja afastada, em virtude do perdão do ofendido ao herdeiro ou legatário ofensor. Acolhe-se no plano do direito essa elevada expressão de humanidade e superioridade moral, que é o perdão a quem o ofende, sem se esperar reciprocidade ou reconhecimento. A conduta existiu, mas o gesto de perdão afasta a incidência da norma legal sancionadora. Para os fins da sucessão hereditária, o perdão tem o sentido de reabilitação do herdeiro ou legatário ofensor: o herdeiro adquire a habilitação legal com a abertura da sucessão; pode perdê-la se houver sentença de exclusão; readquire-a com o perdão (reabilitação). O perdão não pode ser impugnado por nenhum dos interessados, salvo na hipótese de invalidade do próprio ato.

O CC/2002, que ampliou o universo dos potenciais lesados pelo herdeiro, alude à reabilitação pelo "ofendido". O Código anterior apenas admitia a reabilitação por ato do *de cujus*. O ofendido pode ser, além do *de cujus*, seu cônjuge, seu companheiro, ou, na hipótese de homicídio ou tentativa de homicídio, o descendente ou o ascendente. Assim, pode ter ocorrido a reabilitação, em vida do *de cujus*, por ato seu ou por ato do familiar diretamente ofendido. A reabilitação também se dá, após a morte do *de cujus*, por ato de seu familiar, que tiver sido ofendido ou lesado por conduta do herdeiro, cometida antes ou depois da abertura da sucessão.

A reabilitação é ato personalíssimo. Só pode perdoar ou reabilitar quem foi diretamente ofendido, não se admitindo o efeito reflexo. Se o ofendido com a tentativa de homicídio foi o filho *de cujus*, somente ele pode ter a iniciativa, não sendo legitimado para isso seu genitor sobrevivente ou um irmão. Consequentemente, na hipótese do homicídio, em razão do fim da pessoa do ofendido, nenhum de seus familiares está legitimado a reabilitar o ofensor, tornando-se definitiva a exclusão do herdeiro.

O ato de reabilitação deve ser expresso, revestido de formalidade para sua validade e eficácia. A reabilitação deve estar contida em testamento ou em outro documento autêntico. O testamento – público, particular ou cerrado – não necessita ser específico para tal fim, podendo a habilitação estar contida em manifestação indiscutível do testador, no sentido de que perdoou o ofensor, ou que não deseja que ele sofra restrição na herança. O "ato autêntico", segundo o enunciado do CC/2002, art. 1.818, não precisa ser instrumento público, lavrado por notário, mas que seja escrito, inclusive em documento particular, revelando indiscutivelmente a vontade do ofendido em perdoar ou reabilitar o ofensor.

O ato de reabilitação é ato jurídico em sentido estrito, que produz efeitos com a declaração unilateral de vontade. Apenas está sujeito a questionamento de sua validade se se comprovar a existência de algum defeito do negócio jurídico, como o erro, o dolo, a coação.

Pode haver reabilitação parcial, em virtude de manifestação tácita do *de cujus*, quando tiver sido ele o ofendido e que denote o perdão ou desconsideração voluntária da ofensa. Dá-se quando o *de cujus* tiver deixado testamento contemplando o ofensor com determinados bens ou parte da herança, extraídos da parte disponível. Todavia, a reabilitação tácita limita-se aos bens e valores expressamente destinados no testamento ao ofensor, não se admitindo por esse meio a reabilitação total, até porque não foi esse o desejo do testador. Por esse meio, continua o herdeiro excluído do restante da herança.

9.7. Deserdação

A deserdação é ato voluntário do testador, desde que se enquadre em uma das causas previstas em lei. A deserdação vai contra os herdeiros necessários, mediante declaração de vontade do titular dos bens, porque quando não tiver familiares que a lei qualifique como herdeiros necessários, bastará que destine todos os seus bens a terceiros, excluindo os demais herdeiros legítimos (não necessários, como os parentes colaterais), mediante testamento. As causas da deserdação encerram-se em *numerus clausus*, da mesma forma que ocorre com as causas da exclusão do herdeiro por indignidade, para que não se deixe à discricionariedade do juiz a apreciação da exclusão da sucessão. No sentido amplo do termo, indignidade compreende todas as causas de exclusão legal e de deserdação voluntária. Se a causa referida pelo *de cujus* em testamento não se enquadrar em uma das legalmente previstas, não poderá ser considerada, ainda que possa ser tida como mais grave ou ofensiva que estas. Assim é porque a deserdação tem caráter de excepcionalidade, não podendo haver interpretação extensiva.

No CC/2002, a deserdação vem tratada no âmbito da sucessão testamentária. O testamento é apenas seu instrumento, mas a finalidade é a exclusão do herdeiro necessário, o que a conduz necessariamente à sucessão legítima. Apenas são deserdáveis os herdeiros necessários. Assim também pensa Zeno Veloso (2003, p. 311), que atribui o vínculo à sucessão testamentária à mera atração da forma, quando o que interessa é a substância.

Para a deserdação são necessários: a) que a declaração seja feita exclusivamente em testamento; b) que se funde em justa causa, das que a lei enumera; c) que essa causa seja expressamente declarada no ato de deserdação; d) que seja provada e julgada por sentença, com audiência do deserdado, que pode opor contestação e demonstrar a improcedência da imputação que lhe é feita (Clóvis Beviláqua, 2000, § 84).

No direito romano antigo, com a ampla liberdade de testar, para a deserdação, inclusive do filho, bastava que este não fosse contemplado no testamento. Não havia direito à herança, por parte dos herdeiros. Posteriormente, com a proteção legal da parte legítima dos herdeiros necessários, surgiu a deserdação, mas não precisava de causa ou fundamento. No direito moderno, a deserdação ressurgiu com necessidade de causa determinada e, no Brasil, com exigência de declaração em testamento, não sendo válidos outros documentos, ainda que públicos. A exigência de testamento, todavia, é apenas quanto à forma; não transforma a deserdação em instituto da sucessão testamentária, pois afeta os pressupostos da sucessão legítima, inclusive o da ordem de vocação, pois quem era herdeiro necessário deixa de o ser, suprimindo a legitimidade da vocação.

A deserdação depende de declaração expressa da causa ou das causas. A lei não exige que sejam utilizados termos jurídicos, mas a causa deve ser clara, não se admitindo que seja indicada tacitamente, ou de modo indireto, ainda que não haja necessidade de declinar a prova da conduta. Se o testador alude genericamente a condutas de quem poderá ser seu herdeiro necessário como indignas e ofensivas, ou se manifesta seu sentimento de ódio sem dizer claramente a causa, que possa ser confrontada com as hipóteses legais, essas declarações não fundamentam a deserdação.

A deserdação é ato complexo que pressupõe:

(1) enunciado do fato ou conduta, qualificável como causa de deserdação;

(2) declaração expressa de deserdar o herdeiro necessário;

(3) utilização de uma das formas legais de testamento;

(4) prova da ocorrência da conduta e da causa, a ser feita pelos interessados, em juízo, após a abertura da sucessão.

Entre os herdeiros necessários, o CC/2002 incluiu o cônjuge. Todavia, ao tratar da deserdação omitiu a referência às eventuais causas que possibilitariam sua deserdação. Por se tratar de supressão do direito à herança, o silêncio da lei deve ser considerado eloquente, isto é, não pode haver deserdação do cônjuge, por ausência de causa legal. Não pode haver interpretação extensiva nessa matéria, buscando analogia com as causas de deserdação dos descendentes ou dos ascendentes. Para o cônjuge, portanto, são aplicáveis exclusivamente as causas legais de exclusão de qualquer herdeiro, por indignidade.

Por similitude com a exclusão do herdeiro por indignidade, são pessoais os efeitos da deserdação. O herdeiro necessário deserdado equipara-se ao excluído, não sendo contaminados os direitos de seus descendentes, que herdam em seu lugar.

O único instrumento da deserdação é o testamento. Nenhum outro documento é idôneo para tal fim. A deserdação pode ser o único objeto do testamento, ou ser neste incluída. O testador, para deserdar seu herdeiro necessário, além do dever de indicar a causa, dentre as legalmente previstas, deve descrever o fato e suas circunstâncias, de modo a que, após sua morte e a abertura do testamento, possam os interessados na deserdação prová-la e o deserdado contestá-la, na ação própria, que corre paralelamente ao inventário judicial. Em face de a deserdação estar contida em testamento, o inventário apenas pode ser judicial.

Tendo em vista que o testamento serve apenas de forma para a deserdação, que suprime o direito à herança, se nova lei tiver suprimido a forma utilizada pelo testador prevalecerá sobre a antiga lei, tornando ineficaz a declaração de deserdação quando houver a abertura da sucessão, se, antes desta, o testador não a tiver refeito de acordo com a forma testamentária nova. A declaração de deserdação, apenas contida em testamento, pode ser revogada por outro testamento.

9.8. Causas e Provas da Deserdação

O CC/2002 indica as seguintes causas de indignidade, que permitiriam a deserdação dos descendentes, em testamento, além das causas de exclusão de herdeiro:

(1) ofensa física. Deve ser entendida como qualquer lesão grave ou leve sofrida pelo *de cujus*, em seu corpo, praticada pelo descendente. É a violação à integridade física. Como a lei não prevê o requisito de gravidade da ofensa física, compreende qualquer lesão sofrida, mas deve o julgador aferir se, de acordo com as regras de experiência comum e dos padrões culturais existentes na comunidade onde habita o testador, ela é suficiente para merecer a rejeição social. Não é possível incluir empurrões, brigas ou equivalentes, em situações de exaltações de ânimos e discussões, que podem ocorrer durante os relacionamentos entre familiares. Excluem-se também as ofensas físicas que resultarem de revide equivalente e imediato a ofensas físicas do próprio testador. Devem ser, igualmente, desconsideradas as ofensas sem gravidade que ocorreram em momento muito remoto da vida dos familiares e que não mais se repetiram, porque o direito não é estuário de rancores ou ressentimentos acumulados ou de tardios sentimentos de vingança. Quem não pode ser punido criminalmente pelo ato invocado de ofensa física não pode ser deserdado;

(2) injúria grave. Essa causa já está contemplada entre as causas da exclusão do herdeiro, em qualquer grau e sem depender de manifestação em testamento. A injúria grave pode estar incluída no crime de calúnia. Para o ato de deserdação é necessária a justificativa da gravidade da injúria, feita pelo testador. Cabe à Justiça apreciar concretamente a gravidade da injúria. A injúria há de ter sido cometida diretamente pelo descendente, não servindo para a deserdação sua conduta de incitação a terceiro para cometê-la;

(3) relação sexual com o padrasto ou a madrasta. O *de cujus* deserda o próprio filho a ou filha que se relacionar sexualmente com seu cônjuge ou companheiro. Por se tratar de restrição de direito, deve compreender apenas o ato sexual consumado e provado. Não basta o assédio, o galanteio, o namoro, a declaração amorosa. Se a relação sexual teve origem em ameaça, ou fraude, ou sedução do padrasto ou da madrasta não pode servir de fundamento para a deserdação;

(4) desamparo do ascendente. São duas as hipóteses: alienação mental ou grave enfermidade do ascendente, em razão das quais o descendente sucessível se distanciou sem prestar-lhe os cuidados possíveis. O ascendente desamparado referido na lei é o próprio *de cujus*, pois alude o CC/2002, art. 1.962, a "do ascendente" e não a "de ascendentes", o que alcançaria todos (o pai ou a mãe

sobrevivente, os avós etc.). Quanto à alienação mental, apenas é possível que seja causa da deserdação se tiver sido revertida antes da realização do testamento, que supõe higidez mental do testador.

A remissão que a lei faz às mesmas causas de exclusão por indignidade deve ser interpretada com cuidado. A primeira causa de exclusão, que é de autoria ou cumplicidade no homicídio do *de cujus*, dificilmente pode ser causa de deserdação, pois o morto não pode testar. Restaria a hipótese de tentativa de homicídio. A calúnia em juízo e o crime contra a honra podem abranger a injúria grave.

Qualquer dessas causas deve assentar em conduta ocorrida quando ainda era vivo o *de cujus*. A conduta constitutiva de justa causa deve preceder à morte, inclusive na hipótese em que, em tese, poderia acontecer posteriormente, a saber, a injúria grave. Não pode ser deserdado quem não possa ser penal ou civilmente imputável pela conduta, por não ter o necessário discernimento para a prática desses atos, ou capacidade delitual.

O exercício normal do direito de ação, na busca da destituição do testador da condição de inventariante, no inventário dos bens deixados pela esposa deste, não autoriza a deserdação do herdeiro (STJ, REsp 1.185.122).

O CC/2002 também autoriza a deserdação de ascendente do testador, igualmente em razão de ofensa física, ou de injúria grave, ou de relações sexuais com o marido, a mulher, companheiro ou companheira do neto ou neta daquele (filho ou filha do testador), ou de desamparo do filho testador ou do neto testador, para cujas causas aplicam-se as considerações equivalentes acima referidas.

A prova é ônus dos demais herdeiros necessários, porque são presumivelmente interessados na deserdação. Interessado é quem pode se beneficiar diretamente com a deserdação, não se tendo como tal o testamenteiro, que não seja herdeiro necessário, ou quem não possa ser chamado à sucessão, em virtude da deserdação. Tampouco é legitimado o Ministério Público. Se não houver outros herdeiros necessários, são interessados todos os demais herdeiros, a saber, os parentes colaterais até o quarto grau, ou, na falta destes, a Fazenda Pública municipal, distrital ou federal. Se nenhum herdeiro necessário ou legítimo se dispuser a provar a causa da deserdação, alegada e descrita pelo testador, ou não conseguir prová-la, ela não produzirá efeitos, devendo o herdeiro necessário, que seria deserdado, receber aquilo a que faria jus. A deserdação provoca a extinção do direito e não apenas sua restrição, o que torna exigente prova indiscutível, a ser produzida pelo interessado, de acordo com o fato e as circunstâncias descritos pelo testador, não sendo cabíveis indícios ou presunções.

Se há pluralidade de causas, basta a prova de uma delas. O deserdado tem de ser citado, para que possa impugnar a deserdação. O deserdado pode tomar a iniciativa e ajuizar ação impugnatória da declaração de deserdação.

A prova há de ser feita pelo interessado dentro do prazo de quatro anos, "a contar da data da abertura do testamento" (CC, art. 1.965). Esse prazo é decadencial, não se admitindo suspensão ou interrupção. Somente os interessados diretos na sucessão são legitimados ativos à ação e se esta não for ajuizada no prazo decadencial de quatro anos, "o que era herdeiro, embora indigno, não mais está exposto à impugnação" (Pontes de Miranda, 1972, v. 55, p. 121). Há equívoco ou restrição no texto da lei, pois apenas o testamento cerrado é sujeito à abertura. O testamento particular e o testamento público já são abertos por suas características; estes, diferentemente do testamento cerrado, que tem conteúdo fechado, não estão sujeitos à abertura pelo juiz, mas à apresentação em juízo, para fins do inventário. De acordo com a legislação processual, o testamento cerrado é aberto e determinado o registro pelo juiz; no testamento público o juiz ordena seu cumprimento sem abri-lo ou registrá-lo; o testamento particular é confirmado pelo juiz, após ouvir as testemunhas. Assim, considerando que já estão abertos desde sua realização e que apenas produzem efeitos com a abertura da sucessão, a data desta deve ser considerada o termo inicial do prazo decadencial de quatro anos, para que se produza a prova da causa alegada da deserdação, quando o testamento for público ou particular.

A causa invocada para justificar a deserdação, constante de testamento, deve preexistir ao momento de sua celebração, não podendo contemplar situações futuras e incertas. Se a causa da deserdação não for admitida em juízo ou não tiver sido suficientemente comprovada, não constitui coisa julgada em relação à exclusão por indignidade, cuja ação pode ser ajuizada.

A consequência da deserdação, confirmada em juízo, em relação aos demais herdeiros, é a chamada dos descendentes do herdeiro necessário deserdado, que adquirem a respectiva parte da herança em seu lugar, em virtude do direito de representação. Se não tiver descendentes, sua parte da herança será acrescida aos demais herdeiros de idêntico grau ao seu (por exemplo, seus irmãos). Se for o único herdeiro e não tiver descendentes, a herança seguirá a ordem de vocação, a saber, os ascendentes, na falta destes aos parentes colaterais, na falta destes a Fazenda Pública; seu cônjuge ou companheiro não o substitui, porque não detém o direito de representação e o deserdado nada herdou.

9.9. Inconstitucionalidade da Deserdação

Há crítica doutrinária antiga, que perfilhamos, à pertinência da deserdação, que consiste em legitimar poder excessivo e discricionário do testador para afastar por ato de vontade pessoal seu herdeiro legítimo, ainda que contido em causas predefinidas pela lei. O móvel quase sempre não é elevado, mas eivado de sentimentos menores ou punitivos. As causas de exclusão configuram o elenco de hipóteses longamente assentadas e suficientes para afastar o herdeiro, sem depender do ato de vontade do testador, tornando a deserdação dispensável para tal fim. A deserdação fazia sentido quando o direito das sucessões tinha como princípio a vontade quase soberana do testador, segundo modelo legado pelos antigos romanos. A deserdação, por ato de vontade do testador, como modo de exclusão do direito à herança, não é admitida em outros ordenamentos jurídicos, como se vê no Código Civil italiano, que apenas trata da indignidade, subordinada às causas legais, muito próximas às do direito brasileiro.

Em face do princípio constitucional da primazia do direito à herança, assegurado pela Constituição, a manutenção da faculdade de deserdação no CC/2002 incorre em inconstitucionalidade. O direito à herança dos herdeiros necessários não pode ficar submetido à decisão discricionária do testador, ainda que limitada ao enquadramento em uma das causas previstas na lei. Note-se que a deserdação atinge os direitos dos herdeiros que são merecedores de proteção legal especial, daí serem denominados necessários, sendo-lhes assegurada a intangibilidade da metade legítima, principalmente em face do testador. A deserdação rompe a barreira de proteção legal tornando-a maleável à vontade do testador. O direito à herança surgiu na Constituição para tornar a sucessão legítima prioritária, notadamente a necessária, não podendo ser suplantada pela sucessão testamentária ou desafiada pela vontade do testador. As causas de exclusão, previstas no CC/2002, art. 1.814, não dependem, para sua concreção, de testamento ou da vontade do testador, pois a lei determina que "são excluídos da sucessão" quem comete alguma das quatro condutas ali previstas, porque elas são incompatíveis com o direito à herança. Portanto, é abundante e desnecessária a regra do CC/2002, art. 1.961, que prevê poderem os herdeiros necessários ser privados ou deserdados de sua legítima "em todos os casos em que podem ser excluídos da sucessão".

Se o magistrado não se convencer da inconstitucionalidade da deserdação, máxime por violar o direito constitucional à herança, deve imprimir-lhe interpretação estrita. Na dúvida, deve prevalecer o direito à herança do herdeiro necessário e não a vontade do testador.

CAPÍTULO X
Sucessão Testamentária em Geral

Sumário: 10.1. Sucessão testamentária. 10.2. Testamento. 10.3. Outras finalidades patrimoniais e extrapatrimoniais do testamento. 10.4. Capacidade e legitimidade para testar. 10.5. Legitimidade para suceder por testamento. 10.6. Testamenteiro. 10.7. Invalidade do testamento. 10.8. Mudança das circunstâncias do testamento. 10.9. Interpretação do testamento. 10.10. Testemunhas testamentárias. 10.11. Substituição do herdeiro ou legatário. 10.12. Fideicomisso. 10.13. Hipóteses de caducidade do fideicomisso. 10.14. Revogação do testamento. 10.15. Rompimento ou ruptura do testamento.

10.1. Sucessão Testamentária

A sucessão testamentária é a que se dá em observância às declarações de vontade expressas deixadas pelo *de cujus*, nos limites e em documentos formais admitidos pela lei.

Na tradição de alguns povos é a modalidade de sucessão hereditária preferencial. No Brasil, teve sempre utilidade secundária e residual, não penetrando nos hábitos da população, como se vê na imensa predominância da sucessão legítima nos inventários abertos. São fatores desse pouco uso as exigências formais que a lei impõe aos testamentos, o custo destes e a aceitação social das regras legais da sucessão legítima.

É imenso o fosso entre a preferência da doutrina jurídica especializada pela sucessão testamentária e a realidade social brasileira. Em seu grandioso *Tratado de Direito Privado*, Pontes de Miranda dedica um dos tomos à sucessão legítima e quatro, à sucessão testamentária. Porém, em correspondência ao sentimento coletivo de apreço à sucessão legítima, fundada no princípio da igualdade entre os herdeiros, a Constituição (art. 5º, XXX) elevou o direito à herança ao *status* de direito fundamental. São dois os fins sociais principais da norma constitucional: o de impedir que o legislador infraconstitucional suprima totalmente esse direito e o de garantia de sua aquisição pelos herdeiros.

— 197 —

O testador exerce sua autonomia ou liberdade de testar de modo limitado quando há herdeiros que a lei considera necessários. Nesta hipótese, que é a mais frequente, sua autonomia fica confinada à parte disponível, não podendo reduzir a legítima desses herdeiros. Sua autonomia é mais ampla quando não há qualquer herdeiro necessário, podendo contemplar de modo desigual os demais herdeiros ou excluí-los totalmente da herança, quando destinar a herança a terceiros. Por ser instrumento de atribuição desigual da herança e até de exclusão desta é que a lei impõe à sucessão testamentária requisitos e formalidades substanciais.

Nos sistemas jurídicos, como o brasileiro, que asseguram a intocabilidade da parte legítima ou indisponível, reservando ao testador apenas a parte disponível, a primazia é da sucessão legítima, conferindo-se papel complementar à sucessão testamentária.

Estabelece o CC/2002, art. 1.966, que o remanescente das disposições testamentárias "pertencerá aos herdeiros legítimos", quando o testador dispuser apenas de porção da parte disponível. Essa regra modifica, substancialmente, o direito anterior, que interpretava a existência do remanescente como disposição tácita do testador em benefício dos herdeiros legítimos. Se o remanescente da parte disponível pertence aos herdeiros legítimos, então se lhes assegura a plenitude da *saisine* e do direito à herança, constitucionalmente estabelecido, que não dependem de qualquer ato de vontade expressa ou tácita do testador. É mais um preceito legal que reafirma a prevalência da sucessão legítima sobre a sucessão testamentária.

A sucessão testamentária nem sempre foi acolhida pelos povos. Os hebreus não a conheceram, ainda que admitissem a partilha em vida. Só os patriarcas podiam atribuir direitos a causa da morte. Em Atenas, a partir de Sólon, permitiu-se o testamento, mas era raro alguém exercer tal faculdade, segundo as fontes.

O direito romano, apenas tardiamente, admitiu o testamento como ato de vontade individual. Durante longo período da história romana prevaleceu o princípio de que somente Deus e não o homem pode fazer herdeiro, o que afastou a sucessão testamentária. Gaio, que escreveu no século II, esclarece em suas *Institutas* (II, 101 a 103) que, após a admissão do testamento, era pressuposto deste o consenso ou aprovação pelos comícios ou assembleias do povo, convocadas duas vezes ao ano ou, excepcionalmente, em caso de guerra; quem testava tinha de, em vida, pedir a aprovação popular, para que fosse examinado o ato quanto aos costumes ancestrais e ao interesse da prole. No século VI, as *Institutas* de Justiniano dão notícia da forma de testamento introduzida por editos dos magistrados, que suplantou as antigas, para a qual bastavam as assinaturas de sete testemunhas.

O testamento desapareceu com o fim do Império Romano e somente retornou na Idade Média, impulsionado pelos interesses da Igreja cristã em receber os bens deixados por seus crentes. Por ser a principal beneficiária, a Igreja fez todo o possível para revivê-lo. Nenhum documento era necessário, duas testemunhas eram suficientes para a validade de um testamento oral, os sacerdotes atuavam como executores testamentários e os tribunais eclesiásticos julgavam as disputas. Daí as restrições à sucessão legal ou legítima, principalmente dos considerados bastardos (Heirbaut, 2009, p. 70). Durante a Idade Média a propriedade eclesiástica aumentou, sobretudo em virtude dos legados em intenção do repouso da alma (Campos, 1995, p. 61).

No direito luso-brasileiro, a partir do ano de 1769, pela lei de 9 setembro, houve preferência legal pela sucessão legítima, que integrou a Reforma Josefina impulsionada pelo Marquês de Pombal, a qual substituiu o direito romano pelas regras de boa razão das nações civilizadas. Com a Reforma Josefina, os herdeiros legítimos necessários passaram à frente, concorrendo com os testamentários, podendo estes ser contemplados apenas nos limites da parte disponível.

10.2. Testamento

Testamento é o meio apropriado para o exercício da liberdade de testar, de acordo com os tipos, efeitos e limites reconhecidos pela lei. Segundo as *Institutas* de Justiniano (Liv. 2, Tít. X), a palavra testamento vem de *testatio mentis*, atestação da vontade. A formalidade é de sua natureza e substância (não são *ad probationem*, mas *ad solemnitatem*), levando sua não observância à nulidade insuprível e, consequentemente, ao impedimento de suas finalidades. Antiga lição justifica a formalidade como meio para "prevenir os abusos e fraudes, que neste ato facilmente se poderiam cometer" (Coelho da Rocha, 1984, v. 1, § 674).

O testamento é negócio jurídico unilateral, formal e pessoal, cujos efeitos ficam suspensos até que ocorra o evento futuro e indeterminado no tempo, que é a morte do próprio testador. Se o testador puder manifestar conscientemente sua vontade e se tiver observado um dos tipos de testamento que a lei lhe faculta, o negócio jurídico existe, é válido, mas não produz ainda efeitos.

Pode ocorrer que esses efeitos nunca se produzam, se o testador revogar o testamento ou se realizar outro testamento subsequente, no qual disponha inteiramente de seus bens. Também não produzirá efeitos o testamento se o testador, em vida, tiver alienado todo seu patrimônio, nada deixando de apreciável economicamente, nem tendo feito disposições de caráter não econômico. Não produz efeitos o testamento que tiver sido destruído pelo próprio testador, quando não tenha escolhido o instrumento público, ou tenha sido perdido ou extraviado e não possa ser regularmente reconstituído.

O testamento é igualmente conhecido como declarações de última vontade. Na língua inglesa, o testamento é denominado como vontade (*will*), ou ato de última vontade (*act of last will*), pelo fato de conter a vontade expressa do testador sobre seu patrimônio (Castelain, Foqué, Verbeke, 2009, p. 3). Essa relação com a autonomia da vontade atingiu seu clímax no período do individualismo jurídico, para o qual a sucessão legítima seria insuportável interferência da lei na ampla autodeterminação dos sujeitos.

A doutrina alude à vinculabilidade própria do testamento, que constitui uma situação jurídica cujo conteúdo consiste na impositividade de sujeição do espólio às disposições testamentárias, de modo que há necessidade de revogação na forma prevista em lei se o testador não quiser que seus efeitos se realizem (Mello, 2004, p. 86).

Não pode ser objeto do testamento a legítima dos herdeiros necessários, salvo para gravá-la com cláusula de inalienabilidade, impenhorabilidade ou incomunicabilidade, desde que justificada expressamente. Há disposição expressa nesse sentido no CC, art. 1.857, § 1º: "A legítima dos herdeiros necessários não poderá ser incluída no testamento". Todavia, decidiu o STJ (processo em segredo de justiça, julgado pela 3ª Turma – *STJ Notícias*, 27-6-2023) que o autor da herança tem o direito de organizar e estruturar a sucessão, podendo a legítima constar do testamento, desde que isso não implique privação ou redução da parcela a eles destinada; no caso, o testador dispôs sobre a totalidade de seu patrimônio destinando 75% para os filhos e o restante para os sobrinhos.

Se não houver herdeiros necessários, pode o testador dispor de todos os bens ou parte deles; pode o testador instituir herdeiro ou herdeiros testamentários para a totalidade ou parte da herança ou apenas distribuí-la em legados; se o testador não distribuir toda a herança, a parte que sobejar irá para os herdeiros legítimos.

O testamento pode ser revogado a qualquer tempo pelo testador, porque, apesar de existir e ser válido, ainda não produziu efeitos. Exceto quanto a declarações não patrimoniais, para as quais o testamento é mero instrumento de sua veiculação, o testador não fica juridicamente vinculado ou obrigado em relação às disposições feitas ou a qualquer dos que instituiu como herdeiro ou legatário, ou mesmo em relação a seus credores. Os herdeiros e legatários têm mera expectativa de direito; nenhum direito se constituiu ou se iniciou, nada podendo fazer se o testador mudar ou extinguir o testamento. Os credores têm o patrimônio do testador, em vida e após a morte, como garantia de seus créditos, em nada sendo afetado pelo testamento. O testador pode, consequentemente, revogar o testamento, expressa ou tacitamente, neste caso realizando outro, destinando os mesmos bens do primeiro para outras pessoas. Para tanto, não há necessidade de o testador justificar a mudança do destino de seus bens, guardando para si seus motivos.

Com a abertura da sucessão o testamento começa a produzir seus efeitos. Estes, porém, podem ser obstados se o juiz acolher impugnação de interessado à validade do testamento, ou de alguma disposição testamentária. A invalidade pode ser total ou parcial. Se o testador exceder a parte disponível, o excesso é considerado inválido, pois a legítima dos herdeiros necessários é inviolável, permanecendo válido o restante do testamento.

O direito brasileiro não prevê prescrição para os testamentos. Quando são feitos valem durante toda a vida do testador até sua morte, quando passam a produzir os efeitos. Deixam de existir e valer apenas se forem revogados pelo testador. Nesse sentido, a lição de Carlos Maximiliano (1958, v. 1, n. 292): por ser ato definitivo só depois da morte do testador, "o testamento, embora velho de mais de trinta anos, não está sujeito a espécie alguma de prescrição direta".

10.3. Outras Finalidades Patrimoniais e Extrapatrimoniais do Testamento

O testamento não apenas serve para distribuição do patrimônio do testador, segundo sua vontade e nos limites da lei. Também é instrumento adequado para declarações em matérias não patrimoniais, como as relativas ao direito de família. Exemplificando, pai ou mãe podem dele se utilizar para reconhecimento voluntário de filho. Nessas matérias de estado civil e familiar das pessoas, as declarações produzem efeitos definitivos, os quais permanecem mesmo quando o testamento for revogado pelo testador (CC, art. 1.610). Além dos pais sem vínculo de casamento entre si, podem reconhecer mediante testamento o menor relativamente capaz (entre dezesseis e dezoito anos), o cônjuge e o companheiro de união estável, estes sem anuências dos respectivos cônjuge e companheiro, relativamente a filhos havidos com outras pessoas. Não há necessidade de haver testamento específico para o reconhecimento. Basta que o testador, de modo expresso e direto, anuncie que determinada pessoa é seu filho, para que ele assuma essa condição e participe como herdeiro necessário dos bens que deixar. Todavia, do mesmo modo que os demais tipos instrumentais de reconhecimento, pressupõe-se a inexistência de assentamento de outra paternidade (ou maternidade, se for o caso) no registro, salvo se este for invalidado em juízo, para que os efeitos sejam produzidos, após a devida averbação. A invalidação do testamento não contamina o reconhecimento de filiação nele contido, salvo se a declaração deste, especificamente, enquadrar-se em alguma hipótese de nulidade ou anulabilidade.

Os pais podem nomear tutor, quanto à pessoa dos filhos menores, em testamento, para a hipótese de um deles não sobreviver ao outro ou não puder exercer o poder familiar. Essa nomeação persiste, ainda que o testador venha a revogar o testamento. Lembra Zeno Veloso (2003, p. 3-8) que o testador pode dar instruções sobre seu funeral, dispor de uma ou várias partes de seu corpo, *post mortem*, para fins terapêuticos, e, pura e simplesmente, valer-se de novo testamento para revogar o anterior; quando o testamento contém confissão, depoimento sobre um fato, a narração de um acontecimento, tais declarações não são estritamente testamentárias e não perdem a eficácia com a revogação do testamento.

Não se pode cogitar de transmissão *causa mortis* das situações jurídicas extrapatrimoniais que pertenciam ao finado (Nevares, 2009, p. 125). Exemplifique-se com os direitos da personalidade, como os da privacidade e honra, para cuja defesa o CC, art. 12, admite legitimação ao cônjuge sobrevivente ou a qualquer parente em linha reta ou colateral, o que não significa transmissão hereditária.

O testamento também é um dos meios admitidos pelo direito, para instituição de fundação de direito privado. O testador destina parte de seu patrimônio para que, após sua morte, pessoas que designar promovam a constituição e registro de fundação, que deve ter apenas fins não econômicos (religiosos, morais, culturais e de assistência, de acordo com o art. 62 do CC/2002). O ato constitutivo não admite revogação, mas se o testamento for revogado pelo testador, o ato de instituição da fundação nele contido será ineficaz. Se o patrimônio destinado pelo testador for insuficiente para a consecução dos fins propostos, será incorporado em outra fundação já existente, cujos fins sejam iguais ou assemelhados. O instituidor pode estipular, na hipótese de insuficiência, que o patrimônio seja atribuído a outra instituição (por exemplo, uma associação) ou a seus herdeiros. Se houver herdeiros necessários, o instituidor pode afetar para a fundação a parte disponível, para que não alcance a legítima daqueles. O ato de instituição não necessita conter a organização da fundação, ou o Estatuto, mas deve definir com clareza quais os bens afetados que o instituidor retira de seu patrimônio pessoal e os fins aos quais são destinados.

Mediante testamento, pode ser instituído condomínio de edifício, a ser registrado no Registro de Imóveis (CC, art. 1.332); ou ser constituída servidão sobre imóvel, em benefício de outro imóvel, após registro no Registro de Imóveis (CC, art. 1.378); ou instituído bem de família pelos cônjuges ou terceiro, para o fim de subtraí-lo de penhora por dívidas (CC, art. 1.771); ou reabilitar o herdeiro que tiver ofendido o testador ou familiar, de modo a permitir-lhe o direito à herança (CC, art. 1.818); ou dispensar da colação o herdeiro necessário que tiver recebido em doação bens do testador (CC, art. 2.006).

10.4. Capacidade e Legitimidade para Testar

Todas as pessoas civilmente capazes podem emitir declaração de vontade em testamento. Todavia, para fins de legitimidade para testar, a legislação atual, seguindo a anterior, reduziu a idade para dezesseis anos. Qualquer pessoa pode testar se contar com dezesseis anos ou mais. Entre dezesseis e dezoito anos, para os atos civis em geral, a pessoa necessita de assistência dos pais ou do tutor. Para o testamento, no entanto, dispensa-se a assistência e sua declaração de vontade é considerada suficiente. Não se trata propriamente de redução da capacidade de exercício de direito, ou de específica capacidade civil, mas de legitimidade para exercer determinado direito, outorgada pela lei.

Não é frequente o exercício da legitimidade para testar pelos maiores de dezesseis anos, mas é uma faculdade concedida pela lei exatamente para situações de excepcionalidade. Pode ocorrer que a pessoa maior de dezesseis anos seja titular de bens recebidos por herança de ascendentes e, em virtude de precariedade de estado de saúde ou de outro motivo, queira antecipar seu testamento.

A redução da idade para testar já se encontrava nas origens do direito luso-brasileiro. As Ordenações Filipinas (Liv. 4, Tít. LXXXI) previam que poderiam fazer testamento o "varão" maior de quatorze anos, ou a "fêmea" maior de doze anos sem pai ou filhos de pais desconhecidos, sem necessidade de autorização do tutor. Mas, se fossem "filhos-famílias" de qualquer idade, ou seja, os que estivessem sob o poder do pai, teriam de receber deste a autorização, salvo se fossem soldados.

Na atualidade, qualquer pessoa civilmente capaz ou maior de dezesseis anos pode livremente escolher entre os tipos de testamentos que o direito brasileiro admite, sejam comuns (particular, público, cerrado), sejam especiais. A escolha do tipo é livre, mas dentro dos tipos legais.

Estabelece o CC/2002 (art. 1.860) que não podem testar os que, no ato de fazê-lo, "não tiverem pleno discernimento". A norma não inclui todos os relativamente incapazes, pois o art. 4º, II, alude aos que tenham "discernimento reduzido" e não ausência de discernimento. Com razão, portanto, Zeno Veloso (2003, p. 30), que não vê impedimento para testar em relação aos ébrios habituais, aos viciados em tóxicos e aos que tiverem o discernimento reduzido, desde que tenham entendimento e compreensão suficientes para saber o que estão fazendo, no momento da outorga das disposições testamentárias. A falta de discernimento pode ser transitória, em virtude de circunstâncias que não levam necessariamente à curatela.

A aferição da capacidade ou da legitimidade do testador dá-se no momento da realização do testamento. Interessa saber se, quando manifestou sua vontade, tinha o necessário discernimento para a prática do ato de testar e de suas consequências. Diferentemente, no direito romano e no nosso antigo direito, era necessária a capacidade civil do testador ao tempo da disposição e da morte. Se, após a conclusão do testamento, vier o testador a sofrer incapacidade mental ou intelectual e assim permanecer até à abertura da sucessão, tal fato não invalida o testamento. Cabe aos interessados provar que o testador já se encontrava incapacitado de livremente exprimir sua vontade, quando realizou o testamento, ainda que não tenha sido judicialmente sujeito a curatela. Na dúvida, deve presumir-se capaz o testador e válido o testamento.

Após o advento da Convenção sobre os Direitos das Pessoas com Deficiência, incorporada ao direito interno, como lei ordinária, em 2009, e da Lei n. 13.146/2015 (Estatuto da Pessoa com Deficiência), que a regulamentou, não há mais incapacidade civil absoluta da pessoa com deficiência mental, que não mais está sujeita a interdição. Em situações excepcionais, a pessoa com deficiência mental ou intelectual poderá ser submetida a curatela, no seu interesse exclusivo e não de parentes ou terceiros. Essa curatela, ao contrário da interdição total anterior, deve ser, de acordo com o art. 84 do Estatuto da Pessoa com Deficiência, proporcional às necessidades e circunstâncias de cada caso "e durará o menor tempo possível". Tem natureza, portanto, de medida protetiva e não de interdição de exercício de direitos.

10.5. Legitimidade para Suceder por Testamento

São legitimados a suceder os sujeitos de direito que podem ser qualificados como herdeiros, de acordo com a lei, ou como legatários, designados em testamento. A legitimação para a sucessão não se confunde com a capacidade civil, pois esta é atributo das pessoas físicas (seres humanos nascidos com vida) ou de pessoas jurídicas. A legitimação para a sucessão hereditária é mais ampla que a capacidade civil, pois alcança outros sujeitos de direito, que não são pessoas.

A crítica doutrinária repercutiu no CC/2002, que substituiu a equívoca expressão "capacidade para suceder" por "legitimidade" ou legitimação para suceder, inclusive para adquirir por testamento, pois de capacidade civil não se trata e sim de legitimação para ser titular de direitos sucessórios, inclusive em relação aos incapazes e aos sujeitos de direito que ainda não são pessoas, como os nascituros e as fundações ainda não existentes.

São legitimados a adquirir por testamento, no direito brasileiro atual:

a) as pessoas físicas;

b) os nascituros;

c) as pessoas físicas ainda não concebidas, ou prole eventual de determinadas pessoas, contempladas em testamento;

d) as pessoas jurídicas, designadas em testamento;

e) as entidades não personificadas, porém existentes, como as sociedades em comum ou as sociedades em conta de participação, designadas em testamento (CC, arts. 986 a 996);

f) as pessoas jurídicas futuras, que serão constituídas com legados deixados pelo testador, sob a forma de fundações.

O CC/2002 admite como legitimada a suceder pessoa jurídica não existente, mas que será constituída ou personalizada após a abertura da sucessão, com bens deixados pelo testador. A única forma admitida é a fundação de direito privado, excluídas as associações civis, sociedades empresárias ou outras entidades admitidas em direito civil ou direito empresarial. O testamento não necessita conter a organização da fundação, ou o Estatuto, mas deve definir com clareza quais os bens afetados, que o testador retira de sua parte disponível e os fins aos quais são destinados.

O princípio da coexistência dos nomeados e do testador – são legitimados a suceder as pessoas nascidas ou concebidas na data da abertura da sucessão – apenas se aplica, no direito brasileiro atual, à sucessão legítima. Para a sucessão testamentária, quem ainda não foi concebido na data da abertura da sucessão pode ser legitimado a suceder, desde que seja concebido ou nasça até dois anos após essa data. Ao sujeito de direito ainda não concebido, o CC/2002 atribuiu-lhe curador nomeado pelo juiz, a quem são confiados os bens, após a liquidação ou a partilha (art. 1.800).

Para o STJ, as impugnações à legitimidade para suceder devem ser suscitadas em ações próprias, posto que no inventário apenas se resolvem questões de direito ou de fato documentadas, sob pena de violação do devido processo legal (REsp 64.403).

10.6. Testamenteiro

Testamenteiro é a pessoa designada pelo testador para dar cumprimento e velar pelo testamento. Apenas as pessoas físicas podem ser testamenteiras. Pode ser apenas um testamenteiro ou podem ser dois ou mais, para atuarem conjunta, separada ou sucessivamente; na dúvida devem os testamenteiros atuar conjuntamente. Para a validade e eficácia do testamento não é necessária a designação de testamenteiro. A importância do testamenteiro sobreleva-se quando o testador deixa vários legados a destinatários diversos, incumbindo-lhes de cumpri-los. O testamenteiro pode ser um dos herdeiros ou terceiro sem direito à herança. O testamenteiro exerce função que lhe foi confiada pelo testador, mas não o representa, nem há mandato; exerce a função em seu próprio nome. Não representa o morto nem os herdeiros. Normalmente o testamenteiro é pessoa de confiança do testador, que o nomeia porque não confia em seus herdeiros, cônjuge ou companheiro, ou porque apenas há herdeiros menores.

Se não houver herdeiro necessário, pode o testador atribuir ao testamenteiro a posse e administração da herança, após a abertura da sucessão e até ao final da partilha. Nesta hipótese, incumbe-lhe requerer o inventário. Também pode ser o inventariante, na falta de cônjuge ou companheiro ou herdeiro necessário capaz, ou quando o testador distribuiu todos seus bens a legatários; se não for inventariante, pode intervir no inventário em tudo que seja necessário à execução do testamento.

Se o testamento não tiver sido entregue ao testamenteiro, este pode requerer ao juiz que determine a quem o detenha que o leve a juízo para que se proceda ao registro.

São deveres do testamenteiro: a) levar ao registro judicial o testamento, se o tiver em seu poder; b) requerer o inventário, se não houver herdeiro necessário, ou se houver, que não o faça; c) cumprir as disposições testamentárias, no tempo determinado pelo testador; d) prestar contas do que recebeu ou dispendeu, no prazo de cento e oitenta dias, salvo se o testador lhe tiver concedido prazo maior; e) defender a validade do testamento, em juízo ou fora dele, isoladamente ou em conjunto com o inventariante ou herdeiro necessário; f) ser inventariante, se tiver sido nomeado pelo juiz, em virtude de o testador ter distribuído toda a herança em legados; g) cumprir outras determinações deixadas pelo testador.

A testamentaria depende da aceitação do testamenteiro designado pelo testador. Ninguém é obrigado a aceitar tal função; mas, uma vez aceita, tem de exercê-la. O juiz poderá intimar o testamenteiro para dizer se aceita, não se exigindo forma especial para tal, podendo ser feita mediante requerimento ou na contrafé da intimação. Se houver recusa de sua parte, a execução do testamento será assumida pelo cônjuge ou companheiro ou, na falta deles, por herdeiro que seja nomeado pelo juiz. Diz-se dativo o testamenteiro nomeado pelo juiz. O testador pode ser maior de dezesseis anos, mas o testamenteiro há de ser plenamente capaz e permanecer capaz; a incapacidade superveniente põe fim à testamentaria. A investidura na função de testamenteiro é ato do Estado, perante o juiz, seja o que foi designado pelo testador, seja o que foi nomeado judicialmente.

A função de testamentaria não é transmissível nem delegável, dado seu caráter personalíssimo. A lei (CC, art. 1.985) admite, contudo, que possa fazer-se representar por procurador com poderes especiais. O testamenteiro pode, ainda, segundo a doutrina (Orlando Gomes, 1973, p. 272), servir-se de auxiliares para a execução dos atos de sua incumbência, tais como advogados e contadores.

Se o testamenteiro aceitar a função, não sendo herdeiro ou legatário, terá direito à remuneração, denominada de prêmio ou vintena, que o testador tiver fixado. Segundo Orosimbo Nonato, o Alvará régio de 23 de janeiro de 1798 reconheceu no direito luso-brasileiro antiga praxe da vintena ou vigésima parte da herança como remuneração do testamenteiro (1957, p. 348). A vintena foi refirmada pelo Decreto n. 834/1851.

Na falta de fixação, o prêmio será equivalente a 1% até 5% sobre a herança líquida (depois de deduzidas as dívidas), que for arbitrado pelo juiz (CC, art. 1.987). O valor do prêmio será deduzido da parte disponível, quando houver herdeiros necessários, pois a legítima destes não pode ser reduzida. Entende-se não incidir o imposto *causa mortis* sobre o prêmio, porque não se trata de legado ou herança, mas sim de remuneração de serviços prestados (Dias, 2008, p. 482). O pagamento do prêmio será, preferencialmente, em dinheiro, podendo ser em bens se assim dispuser o testador ou houver concordância do testador.

A lei (CC, art. 1.988) faculta ao herdeiro ou legatário que for nomeado testamenteiro receber o prêmio, ou a quota hereditária a que faria jus, ou o legado; não pode cumular ambas as verbas. Segundo Pontes de Miranda (1973, v. 60, § 5.973,8), os herdeiros a que se refere a lei são só os instituídos pelo testador (herdeiros testamentários), não incluindo os legítimos, os quais, se nomeados testamenteiros têm direito tanto à herança quanto ao prêmio.

O direito ao prêmio ou vintena não depende da conclusão do inventário ou até mesmo do testamento, se não houver culpa do testamenteiro. Na jurisprudência, admite-se (STJ, REsp 1.207.103) que persiste o pagamento do prêmio, quando o testamento for considerado ineficaz por inação do testador em complementá-lo com requisito legal (no caso concreto: faltou indicar a justa causa para a cláusula de incomunicabilidade a todos os herdeiros).

O testamenteiro pode ser removido da função se não cumprir os deveres correspondentes, por decisão do juiz, ou se tiver sido condenado por crimes de roubo, furto, estelionato, falsidade, ou se demonstrar mau procedimento, ou falhas em probidade ou abusos, aplicando-se-lhe, por analogia, as regras de exoneração da tutoria. Sendo removido, perde o direito ao prêmio e fica obrigado à prestação de contas, além de responder pelos prejuízos que tiver dado causa à herança. A lei apenas refere à remoção do testamenteiro, mas é da natureza da função que também possa dela se exonerar, mediante justificativas aceitas pelo juiz. Também se extingue a função, quando o testador ou juiz tiverem estabelecido prazo e se chegar ao seu termo final, ou em razão de falecimento do testamenteiro.

Pode haver testamenteiro sem testamento. O CC/2002 (art. 1.883) admite que para os fins do codicilo (disposições sobre o enterro, esmolas, ou legado de móveis e joias de pequeno valor), possa ser nomeado testamenteiro.

10.7. Invalidade do Testamento

O Código Civil sistematizou o tratamento legal do negócio jurídico, do qual o testamento é espécie, na Parte Geral. No que respeita às invalidades, a simulação passou a compor as hipóteses de nulidades e não somente de anulabilidade, como era qualificada na legislação anterior. As hipóteses de anulabilidade foram acrescidas do estado de perigo e da lesão, mas esta não pode ser aplicada ao testamento, pois sua configuração depende da desproporcionalidade das prestações das partes de negócio jurídico bilateral.

Além do erro de fato, em relação a pessoas ou coisas, em que pode incorrer o testador, o direito brasileiro atual, após o CC/2002, admite, em situações excepcionais, o erro de direito e o erro de motivo. O erro de direito admissível é apenas o determinante do testamento ou o único motivo da disposição testamentária, sendo exigíveis dois requisitos: a) não pode ser meio intencional para deixar de aplicar o direito; b) o único motivo era a convicção de que não havia a norma legal contrária à disposição testamentária. Com essas características, o erro de direito pode configurar erro invalidante do testamento. Ordinariamente, no direito brasileiro, o motivo que leva as pessoas a realizarem negócios jurídicos, como o testamento, não pode ser considerado, porque radica no âmbito

— 208 —

psicológico e não se exprime em manifestação ou declaração. Todavia, quando o motivo for determinante e expresso no testamento, o erro (ou falsidade) do motivo pode qualificar-se como erro substancial.

O direito brasileiro não admite qualquer efeito à reserva mental, isto é, o que o testador guardou consigo em sua mente e não revelou, principalmente quando diverge em seu íntimo do que efetivamente declarou. Doutrinariamente, admite-se que a reserva mental possa prevalecer quando o destinatário tiver dela tomado conhecimento, porque de certa forma foi exteriorizada. Mas não poderá prevalecer quando confrontar com declaração de vontade, pois esta é exteriorização expressa que a torna indiscutível.

No direito brasileiro, o dolo é causa de anulabilidade, enquanto em outros ordenamentos jurídicos leva à nulidade, em virtude da gravidade da intenção de prejudicar, do emprego da vontade para iludir. A acepção de dolo em direito civil, inclusive no direito das sucessões, difere da empregada em direito penal, que é o desígnio criminoso, a intenção criminosa de fazer o mal, de praticar o crime ou o delito, por ação ou por omissão, querendo o agente o resultado delituoso ou assumindo o risco de produzi-lo. Não há necessidade de o dolo atingir o núcleo essencial do testamento, levando-o à inteira anulabilidade. Pode haver dolo sobre determinada disposição testamentária, sobre ela incidindo a anulabilidade.

O CC/2002 concentrou-se no fundado temor para caracterizar a coação. Todavia, impõe, além do temor de dano iminente, que este seja considerável à pessoa do testador ou à sua família, e admitiu que também haveria coação quando dirigida a pessoa que não fosse integrante da família do testador, dependente da consideração das circunstâncias, pelo juiz. A coação, que pode levar à anulação do testamento, é o receio do mal que leva o testador a beneficiar o coator ou quem este designe, em disposição testamentária. A declaração do testador, apesar de viciada, é consciente. O coagido vê-se diante do dilema de não realizar a declaração e sofrer o provável dano ou realizá-la para evitar este, com possibilidade de pleitear sua anulação. A coação oriunda de terceiro pode não levar à invalidação do testamento se o beneficiário da disposição testamentária não tiver conhecimento dela.

São nulas as disposições testamentárias que contrariem expressa imposição legal. Entre os testamentos nulos encontra-se o contaminado por simulação. Negócio simulado é o que tem aparência contrária à realidade. A simulação é o instrumento de aparência, de inverdade, de falsidade, de fingimento, de disfarce. São requisitos da simulação: a) a divergência intencional entre a vontade real e a vontade exteriorizada; b) o acordo simulatório entre as partes; c) o objetivo de prejudicar terceiros. Exemplo é o legado de bens a terceiro, com a promessa oculta de transferi-los a quem está impedido de suceder. Isso significa dizer que o testamento simulado não pode ser convalidado pelo transcurso do tempo, nem ser confirmado pelos herdeiros e legatários. Ao contrário da legislação anterior, a simulação deve ser declarada de ofício pelo juiz e alegada por qualquer interessado e pelo Ministério Público.

Estabelece o art. 158 do CC/2002 que os negócios de transmissão gratuita de bens ou remissão de dívida, se os praticar o devedor já insolvente, ou por eles reduzido à insolvência, ainda quando o ignore, poderão ser anulados pelos credores quirografários, como lesivos dos seus direitos. Nos "negócios de transmissão gratuita de bens" inclui-se o testamento. O CC/2002 ampliou a legitimação ativa para a ação pauliana, abrangendo o credor cuja garantia dada pelo devedor (testador) se tornar insuficiente, sem necessidade de provar sua insolvência. O credor tem de demonstrar que seus créditos nasceram antes do testamento. Terceiros de boa-fé que adquiriram bens, que foram objeto do testamento considerado fraudulento, não podem ser prejudicados com os efeitos da ação pauliana. Também para eles prevalecem os princípios da boa-fé objetiva e da proteção da confiança.

Terceiros de boa-fé não podem ser afetados pela nulidade do testamento, em virtude de sua aparência de validade. Portanto, a decretação da nulidade não apaga todos os efeitos produzidos. Quando a lei declara nulo o testamento, a pretensão à nulidade seria imprescritível. Corrente doutrinária sustenta que não, pois não haveria no direito brasileiro nulidade de pleno direito, além de que a paz social recomenda que a prescrição geral de dez anos atinja o ato nulo.

A necessidade de prazo explícito para as ações de nulidade e anulabilidade de testamentos, reclamada por Pontes de Miranda (1972, v. 56, p. 185), foi resolvida pelo CC/2002, que o fixou em cinco anos. Esse prazo não é de prescrição e sim de decadência, aplicando-se tanto para a nulidade quanto para a anulabilidade. Conta-se, segundo a lei, da data do registro do testamento, determinado pelo juiz, ouvido o órgão do Ministério Público. O registro do testamento não é, portanto, definitivo, salvo quando ultrapassado o prazo decadencial. Na legislação anterior, não havia disposição expressa de prazo decadencial ou prescricional, o que remetia a questão para o então previsto prazo geral de prescrição de vinte anos. Como regra geral aplicável aos negócios jurídicos, a nulidade não está sujeita a prescrição ou decadência (caducidade ou preclusão). Essa regra, todavia, não é absoluta e pode ser excepcionada, como fez o art. 1.859 do CC/2002. Ou seja, o testamento nulo convalesce e fica sanado, passados cinco anos de seu registro. Essa norma é também derrogatória das normas gerais de prazos para anulabilidade em razão dos defeitos dos negócios jurídicos, pois o prazo de cinco anos é comum para a nulidade e para a anulabilidade do testamento como um todo.

Contudo, quando a anulabilidade for de disposição testamentária específica, nos casos de erro, dolo ou coação, o art. 1.909 estabeleceu o prazo decadencial de quatro anos, contados a partir do conhecimento do vício pelo interessado e não do registro do testamento. Essa indeterminação do termo inicial tem sido condenada pela doutrina, pois o prazo ultrapassará o da nulidade do testamento inteiro, o que revela incoerência. Nesse sentido, Zeno Veloso (2003, p. 24), para quem manter a possibilidade de questionar e atacar uma disposição por vício de vontade que teria sofrido o testador, e isso por tempo variável, indeterminado, tornando instável e vacilante o processo de transmissão hereditária, não é de melhor política legislativa, inclusive pela falta de lógica e razoabilidade.

O princípio da conservação do negócio jurídico, previsto no art. 184 do CC/2002, é também aplicável ao testamento. Ocorre quando a nulidade ou anulabilidade de parte – por exemplo, de cláusula ou cláusulas do testamento – não compromete ou contamina a totalidade do testamento, que pode sobreviver e atingir o escopo prático pretendido. O princípio da conservação serve também para a invalidade parcial de alguma cláusula do testamento, quando for possível dar sentido útil à parte restante. Até mesmo quando parte do testamento é ilícita, em virtude da simulação, não se contamina a totalidade do negócio jurídico, desde que a parte sã seja separável. O art. 167 do CC/2002 estabelece que subsista o nulo, se válido for na substância e na forma. Há entendimento em sentido contrário (Orlando Gomes, 1973, p. 121), sob o argumento de que as solenidades são indispensáveis e insubstituíveis, o que não nos parece razoável.

Igualmente é possível a aplicação ao testamento do princípio da conversão do negócio jurídico, consagrado no CC/2002 (art. 170): se o negócio jurídico nulo contiver os requisitos de outro, subsistirá este quando o fim visado permitir supor que as partes o teriam querido, se houvessem previsto a nulidade. A conversão preserva a observância da forma – uma por outra, dentre as permitidas em lei – e não sua dispensa, harmonizando-se assim o princípio da formalidade essencial com o princípio geral da conversão do negócio jurídico. Nesse sentido é antiga lição de Carlos Maximiliano (1958, v. 1, n. 473), para quem a falta de preenchimento das condições de testamento cerrado não impede de ser aproveitado como testamento particular, se revestir os requisitos deste.

Em relação à invalidade do testamento, algumas matérias se consolidaram na jurisprudência do STJ: (1) não se deve priorizar a forma em detrimento da vontade do testador (REsp 828.616); (2) o nascimento de um novo descendente não torna inválido o testamento em relação aos bens integrantes da parte disponível, destinados a terceira pessoa (REsp 240.720); (3) dá-se o aproveitamento do testamento quando, não obstante a existência de certos vícios formais, a essência do ato se mantém íntegra (REsp 600.746); (4) os herdeiros colaterais, com exclusivo interesse na herança, não detêm legitimidade para propor anulação de testamento (REsp 645.421); (5) é válido o testamento, público ou privado, que reflete a real vontade emitida, livre e conscientemente, pelo testador e aferível diante das circunstâncias do caso concreto, ainda que apresente vício formal (AR 6.052).

10.8. Mudança das Circunstâncias do Testamento

A mudança de circunstâncias ou da base negocial é prevista expressamente no CC/2002, apenas para o contrato (art. 478), qualificada como resolução por onerosidade excessiva, ainda que admita a modificação equitativa e a revisão da prestação em determinadas situações. O modelo preferencial do Código é o da resolução do contrato e não de sua revisão, ao contrário do que estabeleceu o Código de Defesa do Consumidor, o que provocou a crítica negativa da doutrina. Sua aplicabilidade é restrita ao contrato em que não haja relação de consumo.

Porém, a doutrina da modificação superveniente das circunstâncias (*rebus sic stantibus*) não ficou vedada explicitamente a outros negócios jurídicos, continuando pertinente em nosso direito sua extensão ao testamento, como propõe Pontes de Miranda, porque não pode o testador prever todas as contingências possíveis. O juiz "não deve corrigir ou mudar o que está claro no testamento, mas é dever seu prestar atenção às circunstâncias em que foram escritas as palavras" (1972, v. 56, § 5.687), para verificar se foram mantidas ou para confrontá-las com as circunstâncias supervenientes.

Cite-se o exemplo de um imóvel deixado como legado para o sustento do legatário, que sofreu forte desvalorização, não podendo seu aluguel cumprir a finalidade expressada pelo testador.

Nesse sentido, o STJ consignou que, havendo alterações supervenientes e significativas na situação fática do herdeiro, cláusulas restritivas opostas à legítima podem ser desconstituídas, devendo ser avaliadas à luz da função social da propriedade e da dignidade da pessoa humana (REsp 1.158.679).

10.9. Interpretação do Testamento

Mantiveram o CC/2002 e a doutrina que se formou, após seu advento, a literalidade do enunciado do art. 1.666 do Código anterior, notadamente quanto à prevalência da vontade do testador. Todavia esse dispositivo central da interpretação testamentária deve ser interpretado em conformidade com a Constituição de 1988, que elevou a direito fundamental o direito à herança e subordinou todos os negócios jurídicos aos princípios essenciais que estruturou.

A garantia constitucional do direito à herança tem o herdeiro como preferente à tutela. Em vez de ao autor da herança, principalmente quando testador, e ao respeito à sua vontade, que era tida como norte de interpretação, a primazia passou para o herdeiro. O direito do herdeiro é o assegurado pela lei e não pela vontade do testador, que não pode restringi-lo, salvo nos limites admitidos pela lei.

O autor da herança não é mais o senhor do destino do herdeiro. Assim, a afirmação corrente de ser a vontade do testador o critério fundamental de interpretação do testamento perdeu força. A vontade do testador é levada em conta até o ponto em que não comprometa a garantia constitucional do direito dos herdeiros (legítimos ou testamentários) e deve estar em conformidade com esse e os demais princípios constitucionais, notadamente o da função social do testamento e o da dignidade da pessoa humana. Essa deve ser a orientação que se deva imprimir ao art. 1.899 do CC/2002, em harmonia com o sentido da alteração havida em outros dispositivos, como o art. 1.848, que restringiram o poder quase ilimitado antes conferido ao testador.

O art. 1.899 do CC/2002 não é, contudo, a única regra de interpretação do testamento. A interpretação deve ser sistemática, enlaçando as normas constitucionais fundamentais, as normas do Código Civil relativas às situações específicas da sucessão testamentária e às circunstâncias pessoais, afetivas e ambientais que se apresentaram quando da elaboração do testamento.

O STJ tem reiteradamente aplicado sua Súmula 5, para obstar recursos especiais que tenham o fito de interpretação de conteúdo de cláusulas testamentárias, sob o argumento de que são questões de fato e não questões de direito. A partir da vigência do CC/2002, manteve o STJ o entendimento de que na interpretação das cláusulas testamentárias deve-se preferir a inteligência que faz valer o ato, àquela que o reduz à insubsistência (REsp 1.049.354), o que, como vimos, não pode contrariar a preferência que o direito brasileiro atual atribui ao direito do herdeiro, notadamente da parte legítima.

Entende Zeno Veloso que se aplicam aos testamentos as regras de interpretação das leis e dos contratos; em princípio, as regras interpretativas das leis são extensíveis aos contratos e aos testamentos, espécies que são dos negócios jurídicos, bilaterais os primeiros, unilaterais os segundos, observando-se que é da essência dos testamentos a solenidade e a possibilidade de auxílio de elementos extratestamentários (2016, p. 19-20). Ainda segundo o autor, o intérprete deve considerar o tempo e o lugar em que o testamento foi realizado, o nível cultural do testador, o estado em que se encontrava, o ambiente em que vivia, as circunstâncias que o envolviam, as peculiaridades do vocabulário utilizado.

10.10. Testemunhas Testamentárias

O CC/2002 não reproduziu a regra do art. 1.651 do Código Civil de 1916, que estabelecia quem não poderia ser testemunha em testamentos. Consequentemente, incidem as regras comuns à prova testemunhal previstas nos arts. 227 a 229, constantes da Parte Geral do Código atual.

Não podem ser admitidos como testemunhas nos testamentos, de acordo com a legislação vigente, os menores de dezesseis anos, os que não tiverem discernimento para a prática dos atos da vida civil, os cegos e surdos para os fatos que dependam dos sentidos que lhes faltam, o interessado no litígio, o amigo íntimo ou inimigo, os cônjuges, os ascendentes, os descendentes, os colaterais até o terceiro grau.

Porém, a lei admite que para a prova dos fatos que só elas conheçam, pode o juiz admitir o depoimento de qualquer dessas pessoas. Esta ressalva abre a possibilidade de não se rejeitar como testemunhas, em qualquer espécie de testamento (público, cerrado ou particular), os herdeiros ou legatários, que expressamente eram vetados na legislação anterior, desde que, em caso de dúvida ou de impugnação da validade formal da cédula testamentária, contribuam para assegurar ou confirmar a manifestação de vontade genuína do testador e para se favorecer o testamento, em sua validade e eficácia (*favor testamenti*).

Inexistente na legislação atual regra que disponha sobre as testemunhas instrumentárias do testamento, aplica-se a regra comum do art. 228 do CC/2002 sobre quem não pode ser testemunha presencial ou instrumentária, no que couber. Diferentemente das testemunhas presenciais, ou de fatos percebidos, as testemunhas instrumentárias atuam voluntariamente na comprovação dos atos jurídicos, não tendo o dever de presenciar e assinar tais atos. As testemunhas instrumentárias, no entanto, têm o dever de servir como testemunhas processuais, se arroladas em juízo, para confirmarem o que viram ou assinaram.

Certas pessoas não podem ser testemunhas: menores de dezesseis anos, os cegos e surdos quanto a fatos que dependam dos sentidos que lhes faltam, os amigos e inimigos, os cônjuges, companheiros e parentes até terceiro grau colateral. O CC/2002 não mais traz as hipóteses em que é possível a admissão dessas pessoas como testemunhas, pois adota cláusula geral nessa direção, bastando apenas o convencimento do juiz: "Para a prova de fatos que só elas conheçam". O impedimento para essas pessoas serem testemunhas abre-se em importante exceção, ou mitigação em favor da verdade. O CPC (art. 447, § 4º) prevê regra equivalente, permitindo que o juiz admita o depoimento de testemunhas menores, impedidas ou suspeitas, "sendo necessário".

Não há impedimento de o cego ser testemunha instrumental, se sabe assinar o nome, pois não lhe falta o sentido da audição, tendo em vista que a lei não exige a leitura pessoal do testamento público ou particular, mas que estes sejam lidos para audição das testemunhas. Quanto ao testamento cerrado, a testemunha é apenas de apresentação e para ouvir o auto de aprovação. Igualmente, o mudo não está impedido de figurar como testemunha testamentária, pois pode ouvir e assinar. Entre os impedidos estão os parentes colaterais até o terceiro grau. No parentesco consanguíneo ou socioafetivo (resultante de adoção, posse de estado de filiação e de inseminação artificial heteróloga), estão incluídos os tios e sobrinhos.

Porém, o art. 228 do CC/2002 estende o impedimento para os colaterais "por consanguinidade, ou afinidade". A regra geral é de o parentesco colateral por afinidade se esgotar no segundo grau (cunhados), mas nada impede que a lei, contemplando os hábitos da população de estreita relação entre os parentes por afinidade, amplie esse específico parentesco para alcançar os tios e sobrinhos do cônjuge ou companheiro no âmbito da vedação de serem testemunhas.

Não há mais, no direito brasileiro atual, vedação de os herdeiros ou legatários figurarem como testemunhas instrumentárias em testamentos de qualquer espécie. Todavia, há a regra geral (CC, art. 228) do impedimento de testemunho (presencial ou instrumentário) de cônjuges, ascendentes, descendentes e colaterais até o terceiro grau, que são herdeiros legítimos do testador e que podem ser por ele beneficiados como herdeiros testamentários ou legatários. Esse impedimento, todavia, cede ante o princípio de *favor testamenti* ou da preservação da vontade inquestionável do testador, ou para a prova de fatos que só essas pessoas conheçam. Ante tais pressupostos, o juiz pode admitir a validade e a eficácia do testemunho de herdeiros e legatários parentes, ou cônjuges, ou companheiros, também em homenagem ao princípio da conservação dos negócios jurídicos, que orienta o julgador para restringir a invalidade do testamento, em razão de requisito formal, se dúvidas fundadas houver quanto à autenticidade da cédula.

Quanto ao erro de direito, na escolha da testemunha, o direito atual o admite como substancial, quando for determinante do negócio jurídico: esta hipótese, introduzida pelo CC/2002 (art. 139, III), é de exceção à regra de inescusabilidade do erro de direito, ou seja, ninguém pode se escusar de cumprir norma legal alegando que a não conhecia. Dois são os requisitos: a) não pode ser meio intencional para deixar de aplicar o direito; b) o único motivo para realizar o negócio jurídico (no caso, o testamento) era a convicção de que não havia a norma legal contrária ao interesse perseguido.

Tendo em vista que o CC/2002 não estabelece restrições específicas a quem pode ser testemunha testamentária, são diminutas as possibilidades de incidência negativa do direito anterior. Todavia, o art. 2.035 do CC/2002 vale-se da cisão entre validade e eficácia para ordenar as questões de direito intertemporal nos negócios jurídicos realizados antes do início de sua vigência. A lei nova incide sobre os fatores de eficácia. Os impedimentos para ser testemunha, na legislação anterior, eram requisitos de validade, ainda que a legislação atual não mais os preveja. Assim, se figurou como testemunha quem era impedido, incorre-se em invalidade do testamento.

10.11. Substituição do Herdeiro ou Legatário

Substituição é a instituição de pessoa que receberá a herança se a pessoa designada faltar. Pode haver substituição de herdeiro testamentário ou de legatário, pelo testador, se um ou outro não aceitar a herança ou legado. Essa substituição, qualificada pelo CC/2002 de vulgar, em homenagem à terminologia tradicional, também denominada direta pela doutrina, há de ser feita de modo expresso no testamento, com nomeação indiscutível da pessoa substituta. Pode, ainda, o testador escolher apenas uma pessoa para substituir todos os demais beneficiários, que não quiserem aceitar o legado ou a herança, ou, inversamente, estipular que o único instituído seja substituído por duas ou mais pessoas, em conjunto ou sucessivamente.

O substituto é herdeiro do testador e não de quem for por este instituído herdeiro ou legatário (substituído). A substituição é na designação e não na herança, pois, se o designado não aceitar ou não puder aceitar, há transmissão direta da herança ao substituto desde o momento da abertura da sucessão, em virtude da *saisine*. O direito sucessório foi direto do *de cujus* para o substituto.

Em dois casos pode haver substituição: se o designado herdeiro não quer, ou não pode ser. Ao contrário, se houver aceitação expressa ou tácita da herança ou do legado, a sucessão expira. Não pode haver aceitação quando o designado falece antes do testador, ou se for considerado sem legitimidade para suceder, ou se for considerado indigno. Se o designado falecer depois do testador e antes de manifestar aceitação, o direito de exercê-la passa para seus herdeiros. A substituição se extingue (caduca) quando o substituto morrer antes do testador.

Também é admissível que o testador opte pela substituição recíproca. Essa modalidade de substituição ocorre quando o testador nomeia duas ou mais pessoas como herdeiros ou legatários e cada uma é substituta da outra, na hipótese de não aceitação ou impossibilidade legal de suceder. Por exemplo, nomeia o testador A e B como legatários de determinados bens, estipulando que, se um não aceitar o legado, o outro o substituirá. Essa hipótese configura mais direito de acrescer, pois a herança de quem não a quis é acrescida à de quem a quis. Se um herdeiro ou legatário premorre ao testador ou renuncia à herança, o outro designado passa a ser o único herdeiro.

A doutrina também se refere à substituição compendiosa, assim denominada porque contém várias substituições sob forma de compêndio, isto é, resumo de palavras (Orlando Gomes, 1973, p. 226). Era prevista nas Ordenações Filipinas (Liv. 4, Tít. 87, 12), mas desapareceu no direito contemporâneo.

10.12. Fideicomisso

Fideicomisso é a destinação de bem, como propriedade resolúvel, feita pelo testador (fideicomitente) a uma pessoa de sua estrita confiança (fiduciário) para que o transmita ao destinatário final (fideicomissário), quando ocorrer determinado evento. O CC/2002 mudou, radicalmente, a finalidade do fideicomisso, que passou a ser em benefício apenas da prole eventual de pessoas designadas pelo testador, por força do art. 1.952, inexistente na legislação anterior. Outro requisito essencial, que também restringiu o fideicomisso, é o de que o fideicomissário (prole eventual) não esteja concebido na data da abertura da sucessão do testador. Essa regra remete, necessariamente, ao art. 1.800, § 4º, do Código, que estabelece o prazo de dois anos, após a abertura da sucessão, para a concepção do herdeiro (aqui, fideicomissário) esperado, findo o qual os bens passam à titularidade plena do fiduciário.

Assim, toda a tradicional construção doutrinária em torno dos direitos e deveres do fiduciário e dos direitos expectativos do fideicomissário ficam relativizados e conformados a esses eventos futuros e incertos, com eficácia resolúvel, ou seja, não existir o fideicomissário na data da morte do testador e ser concebido dentro de dois anos a partir dessa data.

A doutrina tem criticado as profundas limitações opostas ao fideicomisso pelo CC/2002, que teria sido, "na prática, aniquilado", comprometendo sua funcionalidade, inclusive para o planejamento sucessório, impondo-se sua alteração legislativa (Vieira; Hironaka, 2024, p. 329).

Permanecem os efeitos subjetivos essenciais do fideicomisso, de atribuição de dois direitos sucessórios distintos e simultâneos, isto é, de transmissão imediata do domínio e da posse dos bens ao fiduciário e da transmissão de direito expectativo ao fideicomissário esperado, ambas conjuntamente no momento da abertura da sucessão. Como titular de direito expectativo, o fideicomissário está legitimado a alienar esse direito eventual, a receber esse direito na partilha dos bens inventariados, a exigir caução do fiduciário, a aceitar a herança ou o legado se o fiduciário a eles renunciar.

É resolúvel a propriedade adquirida pelo fiduciário em relação aos bens que lhe foram confiados (CC, art. 1.359), pois essa titularidade resolve-se quando houver o implemento da condição ou o advento do termo que tenham sido estipulados pelo testador. A condição é resolutiva para o fiduciário, mas suspensiva para o fideicomissário, o qual fica dependente de seu implemento (por exemplo, obter graduação universitária) para que o direito expectativo que adquiriu se converta em aquisição plena do domínio.

Por essa razão é que Pontes de Miranda chama a atenção para a inexistência de substituição entre fiduciário e fideicomissário, pois há dupla e simultânea vocação testamentária, separando-os apenas o tempo. Cada um tem uma específica titularidade sobre a mesma coisa; ambos são herdeiros ou legatários da mesma coisa. Tendo em vista sua natureza de propriedade resolúvel, o fideicomissário (por si, se capaz, ou por seu representante legal, se absolutamente incapaz ou ainda nascituro) pode reivindicar a coisa do poder do fiduciário, ou de terceiro. Sem atenção para essas peculiaridades do instituto, o CC/2002 denominou o fideicomisso de "substituição fideicomissária"; porém, substituição não há.

Não há qualquer sucessão entre o fiduciário e o fideicomissário, pois, após a concepção deste, os dois direitos convivem, até que haja o advento do termo ou o implemento da condição estipulados pelo testador (concepção do fideicomissário, ou nascimento do fideicomissário, ou determinado tempo, ou aquisição da capacidade civil pelo fideicomissário etc.), que resolvem o domínio. Antes da ocorrência do evento, o fideicomissário não pode reivindicar a coisa em face do fiduciário, pois seu direito subjetivo é expectativo e eventual.

O STJ declarou inexigível o imposto de transmissão sobre a extinção de fideicomisso, sob o entendimento de que o único ato de transmissão se verificou na instituição do fideicomisso, operação já tributada. Em seu recurso, a Fazenda Estadual afirmava que no fideicomisso existiriam duas transmissões, a do testador para o fiduciário e a do fiduciário para o fideicomissário, motivo por que deveria incidir, também na segunda hipótese, o imposto sobre transmissão (REsp 1.004.707). Correta a decisão, que evidencia o equívoco da Fazenda Estadual, repercutindo a imprecisão doutrinária sobre a matéria, quanto a inexistir sucessão entre fiduciário e fideicomissário.

Para a V Jornada de Direito Civil/CJF, e de acordo com seu enunciado 529, o fideicomisso, previsto no art. 1.951 do CC/2002, somente pode ser instituído por testamento e não por outro ato jurídico.

Durante muito tempo, a distinção entre os efeitos do fideicomisso e os do usufruto levou a intensas controvérsias. A lei brasileira atual (CC, art. 1.952, parágrafo único) optou por converter o fideicomisso em usufruto, quando o fideicomissário tiver nascido antes da morte do testador, passando o fiduciário a exercer os direitos de usufrutuário e o fideicomissário investindo-se por força de lei em nu-proprietário. O usufruto será vitalício, em favor do fiduciário/usufrutuário, se o testador não tiver estipulado fideicomisso temporário; nesta hipótese, converte-se em usufruto temporário o fideicomisso temporário, de acordo com o limite temporal fixado pelo testador. Para efeito da conversão do fideicomisso em usufruto, importa a data do nascimento do fideicomissário esperado e não a de sua concepção, que é o critério utilizado pela lei para produção dos efeitos integrais do fideicomisso.

A distinção entre as figuras jurídicas do fiduciário e do usufrutuário, tão sublinhada pela doutrina anterior, se esvanece ante a opção do CC/2002 de converter o primeiro no segundo, quando o fideicomissário nascer antes da abertura da sucessão do testador/fideicomitente. Parte-se a propriedade em nua-propriedade do que tinha sido designado fideicomissário e em usufruto do designado fiduciário. Essa conversão é por força de lei, não podendo o testador, valendo-se da autonomia privada, estipular em sentido contrário. As regras, portanto, não são mais dispositivas. Os figurantes, como designados pelo testador, apenas persistem se o fideicomissário for concebido após a abertura da sucessão e até dois anos dessa data, em virtude de ser contemplada apenas a prole eventual; somente nessa hipótese, o fideicomisso se concretiza.

Os bens transferidos ao fiduciário configuram domínio e posse resolúveis, dependentes da concepção do fideicomissário, dentro de dois anos a partir da morte do testador. Se não se der a concepção nesse prazo, aplica-se analogicamente o art. 1.958 do CC/2002, com os efeitos da caducidade, consolidando-se a plena propriedade no fiduciário. A incidência do § 4º do art. 1.800 do CC/2002 é de rigor, relativamente ao prazo máximo para ocorrência da concepção, não se admitindo tempo indeterminado para que se dê, considerando-se que o fideicomisso é disposição testamentária excepcional, exigente de interpretação restrita.

É esclarecedora a lição de Pontes de Miranda (1973, v. 58, § 5.833), a respeito do significado da nulidade de fideicomissos "além do segundo grau", pois é perfeitamente válido que o testador se valha da substituição vulgar no fideicomisso, sem quebra do modelo legal, quando estipula que o fiduciário será substituído por outro, se não puder aceitar, ou não quiser aceitar ou se falecer antes do testador. Os graus são relativos a fiduciário e fideicomissário, isto é, não pode o testador estipular transmissão dos direitos do fideicomissário para outro fideicomissário (terceiro grau). Como ele explicita, não se aumenta o grau do fideicomisso se aos figurantes (fiduciário ou fideicomissário) o testador nomear substitutos.

Assim, há compatibilidade do fideicomisso com a substituição vulgar, sem se incorrer na nulidade prevista no art. 1.959 do CC/2002. Por exemplo, a) na falta ou renúncia do fiduciário, ele será substituído por outra pessoa nomeada; b) se a pessoa nomeada não puder ou não quiser ter filhos, no prazo de dois anos após a abertura da sucessão, fideicomissário será o filho ou filhos concebidos de outra pessoa no mesmo período. O STJ (REsp 1.221.817) considerou válida a cláusula testamentária que deu substituto ao fideicomissário, para o caso de este vir a falecer antes do fiduciário ou se se realizasse determinada condição resolutiva.

Segundo o STJ, para caracterização do instituto da substituição fideicomissária é preciso a identificação dos seguintes requisitos: a) caráter eventual; b) que os bens sejam sucessivos; c) capacidade passiva do fiduciário e do fideicomissário; c) obrigação de conservar a coisa fideicomissada para, posteriormente, restituí-la ao fideicomissário (REsp 757.708). Contudo, para o modelo do CC/2002, que apenas contempla a prole eventual, não concebida antes da morte do testador: a) dispensa-se o requisito da capacidade passiva do fideicomissário; b) não há sucessão entre fiduciário e fideicomissário, pois são titulares de direitos distintos e nascidos simultaneamente com a abertura da sucessão; c) o dever do fiduciário não é de restituir, mas de entregar a coisa ao fideicomissário.

A instituição do fideicomisso não pode gravar toda a herança, pois a parte legítima é inviolável, evidentemente se há herdeiros necessários (descendentes, ascendentes, cônjuge e companheiro quando concorrer com aqueles). A lei (CC, art. 1.951) alude à faculdade de o testador "instituir herdeiros ou legatários", compreendendo-se como herdeiros apenas os testamentários, mas não os legítimos e, principalmente, os necessários. Essa é a interpretação possível em conformidade com o princípio constitucional do direito à herança (CF, art. 5º, XXX). O fideicomisso ficou restrito à prole eventual de pessoas designadas pelo testador, cuja concepção deve se dar após a abertura da sucessão, o que também afasta a possibilidade de o fideicomissário ser herdeiro (é herdeiro da pessoa indicada pelo testador, ou seja, seu pai ou sua mãe), em virtude do princípio da coexistência (CC, art. 1.798), ou seja, apenas se legitimam a suceder as pessoas nascidas ou já concebidas no momento da abertura da sucessão. O fideicomissário, por ser concebido após a abertura da sucessão, adquire o direito em virtude de sucessão testamentária e não da sucessão legítima.

Se apenas pode ser fideicomissário o não concebido ao tempo da morte do testador e se o fideicomisso se converte em usufruto, em favor do fiduciário, na hipótese de o fideicomissário nascer antes da morte do testador, que direito adquire o fideicomissário concebido, mas não nascido antes da morte do testador? A lei é omissa. Para que não se vergue a coerência do sistema, considerando que o requisito para o fideicomisso é a prole eventual (portanto não existente) da pessoa nomeada pelo testador, considerando ainda que os já concebidos na abertura da sucessão são legitimados à herança, há de ser aplicada, por analogia, a regra da conversão do fideicomisso em usufruto, que já assegura ao que fora nomeado fideicomissário o direito à nua-propriedade, quando da abertura da sucessão.

A aceitação no fideicomisso não difere das modalidades de aceitação da herança, incluindo legado, admitidas pelo direito brasileiro, sendo frequentemente tácita. O direito brasileiro distingue-se de outros sistemas jurídicos porque admite a transmissão automática, sem necessidade de consentimento ou aceitação dos herdeiros ou legatários beneficiados ou decisão de qualquer natureza. A essência da norma brasileira é que a morte da pessoa não gera um vazio de titularidade sobre a herança que deixou. Em virtude da *saisine*, a aceitação tácita ou expressa do fiduciário ou do fideicomissário não é constitutiva da transmissão da herança, tendo efeito de confirmação, quando expressa. Mas, a renúncia, sempre expressa, tem eficácia retroativa. Diferentemente da renúncia, a aceitação do fiduciário ou do fideicomissário não produz efeitos retroativos, pois não há qualquer alteração quanto à origem e ao alcance da herança testamentária ou do legado que receberam. A previsão legal da aceitação, com sua natureza declaratória de confirmação, é reforço do direito do herdeiro ou legatário de renunciar à herança ou ao legado.

A aceitação expressa do fideicomissário não é necessária, máxime por ser apenas concebido após a abertura da sucessão, e apenas é possível quando adquirir capacidade de exercício. Enquanto for nascituro ou pessoa incapaz, a aceitação expressa é dada pelo representante legal exclusivamente ou como assistente do fideicomissário relativamente incapaz. A aceitação tácita ou expressa investe o fideicomissário no direito aos acréscimos ao bem objeto do fideicomisso (melhoramentos, acessões, benfeitorias), que porventura ocorrerem, durante o período da titularidade do fiduciário.

Enquanto não for concebido o fideicomissário, dentro do prazo de dois anos a partir da abertura da sucessão, a aceitação expressa ou a renúncia podem ser feitas por seus futuros genitores, que assumem função analógica à de curadores de nascituro. O CC/2002 introduziu regra (art. 1.954) explicitando o poder de o fideicomissário, ou seu representante legal, aceitar a herança ou legado, na hipótese de o fiduciário a estes renunciar. O efeito dessa aceitação expressa é a consolidação da propriedade plena na titularidade do fideicomissário, evidentemente se for concebido no período de dois anos após a abertura da sucessão. Se tal não se der, ou se o fideicomissário também renunciar à herança ou ao legado, extingue-se o fideicomisso, permanecendo o bem ou os bens respectivos sob a titularidade dos herdeiros legítimos do testador. Esta não é hipótese de caducidade, mas de extinção do fideicomisso. O efeito extintivo da renúncia pode ser obstado pelos credores dos renunciantes, que podem aceitar em seus nomes, até os limites do crédito, habilitando-se em até trinta dias seguintes ao conhecimento da renúncia (CC, art. 1.813).

Aplicam-se ao fideicomisso os efeitos da posse de boa-fé e de má-fé (CC, arts. 1.210 a 1.222), notadamente os relativos aos frutos e às benfeitorias que o fiduciário tiver realizado (indenização das necessárias e úteis). Com o advento do termo ou com o implemento da condição, o fiduciário que não entregar a posse da coisa ao fideicomissário converte-se em possuidor de má-fé.

A responsabilidade específica do fideicomissário é em relação aos encargos regulares incidentes sobre a coisa, incluindo as obrigações, quando se resolve a propriedade em relação ao fiduciário. O CC/2002 alude a "sobrevir a sucessão", mas de sucessão do fiduciário ao fideicomissário não se trata e sim de transmissão automática ao fideicomissário, cujo direito expectativo converte-se em direito pleno de propriedade da coisa.

Aplicam-se ao não concebido, por analogia, os mesmos princípios que se aplicam à curadoria do nascituro, pois tanto o não concebido como o nascituro não são pessoas, mas já são sujeitos de direitos. A regra da *saisine* impõe a transmissão, desde a abertura da sucessão, da propriedade resolúvel ao fiduciário e do direito expectativo ao fideicomissário ainda não concebido.

Pontes de Miranda (1973, v. 58, § 5.844) sustentava a possibilidade de o testador estipular cláusulas restritivas aos direitos do fiduciário e do fideicomissário. O direito atual apenas admite que as cláusulas de inalienabilidade, impenhorabilidade e incomunicabilidade sejam apostas aos bens da legítima, se houver justa causa declarada no testamento. Essa regra também se aplica aos fideicomissos. Nessa direção de restrição ao poder do testador e maior respeito ao direito à herança, é que se tem como atual a advertência de Pontes de Miranda quanto à cláusula de inalienabilidade, que não pode ter ultraeficácia, ou seja, se aposta ao título do fiduciário não se transmite ao do fideicomissário. Com o advento do termo ou o implemento da condição, o fideicomissário passa a ser pleno proprietário, sem tais restrições.

10.13. Hipóteses de Caducidade do Fideicomisso

São duas as causas de caducidade do fideicomisso, legalmente previstas: a renúncia do fideicomissário e a morte do fideicomissário antes do fiduciário, ou antes do implemento da condição resolutiva que porventura tenha sido estipulada pelo testador.

Quando o fideicomissário renunciar à herança ou ao legado consolidar-se-á no fiduciário a propriedade plena da coisa, segundo o art. 1.955 do CC/2002. Essa regra veio da legislação anterior, voltada essencialmente ao fideicomissário capaz. Porém, atualmente, o fideicomissário é o concebido após a morte do testador, o que leva à dificuldade decorrente para manifestação de sua renúncia, que apenas pode ser expressa, mediante escritura pública ou termo judicial, por seu representante legal. O pai, a mãe, o tutor e o curador não podem alienar bens imóveis de seus filhos, pupilos e curatelados, sem prévia autorização do juiz. Pela mesma razão, não podem renunciar à herança ou ao legado desses bens, incluindo-se os gravados com fideicomisso, em nome das pessoas protegidas, salvo por motivo justificado e após autorização judicial. De qualquer modo, se houver colisão de interesses entre os pais e o filho fideicomissário, cabe ao juiz dar a este curador especial (CC, art. 1.692). Considerando que o fiduciário é apenas o concebido após a morte do testador e até dois anos desta data (§ 4º do art. 1.800 do CC/2002), a renúncia é ato expresso de seu representante legal, dependente de autorização judicial, depois de ouvido o Ministério Público.

A caducidade também ocorre quando o fideicomissário morrer antes do fiduciário. Para compatibilizar essa regra tradicional com o modelo adotado pelo

CC/2002, de contemplar como fideicomissário apenas o concebido após a abertura da sucessão do testador, para que haja caducidade é necessário que o fideicomissário, desse modo concebido, venha a falecer antes do advento da condição ou do termo que o testamento tenha fixado como marco para tal. A regra da caducidade também é aplicável à hipótese de o nascituro fideicomissário nascer morto. Para os fins da caducidade, equivale à morte do fideicomissário sua não concepção no prazo legal de dois anos. A morte do fideicomissário (ou sua não concepção) antes do implemento da condição resolutiva, hipótese aludida no art. 1.958 do CC/2002, pode ocorrer após a morte do fiduciário, quando este for sucedido por seus herdeiros, que assumem a titularidade da propriedade resolúvel, desde que o fideicomisso não tenha sido personalíssimo. A morte do fiduciário, em fideicomisso personalíssimo, não permite a sucessão a seus herdeiros, pois a caducidade opera, inversamente, em favor do fideicomissário, que consolida a propriedade em seu nome. Se o fideicomissário tiver nascido antes da morte do testador e morrido antes da morte do fiduciário, o fideicomisso terá se convertido, por força de lei (CC, parágrafo único do art. 1.952), em usufruto. Nessa hipótese, o fideicomissário adquire a nua-propriedade da coisa e essa titularidade é objeto de transmissão a seus herdeiros. Por não se tratar mais de fideicomisso, inexiste caducidade.

Em caso de morte de fideicomissário, decidiu o STJ (REsp 820.814), em virtude da consolidação da propriedade na titularidade do fiduciário, por caducidade, que o falecimento deste sem deixar testamento impõe estrita obediência aos critérios da sucessão legítima, transmitindo-se a herança, desde logo, aos herdeiros legítimos do fiduciário, inexistindo herdeiros necessários. Fazendo remissão expressa aos arts. 1.955 e 1.958 do CC/2002, decidiu o STJ que o fideicomisso caduca se o fideicomissário morrer antes dos fiduciários, caso em que a propriedade destes se consolida, deixando, assim, de ser restrita e resolúvel, transmitindo-se aos herdeiros dos fiduciários (REsp 820.814).

10.14. Revogação do Testamento

O testamento pode ser revogado pelo testador, a qualquer tempo, nunca produzindo seus efeitos, apesar de ter juridicamente existido e ser considerado válido. O ato de revogação é inteiramente discricionário, é manifestação unilateral de vontade não havendo necessidade de o testador motivá-lo e não tendo qualquer efeito cláusula de sua irrevogabilidade. Como para qualquer ato jurídico, exige-se que o testador, no momento da revogação, esteja no exercício pleno de sua legitimidade para testar.

— 224 —

A revogação pode ser expressa ou tácita. É expressa quando o testador declara diretamente que revoga o testamento que tinha feito. Para que possa valer, a revogação expressa deve estar contida em documento escrito particular, ou em instrumento público específico ou em documento particular cerrado e aprovado por tabelião. A lei estabelece que a revogação apenas pode utilizar uma das formas em que o testamento pode ser feito. A revogação expressa é, em verdade, como diz Pontes de Miranda (1973, v. 59, § 5.939), outro testamento, talvez só negativo. Não há necessidade, contudo, de ser a mesma forma escolhida para o testamento; assim, se o testamento é público, pode ser revogado por instrumento particular. A revogação expressa, no direito brasileiro, é mais simples que em outros ordenamentos jurídicos, como o alemão, cujo Código Civil exige que apenas se faça mediante outro testamento específico (§ 2.254). No Brasil, não precisa de testamento nem de que o documento tenha nome determinado; o que se exige é que se observe o "mesmo modo e forma como poder ser feito" o testamento. Na hipótese do instrumento particular, em simetria com o art. 1.876 do Código Civil, deve ser escrito de próprio punho ou mediante processo mecânico, lido pelo testador e assinado por ele e por três testemunhas que o ouviram. Basta apenas dizer "fica revogado o testamento x".

A própria revogação pode ser revogada, restaurando-se o testamento revogado; o testamento vale como se nunca tivesse sido revogado. Válido é o testamento anterior. Para Zeno Veloso (2003, p. 357), no entanto, a revogação da revogação não restaura o testamento antigo, salvo se o testador assim dispuser; a repristinação automática não poderia ocorrer, por falta de uma regra imperativa, como a contida no Código Civil alemão.

A revogação é tácita quando o testador faz outro testamento dispondo sobre seus bens, mesmo sem se referir ao testamento anterior. Não se exige que utilize a mesma forma do testamento anterior, porque não há hierarquia entre as formas de testamento. Assim, testamento público pode ser revogado por testamento particular e vice-versa. Se o novo testamento foi revogado pelo testador, reafirma o primeiro, pois, segundo Pontes de Miranda (1973, v. 59, § 5.942), o sistema mais generalizado é o de reviver o testamento anterior se foi revogado o posterior, porque a revogação total tem de ser expressa.

Também é tácita a revogação quando o testador abrir ou dilacerar o testamento cerrado, aprovado por tabelião, ou permitir que terceiro o faça, pois sua inviolabilidade é essencial para que possa produzir os efeitos após a morte do testador. Há presunção de que o testamento encontrado aberto ou dilacerado o tenha sido pelo próprio testador, mas pode ser provado o contrário pelos interessados, ou seja, tal fato teve autoria de terceiro, o que não conduz à sua revogação.

O ônus da prova da revogação é dos interessados na sucessão legítima. Há o obstáculo do art. 1.875, pelo qual o juiz pode deixar de registrar o testamento cerrado se achar vício externo que o torne eivado de nulidade ou suspeito de falsidade, o que não ocorre se a deterioração for natural, em virtude do tempo ou do local onde foi encontrado.

O testamento pode ser revogado total ou parcialmente, tanto na revogação expressa quanto na revogação tácita. É parcial quando a revogação expressa ou o novo testamento apenas refere a parte dos bens deixados ou exclui determinado herdeiro testamentário ou legatário. É total quando a revogação expressa menciona o testamento sem ressalvar parte da herança, ou quando o novo testamento abrange toda a herança. Se a revogação expressa for parcial, o testamento subsiste no que não for por ela alcançado. Se o novo testamento não abranger toda a herança, o antigo subsiste ao lado daquele, no que não o contrariar; nesta hipótese, vão os dois testamentos para registro judicial e inventário, devendo o juiz conferir o que é incompatível no antigo com o que dispôs o novo. A última disposição é que prevalece. Por exemplo, no primeiro testamento o testador deixou um imóvel para A e no segundo lega metade desse mesmo imóvel a B; A e B serão condôminos em igualdade. Se o novo testamento não contradiz o antigo, este permanece íntegro ao lado do novo.

A revogação não produz efeitos quanto às declarações incidentais contidas no testamento que não digam respeito à herança. Por exemplo, o reconhecimento de filho havido fora do casamento declarado incidentalmente no testamento sobrevive à revogação deste (CC, art. 1.610), ou a confissão de dívida, ou a nomeação de tutor.

A revogação tácita tem força própria e não depende do destino do testamento que a contiver. Se o novo testamento incidir em hipótese de caducidade, tal fato não afetará o efeito da revogação. Se o único ou os únicos herdeiros testamentários não puderem suceder, por indignidade, ou renunciarem à herança, ou forem considerados ilegitimados a suceder, ainda assim, o testamento dito caduco produz seus efeitos de revogação do anterior, devendo a herança ser objeto da sucessão legítima. Porém, fora das hipóteses de caducidade, a invalidade do novo testamento, por violação de solenidades essenciais ou por vícios intrínsecos, também invalida a revogação nele contida, impedindo seus efeitos, permanecendo o testamento anterior. O nulo é nenhum de efeitos.

10.15. Rompimento ou Ruptura do Testamento

O testamento pode ser ineficaz, quando se der a abertura da sucessão, em virtude de circunstâncias desconhecidas do testador, quando fez o testamento.

Diz-se rompimento ou ruptura do testamento, que não pode prevalecer quando colidir com os direitos de herdeiros necessários.

São requisitos cumulativos para o rompimento do testamento: a) existência de descendente sucessível não contemplado no testamento; b) desconhecimento da existência do descendente, por parte do testador; c) sobrevivência do descendente ao testador. O rompimento resulta em ineficácia e não em invalidade (anulabilidade ou nulidade) do testamento. O testamento é válido, porém ineficaz em relação ao descendente não contemplado.

Ineficaz é o testamento, por ruptura, quando nascer posteriormente filho do testador e este não modificar o testamento. Ou, em vida do testador e após o testamento, falecer filho deixando neto daquele. Também há ruptura quando qualquer desses descendentes já tinha nascido antes do testamento, mas o testador desconhecia esse fato. Exemplifique-se com relacionamento sexual eventual, que levou à gravidez da mãe, tenho esta omitido o fato ao testador. A ineficácia do testamento também ocorre quando a investigação judicial da paternidade se iniciou ou se concluiu após a abertura da sucessão. O único requisito legal é que o descendente tenha sobrevivido ao testador, ou seja, tenha nascido ou sido concebido antes de sua morte.

Também há ineficácia do testamento se houver outros herdeiros necessários, cuja existência era desconhecida do testador quando fez o testamento. Os outros herdeiros necessários são os ascendentes e o cônjuge ou companheiro. Em situações raras, porém possíveis, o testador pode ter se afastado de seus pais ou de seu cônjuge ou companheiro, após conflitos familiares, passando a viver em outro local, sem comunicação com eles, podendo supor que já estavam mortos quando testou.

O desconhecimento do testador da existência de herdeiro necessário, quando fez o testamento, não é substancial para a ruptura deste. O que importa é que o herdeiro necessário tenha sobrevivido ao testador. Rompe-se o testamento quando houver posterior concepção de descendente, ainda que testador tenha conhecimento desse fato, uma vez que a ciência apenas pode ser posterior. O reconhecimento voluntário ou o reconhecimento judicial da paternidade ou maternidade também comprovam sua ciência. Também se rompe o testamento se o testador vier a perfilhar uma pessoa por adoção, após sua feitura, pois, nesse momento, não havia qualquer laço anterior de descendência ou ciência do fato futuro. Há, todavia, antiga decisão do STF (1948, *RT* 189/562) admitindo a eficácia do testamento se o testador conhecia a descendência e dispôs a favor de outra pessoa, desde que respeitando a parte legítima dos herdeiros necessários.

O testamento só se romperia se o testador ignorasse a existência de qualquer herdeiro necessário; se não ignorasse, o testamento não seria rompido e seriam reduzidas as disposições testamentárias ao limite da parte disponível. Também não haveria ruptura se o testador conhecesse algum herdeiro necessário, mas desconhecesse outro, prevalecendo o testamento. Essa é também a orientação doutrinária tradicional.

Em caso julgado pelo STJ, o novo herdeiro, que sobreveio, por adoção *post mortem*, já era conhecido do testador que expressamente o contemplou no testamento e ali consignou, também, a sua intenção de adotá-lo; a pretendida incidência absoluta da norma do rompimento do testamento, segundo o Tribunal, em vez de preservar a vontade esclarecida do testador, implicaria a sua frustração e a violação de sua razão de ser (REsp 985.093).

O testamento é eficaz se o testador tiver testado nos limites da parte disponível, na dúvida da existência de herdeiros necessários. Desde que se acautele quanto à legítima desses incertos herdeiros necessários, o testamento será válido e eficaz. Se, no momento de seu falecimento, não houver herdeiros necessários a parte não testada será destinada aos demais herdeiros legítimos, se houver, ou à Fazenda Pública.

Permanece a eficácia do testamento relativamente às matérias extrapatrimoniais nele contidas – como o reconhecimento de filho e o perdão ao indigno –, pois estas não se incluem nos fins sociais do CC/2002, art. 1.793, quando este alude a "todas suas disposições".

Capítulo XI
Espécies de Testamento

Sumário: 11.1. Testamentos ordinários e especiais. 11.2. Testamento público. 11.3. Testamento cerrado. 11.4. Testamento particular. 11.5. Testamento simplificado. 11.6. Testamento marítimo. 11.7. Testamento aeronáutico. 11.8. Testamento militar. 11.9. Codicilo. 11.10. Testamento vital.

11.1. Testamentos Ordinários e Especiais

O direito brasileiro adota a tipicidade fechada, ou *numerus clausus*, dos testamentos. É longa a tradição nesse sentido. A limitação das espécies ou tipos de testamentos revela que a forma é da substância do ato. A inobservância da forma legal conduz à nulidade do testamento, pois é nulo o negócio jurídico que "não revestir a forma prescrita em lei" (CC, art. 166, IV).

A forma testamentária estrita não é apenas reverência à tradição. É um meio de equilíbrio entre o exercício da autonomia privada do testador e o interesse público em se evitar o abuso ou arbítrio, tendo em vista as repercussões de suas disposições testamentárias nas relações jurídicas de outras pessoas. Desde o antigo direito romano, houve a preocupação com o controle social dos testamentos. A pessoa é livre para testar ou não testar. É livre para escolher a espécie de testamento que a lei lhe faculta. Mas não é livre para criar outra espécie. Escolhida a espécie de testamento (forma extrínseca), há de observar os requisitos legalmente impostos a ela (forma intrínseca).

São três as formas de testamentos ordinários:

a) testamento público, declarado perante tabelião ou notário e lavrado por este;

b) testamento particular, redigido pelo próprio testador;

c) testamento cerrado, redigido pelo próprio testador, mas lacrado e aprovado pelo tabelião, que não conhece seu conteúdo.

São quatro as formas de testamentos especiais:

— 229 —

a) testamento simplificado, escrito à mão e assinado apenas pelo testador;

b) testamento marítimo, realizado a bordo de navio civil ou militar;

c) testamento aeronáutico, realizado a bordo de avião civil ou militar;

d) testamento militar, realizado por militares em campanha ou guerra.

O antigo direito brasileiro (Ordenações) também admitia o testamento nuncupativo, que era o feito de viva voz, permitido aos doentes em estado de perigo, pronunciado perante seis testemunhas, que perdia a eficácia se o testador convalescesse da moléstia. Os abusos e falsidades foram tão frequentes que o Marquês de Pombal fez publicar a Lei de 1766 que considerou nulos todos os testamentos nuncupativos. O testamento nuncupativo persistiu, residualmente, apenas como espécie de testamento militar (CC, art. 1.896).

A lei proíbe o testamento conjuntivo, ou seja, realizado por duas ou mais pessoas, inclusive cônjuges ou companheiros, nas seguintes espécies: simultâneo, quando disponham em favor de um terceiro; recíproco, quando cada testador seja herdeiro do outro testador; correspectivo, quando a disposição é feita em retribuição da disposição do outro testamento. Procura-se evitar que haja inibição ou limitação da autonomia do testador. Nosso direito antigo o permitia, sob a denominação de testamento de mão comum, quando marido e mulher faziam suas disposições no mesmo ato (Coelho da Rocha, 1984, v. 2, § 727). Cada cônjuge ou companheiro, se desejar testar, tem de se valer de testamento próprio, de acordo com as formas legais. Não há impedimento, contudo, a que cada cônjuge ou companheiro institua em testamentos distintos as mesmas pessoas como herdeiros, ou que uma pessoa teste em favor de pessoa que o instituiu herdeiro ou deixou-lhe legado.

Não se admite que o testador faça as disposições por uma forma híbrida, combinando requisitos de uma ou outra espécie de testamento (Veloso, 2003, p. 44). Se assim fosse possível, os requisitos de validade de uma espécie poderiam ser fraudados, se utilizados em outra.

11.2. Testamento Público

O testamento público é lavrado pelo tabelião ou notário de livre escolha do testador, que lhe transmite suas últimas vontades. Por ser público, presume-se que possa ser conhecido por qualquer pessoa. É a forma mais utilizada no Brasil, em virtude da segurança que o cerca, não só porque o notário é dotado de fé pública e tem o dever de esclarecer e prevenir invalidades, mas porque não se corre o risco de ineficácia ou extravio, pois sempre pode ser extraída certidão com mesmo valor.

Para sua validade, o testamento público, além de ser lavrado pelo tabelião ou seu substituto legal, deve ser por este lido ao testador e duas testemunhas e assinado por todos.

O testamento público sofreu importantes mitigações quanto aos seus requisitos essenciais, com o advento do CC/2002. Essas mitigações procuram atender às constantes orientações doutrinária e jurisprudencial que se formaram a partir da legislação anterior e às mudanças culturais e tecnológicas contemporâneas. Pontes de Miranda (1973, v. 59, § 5.867) registra antiga decisão do STF (1930, *RT* 126/714), que permanece atual, sobre não serem sacramentais os termos pelos quais se traduz a formalidade do testamento público. O formalismo cede à finalidade do testamento.

Não há mais necessidade de o testamento ser escrito manualmente pelo tabelião, que poderá utilizar meios mecânicos ou eletrônicos e até formulários impressos, que se expandiram nas últimas décadas com o advento do computador e da impressora portátil. Exige-se, todavia, que todas as páginas sejam rubricadas pelo testador, após a leitura, e assinada a última, juntamente com o tabelião e as testemunhas.

A lei não exige a data ou o local onde foi redigido o testamento público, mas é praxe notarial fazê-lo. Também não há exigência legal de o notário declarar na escritura do testamento que conhece o testador. A explosão demográfica nas cidades brasileiras tornou inviável essa nota. As testemunhas não precisam conhecer o testador, pois não são mais presenciais a todo o ato e tão somente para a leitura do texto elaborado pelo notário. Essas mudanças deram força à doutrina que pugnava pelo desaparecimento da exigência de unidade do ato, ou *unitas actus*, pois a redação pode ocorrer em um dia e a leitura em outro, desde que, para esse fim, estejam presentes o testador e as testemunhas. A entrega da minuta ao notário não precisa estar acompanhada de testemunhas. Pela mesma razão, não é requisito essencial a mudança de lugar, se necessária for para a elaboração do testamento público.

O testador é livre para escolher o notário ou tabelião de notas, ainda que fora de seu domicílio ou do lugar onde estejam seus bens para a lavratura de seu testamento. Essa autonomia é assegurada pelo art. 8º da Lei n. 8.935/1994, que também prevê o impedimento de o notário se deslocar fora da circunscrição de seu cartório para a lavratura do ato. Ou seja, o testador pode dirigir-se a tabelião de outro município, mas o tabelião não pode se deslocar de seu município para lavrar o testamento em outro. Por sua vez, o CC/2002 admite que o testamento seja lavrado pelo substituto legal do tabelião; mas, outro empregado do serviço notarial, mesmo que seja escrevente juramentado, não tem competência para lavrar testamentos (Veloso, 2003, p. 56).

Na linha da mitigação da formalidade, decidiu o STJ que não há nulidade no testamento elaborado em cartório sem a presença do testador, com base em minuta previamente elaborada por ele, e posteriormente assinado em sua residência, considerando que o testador tinha mais de 85 anos (REsp 753.261); igualmente, que é válido o testamento público produzido em cartório e lido em voz alta pelo tabelião na presença do testador e de duas testemunhas, apesar da ausência de segunda leitura do documento e da menção expressa da deficiência visual do testador (REsp 1.677.931).

O testador pode servir-se de notas, minutas ou apontamentos entregues ao tabelião, não sendo formalidade essencial que sejam ditadas ou lidas, o que reduz o papel tradicional da declaração oral. Não há obrigatoriedade de o tabelião guardar esses dados em cartório. Na contemporaneidade, os testamentos públicos mais complexos, que envolvem patrimônios diversificados, inclusive bens incorpóreos, são previamente elaborados por advogados especializados, que redigem as minutas entregues pelos testadores aos tabeliães.

O notário deve limitar-se a receber a vontade espontaneamente declarada pelo testador, abstendo-se de influir de algum modo sobre ela; deve, no entanto, refutar disposições que sejam contrárias à lei, à ordem pública ou aos bons costumes (Galgano, 2002, p. 613). Cabe ao notário a complementação das formalidades extrínsecas, não podendo modificar os termos da declaração oral ou expressada na minuta. Se a minuta não foi feita diretamente pelo testador nem por advogado, mas sim por herdeiro ou beneficiário de legado, essa circunstância deve ser anotada pelo tabelião.

Na legislação atual, o número das testemunhas foi reduzido de cinco para duas. Podem ser mais de duas, mas não pode ser apenas uma. As testemunhas são necessárias apenas para a leitura do texto lavrado pelo notário, sendo dispensadas para a declaração oral ou escrita (minuta ou anotações) do testador, ou para a lavratura. Não há ordem fixa para a assinatura das testemunhas, se antes ou após o notário, pois a regra existente na legislação anterior não foi reproduzida no CC/2002, o que levava a nulidades por extremada reverência ao formalismo. Não há mais impedimento legal para que parentes possam ser aceitos como testemunhas no testamento público, até porque sua função é de ouvir a leitura do texto lavrado e confirmar que tal procedimento foi obedecido, quando apõem suas assinaturas, sem interferência no conteúdo.

A leitura do testamento pelo notário, na presença do testador e das duas testemunhas, é formalidade essencial, para assegurar que o escrito seja fiel à vontade do testador, que pode solicitar as retificações que desejar. As testemunhas são necessárias apenas para esse momento, dispensando-se o conhecimento delas pelo testador.

As assinaturas integram a formalidade essencial do testamento. Se houver a declaração do testador, a lavratura do testamento, a leitura, mas não houver a assinatura do testador, por qualquer razão, inclusive em virtude de morte superveniente, o testamento é inexistente e não apenas nulo, pois não chegou a se constituir integralmente como negócio jurídico. Tem-se a assinatura a rogo do testador em uma de duas hipóteses: quando for analfabeto ou quando alguma circunstância o impeça de assinar, como fratura do braço ou mão. Nenhuma das duas caracteriza incapacidade relativa. Apenas uma das duas testemunhas pode assinar pelo testador, a seu pedido ou rogo, sendo vedado que terceiro o faça. O CC/2002 alude a testemunhas "instrumentárias", mas estas apenas se restringem à leitura do texto lavrado pelo notário. De acordo com Zeno Veloso (2003, p. 74), não há necessidade de a testemunha assinar duas vezes, uma por si, outra a rogo.

Na hipótese do analfabeto, a leitura do testamento assume relevância especial, pois a testemunha que ouviu a leitura é a mais qualificada para tal. Dentro da tendência de máximo aproveitamento do testamento, evitando-se a nulidade, decidiu o STJ (REsp 6.648) que a declaração do notário de que o testador não sabia ler, ainda que fosse capaz de "copiar" seu nome, não tornava nulo o testamento.

O estrangeiro pode declarar o testamento público em seu idioma, desde que acompanhado por intérprete de sua confiança, uma vez que o texto será vertido no idioma nacional. A legislação anterior exigia que as declarações do testador fossem feitas em língua nacional, o que foi suprimido pela lei atual. Assim, pode o estrangeiro, que não saiba português, declarar oralmente as disposições testamentárias, traduzidas por intérprete que o acompanhar, ou declarar que a minuta traduzida em português que apresentar ao tabelião é a expressão de sua vontade livre. A leitura feita pelo notário do testamento em português deverá ser traduzida pelo intérprete, concomitantemente.

A regra do art. 1.634 do CC/1916, de exagerado formalismo, não foi reproduzida no CC/2002. Assim, é dispensável que o notário especifique as formalidades que foram observadas e as porte por fé. Em boa hora excluiu-se essa demasia tautológica.

Não há mais impedimento para que o mudo possa ser testador em testamento público, pois desapareceu a exigência de fazer suas declarações de "viva voz". O mudo pode ouvir a leitura do texto lavrado e comunicar-se pela

— 233 —

chamada linguagem de sinais, se o notário a conhecer. O notário pode consultá--lo por escrito se ouviu e compreendeu o texto lido, o que é suficiente para que possa assinar o testamento. A língua de sinais ("LIBRAS"), língua visual-gestual direcionada para a comunicação das pessoas que não desenvolveram a fala, é meio legal de comunicação, reconhecida pela Lei n. 10.436/2002.

O CC/2002 cogita do testamento do surdo, que saiba ler ou não. A formalidade da leitura em voz alta pelo testador é substituída pela leitura direta do texto feita pelo testador. Se não souber ler, designará uma pessoa de sua confiança para ler em seu lugar. Se souber escrever, assinará pessoalmente o testamento; se não souber escrever, uma das duas testemunhas assinará, a rogo. Muda a função das testemunhas, que passa a ser a de confirmar a leitura feita pelo testador surdo. Se o surdo souber a linguagem de sinais, poderá se comunicar dessa forma, preferentemente acompanhado de intérprete.

Se a pessoa for surda e muda somente poderá valer-se do testamento cerrado (CC, art. 1.873). Porém, se for analfabeta, entende-se que não poderá testar, pois não poderia fazer suas declarações diretamente ao tabelião, nem mesmo minutar sua vontade, pois não teria como ler nem assinar o testamento (Borges, 2015, p. 45).

O cego apenas pode declarar suas últimas vontades em testamento público. Apenas se considera cega, segundo as normas da Organização Mundial de Saúde, a pessoa que tem no melhor olho grau de acuidade visual inferior a 0,1. No testamento público o cego dita suas declarações e ouve a leitura feita pelo testador, acompanhado pelas duas testemunhas. Se sabe assinar, deve fazê-lo diretamente, sem necessidade de se valer de assinatura a rogo. O CC, art. 1.867, estabelece que a leitura em voz alta deva ser feita duas vezes, uma pelo tabelião e outra por uma das testemunhas, designada pelo testador. Todavia, entendeu o STJ (REsp 1.677.931) que o descumprimento dessa formalidade não gera nulidade, se mantida a higidez da manifestação de vontade do testador.

A restrição ao testamento público não faz sentido se o cego pode ler e escrever na linguagem especial de Braille, sistema de escrita com pontos em relevo que as pessoas privadas da visão podem ler pelo tato e que lhes permite também escrever, cuja manifestação de vontade é indiscutível e expressa.

A redução das formalidades do testamento público, adotada pelo CC/2002, aponta para a atenuação de sua invalidade pelas razões correspondentes. As formalidades, notadamente as extrínsecas, não devem prevalecer em prejuízo das finalidades lícitas do testamento e da própria vontade do testador. Consolidou-se na jurisprudência do STF e do STJ que o formalismo do testamento não é absoluto (algumas decisões aludem a não sacramental), não se podendo cogitar de invalidação, sempre que a ausência de alguma formalidade não prejudique a consecução das finalidades lícitas das disposições deixadas pelo testador. Nesse sentido, ambas as Turmas da Segunda Seção do STJ têm contemporizado o rigor formal do testamento, reputando-o válido sempre que encerrar a real vontade do testador, manifestada de modo livre e consciente (AgRg nos EAREsp 365.011).

É certo, todavia, segundo o mesmo STJ, que a mitigação do rigor formal em prol da finalidade, no caso dos testamentos, deve ter especial atenção do julgador, tanto por não viver o testador no momento de esclarecer suas intenções, quanto pela suscetibilidade de fraudes na elaboração do instrumento e, consequentemente, na deturpação da vontade de quem dispõe dos bens para após a morte (REsp 147.959).

11.3. Testamento Cerrado

Considera-se cerrado o testamento elaborado e apenas subscrito pelo testador, em instrumento particular, de conteúdo apenas por ele conhecido, cuja validade depende de ser apresentado a tabelião, para que o vede e lavre o auto de aprovação. O tabelião também não conhece seu conteúdo, salvo se o testador o tiver escolhido para lavrar o instrumento e depois vedá-lo. Essa é a espécie de testamento que o testador deseja manter sigiloso, em virtude de razões que lhe sejam próprias, tornando conhecidas suas disposições apenas quando falecer.

Os resquícios do direito formular para a aprovação do testamento cerrado, presentes na legislação anterior, foram atenuados pelo CC/2002. Onze requisitos essenciais foram reduzidos a quatro formalidades:

(1) entrega do testamento cerrado ao notário pelo testador, acompanhado de duas testemunhas;

(2) declaração do testador de que aquele é seu testamento;

(3) lavratura do auto de aprovação e leitura deste pelo notário;

(4) assinaturas do notário, das testemunhas e do testador no auto de aprovação.

O testamento cerrado sempre foi de reduzida utilização pela população brasileira, até porque, se não houver as formalidades de sua aprovação pelo notário, ele é considerado inexistente. A inexistência, e não apenas a ineficácia ou a invalidade, decorre de sua natureza de ato complexo, formado pela interdependência de sua escrita pelo testador e pelo auto de aprovação. Aquela sem este não traz o testamento ao mundo jurídico. O testamento cerrado apenas ingressa no mundo jurídico a partir da data do auto de aprovação notarial e não da data em que foi escrito pelo testador. Enquanto não houver auto de aprovação não haverá ato jurídico perfeito.

A segurança do testamento cerrado é inferior à do testamento público, pois seu conteúdo é naturalmente sigiloso, atendo-se o notário a lavrar o auto de aprovação, cujos dados são os únicos que retém. O objetivo do auto é apenas o de certificar a autenticidade do testamento cerrado, por ter sido apresentado (cerrado) pelo testador ao notário. Se o testamento vem a ser extraviado, o termo de aprovação não é suficiente para se extrair certidão de seu conteúdo, como se dá com o testamento público.

Apesar das simplificações operadas pelo CC/2002, o testamento cerrado é de segurança jurídica frágil, notadamente por sua validade dependente da boa-fé de testemunhas e de sua preservação física, pelo próprio testador e por terceiros após sua morte.

Nada impede que o testador elabore posteriormente outro testamento, inclusive sob a forma particular, que independe de termo de aprovação notarial, revogando-se, consequentemente, o testamento cerrado.

O CC/2002, da mesma forma como fez para o testamento público, reduziu de cinco para duas as testemunhas que acompanham o testador para a apresentação do testamento ao notário, de sua livre escolha.

Há impedimento para os cegos se valerem do testamento cerrado. Mas a finalidade dessa limitação é de proteção ao cego, o que é dispensável quando este possa ler e escrever valendo-se da linguagem especializada em Braille; nesta hipótese, o testamento cerrado deve ser considerado válido e eficaz, pois seu conteúdo poderá ser lido, após a morte do testador, por qualquer pessoa habilitada nessa linguagem.

A nulidade do testamento cerrado, em razão de estrito cumprimento das formalidades, apenas em caráter excepcional tem sido admitida pelo STJ, que se orienta para o prevalecimento da manifestação de vontade do testador. Nesse sentido afastou as alegações da incapacidade física e mental da testadora; de captação de sua vontade; de quebra do sigilo do testamento, e da não simultaneidade das testemunhas ao ato de assinatura do auto de aprovação (REsp 1.001.674).

Não há exigências legais de formalidades para a escrita do testamento cerrado pelo testador, que é livre na forma ou no conteúdo. Importante inovação trazida pelo CC/2002 foi a admissibilidade da escrita mecânica ou eletrônica. Não mais há necessidade de ser o testamento cerrado manuscrito pelo testador, o qual apenas deve numerar e autenticar todas as folhas reproduzidas ou

— 236 —

impressas, com sua assinatura ou rubrica. O uso do computador, todavia, leva ao risco da quebra do sigilo, desejado pelo testador, em face de intrusão perpetrada por terceiros aos arquivos nele contidos.

Apesar da finalidade de sigilo das disposições testamentárias, que por alguma razão o testador deseja preservar até sua morte, admite a lei que o testador possa valer-se de terceiro de sua confiança para redigir o testamento. A lei não exige que o testador saiba ler, nada impedindo que o analfabeto se utilize do testamento cerrado, desde que saiba assinar, uma vez que pode ouvir o que foi escrito por terceiro de sua confiança, além da autenticidade da origem do instrumento, que é atestado pelo auto de aprovação notarial. O CC/2002 manteve a expressão "ou por outra pessoa, a seu rogo", vinda do Código anterior, o que faz atual a interpretação de Pontes de Miranda (1973, v. 59, § 5.875) de que se deixa ao arbítrio do testador, pois deste não se exigem circunstâncias subjetivas.

A assinatura do testador ao final do testamento cerrado, todavia, é requisito essencial (CC, 1.868), ainda que tenha solicitado a outrem para fazê-lo, não sendo exigência legal que assine ou rubrique as páginas ou folhas anteriores. O notário ou seu substituto legal pode redigir o testamento cerrado a rogo do testador, mas, por dever de ofício, tem de manter o sigilo do conteúdo, não o reproduzindo em suas notas, exceto o auto de aprovação.

O testador faz a entrega do testamento cerrado ao notário, acompanhado de duas testemunhas, declarando que aquele é seu testamento e quer que seja aprovado. As testemunhas podem ser mais de duas, mas não pode ser apenas uma. A lei atual não mais exige o formalismo de o notário perguntar ao testador se aquele é seu testamento e se deseja que seja aprovado, formalismo ultrapassado que, consequentemente, não precisa ser consignada no auto de aprovação. A entrega é pessoal, não podendo o testador ser representado por outra pessoa, para que se afaste o risco provável de o representante violar ou substituir o instrumento por outro.

A declaração do testador não necessita ser oral, admitindo-se que o mudo possa fazê-lo por escrito ou mediante a linguagem de sinais, se for compreensível pelo notário. E não só para o mudo, mas igualmente para o surdo-mudo, para o qual basta que escreva na face externa do papel ou até mesmo no envoltório que aquele é seu testamento e que quer sua aprovação.

A lavratura do auto de aprovação exige a "a presença de duas testemunhas" e não "das" testemunhas de apresentação, o que abre o questionamento se podem ser distintas. A lei anterior aludia a "das" testemunhas, ou seja, as testemunhas de apresentação. Apesar da indeterminação da preposição, deve-se entender que as testemunhas são as mesmas, tanto para a apresentação do testamento, quanto para a lavratura do auto, quanto para a assinatura deste, em virtude da interdependência dessas etapas e de economia procedimental. Todavia, se o auto de aprovação for realizado em dia diferente do da apresentação, por motivo justificável, não há impedimento legal de serem outras as testemunhas da lavratura, leitura e assinatura do auto. O inciso IV do art. 1.864 do CC/2002 se refere à assinatura do auto "pelas testemunhas", sem especificar quais. Pontes de Miranda (1973, v. 59, § 5.876) tem entendimento mais restritivo, no sentido de ser uno o que denomina de ato de aprovação, no espaço e no tempo, desde a entrega do testamento até a assinatura de todos.

O STJ decidiu que o fato de as testemunhas de apresentação terem assinado a cédula em cartório, após a assinatura da testadora, e não apenas o auto de aprovação, não invalida o testamento cerrado, se declararam em juízo que não conheciam seu conteúdo (AgRg no Ag 570.748).

Entre os requisitos meramente formulares ou formalismos inúteis, suprimidos pelo CC/2002, está a declaração do notário que "o testador lhe entregou o testamento e o tinha por bom, firme e valioso", constante da legislação anterior. Igualmente suprimida é a necessidade da declaração do notário que leu o auto de aprovação para o testador e as testemunhas. A lei atual apenas exige que o testador declare, sob sua fé, que o testador lhe entregou o testamento para ser aprovado na presença de duas testemunhas. Não há exigência de fórmulas ou outros requisitos, ou de reconhecimento pelo notário do testador e das testemunhas. A declaração do notário é feita logo após a última palavra do testamento, se houver espaço. Se o espaço da última folha for insuficiente, para o início da aprovação, o notário aporá nela o seu sinal, elaborando o auto em separado e consignando essa circunstância.

O auto de aprovação completa o testamento, para que possa produzir seus efeitos na abertura da sucessão, razão por que também ficará encerrado dentro do envoltório, invólucro ou envelope do testamento. A lei atual mantém a exigência de o notário "cerrar e coser" o instrumento aprovado, mas essas expressões não precisam ser interpretadas literalmente, pois o que interessa é que o envoltório esteja suficientemente lacrado pelo testador, dispensando-se a costura com pontos feitos com agulha e linha, como se fazia no passado. Se o testador não puder assinar o auto de aprovação, uma das duas testemunhas o fará, a seu rogo. O CC/2002 (art. 1.874) estabelece que, cumprida a aprovação, o testamento é devolvido ao testador, não podendo o notário retê-lo em seu cartório. Cabe-lhe apenas lançar em livro próprio nota do lugar, dia e mês da aprovação do testamento.

No testamento cerrado, público é apenas o auto de aprovação. O testamento em si, por ser escrito de modo exclusivo e reservado pelo testador, é livre na forma e no conteúdo. A liberdade de forma inclui o idioma em que foi escrito, pelo próprio testador ou por terceiro a seu rogo. Respeita-se, dessa forma, a liberdade de testar de quantos estrangeiros residam no Brasil e que tenham dificuldade de escrita em português, ou mesmo porque prefiram fazer seus testamentos em seus idiomas de origem. A escolha da língua estrangeira, no testamento cerrado, tem a vantagem da dispensa das testemunhas nessa espécie testamentária, que não precisam conhecê-la, porque apenas acompanham o testador para a entrega do instrumento ao notário, sem ciência do que nele se contém. O brasileiro também pode utilizar idioma estrangeiro, quando pretenda ampliar o segredo de suas disposições. Como não há mais necessidade de o notário perguntar ao testador se aquele é seu testamento e se deseja aprová-lo, o estrangeiro pode valer-se de seu idioma com ajuda de gestos ou sinais, para a entrega do testamento, desde que o notário o entenda.

Como as demais espécies de testamento, o cerrado produz efeitos a partir da abertura da sucessão, se não tiver sido revogado antes pelo testador. O CC/2002 supriu uma lacuna existente na legislação anterior, ao deixar explícito que a apresentação do testamento cerrado, ao juiz competente, se fará "falecido o testador". A apresentação é obrigatória e imediata por quem tinha sido responsável por sua guarda, ou por quem o tenha encontrado. Recebido o testamento, o juiz determinará sua abertura e o fará registrar no cartório a ele vinculado ou de acordo com a organização judiciária.

A análise promovida pelo juiz é exclusivamente quanto às formalidades extrínsecas, notadamente quanto à existência do auto de aprovação notarial e se não há indícios de violação do lacre ou de falsificação, de tudo havendo alusão no termo de abertura. Nesse sentido, estabelece o CPC, art. 735, que o juiz, ao receber o testamento cerrado, "se não achar vício externo que o torne suspeito de nulidade ou falsidade", o abrirá e determinará que o escrivão o leia em presença do apresentante.

A abertura e o registro confirmam a eficácia do testamento desde a abertura da sucessão, por força da *saisine*. Para a apresentação do testamento ao juiz não há necessidade de testemunhas. A competência do juiz é dada pela organização judiciária estadual, mas deve levar em conta a regra matriz do último domicílio do testador, que é o da sua sucessão (CC, art. 1.785).

Entendem-se cumpridas as formalidades legais extrínseca, se o envelope entregue ao magistrado está cerrado e lacrado, sem vestígio de violação, ainda que não se tenha consignado na cédula testamentária nem no auto de aprovação o nome da pessoa que a datilografou a rogo do testador.

Não há previsão legal de o testamento cerrado poder ser elaborado por meio eletrônico, apesar da segurança operada pelo uso de chaves públicas e particulares, admitida legalmente desde o advento da MP 2.200-2/2001, que confere ao documento eletrônico a mesma validade dos documentos particulares.

11.4. Testamento Particular

O testamento particular é elaborado e subscrito pelo testador e por três testemunhas escolhidas por ele, em documento particular, sem forma determinada. O conteúdo deve ser do conhecimento das testemunhas, mediante a leitura que lhes faça o testador. Não se exige reconhecimento das firmas, para sua validade.

Para que possa produzir efeitos, com a morte do testador, deve ser apresentado ao juiz, para que determine sua publicação, após ouvir as testemunhas, com citação dos herdeiros legítimos. Não há necessidade de citação dos herdeiros testamentários ou dos legatários.

Segundo alguns autores, o testamento particular (hológrafo – escrito à mão, sem necessidade de testemunhas) não foi conhecido em Roma, até Valentiniano III, que o criou pela Novela 21,2, do ano 446; mas Justiniano só o admitiu quando feito pelos pais em favor dos filhos (Veloso, 2015, p. 284). Fruto tardio do direito romano, o testamento particular, em virtude das formalidades legais excessivas, teve pouca utilidade na população brasileira. Fruto tardio do direito romano, o testamento particular, em virtude das formalidades legais excessivas, teve pouca utilidade na população brasileira.

O CC/2002 procurou atenuar o formalismo da legislação anterior, podendo ser destacadas, como inovações: a) a faculdade de ser escrito de próprio punho ou mediante processo mecânico; b) a possibilidade de ser escrito, inclusive de modo mecânico, por outra pessoa ou por uma das testemunhas; c) a assinatura do testador exigível apenas ao final do texto manuscrito, datilografado ou impresso, juntamente com as testemunhas; d) a redução de cinco para três testemunhas, que devem ouvir a leitura do testamento e assiná-lo; e) a possibilidade de confirmação judicial do testamento, ainda que tenha sobrevivido ao testador apenas uma testemunha.

São alterações substanciais, no sentido da mitigação das formalidades, o que torna o testamento particular mais atrativo, sem os riscos de sua invalidade, amplificados na legislação anterior, principalmente quando faleciam as testemunhas antes de sua confirmação.

O testamento particular – como as demais espécies de testamento – é negócio jurídico unilateral, de eficácia dependente de evento futuro e certo, que é a morte do testador. Os requisitos legais quanto à formalidade dizem respeito à sua validade. Se faltarem as testemunhas, o testamento será nulo. Se falecerem todas as testemunhas, o testamento será ineficaz, porque não pode ser confirmado. É válido e eficaz se assinado pelo testador e por três testemunhas, se sobreviver apenas uma delas que o confirmar e o juiz considerar que há provas suficientes de sua veracidade. Sempre que dúvidas houver quanto ao cumprimento das formalidades, o juiz deve decidir em favor do testamento, de modo a assegurar a eficácia das manifestações de vontade últimas do testador.

O número mínimo das testemunhas, que devem ouvir a leitura feita pelo testador e assinar o testamento, é três, podendo ser mais. É inválido o testamento se contar com menos de três testemunhas. Porém, como salienta Pontes de Miranda (1973, v. 59, § 5.889), não há quebra de validade se as testemunhas forem chamadas mais tarde pelo testador para escutar a leitura e assinar, pois não são necessárias para a escrita. As testemunhas também são necessárias para a validade do testamento, pois, após a morte do testador, devem reconhecer e confirmar a cédula testamentária.

Entre os requisitos essenciais para a validade do testamento particular, a lei não inclui a data ou o lugar em que foi escrito o testamento. Sua ausência pode acarretar dúvida se o testador tiver deixado outro testamento, para que se saiba qual o posterior, que revoga o anterior. Mas essa circunstância é matéria de prova a ser apreciada em juízo. Tampouco é requisito essencial a unicidade do ato, podendo o testador redigir o testamento em uma data e convidar as testemunhas em outra data para leitura e assinatura.

O testamento hológrafo (escrito de próprio punho pelo testador), antes o único admissível, passou a ser espécie do gênero testamento particular, ao lado da escrita por meios mecânicos (datilografada, impressa). A holografia das disposições testamentárias não é mais requisito necessário, pois o testamento particular pode ser escrito de modo mecânico ou, ainda, redigido por terceiro, inclusive uma das testemunhas. Permanece apenas a exigência da holografia da assinatura, pois o direito brasileiro ainda não admite o testamento particular mediante documento eletrônico, que importa assinatura eletrônica, cuja autenticidade também é certificada eletronicamente por entidades credenciadas (MP 2.200/2001). A assinatura não é necessariamente de próprio punho, pois o deficiente físico, sem mobilidade de braços e mãos, ou até mesmo desprovido destes, pode assinar com a boca ou com os pés. Com efeito, o art. 1.876 do CC/2002 apenas alude a que o documento deva "ser assinado pelo testador", sem exigir que o faça de próprio punho.

Se o testador se utilizar de meio mecânico ou eletrônico, não há necessidade legal de rubricar e assinar todas as páginas do instrumento, bastando que o assine – com as três testemunhas – na última página, ao final do documento (Veloso, 2015, p. 289).

O testador tem liberdade para escolher o idioma que utilizará no testamento particular, ou mesclar idiomas, pouco importando que seja brasileiro ou estrangeiro. O requisito legal, para sua validade, é que as testemunhas compreendam o idioma escolhido, pois é indispensável que ouçam a leitura do texto escrito pelo testador. Essa liberdade de escolha deve ser vista com cautela, pois, de acordo com a advertência de Caio Mário da Silva Pereira (1997, n. 460), o emprego de idioma não habitualmente usado pelo declarante pode gerar a suspeita de captação; essa cautela da doutrina não faz sentido quando o idioma seja o originário do testador, que aqui chegou como imigrante, ou quando nele tenha sido reconhecidamente fluente.

O requisito essencial é a leitura feita pelo testador às testemunhas. A função das testemunhas não é de gravar mentalmente o conteúdo, mas de reconhecer, perante o juiz, após a morte do testador, que aquele é de fato o testamento que ouviram e assinaram. A leitura pode ser feita pelo próprio testador ou por outra pessoa a seu pedido. Considerando o lapso temporal que pode haver entre a elaboração do testamento e a abertura da sucessão, a oitiva das testemunhas pelo juiz deve ser flexibilizada, evitando-se indagações sobre seu conteúdo, contendo-se essencialmente na declaração de que o testamento foi de fato feito pelo testador.

A jurisprudência do STJ entende que, na elaboração do testamento particular, é possível que sejam flexibilizadas as formalidades prescritas em lei, quando o documento for assinado por testador e por testemunhas idôneas (cf. precedentes citados no REsp 1.521.371). Segundo o tribunal, o rigor formal deve ceder ante a necessidade de se atender à finalidade do ato, regularmente praticado pelo testador, e à efetiva vontade do testador (REsp 828.616). Assim, é válido o testamento particular que, a despeito de não ter sido assinado de próprio punho pela testadora, contou com a sua impressão digital (REsp 1.633.254); ou quando o testamento particular contou com a presença de duas testemunhas, em vez de três (EDcl nos EDcl no AgRg no AREsp 85.543); ou quando as testemunhas, ouvidas em juízo, não esclarecerem as circunstâncias em que o documento foi

— 242 —

lavrado, nem qual era a manifestação de vontade da testadora, mas confirmaram que o documento foi lido perante elas e que o assinaram (REsp 2.080.530). Porém, não pode subsistir o testamento particular quando tiver havido ausência da assinatura [ou impressão digital, como na decisão anterior], ainda quando todos demais requisitos formais tenham sido observados, não sendo admissível a assinatura a rogo (REsp 1.618.754).

A relatividade formal do testamento particular já era lição da doutrina: "Só em último caso, deve o juiz sacrificar o interesse da vontade que merece favor, à exigência formal, cujo intuito somente poderia ser o de garantir (note-se) a boa expressão da vontade e o seu respeito" (Pontes de Miranda, 1973, v. 59, p. 142).

A legislação atual também não exige o reconhecimento da assinatura do testador e das testemunhas do testamento particular. Esta é exigência que a lei não faz. A conferência apenas se dará após a abertura da sucessão, em virtude da publicação do testamento e da citação dos herdeiros legítimos que podem impugnar as assinaturas. Para os documentos particulares em geral, inclusive o testamento, não há mais obrigatoriedade, que a legislação anterior estipulava, nem de ser feito pelos próprios figurantes, nem da presença de duas testemunhas; é suficiente a assinatura, para a prova das obrigações convencionais de qualquer valor. Nesse sentido é que se deve entender a determinação da lei (CC, art. 219) de que as declarações constantes de documentos assinados "presumem-se verdadeiras em relação aos signatários".

Reputa-se verdadeiro o documento quando o tabelião reconhecer a assinatura do signatário, sendo essa presunção também relativa, pois o interessado pode provar erro ou dolo do tabelião. A fé pública do tabelião é relativa à assinatura, mas não ao testamento em si, pois a referida fé pública, como adverte Pontes de Miranda (1973, v. 59, § 5.893), não equipara o testamento particular ao testamento público. Não há impedimento legal para que o testamento particular seja feito em várias vias, desde que sejam iguais no conteúdo e forma, com assinaturas em todas.

Por não contar com a interposição do notário, exigíveis para a validade dos testamentos público e cerrado, o testamento particular está sujeito a requisitos próprios de eficácia, a saber: a) publicação em juízo do testamento, mediante requerimento de interessado; b) intimação dos herdeiros que não tiverem requerido a publicação do testamento; c) confirmação pelo juiz, quando este, após ouvir o Ministério Público, confirmar o cumprimento dos requisitos estabelecidos no Código Civil.

O novo CPC não mais prevê o depoimento das testemunhas, não se aplicando o que assim estabelecia o art. 1.878 do CC/2002, ainda que este admitisse a confirmação judicial se ao menos uma testemunha reconhecesse o testamento, a critério do juiz.

A publicação é feita nos meios de comunicação visual do órgão judiciário competente, sem necessidade de divulgação em meios de comunicação social. A citação dos herdeiros legítimos foi dispensada pelo novo CPC, para a eficácia do testamento, pois não estão impedidos de impugná-lo, bastando para o convencimento do juiz de que há provas suficientes para sua veracidade (o testamento é autêntico, correspondente ao que foi lido e as assinaturas são efetivamente do testador e das testemunhas).

Ainda que tenha havido redução das formalidades, as que persistem são fatores de inibição para a escolha dessa espécie de testamento, pois sua eficácia fica sujeita à concretização delas e à judicialização da confirmação.

As regras para o cumprimento do testamento particular são aplicáveis, onde couberem, ao codicilo e aos testamentos marítimo, aeronáutico, militar e nuncupativo (CPC, art. 737, § 3º).

11.5. Testamento Simplificado

Trouxe o CC/2002 grande inovação, no sentido da informalidade do testamento. Em "circunstâncias excepcionais", segundo a dicção do art. 1.879, poderá o testador realizar testamento, sem necessidade de testemunhas, apenas o escrevendo de próprio punho e assinando ao final. Sua principal vantagem é a dispensa das testemunhas.

O documento ou a cédula testamentária é inteiramente livre de forma e conteúdo, bastando que seja escrito e assinado pelo testador. Para esse peculiar testamento, são requisitos essenciais:

(1) a declaração feita na própria cédula, pelo testador, das circunstâncias excepcionais;

(2) a escrita e a assinatura devem ser feitas de próprio punho pelo testador, não podendo se valer de meios mecânicos ou de terceiros.

Excepcionais são as circunstâncias que impeçam o testador de reunir três testemunhas, para leitura e assinatura do texto que escrever, ou de não poder dispor de meios mecânicos para redigi-lo naquele instante, havendo risco pela demora.

Excepcional é o que é fora do comum, que ocorre além dos limites do estabelecido ou do que é normal, frequente ou corriqueiro. Nesse sentido, é excepcional a circunstância de o testador encontrar-se sob ameaça ou limitado em seus movimentos por interessados em sua herança. Outro exemplo de excepcionalidade é a decretação de pandemia, com imposição de isolamento social pelas autoridades sanitárias, como ocorreu com a Covid/19.

A excepcionalidade do testamento particular informal é apreciada, caso a caso, se houver impugnação de eventuais interessados.

O testamento simplificado, para Zeno Veloso (2003, p. 144-5), não é uma variante do testamento particular, mas introduz em nosso ordenamento jurídico outra forma de testamento especial, devendo sua interpretação ser liberal e de acordo com a equidade, dado que o fim social e humano desse peculiar testamento deve nortear o convencimento do juiz.

Diferentemente dos testamentos especiais (marítimo, aeronáutico e militar), previstos para situações-limites, com risco de morte para o testador, o testamento simplificado precisa declarar as circunstâncias excepcionais, mas não está sujeito a prazo de caducidade de noventa dias, se o evento previsto não ocorrer (morte do testador na viagem ou dentro desse prazo, ou do retorno do militar).

A abertura dada pelo CC/2002 ao testamento simplificado tornou praticamente inúteis ou dispensáveis os demais testamentos especiais, pois substitui estes com vantagens, sem necessidade de cumprimento de formalidades (testemunhas, declaração perante o comandante, registro em diário de bordo), e sem risco de caducidade.

Requisito restritivo dessa modalidade de testamento é a escrita de próprio punho, o que parece retomar a tradição do testamento hológrafo. Deve-se à ausência de testemunhas, que possam confirmar o testamento perante o juiz. A escrita de próprio punho contribui para assegurar sua autenticidade, ao lado da assinatura, se for questionada em juízo, mediante perícia especializada, que se vale de outros escritos deixados pelo testador para fins de comparação. Por outro lado, evita-se que o testamento seja feito por terceiro, eventualmente interessado, que apenas recolhe a assinatura do testador.

O testamento simplificado deverá ser confirmado pelo juiz, a qualquer tempo, mesmo quando cessarem as circunstâncias excepcionais, pois a lei não impõe prazo para tal. A confirmação pode ser feita pelo portador do testamento, a quem o testador o confiou, no caso de sua morte. A confirmação do testamento depende do convencimento do juiz de ser o instrumento autêntico. A discricionariedade do juiz se atém aos elementos extrínsecos (autenticidade da escrita e da assinatura e a existência das circunstâncias excepcionais).

Equivoca-se o Enunciado 611 das Jornadas de Direito Civil/CJF, que alude à perda de eficácia do testamento simplificado se "nos 90 dias subsequentes ao fim das circunstâncias excepcionais que autorizaram a sua confecção, o disponente, podendo fazê-lo, não testar por uma das formas testamentárias ordinárias". Essas restrições a lei não faz, tanto a temporal (90 dias), quanto a de sua conversão em outra forma testamentária. O testamento simplificado é plenamente existente, válido e eficaz a qualquer tempo, desde que tenha sido feito em comprovadas "circunstâncias excepcionais". Não se pode a ele aplicar a regra de caducidade do CC, art. 1.895, pois o testamento simplificado não se enquadra entre os testamentos especiais (marítimo, aeronáutico, militar), sendo como é modalidade própria de testamento.

11.6. Testamento Marítimo

O testamento marítimo é o que pode ser feito pela pessoa que esteja a bordo de navio brasileiro, em águas nacionais, internacionais ou estrangeiras e tenha o fundado temor de não chegar vivo ou de ficar impedido de manifestar livremente sua vontade, ao final da viagem. As causas podem ser o agravamento do estado de saúde, ou avaria do navio, ou quaisquer outras que possam suscitar o temor. A lei, todavia, não exige que se declare a causa, no testamento especial. O navio pode ser civil ou militar, ou de transporte de passageiros ou de carga. Não há necessidade de o navio estar em alto mar, como previa a legislação anterior, o que permite seja feito o testamento em navio que ainda não zarpou. Já esclarecia Pontes de Miranda (1973, v. 59, § 5.919), interpretando essa exigência da legislação anterior, que uma viagem começa com a partida para o navio; a morte não é certa, mas pode temer-se.

Dadas as circunstâncias emergenciais, o testamento marítimo pode ser feito perante o comandante, em presença de duas testemunhas. As testemunhas podem ser passageiros ou membros da tripulação. A forma do testamento, a ser lavrado pelo comandante ou seu substituto, deve ser correspondente ao do testamento público ou do cerrado. O comandante assume função equivalente ao de tabelião, exceto que o registro do testamento se perfaz mediante anotação no diário de bordo, que tem força de registro público. A lei atual não reproduziu a faculdade, prevista na lei anterior, de poder ser feito o testamento pelo escrivão de bordo, o que inibe ainda mais seu uso.

Se o testamento marítimo adotar a forma equivalente ao do testamento público, o registro das disposições testamentárias no diário de bordo corresponderá à lavratura da escritura pública, devendo conter as assinaturas do comandante, do testador e das duas testemunhas. Se o testador já tiver redigido e assinado o testamento em documento particular, o comandante fará o auto de aprovação mediante registro no diário de bordo, depois de receber a declaração verbal do testador, na presença de duas testemunhas, de que aquele é seu testamento.

— 246 —

Não se exige que o navio esteja em navegação. O navio pode estar em porto nacional, mas não há tempo hábil, durante sua estadia, para que o testador desça e procure tabelião que possa lavrar o testamento ou o auto de aprovação, juntamente com duas testemunhas. Ou então quando coincida a estadia com dia em que o tabelionato não funcione, ou, ainda, quando a localização deste seja distante do porto. Também se justifica o testamento marítimo quando o testador, em virtude de suas condições de saúde ou mobilidade, não possa se locomover ao cartório.

O testamento marítimo, inclusive sob a forma de testamento cerrado, ficará sob a guarda do comandante. No primeiro porto em território brasileiro onde parar o navio, o comandante é obrigado a fazer entrega do testamento às autoridades administrativas portuárias, as quais lhe devem fornecer recibo, que será averbado no diário de bordo. Cabe às autoridades portuárias promoverem a apresentação do testamento recebido ao juiz competente.

O testamento marítimo perderá sua eficácia se o testador, dentro de noventa dias após seu desembarque definitivo em porto brasileiro, em condições de manifestar sua vontade, não providenciar novo testamento, de acordo com uma das formas ordinárias (público, cerrado ou particular). Diz-se prazo de caducidade, que suprime qualquer efeito ao testamento, como se fosse nenhum, salvo as disposições não patrimoniais, como o reconhecimento de filho.

Inválido será o testamento marítimo, não produzindo qualquer efeito, se o testador puder realizar seu testamento, dentro das três formas ordinárias, durante a estadia em porto brasileiro, ainda que não correspondesse ao de seu desembarque definitivo, se o tempo da estadia for suficiente para descer a terra e providenciar o testamento ordinário. Esse fato (a estadia suficiente) se comprova com o diário de bordo. Não será inválido se o desembarque se der em porto estrangeiro, cuja localidade não disponha de consulado brasileiro, ou em razão do tempo ou ignorância da língua. A proibição de descer determinada pelo próprio navio ou pelas autoridades locais importa impossibilidade. Pontes de Miranda (1973, v. 59, § 5.922) chega a cogitar da manutenção da validade do testamento marítimo na hipótese de pessoa que chegou a desembarcar no porto intermediário, com tempo suficiente, mas voltou a bordo, por se sentir mal.

11.7. Testamento Aeronáutico

O testamento aeronáutico reveste-se de circunstâncias ainda mais excepcionais, dado a que os voos de transporte de passageiros, em sua maioria, são feitos em minutos ou em poucas horas. Pode ser feito quando, em razão do tempo da viagem, o testador, a bordo de aeronave civil ou militar, tenha fundado receio de não chegar vivo ao fim do voo.

Diferentemente do testamento marítimo, não é o comandante que recolhe as últimas vontades do testador, mas uma pessoa que ele designe, seja membro da tripulação ou não. A razão é óbvia: o comandante da aeronave não pode abandonar seu posto, pois é de sua responsabilidade direta a direção do voo. Cabe à pessoa designada lavrar documento que consigne as disposições testamentárias, subscrevendo-o, juntamente com o testador e duas testemunhas. Se o testador já o tiver redigido, a pessoa designada redigirá o auto de aprovação, a ser assinado por ele, o testador e duas testemunhas. Findo o documento, este será entregue ao comandante que promoverá, assim que o possa, o registro no diário de bordo e o entregará às autoridades aeroportuárias do primeiro aeroporto onde aterrissar, mediante recibo que averbará no diário de bordo.

Se o testador não falecer durante a viagem e puder realizar testamento, em qualquer das três modalidades ordinárias, no prazo de noventa dias após seu desembarque, o testamento aeronáutico perderá sua eficácia.

11.8. Testamento Militar

O testamento militar é o que é feito por militar ou civil a serviço das Forças Armadas brasileiras, em período de guerra, dentro ou fora do país. Essa modalidade apenas é possível, em situação extrema, se houver impedimento de o testador realizar um dos três tipos de testamentos ordinários e estiver em risco de morte, tais como em campanha, ou em praça sitiada ou com as comunicações cortadas, no Brasil ou no exterior. O serviço militar começa com a mobilização. Pontes de Miranda (1973, v. 59, § 5.923), interpretando a lei e com fundamento em princípios superiores do direito, entende que o testamento militar abrange situações como a de qualquer pessoa que esteja exposta ao mesmo perigo, a exemplo dos familiares do militar, ou a do militar que recebe ordem de trabalho de salvação pública ou de calamidade pública.

Foi Júlio César quem primeiro concedeu a seus soldados o privilégio de testar sem as formalidades exigidas ao testamento. Informa Gaio (*Institutas*, II, 109) que a estrita observância dessas formalidades na celebração dos testamentos foi dispensada aos militares pelas constituições dos príncipes, em razão da grande inexperiência deles. As Ordenações Filipinas, que regeram o Brasil durante séculos, estabeleceram que (Liv. 4, Tít. LXXXIII) "pelos trabalhos e perigos da

— 248 —

vida, a que os Soldados se oferecem para a defesa da República, com razão se lhes concedem por Direito muitos privilégios, principalmente na disposição de suas últimas vontades".

O testamento militar se configura mediante declaração do testador perante duas testemunhas, dispondo sobre seus bens. A declaração é assinada por ele e pelas testemunhas. Pode ser feito de próprio punho ou mediante processo mecânico ou eletrônico. Se o testador se encontrar ferido e impedido de assinar a declaração, será necessária terceira testemunha, que se incumbirá de redigi-lo e assiná-lo por ele. Contudo, se integrar corpo militar determinado, o testamento será escrito pelo respectivo comandante, ainda que o testador possa fazê-lo. O comandante referido na lei é o da unidade imediata, não necessariamente o oficial de patente superior. Se se encontrar internado em hospital militar, o testamento será escrito pelo diretor do estabelecimento, ou por oficial de saúde que nele trabalhe. Essa é a forma simplificada do testamento público.

Se o testador optar por escrever o testamento, exige-se que date e assine por extenso, salvo se não o puder fazer, sendo substituído pela terceira testemunha. Cabe ao oficial de patente superior ao do testador anotar em qualquer parte do testamento o lugar, o dia e o mês em que lhe foi apresentado, cuja nota será assinada por ele e por duas testemunhas. Essa é a forma simplificada do testamento cerrado.

O testamento militar perde a eficácia se, dentro do prazo de noventa dias, contados do dia em que o testador tenha se livrado do risco de morte e possa, sem dificuldades adicionais, realizar qualquer das três formas de testamento ordinário. Não se computa o prazo no caso de permanência em terra estranha. O CC/2002 (art. 1.895) exclui da caducidade o testamento militar que tenha adotado o modelo simplificado de testamento cerrado (feito pelo testador, com anotação do oficial que o receba, em qualquer lugar dele, de lugar, dia, mês e ano, a qual deve ser assinada pelo oficial e pelas testemunhas).

Além do testamento escrito, o militar pode testar oralmente perante duas testemunhas, em situação de extremo perigo de morte, empenhado em combate ou ferido, que o impeça de escrever. Esse testamento, também denominado de nuncupativo (feito oralmente), perde sua eficácia se o testador sobreviver, ficar curado do ferimento e puder testar ordinariamente. A doutrina opõe grandes reservas a essa modalidade de testamento, pela facilidade de falsificações, o que recomenda sua abolição. Carlos Maximiliano (1958, v. 2, n. 531), que foi Ministro do STF, a partir de sua experiência pessoal, afirmou: "Conhecemos no foro muitos testamentos nuncupativos: todos haviam sido forjados depois da morte do pretenso disponente".

11.9. Codicilo

O codicilo é o escrito particular singelo, sem as formalidades exigíveis para os testamentos, que pode ser utilizado para disposições de última vontade de fins não econômicos ou de fins econômicos de pequena monta. É um instituto em decadência, sendo o Brasil um dos últimos a preservá-lo. O projeto de Código Civil, do início da década de 1960, elaborado por Orlando Gomes, já não o contemplava.

Segundo a lição de Pontes de Miranda (1973, v. 59, § 5.908), codicilo é o diminutivo de *codex*, pequeno rolo, caderninho, que se mantém através dos tempos, com forma simplificada, inferior, do testamento, constituindo vitória da vontade contra a forma. Poderes, extensão, exigências formais variaram desde o seu aparecimento em vários povos.

Em suas *Institutas* (Liv. 2, Tít. XXV), o Imperador Justiniano afirma que, antes de Augusto, não havia codicilos; foi um certo Lucio Lentulo, no tempo de Augusto, quem primeiro os pôs em prática, tendo este último Imperador determinado sua execução, após ouvir de jurisconsultos que os codicilos eram utilíssimos e necessários aos cidadãos em virtude de longas e demoradas jornadas. Justiniano esclarece que se podia fazer codicilo, mesmo tendo-se feito testamento, um não excluindo o outro, regra que permanece até hoje, como se vê no art. 1.882 do CC/2002. As Ordenações Filipinas (Liv. 4, Tít. LXXXVI) conceituavam o codicilo como disposição de última vontade, sem instituição de herdeiro, com significado de pequeno testamento, assinado pela pessoa (que denominavam testador) e mais quatro testemunhas, quando dispôs de alguma coisa, para que se faça depois de sua morte, sem tratar de instituir ou deserdar alguém, que seria matéria dos testamentos; quem não podia fazer testamento não podia fazer codicilo.

A lei brasileira atual refere-se às disposições sobre o enterro do autor do codicilo, ou sobre esmolas de pequeno valor a pessoas determinadas ou aos pobres de algum lugar, ou sobre pequenos legados de objetos pessoais, como móveis, roupas ou joias. Os legados apenas podem dizer respeito aos objetos que eram reconhecidamente de uso pessoal do autor do codicilo. A doutrina tem entendido que o pouco valor, referido na lei, não deva exceder de um vigésimo ou cinco por cento do valor do patrimônio do *de cujus*, deixando-se à apreciação do juiz se os valores estão contidos nos limites de suas finalidades.

O codicilo é informal, por sua natureza e destinação. O escrito particular pode ser feito à mão ou mediante processo mecânico ou eletrônico. A lei não impõe que seja escrito de próprio punho. Não há exigência de testemunhas ou qualquer outro requisito formal. Vale por si e produz efeitos com a morte do autor.

O codicilo não pode modificar ou revogar testamento. Porém, pode ser utilizado para nomeação de testamenteiro dele mesmo ou de testamento deixado pelo autor do codicilo. Se houver codicilo, sem testamento, a sucessão será legítima e não testamentária, mas o inventariante ou os herdeiros têm o dever de dar cumprimento às últimas vontades declaradas no codicilo. Apesar de não ser testamento, o codicilo, nos seus estritos limites, institui legatário; donde haver legado sem testamento.

O codicilo pode ter sido deixado lacrado ou em envelope lacrado. Nessa hipótese, ele é aberto pelo juiz, da mesma forma que é feito como o testamento cerrado.

O codicilo pode ser revogado por outro codicilo, expressa ou tacitamente, parcial ou totalmente, tal como se dá com a revogação de testamento por outro testamento. O testamento pode revogar codicilo, de acordo com a parêmia de quem pode o mais pode o menos. Contudo, não pode o codicilo revogar testamento. Apesar da omissão da lei, por simetria com o testamento, há ruptura do codicilo se houver descendente do *de cujus* que ele desconhecia quando o fez, no que concerne aos legados de pouco valor; subsiste o codicilo, todavia, quanto às disposições não econômicas.

11.10. Testamento Vital

Diferentemente das espécies previstas no CC/2002, desenvolve-se à sua margem a utilização de uma modalidade de testamento, para que produza efeitos não após a morte do testador, mas enquanto estiver vivo, nos momentos que antecedem à morte ou quando estiver inconsciente em virtude de doença ou intervenção cirúrgica.

Mediante ato expresso, público ou particular, a pessoa declara que não deseja o prolongamento artificial de sua vida, dependente de aparelhos, remédios ou nutrição forçada, ou que, em situações em que venha a perder a consciência de modo prolongado, seus negócios sejam geridos por determinada pessoa e segundo determinadas instruções.

Esse ato tem sido denominado de testamento vital (*living will, testement de vie*). Foi idealizado pelo advogado americano Luis Kutner, ativista dos direitos humanos e um dos fundadores da Anistia Internacional, no fim da década de 1960, e redundou no *Patient Self Determination Act* (PSDA), de 1991, lei federal americana que reconhece o direito à autodeterminação do paciente ao *living will* e ao *durable power of attorney for health care* (instituição de um procurador para tomar em nome do paciente inconsciente as decisões relativas aos tratamentos e procedimentos de saúde).

Em comum com o testamento, o ato tem natureza de declaração de última vontade. Em diferença com o testamento típico, sua finalidade é a de que os efeitos dessa declaração se deem quando ainda estiver vivo o declarante. Mas isso não constitui óbice legal, uma vez que há hipóteses previstas em que o testamento pode produzir efeitos antes da morte do testador, como o reconhecimento de filiação, ou a designação de tutor ou curador.

O testamento vital enquadra-se nos fundamentos gerais do negócio jurídico, no direito brasileiro. É negócio jurídico unilateral sujeito a condição suspensiva, isto é, o advento de causa, mesmo transitória, que impeça o declarante de exprimir livremente sua vontade. Sua validade é assegurada pelo direito brasileiro, pois, para sua realização, supõe-se a capacidade do agente, a inexistência de forma legal determinada e a licitude do objeto (CC, art. 104), além de não ser resultante de defeito do negócio jurídico (CC, art. 171). No que concerne ao testamento, a aplicação analógica desse instituto é adequada.

No plano da Constituição, encontra fundamento no art. 1º, III (dignidade da pessoa humana), no art. 5º, *caput* (direito à liberdade), e no art. 5º, III (garantia contra tratamento desumano e degradante). O testamento vital é, pois, negócio jurídico válido de última vontade, haurido da autonomia privada do declarante. A fundamentação ética é relevante e deve ser entendida como de ordem pública. Registre-se o pioneirismo da Lei n. 10.241/1994, do Estado de São Paulo, que dispôs sobre o direito dos usuários dos serviços de saúde do Estado, permitindo que o usuário ou seu representante legal possa exercer o direito de recusar tratamentos dolorosos ou extraordinários para prolongar a vida.

Na perspectiva da filosofia do direito, alguém que esteja ansioso por assegurar que sua vida não seja então prolongada por tratamento médico preocupa-se exatamente por pensar que o caráter de toda sua vida estaria comprometido caso a prolongassem, devendo ser respeitada sua autonomia (Dworkin, 2003, p. 325).

Esse é o campo da ortotanásia, ou seja, o direito de viver e morrer em seu tempo adequado e normal, sem sofrimento, quando não há mais condições de a pessoa manter-se viva, segundo os dados atuais de ciência, sem utilização de métodos extraordinários e desproporcionais. Como disse o escritor Jack London, "a verdadeira função do ser humano é viver, não existir. Por isso, não vou desperdiçar os meus dias tentando prolongá-los". Essa situação dramática recebeu destaque internacional quando o Papa João Paulo II, em 2005, pediu para desligar os equipamentos, de modo a que pudesse morrer em seus aposentos, fora do ambiente hospitalar e dos tratamentos médicos, deixando-se concluir naturalmente o ciclo biológico da vida. Profeticamente, o mesmo Papa, na encíclica *Evangelium Vitae* de 1995, reconheceu que "quando a morte se anuncia iminente e inevitável, pode-se em consciência renunciar a tratamentos que dariam somente um prolongamento precário e penoso da vida, sem, contudo, interromper os cuidados normais devidos ao doente em casos semelhantes".

A ortotanásia não se confunde com a eutanásia, entendida como aceleração da morte, para abreviar sofrimentos considerados insuportáveis pelo paciente. Nesse sentido, a Declaração sobre a Eutanásia da Associação Mundial de Medicina, de 1987, considerou a eutanásia eticamente inadequada, o que "não impede o médico de respeitar o desejo do paciente em permitir o curso natural do processo de morte na fase terminal de uma doença". A Suprema Corte norte-americana, em *Cruzan by Cruzan v. Director, Missouri Department of Health*, de 1990, admitiu o direito de pessoas capazes a rechaçar um tratamento médico que mantenha a vida, como consequência do princípio da liberdade e da privacidade.

Em sentido mais amplo, a ortotanásia é o que se compreende na expressão "morte digna", entendida como morte rápida, fulminante, sem dor, sem angústia, o que incluiria a própria eutanásia e o suicídio assistido. A expressão é equívoca, pois implica o seu oposto, ou seja, a morte indigna, parecendo-nos mais um juízo de valor que uma categoria científica ou jurídica.

A doutrina jurídica brasileira tem destacado que "o prolongamento da vida somente pode ser justificado se oferecer às pessoas algum benefício, ainda assim, se esse benefício não ferir a dignidade do viver e do morrer" (Sá, 2005, p. 294). A ideia matriz é a de que a dignidade da pessoa humana, constitucionalmente garantida, que acompanha a pessoa ao longo de toda sua vida, também pode ser determinante da hora da sua morte (Barroso; Martel, 2012). Há que se pensar o que a moderna medicina tem feito em prol da dignidade humana e, principalmente, o que o homem está fazendo com relação à sua dignidade (Fachin, 2006, p. 640). Sob o aspecto jurídico, que deve ser laico por força da orientação constitucional, a dignidade da vida deve prevalecer sobre a sacralidade da vida, princípio de origem religiosa (Barbosa, 2010, p. 47).

No campo estrito da deontologia profissional, há resolução do Conselho Federal de Medicina (CFM) sobre a matéria. As normas deontológicas são cânones de conduta profissional, voltadas exclusivamente para a atividade médica, não sendo de observância cogente por parte dos terceiros, sejam eles pacientes ou familiares destes. Os médicos podem recomendá-las, mas não as exigir de seus pacientes. A resolução optou pela denominação de diretiva antecipada de vontade, mas há inteira continência com o testamento vital, "não se justificando um esforço teórico para distingui-los" (Ribeiro, 2006, p. 276). Da resolução extraem-se as seguintes características: a) é apta qualquer pessoa com idade igual ou maior a 18 anos ou que esteja emancipada judicialmente, em pleno gozo de suas faculdades mentais; b) o documento pode ser particular, de conteúdo e forma livres, sem necessidade de testemunhas, definindo, com a ajuda de seu médico, os procedimentos considerados pertinentes e aqueles aos quais não quer ser submetido em caso de terminação da vida, por doença crônico-degenerativa; c) o registro do testamento vital ou diretiva antecipada de vontade pode ser feito pelo médico assistente em sua ficha médica ou no prontuário do paciente, desde que expressamente autorizado por ele, não podendo ser cobrado, pois faz parte do atendimento; d) o paciente poderá nomear um representante para garantir o cumprimento de seu desejo; e) o testamento vital é facultativo, podendo ser feito em qualquer momento da vida e ser modificado ou revogado a qualquer momento.

A resolução do CFM estabelece regra problemática, que viola a autonomia do paciente, pois deposita em juízo de valor do médico a observância ou não do testamento vital: "O médico deixará de levar em consideração as diretivas antecipadas de vontade do paciente ou representante que, em sua análise, estiverem em desacordo com os preceitos ditados pelo Código de Ética Médica". Não cabe ao médico, ou estabelecimento hospitalar, ou familiar a tomada de tal decisão, mas sim ao Poder Judiciário, relativamente à validade ou não do testamento vital e à sua conformidade com o ordenamento jurídico do país, aplicável a todos. Normas deontológicas esgotam-se no âmbito da ética profissional, não refletindo em interesses e direitos das pessoas em geral.

O testamento vital pode ser usado em quadros terminais, ou seja, quando a pessoa sofre de um problema grave e incurável e que não responde mais a tratamentos capazes de modificar o curso da doença. O testamento vital apenas deve ser desconsiderado em virtude de mudança das circunstâncias que estiveram presente no momento de sua feitura (*rebus sic stantibus*), como a evidente desatualização da vontade do outorgante em face do ulterior progresso dos meios terapêuticos, ou se se comprovar que ele não desejaria mantê-lo, em respeito à sua autonomia, presumida na primeira hipótese, expressa na segunda.

Também se insere no âmbito do testamento vital a destinação do próprio corpo, após a morte. Nesse sentido, decidiu o STJ (REsp 1.693.718), que não há exigência de formalidade específica acerca da manifestação de última vontade do indivíduo sobre a destinação de seu corpo após a morte, sendo possível a submissão do cadáver ao procedimento de cremação, em atenção à vontade manifestada em vida.

Uma das legislações mais amplas sobre essa matéria foi adotada em Portugal pela Lei n. 25/2012, que estabelece o regime das diretivas antecipadas de vontade em matéria de cuidados de saúde, sob a forma de testamento vital, regula a nomeação de procurador de cuidados de saúde e cria o Registo Nacional do Testamento Vital. Podem constar do documento as disposições que expressem a vontade clara e inequívoca do outorgante, tais como a de não ser submetido a tratamento de suporte artificial das funções vitais; a de não ser submetido a tratamento fútil, inútil ou desproporcionado, ou a alimentação e hidratação artificiais que apenas visem retardar o processo natural de morte; a de receber os cuidados paliativos adequados ao respeito pelo seu direito a uma intervenção global no sofrimento determinado por doença grave ou irreversível, em fase avançada, incluindo uma terapêutica sintomática apropriada; a de não ser submetido a tratamentos que se encontrem em fase experimental; a de autorizar ou recusar a participação em programas de pesquisa científica ou ensaios clínicos. A lei portuguesa estabeleceu prazo de cinco anos para a eficácia do testamento vital, o que reduziu, desarrazoadamente, sua utilidade.

Conexo ao testamento vital, o direito encaminha-se para plena recepção da representação continuada para proteção futura, com objetivo de nomeação de pessoa com plenos poderes para decisões e escolhas relativas aos interesses econômicos e existenciais do representado, inclusive sobre saúde e vida. No âmbito da União Europeia, a Recomendação (2009) 11, do Conselho da Europa, conceitua *continuing powers of attorney* como mandato dado por adulto capaz com o propósito de que ele permaneça válido e eficaz na ocorrência de sua incapacidade superveniente, fundado na autodeterminação da pessoa (Hambro, 2013, p. 306). A lei francesa de 2007 denomina-o "mandato de proteção futura". A Suíça adotou em janeiro de 2013 lei "para proteção dos adultos", com idênticas finalidades, incluindo as diretivas antecipadas sobre cuidados com a saúde, sem exigências de formas, podendo ficar sob custódia do médico assistente ou de parentes; para a doutrina, a nova lei objetiva fortalecer a solidariedade familiar em face da pessoa que está perdendo a capacidade, no lugar das decisões dos especialistas ou do Estado (Schwenzer; Keller, 2013, p. 376).

No Brasil, o mandato extingue-se pela mudança de estado que inabilite o mandante a conferir os poderes (CC, art. 682, II e III). Contudo, há as regras gerais dos arts. 115 e 116 do CC/2002, os quais preveem que "os poderes de representação conferem-se por lei ou pelo interessado" e que "a manifestação de vontade pelo representante, nos limites de seus poderes, produz efeitos em relação ao representado". Essas regras aplicam-se a qualquer forma de representação utilizada pelo representado, no exercício de sua autonomia privada, ou a representação legal, não se lhes aplicando as restrições específicas do mandato, constituindo fundamento legal suficiente da representação continuada para proteção futura.

CAPÍTULO XII

Disposições Testamentárias, Legados e Direito de Acrescer

Sumário: 12.1. Disposições testamentárias. 12.2. Sujeitos e objetos das disposições testamentárias. 12.3. Pluralidade de herdeiros designados. 12.4. Validade, eficácia e conservação das disposições testamentárias. 12.5. Disposições testamentárias sujeitas a condição e a motivo. 12.6. Disposições testamentárias sujeitas a encargo e a termo. 12.7. Cláusulas de inalienabilidade, impenhorabilidade e incomunicabilidade. 12.8. Interpretação das disposições testamentárias. 12.9. Legados e seus variados modos. 12.10. Eficácia e ineficácia do legado. 12.11. Direito de acrescer entre herdeiros e legatários.

12.1. Disposições Testamentárias

Disposições testamentárias são as declarações expressas de vontade do testador nas quais institui herdeiros ou legatários, distribui seu patrimônio nos limites da parte disponível, enuncia declarações unilaterais e estabelece requisitos, restrições e condições para herança e legados.

As disposições testamentárias de caráter não patrimonial receberam expressa e concentrada previsão no art. 1.857, § 2º, do CC/2002, que explicita a possibilidade de o testamento ser utilizado exclusivamente para esse fim, a exemplo de reconhecimento voluntário de paternidade ou maternidade. Assim, nem sempre o testamento é meio de designação de herdeiro testamentário, ou de legatário, ou da destinação de bens.

No que concerne ao patrimônio, o testador está restrito à parte disponível, se houver herdeiros necessários. Decorre do sistema jurídico brasileiro atual, ante a garantia constitucional do direito à herança (CF, art. 5º, XXX) e a nítida opção do CC/2002 de proteção dos herdeiros necessários, que as únicas cláusulas restritivas da legítima são as de inalienabilidade, impenhorabilidade e incomunicabilidade (art. 1.848). Ainda assim, dependentes de justa causa declarada. Não pode o testador estipular outras, sob pena de incidirem em nulidade. Essa mudança de orientação legal responde adequadamente à preocupação da doutrina,

— 257 —

quanto ao risco de tais cláusulas fraudarem ou diminuírem a legítima dos herdeiros necessários. Melhor andaria o legislador se excluísse de vez a possibilidade, ainda que limitada, de qualquer restrição à legítima, retomando-se a tradição do direito brasileiro anterior.

Estabelece o art. 1.850 do CC/2002 que os herdeiros colaterais estarão excluídos da sucessão quando o testador legar integralmente seu patrimônio a outras pessoas, mas é desnecessário dizer isso, uma vez que eles não são herdeiros necessários (nestes, incluídos o cônjuge e o companheiro, inclusive quando concorrerem com descendentes e ascendentes).

Além da nomeação de herdeiro testamentário e de legatário com cláusulas impositivas de condição e de encargo, o CC/2002 passou a admiti-las em razão de motivo certo.

O STJ (REsp 2.069.181) considerou válida a disposição testamentária que institui filha coerdeira como curadora especial dos bens deixados à irmã incapaz, relativamente aos bens integrantes da parcela disponível da herança, ainda que esta se encontre sob o poder familiar ou tutela.

12.2. Sujeitos e Objetos das Disposições Testamentárias

Mediante disposição testamentária, o testador pode instituir herdeiro testamentário ou legatário, destinando-lhes bens de seu patrimônio, pura e simplesmente. Mas é lícito que o faça subordinando a herança ou o legado a determinada condição, a encargo ou em razão de certo motivo.

Além das hipóteses previstas na legislação anterior, o CC/2002 também considera nula a disposição testamentária que contemple as pessoas que não são legitimadas a suceder o *de cujus*, notadamente as referidas nos arts. 1.801 e 1.802. Assim, não podem ser designados herdeiros testamentários ou legatários: a) a pessoa que escreveu o testamento particular ou cerrado, a pedido do testador, porque este não podia ou não sabia escrever, e bem assim o cônjuge, ou companheiro, os ascendentes e irmãos dela; b) as testemunhas do testamento. O CC/2002 não faz distinção, devendo ser entendida a vedação como abrangente das testemunhas que compareçam ao cartório de notas, tanto para o auto da aprovação do testamento cerrado, cujo conteúdo desconhecem, quanto para o testamento público, cujo conteúdo sofre a fiscalização do notário, quanto à legalidade; c) o concubino do testador casado, salvo se este estiver separado de fato do cônjuge, o que converte o concubino em companheiro de união estável; d) os que participaram da feitura ou validação do testamento. Essas pessoas são, circunstancialmente, ilegítimas para suceder o *de cujus*. Contudo, se qualquer delas for herdeira necessária, ou mesmo herdeira legítima, a ilegitimidade não alcança o que lhe é assegurado em lei.

A pessoa incerta não pode ser instituída herdeira ou legatária. Considera-se incerta a pessoa referida pelo testador sem indicação de elementos claros de identificação, como nome, relação de parentesco, local onde more, apelido, ocupação. A falta desses elementos permite que possa ser A ou B. É incerta porque, pela sua indeterminação, não pode figurar em relação jurídica, que supõe sujeitos determinados; assim, se a indeterminação é absoluta, a liberalidade testamentária torna-se irrealizável. Por exemplo, a disposição testamentária alude vagamente a um amigo, quando o testador tinha vários.

Tampouco o testador pode deixar a determinação da identidade da pessoa incerta a terceiro, porque a instituição de herdeiro ou legatário é indelegável, em virtude de sua natureza personalíssima. A crítica de Pontes de Miranda (1973, vol. 57, § 5.742) sobre o impedimento de delegação a terceiro fiduciário, para fins de determinação futura da identidade de herdeiro testamentário ou de legatário, não teve eco no CC/2002. Contrariamente, esse Código restringiu ainda mais a confiança em terceiro fiduciário, pois o fideicomisso deixou de ter o alcance que havia na legislação anterior, para ser admitido apenas em favor dos ainda não concebidos ao tempo da morte do testador. As contraindicações da fidúcia, principalmente o receio de sua instrumentalização para a fraude, parecem ter prevalecido.

Todavia, pode a disposição testamentária ser feita em favor de pessoa incerta, seja ela herdeira testamentária ou legatária, quando o testador delimitar o grupo ao qual pertença (pessoas mencionadas, parentes, ou outras coletividades), cabendo a escolha ao terceiro designado pelo testador, por sua iniciativa, ou em virtude de determinação do juiz, para que o faça.

Vale a disposição testamentária em remuneração de serviços prestados ao testador. A disposição testamentária em favor de quem prestou serviço ao testador, em razão de moléstia que ele sofreu, aproxima-se em seus efeitos da doação remuneratória, não podendo ser invalidada ainda que o valor venha a ser determinado por terceiro que ele designou.

É permitida a disposição geral em favor dos pobres ou das instituições filantrópicas ou assistenciais em geral, que, se assim for dito pelo testador, considera-se referida aos pobres que morem no lugar de domicílio do testador. A regra do art. 1.902 do CC/2002 é interpretativa e não restritiva do alcance da disposição testamentária em favor dos pobres. As entidades assistenciais não personificadas podem ser destinatárias desses legados. Prevalece o domicílio do testador, ao tempo de sua morte e não o que porventura tinha quando fez o testamento.

Se o testador excluiu determinado bem para que não fosse destinado ao herdeiro testamentário, dentre os que integram a parte disponível, esse bem permanece sob a titularidade dos herdeiros legítimos, que o adquiriram desde a abertura da sucessão, em virtude da *saisine*. A norma do art. 1.908 do CC/2002 também fortalece a preferência do direito brasileiro contemporâneo pela sucessão legítima (art. 5º, XXX, CF). Porém, essa norma apenas incide quando houver herdeiros legítimos e os contemplados no testamento sejam herdeiros testamentários (a norma alude a "herdeiro instituído").

12.3. Pluralidade de Herdeiros Designados

Pode o testador nomear mais de um herdeiro testamentário, sem determinar a parte de cada qual na herança. Nessa hipótese, a quota de cada um será igual de acordo com o montante da parte disponível, salvo de não houver herdeiros necessários, quando a partilha será de todo o patrimônio deixado.

Em razão dessa norma, sobre a destinação de bens, pelo testador, de seus herdeiros legítimos, sem indicar a parte de cada qual, a partilha entre eles há de ser sempre em quotas iguais e não proporcionais. Se houver herdeiros necessários, inclusive entre os nomeados pelo testador, a partilha apenas pode levar em conta a parte disponível. Se não houver herdeiros necessários, a regra dispositiva ou supletiva do art. 1.904 do CC/2002 também incide em relação à totalidade dos bens destinados aos herdeiros legítimos, apesar de sua referência à parte disponível. Em virtude da ampla vedação da discriminação nas relações de parentesco de qualquer origem, estabelecida pela Constituição, a destinação apenas aos herdeiros "legítimos", com intuito de exclusão, torna nula a disposição testamentária.

Se as quotas dos herdeiros testamentários forem determinadas precisamente pelo testador, em forma de percentual sobre a herança, mas esta não for absorvida inteiramente pelas quotas (por exemplo, a soma dos percentuais das quotas chega a 80%), a parte remanescente permanecerá com os herdeiros legítimos, segundo a ordem de vocação hereditária. A doutrina de Clóvis Beviláqua da preferência da sucessão legítima sobre a sucessão testamentária, em seus comentários ao Código Civil, terminou prevalecendo na Constituição de 1988,

— 260 —

que estabelece o direito à herança e não, genericamente, à sucessão. Ainda que o testador possa designar herdeiros testamentários, a finalidade da norma constitucional é a proteção dos herdeiros legítimos, necessários ou não. No art. 1.906 do CC/2002, o que não é objeto de destinação do testador, em relação à parte disponível, permanece com os herdeiros legítimos, que o adquiriram por força da *saisine*. A porção da parte disponível, não destinada pelo testador, continua sob suas titularidades.

Pode ocorrer que o testador nomeie vários herdeiros, mas determine quotas para alguns e não para outros. Estabelece o CC/2002 que primeiro sejam contemplados os de quotas determinadas e o que sobrar seja dividido entre os demais. A aplicação analógica da norma alemã, da diminuição proporcional das quotas, de modo que todos os herdeiros nomeados possam ser contemplados, parece ser atual. Se o testador não quisesse contemplá-los não os teria nomeado. Se os nomeou, a solução da diminuição proporcional das quotas é que melhor realiza o princípio constitucional da solidariedade (art. 3º, I, CF), também aplicável ao direito das sucessões.

12.4. Validade, Eficácia e Conservação das Disposições Testamentárias

As regras gerais sobre a validade e a invalidade dos negócios jurídicos aplicam-se às disposições testamentárias (CC, arts. 104 e seguintes). São válidas as que corresponderem aos requisitos do plano da validade dos negócios jurídicos, ou seja, que não sejam inquinadas de nulidade ou anulabilidade. A validade depende de ser o testador capaz ou legitimado a testar, de o objeto das disposições testamentárias ser lícito, possível, determinado ou determinável e de estarem inseridas em uma das formas ordinárias ou especiais de testamento.

Relativamente à anulabilidade das disposições testamentárias, o CC/2002 (art. 1.909) ateve-se às hipóteses de erro, dolo ou coação, que tornam defeituosa a declaração de vontade do testador. Ocorrendo qualquer dessas hipóteses, o interessado na sucessão disporá do prazo decadencial de quatro anos para promover a anulação da disposição testamentária. A norma legal tem como termo inicial o conhecimento pelo interessado do vício. Em virtude de o testamento apenas produzir efeitos com a morte do testador, que pode revogá-lo antes desta, considerando, ainda, que não há direito à herança de pessoa viva, o qual se constitui com a abertura da sucessão, apenas a partir desta é que se presume o conhecimento e o início do termo do prazo decadencial, ou quando o herdeiro tiver

— 261 —

efetivo conhecimento do teor das disposições testamentárias. Esse prazo decadencial de quatro anos, para o fim de anulação das disposições testamentárias, difere do prazo decadencial de impugnação da validade de todo o testamento, que é de cinco anos (art. 1.859).

Por força do CC/2002, não basta que o objeto delas seja possível, mas igualmente que seja determinado ou ao menos indeterminado. A indeterminação torna as disposições testamentárias incertas e dependentes do arbítrio dos próprios interessados.

O objeto da disposição testamentária há de ser lícito, pois, se não o for, a cláusula será ilícita. A consequência será a nulidade de toda a disposição, pois a ilicitude do objeto a contamina por inteiro. A ilicitude decorre de normas jurídicas cogentes proibitivas. A ilicitude existe desde o momento mesmo da manifestação de vontade do testador, antes de irradiar direitos, deveres, pretensões, obrigações. Todavia, o CC/2002 privilegia a conservação do negócio jurídico, de modo que a nulidade da cláusula não afeta o restante do testamento.

Inclui-se na ilicitude a disposição testamentária que contrarie os bons costumes. Na doutrina e jurisprudência anteriores, tinham-se como contrárias aos bons costumes as relações homossexuais, que poderiam levar à nulidade do legado. Todavia, a Constituição de 1988 proíbe a discriminação em razão da orientação sexual, ou do preconceito, prezando pela igualdade de direitos, notadamente após a decisão do STF, na ADI 4.277, em 2011, que considerou a união homossexual como espécie do gênero união estável.

É nula a disposição testamentária que delegue ao próprio interessado a fixação do valor do legado, que é elemento essencial de seu objeto. Manteve, igualmente, a referência apenas ao legado, mas persiste a doutrina da interpretação extensiva, de modo a ser incluída na nulidade a herança testamentária, cujo valor for deixado ao arbítrio do herdeiro destinatário.

Pontes de Miranda (1973, v. 57, § 5.748) esclarece preciosa distinção entre o erro substancial e o equívoco na designação da pessoa ou do objeto, que não pode ser qualificado como erro, no sentido estrito do termo e, consequentemente, não conduz à invalidade da cláusula testamentária. No entanto, não repercutiu sua crítica ao enunciado defeituoso do art. 1.670 do CC/1916, mantido literalmente pelo CC/2002.

O erro na designação da pessoa do herdeiro, do legatário, ou da coisa objeto do legado, que leva à anulabilidade da disposição testamentária é apenas o substancial, assim considerado o que pode ser percebido por qualquer pessoa que age com diligência e atenção normais, ante a natureza e as circunstâncias que

— 262 —

cercam o negócio jurídico. Considerando que o direito toma como referência o tipo médio das condutas humanas, não se pode exigir, para qualificação do erro substancial, uma diligência técnica ou especializada por parte do testador. A regra do art. 1.903 do CC/2002, que nega ao equívoco na designação a qualidade de erro, fortalece o princípio da conservação do negócio jurídico, que a nova codificação civil atribuiu especial relevância. Para o STF, em antiga decisão (RE 18.050), o erro, da designação de pessoa de herdeiro ou legatário não anula a disposição testamentária desde que, pelo contexto do testamento, por documentos ou por fatos inequívocos, se puder identificar a pessoa a que o testador quis se referir.

A ineficácia de uma disposição testamentária, ainda que válida, importa a das outras, quando se presuma que o testador não teria feito as segundas se fosse ineficaz a primeira. Essa ineficácia em cadeia das disposições testamentárias apenas ocorre quando há interdependência entre elas. A reclamação da doutrina anterior, sobre a inexistência em nosso direito de regra expressa de contaminação ou não da ineficácia de uma disposição testamentária sobre outra ou outras, foi parcialmente atendida pela introdução do art. 1.910 do CC/2002 ("A ineficácia de uma disposição testamentária importa a das outras que, sem aquela, não teriam sido determinadas pelo testador"), que veio do § 2.085 do Código Civil alemão. A norma, igualmente, fortalece o princípio da conservação do negócio jurídico, pois não perdem a eficácia as disposições testamentárias que não tenham relação de interdependência absoluta com a que foi declarada ineficaz (*utile per inutile non vitiatur*). A regra do art. 1.910 especializa a regra geral do art. 184 do CC/2002. Ressalte-se que a consequência é a ineficácia e não a nulidade da cláusula, de acordo com os planos do mundo do direito.

12.5. Disposições Testamentárias Sujeitas a Condição e a Motivo

A condição é autolimitação da vontade no negócio jurídico, mas no testamento importa limitação à aquisição do direito pelo herdeiro testamentário ou legatário. Em sentido estrito, a condição é o evento ou acontecimento possível e previsível, que pode ocorrer ou não no futuro e que determina sua eficácia. Nesse sentido é evento futuro e incerto, subordinante do negócio jurídico, a teor do art. 121 do CC/2002. A condição integra o testamento mediante disposição específica, que necessita ter objeto lícito, para que produza os efeitos desejados pelo testador.

Como leciona Zeno Veloso (2016, p. 13), se um evento é componente da figura jurídica, é efeito necessário de determinado negócio, se decorre dele,

— 263 —

inevitavelmente, ainda que as partes o prevejam e o mencionem no contexto negocial, tratar-se-á de uma abundância, de uma disposição testamentária ociosa e desnecessária, pois o referido efeito é inexorável.

As principais condições lícitas que podem limitar o exercício da herança testamentária ou legado são as suspensivas e as resolutivas. Essa classificação é decisiva para as consequências que o direito atribui, quando são impossíveis ou ilícitas. A condição suspensiva impede que a disposição testamentária possa produzir seus efeitos enquanto ela não se implementar. A condição resolutiva extingue os efeitos da disposição testamentária a partir do momento em que ela se realizar. Diferentemente da condição suspensiva, a resolutiva não compromete o plano da eficácia da disposição testamentária, cujos direitos e deveres, pretensões e obrigações são plenamente exercidos enquanto ela não se realizar. Em outras palavras, a condição suspensiva impede o início da execução da disposição testamentária, enquanto a resolutiva põe fim à execução. A condição suspensiva ou resolutiva considera-se ocorrida ou implementada quando o herdeiro ou legatário for responsável pela dificuldade ou obstáculo em se verificar. Decorre do princípio da boa-fé. Se não tivesse havido a ação indevida ou maliciosa do herdeiro ou do legatário, a condição se implementaria em circunstâncias normais. Em contrapartida, considera-se não verificada a condição que teve seu implemento artificialmente provocado pelo herdeiro ou legatário.

As condições ilícitas, ou seja, as que contrariarem o direito, sejam elas resolutivas ou suspensivas, levam à sua invalidade. Consideram-se ilícitas as condições que sejam contrárias às normas e princípios de direito, à ordem pública e aos bons costumes praticados pela comunidade. Aplicam-se-lhes as mesmas regras de nulidade para qualquer ato que tiver fim ilícito, inclusive a disposição testamentária. Entre as condições ilícitas – e nulas – estão as consideradas potestativas, isto é, dependentes do poder ou arbítrio do beneficiário da disposição testamentária. Para o art. 123 do CC/2002, a condição ilícita invalida o negócio jurídico, mas, em se tratando de testamento, a invalidade apenas alcança a disposição testamentária que a contenha.

A impossibilidade jurídica ou física da condição deverá ser objetiva, a saber, impossível para todos, não importando se o beneficiário da disposição testamentária não possa cumpri-la (desconsideração da impossibilidade subjetiva). O que interessa é que a prestação seja impossível, sem se perquirir se o herdeiro ou o legatário não pode executá-la e outrem sim. A impossibilidade da prestação pode ser anterior ao testamento ou posterior a este. Se a impossibilidade é anterior, a disposição testamentária é nula. A impossibilidade relevante para o direito é a que se qualifica como impossibilidade inicial absoluta; em princípio, não se considera a impossibilidade meramente relativa, para fim de nulidade de negócio

— 264 —

jurídico (CC, art. 106). Impossível relativo não constitui inviabilidade do negócio jurídico. Todavia, em razão de princípios constitucionais relevantes como o da dignidade humana (CF, art. 1º, III), tem sido admitida a impossibilidade relativa, desde que temporária e enquanto persistir sua causa. Quando a condição suspensiva é determinante da disposição testamentária, sua impossibilidade material ou jurídica gera a invalidação de toda ela. Resolve-se, assim, no plano da validade (a disposição é inválida). Todavia, quando a condição é resolutiva, sua impossibilidade leva à sua inexistência (plano da existência), mas não da disposição testamentária, que continua a produzir seus efeitos; é como se a condição nunca tivesse existido.

A impossibilidade pode ser simplesmente jurídica, ou seja, quando a condição é vedada pela lei, tanto no momento da realização do testamento quanto em razão do advento de lei superveniente, vigente na data da abertura da sucessão. Exemplo de impossibilidade jurídica é a condição aposta no testamento para o reconhecimento de filho (CC, art. 1.613); se o testador reconhecer filho havido fora do casamento ou da união estável, não pode submeter esse reconhecimento a qualquer condição. Igualmente, configura condição juridicamente impossível a que for aposta à aceitação ou renúncia à herança (CC, art. 1.808); aceita-se ou não a herança, mas não sob condição.

Segundo Itabaiana de Oliveira (1986, n. 459), as condições juridicamente impossíveis produzem um efeito mais radical do que as fisicamente impossíveis, pois estas se consideram não escritas, enquanto aquelas invalidam as instituições de herdeiros e os legados.

O CC/2002 não contém regra expressa sobre disposição testamentária sujeita a condição potestativa, mas o art. 122 considera potestativa a condição que sujeitar o negócio jurídico ao puro arbítrio de uma das partes. A destinação principal da regra é o negócio jurídico bilateral, pois esse tipo de condição – que não se confunde com o direito potestativo lícito – compromete o sinalagma. Todavia, sua ambientação ao testamento é adequada, quando o testador deposita na vontade de terceiro ou de algum herdeiro o poder, que é exclusivamente seu, de designar legatário ou o objeto do legado.

O motivo certo e determinado foi incluído pelo CC/2002, como razão de ser de cláusula testamentária, além das restrições gerais de condição, termo e encargo, que Pontes de Miranda denomina determinações anexas e inexas (1972, v. 56, § 5.699). Configuram elementos acidentais ou complementares do testamento, ou cláusulas acessórias que determinam ou delimitam seus efeitos, mas que não afetam sua caracterização como negócio jurídico unilateral. O motivo certo não é a vontade interna, quando permaneça oculta, mas a declaração ou comportamento enquadrados no marco das circunstâncias que lhes conferem valor e significado.

O CC/2002 alterou "causa" por "motivo", que o testador pode expressar como determinante para a cláusula testamentária, exatamente no sentido de pré--intenção, ou fator de indução para o ato. O motivo, admitido pelo Código, há de ser determinante, ou seja, sem ele o testador não a estipularia. Além de determinante, há de ser razoável, considerando-se insubsistente o que ofender os direitos da personalidade e demais direitos fundamentais do legatário ou herdeiro testamentário. Nessa hipótese, deve ser tido como inexistente, permanecendo hígido o legado ou a herança.

12.6. Disposições Testamentárias Sujeitas a Encargo e a Termo

O termo exprime o início ou o fim da aquisição e exercício do direito. O encargo, também conhecido como modo, é o ônus que recai sobre uma das partes do negócio jurídico, que deve suportá-lo como requisito para aquisição e exercício do direito. Se o encargo for impossível, física ou juridicamente, será considerado inexistente; e, se tiver objeto ilícito, será inválido.

Quando introduz a disciplina legal das disposições testamentárias, no art. 1.897, o CC/2002 alude a "modo" como faculdade atribuída ao testador para nomear herdeiro ou legatário. Nos arts. 136 e 137 o Código refere a "encargo". São, todavia, denominações do mesmo fenômeno. O encargo – ou o modo – é o ônus que recai sobre o nomeado pelo testador, que deve suportá-lo como requisito para aquisição e exercício do direito que lhe foi transferido. Não se confunde com a condição, pois não suspende ou extingue a eficácia da disposição testamentária. Contudo, o testador pode estipular que, se e enquanto não for atendido, o encargo suspenda a aquisição ou o exercício do direito; neste caso, a ele se agrega uma condição suspensiva.

Constituindo o encargo uma restrição ao legatário ou herdeiro testamentário jamais poderá ser concebido como contrapartida da liberalidade. É restrição imposta às vantagens concedidas ou à atribuição patrimonial, seja pela instituição de finalidade ao objeto doado, seja pela prestação a ser cumprida pelo beneficiado da liberalidade. Pontes de Miranda argumenta (1972, v. 56, § 5.710) que o direito brasileiro admite que o encargo supere o valor do legado, diferentemente de outros sistemas jurídicos. O art. 1.792 do CC/2002 reproduz literalmente o art. 1.587 do CC/1916, em que se louva, pois apenas alude a herdeiro quando limita sua responsabilidade às forças da herança. Essa interpretação não contou com o beneplácito da doutrina majoritária, cujo entendimento é de que os limites da força da herança também abrangem o legado, não podendo o legatário ser obrigado a encargo que supere o valor do próprio legado. A redação dada ao art. 1.821 do CC/2002 parece fortalecer o entendimento contrário ao sustentado por Pontes de Miranda, pois suprimiu a referência a herdeiro, quando limita o direito dos credores ao que foi efetivamente transferido a causa da morte.

Os encargos considerados ilícitos ou impossíveis são tidos como não escritos, o que significa que não chegam a alcançar o plano da existência. Por consequência, são inválidos e ineficazes. Se o motivo determinante do encargo for ilícito ou impossível, a cláusula testamentária que o contiver é considerada nula, invalidando-se, igualmente, o legado. Ou seja, se o encargo for determinante para a cláusula testamentária, sua impossibilidade ou ilicitude contaminam-na integralmente; se o encargo for a razão de ser da liberalidade, esta será considerada inválida.

O legatário, ao aceitar o legado, assume o dever e a obrigação de cumpri-lo, por força de lei. Não pode aceitar com reserva ou modificação. O encargo reduz o valor do legado, mas não se converte em contraprestação. Do mesmo modo que ninguém é obrigado a aceitar legado, não pode haver encargo a ele imposto sem aceitação conscientemente assumida pelo legatário. O encargo integra a liberalidade e seu cumprimento pode ser exigido como qualquer obrigação, pelo beneficiário dele ou por quem designou o testador.

O encargo pode consistir em obrigação de fazer, de não fazer ou de dar. Não necessita estar relacionado com o legado, como o de fornecimento de objetos a instituição de caridade ou de completar o curso universitário. A dimensão econômica do encargo é secundária e não pode conceber-se como preço ou compensação.

A pretensão para exigência da execução do encargo sujeita-se ao prazo geral de prescrição, de dez anos, estabelecido pelo CC/2002. Silente o Código quanto a prazo decadencial ou prescricional nessa matéria, prevalece o geral. O prazo é contado a partir do eventual termo final fixado pelo testador, ou, na falta deste, da abertura da sucessão.

O direito brasileiro atual também não contempla regra específica para caução, como garantia do encargo pelo legatário. Mas não há impedimento legal para que o testador a determine. Se não o faz, o interessado no encargo ou o Ministério Público, quando for de interesse coletivo, podem invocar o art. 1.938 do CC/2002, para que seja determinada pelo juiz.

Apesar da forte crítica de Pontes de Miranda (1972, v. 56, § 5.720) à vedação ao testador de estipular tempo para começar ou cessar o direito do herdeiro, que qualifica como exótica e supérflua, o CC/2002 manteve a regra do art. 1.665 do CC/1916. Fê-lo justificadamente, ante sua opção de tratamento preferencial ao herdeiro – inclusive o testamentário, de que se cuida – e consequente limitação ao testador, adequada à garantia constitucional (art. 5º, XXX) do direito à herança. A vedação legal não se estende ao legatário, que pode suportar termo inicial ou final para aquisição ou exercício do direito transferido.

12.7. Cláusulas de Inalienabilidade, Impenhorabilidade e Incomunicabilidade

Não há mais inteira liberdade do testador para estipular cláusulas restritivas ao herdeiro necessário, que era o modelo da legislação anterior. Houve mudança radical operada pelo CC/2002 (art. 1.848), mediante o qual as cláusulas de inalienabilidade, impenhorabilidade e incomunicabilidade apenas podem ser estipuladas se houver justa causa, declarada no testamento, sujeita à apreciação do Poder Judiciário. Essas cláusulas podem incidir sobre a legítima, sua principal destinação, ou sobre a parte disponível, neste caso tanto para os herdeiros testamentários quanto para os legatários. A lei não as restringe à legítima dos herdeiros necessários. Por ser regra de interpretação estrita, a exigência de justa causa é limitada ao testamento, não se fazendo necessária sua indicação na doação *inter vivos* a futuro herdeiro necessário.

Não há mais a discricionariedade que o direito anterior assegurava ao testador, o que reduziu a importância social dessas cláusulas. A profunda limitação ao testador tem por fito a mais ampla garantia de inviolabilidade do direito à herança, assegurada na Constituição, ou da legítima dos herdeiros necessários. Portanto, apenas em caráter excepcional, pode cláusula desse jaez restringir a legítima, desde que a justificativa convença o juiz de que foi imposta no interesse do herdeiro necessário e nunca para satisfazer valores ou idiossincrasias do testador.

Ainda assim, continua atual a repulsa de Orlando Gomes a tais cláusulas (1973, p. 195), por ele consideradas insustentáveis quando recaem nos bens da legítima, porque esta pertence de pleno direito aos herdeiros necessários, que devem ser transmitidos tais como se achavam no patrimônio do *de cujus*. Perfilhamos a conclusão do autor de serem atentatórias da legítima expectativa convertida em direito adquirido, quando da abertura da sucessão. A proteção visada pelo testador transforma-se, frequentemente, em estorvo, antes prejudicando que beneficiando o herdeiro. Essas advertências fortalecem a necessidade de interpretação restrita da justa causa, imposta pela lei atual.

Sob a dimensão constitucional, essas cláusulas limitativas constituem restrição a direitos fundamentais garantidos na Constituição, como o direito de propriedade (art. 5º, XXII), informado pela função social (art. 5º, XXIII), o direito de herança (art. 5º, XXX) e a dignidade da pessoa humana (art. 1º, III), na medida em que o gravame gera para o herdeiro uma restrição de direito criada pelo testador e não pelo ordenamento jurídico (Nevares, 2009, p. 24).

O CC/2002 não mais alude à sub-rogação, para a hipótese de alienação do bem submetido a tais cláusulas, instituto que preferiu concentrar nas hipóteses de inadimplemento das obrigações, tornando irrelevante, para esse fim, a sub-rogação real. O que ocorrerá é a subsistência da cláusula restritiva no novo ou novos bens adquiridos com os valores obtidos pela desapropriação ou pela alienação onerosa do bem, cuja titularidade a continha, desde que cumulativamente sejam observados os seguintes requisitos: a) tenha havido justa causa, declarada no testamento e que ela persista, para que possa incidir sobre a titularidade do novo bem; b) a alienação está sujeita à comprovação de conveniência econômica do herdeiro necessário e à autorização judicial. A conveniência econômica do herdeiro não significa que o valor da alienação deve ser vertido integralmente em outro bem equivalente, mas em bens econômicos de melhor liquidez ou valorização, ou em investimentos à sua formação pessoal. Advirta-se, todavia, que da norma do art. 1.911 não se extrai a substituição jurídica de um bem a outro, mas a subsistência da cláusula testamentária restritiva de um bem a outro.

A cláusula restritiva da legítima do herdeiro necessário não existia em nosso antigo direito, antes do advento do Código Civil de 1916, nem mesmo constava de seu projeto. O CC/2002 a manteve com tais limitações, apesar da falta de consistência e importância reais. Sua reduzida importância remanescente não afasta a exigência de interpretação em conformidade com a garantia constitucional do direito à herança.

As cláusulas restritivas, estipuladas em testamento, apenas têm eficácia com a morte do testador. Não restringem nem limitam os direitos reais, podendo os bens assim clausulados ser livremente alienados pelo testador em vida. Essas cláusulas por outro lado, perdem eficácia com a morte do titular dos bens assim restringidos, os quais são transmitidos sem elas aos seus herdeiros.

A cláusula de inalienabilidade não impede a limitação do direito de propriedade do bem herdado, mediante constituição de direitos reais limitados ou de garantia, como usufruto, uso, habitação, hipoteca, penhor. Esses direitos reais não se incluem no conceito de alienação. Tampouco se estende a inalienabilidade aos frutos e rendimentos.

A Súmula 49 do STF enuncia que a cláusula de inalienabilidade inclui a incomunicabilidade dos bens. O art. 1.911 do CC/2002 ampliou seu alcance, para incluir, além da incomunicabilidade, a impenhorabilidade.

Para o STJ, interpretando o CC, art. 1.911: a) a cláusula apenas de impenhorabilidade não gera a presunção de inalienabilidade ou de incomunicabilidade, e cláusula apenas de incomunicabilidade não pressupõe as de inalienabilidade ou impenhorabilidade (REsp 1.155.547); b) as cláusulas de inalienabilidade e impenhorabilidade não impedem a penhora em virtude de dívidas deixadas pelo próprio testador (REsp 998.031) – com razão, pois os credores podem pedir a venda dos bens clausulados para pagamento de seus créditos; c) essas cláusulas estão atreladas à pessoa do beneficiário, não ao bem, porque sua natureza é pessoal, não real (REsp 1.101.702); d) as cláusulas de inalienabilidade, incomunicabilidade e impenhorabilidade vitalícias previstas em testamento têm duração limitada à vida do beneficiário e não se relacionam à vocação hereditária (REsp 1.641.549).

12.8. Interpretação das Disposições Testamentárias

A interpretação das disposições testamentárias deve considerar a vontade do testador, desde que explicitada claramente e esteja de acordo com os princípios que regem o direito das sucessões. Dentre esses princípios, sobrelevam o da primazia da sucessão legítima, sempre que dúvida houver, e o da observância da função social dessas disposições.

Há circunstâncias externas que limitam a vontade do testador, como fonte primacial da interpretação do negócio jurídico testamentário. Dentre elas, o fim econômico da disposição. Além do fim econômico, a evolução do direito brasileiro, tanto na doutrina quanto na legislação, a partir da Constituição de 1988, consolidaram como princípio fundamental a função social, que o testamento também deve observar. A estreita relação entre propriedade privada e sucessão hereditária conforma esta às mesmas características fundamentais daquela. A Constituição garante ambas, mas condiciona seu exercício a sua função social, que é explícita em uma e implícita na outra. Na contemporaneidade não se admite que o direito seja exercido de modo ilimitado, consultando apenas os interesses individuais do titular.

O CC/2002 apenas alude explicitamente a duas regras de interpretação, aplicáveis às disposições testamentárias:

(1) os negócios jurídicos benéficos interpretam-se restritivamente (art. 114);

(2) quando a cláusula testamentária for suscetível de interpretações diferentes, prevalecerá a que melhor assegure a observância da vontade do testador (art. 1.899).

A interpretação restritiva impede o julgador de ampliar o sentido e a abrangência da disposição. Enquanto a solução da ambiguidade é dada pela investigação do sentido da declaração da vontade do testador. Uma e outra regra estão conformadas pelo princípio da primazia da sucessão legítima e do direito constitucional da herança e pelo princípio da função social do testamento.

A doutrina, tradicionalmente, elenca alguns cânones de interpretação, que não são de observância obrigatória pelo julgador, servindo como orientação para sua interpretação, como algumas indicadas por Itabaiana de Oliveira (1986, n. 325): a) deve-se preferir o sentido próprio e geralmente aceito das palavras e entender o que, em tais casos, comumente se costuma fazer; b) deve-se preferir a interpretação que faça valer o ato, em vez da que o torna insubsistente; c) considera-se não escrita a disposição tão obscura que impossível se torne conhecer a declaração de vontade do testador; d) na dúvida, é melhor atender às palavras da lei; e) quando duas disposições se contradisserem devem ser tidas como de nenhum efeito; f) o que está escrito em último lugar presume-se conter a vontade real do testador; g) nos casos duvidosos, que não se possam resolver com as regras estabelecidas, decidir-se-á em favor da sucessão legítima.

Quando dúvida houver quanto à vontade do testador, deve-se buscar a objetiva apreciação da melhor e mais real consequência da disposição; procurar o que objetivamente é melhor, mais eficaz, e essa eficácia não será só a econômica, e sim, por igual, a jurídica, a prática (Pontes de Miranda, 1972, v. 56, p. 341). Essa é a mesma orientação adotada pelo Código Civil português, para o qual a interpretação da disposição testamentária deve ser feita "conforme o contexto do testamento", o que afasta a investigação da vontade, em sua dimensão íntima, psíquica ou afetiva. A direção do contexto do testamento é explicitada pelo CC/2002, no art. 1.903, quando regula o erro da designação da pessoa do herdeiro.

O testamento, negócio jurídico unilateral de finalidade específica, pode ser instrumento de outros atos jurídicos autônomos, que independem de suas vicissitudes. O ato jurídico em sentido estrito do reconhecimento da paternidade ou da maternidade (CC, art. 1.609, III) não é afetado pela revogação do testamento, produzindo efeitos que não dependem da vontade ulterior do testador ou do requisito da eficácia própria do testamento, que é a morte do testador. A eficácia do reconhecimento da existência de união estável, contida em testamento, também não depende da morte do testador.

Após a vigência do CC/2002, manteve o STJ o entendimento de que na interpretação das cláusulas testamentárias deve-se preferir a inteligência que faz valer o ato, àquela que o reduz à insubsistência (REsp 1.049.354), ou que o conduz à invalidade (REsp 753.261).

12.9. Legados e seus Variados Modos

O CC/2002 não utiliza o conceito de legado que emprega, mas cujo sentido é captável principalmente no que dispôs no art. 1.912, em sentido contrário, ou seja, é disposição testamentária a título particular, relativa a bem ou direito certos ou determináveis e existentes na data da morte do testador. O beneficiário do legado, ou legatário, difere do herdeiro testamentário porque este não é beneficiário de direito ou coisa certa e determinada, mas de toda a herança, quando é apenas um, ou de quota ideal sobre a herança, quando é mais de um.

O legado de coisa alheia, previsto na legislação anterior, foi suprimido pelo CC/2002. Não há mais, portanto, referência legal a esse anômalo legado, porque a eficácia de qualquer legado depende de sua precisa existência na data da abertura da sucessão. Se, nessa data, inexistir a coisa, o legado é simplesmente ineficaz, superando-se a imputação de nulidade, aludida na legislação anterior. O plano da validade não é afetado, pois decorre da declaração válida da vontade do testador. Mas a inexistência da coisa no momento de sua morte atinge o plano da eficácia, tornando a disposição testamentária ineficaz. Não há impedimento legal, contudo, de o testador estabelecê-lo, no âmbito de sua autonomia privada, mas será ineficaz se a coisa não estiver em sua titularidade no momento da abertura da sucessão.

A crítica de Pontes de Miranda (1973, v. 57, § 5.762) à nulidade de tal legado, fixada no art. 1.678 do anterior Código, influenciou a correta alusão do novo Código à ineficácia. Também repercutiu sua crítica ao momento a ser considerado, que não poderia ser o da data do testamento (como se a aquisição posterior operasse a retroeficácia, ou, o que é pior, a convalescença), mas sim o da data da morte do testador. No direito atual apenas se leva em conta o que está na titularidade do testador na data de sua morte, para que o legado possa ser considerado eficaz.

É nula a cláusula de indivisibilidade que onere o legado, por mais de cinco anos. O CC/2002 (art. 1.320) restringiu ainda mais esse limite de tempo, pois autoriza o juiz a determinar a divisão entre condôminos legatários, quando graves razões o aconselharem.

Há legados de coisas, de direitos reais, de direitos pessoais, de ações, de prestações de fazer, de crédito, de dívida, de bens alternativos, de alimentos. A

— 272 —

pluralidade de modos de legados continua como regra no direito atual, mas as referências contidas na lei consideram-se como exemplificativas. O CC/2002 poderia ter avançado e suprimido as referências a esses modos, regulando-os de modo genérico e deixando ao testador a discricionariedade para tal, salvo as situações vedadas.

A instituição de legados de toda a herança somente é possível se não houver herdeiros necessários, mas qualquer parte remanescente da herança, não alcançada por eles, continua sob a titularidade dos herdeiros legítimos, que a adquiriram por força da *saisine*, inclusive a Fazenda Pública.

Em razão da *saisine* (CC, art. 1.784), o legado não depende da aceitação do legatário para que a transferência da titularidade se dê, pois seu efeito é confirmatório do que já se operou desde a abertura da sucessão.

Não se considera ineficaz o legado de apenas posse, que o testador tinha, apesar da falta de título de domínio sobre a coisa, pois a sucessão não se limita a direitos reais constituídos. Como a usucapião, no direito brasileiro, é modo de aquisição ou constituição da titularidade de domínio, a ausência de sentença judicial correspondente, transitada em julgado, na data da abertura da sucessão, por ela ter apenas efeito declarativo, não é óbice à aquisição da posse e do direito à declaração judicial da usucapião pelo legatário, desde a abertura da sucessão, porque não se trata de coisa alheia.

Permite-se ao testador subordinar a eficácia do legado à entrega que o legatário faça de bem próprio deste a outra pessoa. Não se trata de "ordem", como diz o CC/2002 (art. 1.913), mas de condição suspensiva da eficácia do legado. Essa é hipótese de legado indireto, pois o terceiro é beneficiado indiretamente pelo testador, apesar de nada receber da herança deixada por este, de modo direto. Diz-se, também, sublegado. Não é legado com encargo ou modo, o que permitiria sua eficácia, desde a abertura da sucessão, ainda que sujeito à resolução pelo inadimplemento. Evidentemente, o legatário não está obrigado a atender a essa condição, que importa disposição de seu próprio bem ao terceiro designado, para atender ao testador, mas, se não o fizer, entende-se que renunciou ao legado, sendo essa presunção legal de caráter absoluto. A coisa legada permanecerá na sucessão legítima.

O legado apenas pode recair sobre coisa própria do testador, seja domínio ou posse. A regra vale também para a hipótese de o testador legar coisa da qual seja apenas condômino ou compossuidor, ou seja, titular de parte ideal. Se, na abertura de sua sucessão, mantiver apenas a parte ideal, as demais partes configuram coisa alheia, sendo o legado, quanto a estas, ineficaz.

Para fins da eficácia do legado, a coisa nele designada genericamente pode ser tanto móvel quanto imóvel. O CC/2002 suprimiu a limitação da regra aos bens móveis. É certo que os bens classificados como genéricos são, predominantemente, móveis. Todavia, para fins de testamento, não se lhe nega eficácia quando seja possível determinar o imóvel que o testador legou de modo genérico. O que importa é que a "casa" ou o "apartamento" dito genericamente seja determinável. A indeterminação leva à ineficácia do legado. A escolha, por força do art. 1.929, cabe ao herdeiro legítimo ou, na falta deste, ao herdeiro testamentário, desde que o faça de modo razoável, ou, na expressão do Código, guardando o meio-termo entre a coisa mais valiosa e a menos valiosa. Pior é a coisa que está abaixo da média. Esse é o parâmetro que deve guiar o julgador, quando o legatário rejeitar a escolha, valendo-se ainda dos usos e costumes do lugar.

Se a quantidade das coisas integrantes do legado é menor que a aludida no testamento, a eficácia do legado é restrita à que for encontrada na data da abertura da sucessão. A ineficácia (e não a invalidade, como referia o Código anterior) não alcança todo o legado, mas a quantidade não existente. A quantidade de certos bens é variável e pode sofrer declínio originado de fatos externos à vontade do testador ou da vontade dele mesmo, durante o lapso de tempo entre o testamento e sua morte.

O legado pode estar condicionado à existência em determinado lugar, designado pelo testador, salvo se removido transitoriamente. Assim, a designação do lugar, feita pelo testador, é determinante e não demonstrativa ou acidental. Se a coisa não for encontrada no lugar determinado, então o legado é ineficaz e ela permanece na titularidade dos herdeiros legítimos, ou, na falta destes, dos herdeiros testamentários, se houver.

O legado pode consistir em uma universalidade, lembra Carlos Maximiliano (1958, v. 2, n. 858), como sucede quando alguém lega a herança ou o conjunto de legados que recebeu por morte de alguém, ou uma biblioteca, ou uma adega, uma empresa ou um estabelecimento. No caso de herança recebida pela morte de alguém não é o direito de herdar que o legatário transmite, mas o conjunto das coisas, o ativo e o passivo, que correspondam à sua quota parte.

O legado em dinheiro pode ser fixado em determinado montante de moeda nacional ou do que conste em depósito bancário ou em valores aplicados, cuja flutuação é de sua natureza. Esse legado pode ser em moeda estrangeira guardada pelo testador. Se o valor dito no testamento for enunciado genericamente e não corresponder ao que de fato houver, na data da abertura da sucessão, o legado compreende o valor que se encontrar. Mas, se o valor for determinado, o excedente integra a sucessão legítima. O legado pode ser em dinheiro e em títulos de investimento, em conjunto ou separadamente.

O legado pode consistir em créditos que o testador tenha a receber de terceiros. O sentido de legado de crédito é o mais amplo possível, abrangendo as novas modalidades de ingressos ou acréscimos patrimoniais futuros e certos, como os decorrentes de fundos de investimentos ou de previdência privada, ou obrigações já constituídas e vencidas, quando se fez o testamento. Evidentemente, o legado de crédito perde a eficácia se a obrigação foi adimplida antes da abertura da sucessão, pois crédito não é mais e não se pode cogitar de sub-rogação nos valores recebidos em vida pelo testador. O outro tipo de legado, com previsão legal, é o de liberação da dívida do próprio legatário, que era devedor do testador. Nessa hipótese, o legado produz o efeito de quitação da dívida, se esta não tiver sido antes quitada. A liberação alcança todos os acessórios da dívida, como juros, cláusula penal, atualização monetária. Na hipótese de título de crédito, assume o testamenteiro, ou o inventariante, ou o herdeiro o dever de entrega do título.

O legado de débito não conta com previsão legal, mas pode ser utilizado pelo testador, valendo-se do princípio da autonomia privada. O testador, com a finalidade de liberar o devedor, deixa valores ou bens suficientes para quitação de sua dívida junto a terceiro, que figura como legatário. Este, por sua vez, tem pretensão e ação contra o espólio e os herdeiros, para o cumprimento do legado que o beneficia. Porém, os credores da herança podem objetá-lo, para que seus créditos tenham preferência.

Pode o testador valer-se de legado para, designando bens de seu patrimônio, destiná-los à compensação de dívidas que tenha com terceiro, desde que o diga expressamente. O requisito legal é que a dívida seja anterior ao testamento e, para eficácia do legado, que não tenha sido solvida antes da abertura da sucessão. Compensação é o modo de extinguir a obrigação quando uma pessoa for devedora e, ao mesmo tempo, credora de outra, até o limite do que esta lhe dever. Compensam-se crédito e dívida. O legado para liberação de dívida do próprio testador não se enquadra inteiramente no conceito de compensação de dívidas, sendo desta uma ampliação, tendo por finalidade muito mais assegurar o legado ao legatário, cujo eventual crédito contra o testador permanecerá em face da herança, salvo se o testamento explicitamente disser que é para compensá-lo. Em rigor, seria legado para solver a dívida e não para compensá-la, pois o testador não era também credor do legatário.

O legado de alimentos não se confunde com os alimentos em razão de relações de família ou parentesco (CC, art. 1.694) e com os alimentos em razão de reparação civil (CC, art. 948, II), porque o legado não decorre de nenhum dever legal por parte do testador. Por essa singularidade, o legado de alimentos não está sujeito ao binômio necessidade/possibilidade, pois seu montante é o que o testador fixou, ainda que vá além das necessidades do alimentando.

A abrangência dos alimentos, para fins de legado, que o CC/2002 (art. 1.920) estabelece de modo não exaustivo, é a mais ampla encontrada no Código e serve como parâmetro para os demais tipos de alimentos, inclusive os de natureza familiar. Com sua redação didática, tem-se como integrantes dos alimentos, além do dinheiro, a manutenção da vida cotidiana, o cuidado ("cura"), o vestuário, a moradia, a educação.

Quanto à educação, a norma legal estabelece como limite para o legado de alimentos a ela relativos, o advento da maioridade do legatário (dezoito anos), mas a doutrina e a jurisprudência das relações de família, também aplicáveis ao direito das sucessões, convergem no sentido de admitir a extensão do limite de idade até aos vinte quatro anos, para permitir ao alimentando sua formação educacional, principalmente a universitária. Com base em diversos precedentes, o STJ consolidou a orientação da extensão dos alimentos até os vinte e quatro anos de idade, cuja orientação já vinha do STF, antes da CF/88. Mas o mesmo Tribunal também decidiu que a necessidade de alimentos, por parte do alimentando estudante, deve ser provada (REsp 149.362). A impenhorabilidade é consectário natural da natureza dos alimentos, inclusive os derivados de legados, cuja finalidade estaria seriamente comprometida se pudessem ser objeto de penhora para garantia ou cobertura de dívidas do alimentando.

O legado pode ater-se apenas ao usufruto de determinado bem ou direito, sem transferência do domínio ao legatário. A constituição do usufruto depende de registro no cartório de registro imobiliário, no caso de imóveis, não mais existindo o usufruto de constituição legal, que resultava do direito de família, restando como única exceção a constituição mediante usucapião, porque, neste caso, o registro tem eficácia meramente declarativa. Todavia, essa regra geral há de ser interpretada em harmonia com a do art. 1.784 do CC/2002, que prevalece, pois a *saisine* é também aplicável aos direitos reais limitados, cuja aquisição se dá com a abertura da sucessão e não com o registro, no caso dos imóveis. Quando o legado de usufruto for relativo a títulos de créditos, o usufrutuário tem direito a receber os frutos respectivos, notadamente os juros, mas, quando a dívida for saldada pelo devedor, a importância correspondente deverá ser vertida em títulos da mesma natureza, ou em títulos da dívida pública federal, preservando-se, desse modo, a titularidade do nu-proprietário (herdeiro ou outro legatário). A modalidade de extinção do usufruto, introduzida pelo CC/2002, ou seja, o não uso, também alcança o legado de usufruto. Se o legatário não usar a coisa, em momento algum ou após tempo razoável, perde o direito real de usufruto.

— 276 —

O regime dotal desapareceu do direito brasileiro, após o advento do CC/2002, não podendo haver legado que o reintroduza mediante testamento. Ainda que haja liberdade de escolha do regime matrimonial de bens, seja em pacto antenupcial, seja em alteração posterior ao casamento, o regime dotal está vedado por ser incompatível com o princípio constitucional da igualdade conjugal. Essa mesma vedação se estende ao regime de bens da união estável.

Os acréscimos feitos no imóvel objeto do legado, pelo próprio testador, após o testamento, não se incluem no legado. Mas se tais acréscimos se qualificam como pertenças ou benfeitorias, ainda que posteriormente ao testamento, presumem-se incluídas no legado, salvo se o próprio testador as excluir. As pertenças são coisas que ajudam outra coisa, sem a esta se integrarem. Destinam-se ao uso, embelezamento ou serviço da coisa principal. A pertença vincula-se à destinação da coisa principal. São pertenças do imóvel os móveis que guarnecem uma casa, os aparelhos elétricos e eletrônicos, os equipamentos de uso do titular da coisa etc. A Lei n. 8.009/1990, que dispõe sobre a impenhorabilidade do bem de família, ou seja, do imóvel residencial que serve de moradia do devedor e de sua família, estabelece que essa proteção alcança "todos os equipamentos, inclusive os de uso profissional, ou móveis que guarnecem a casa", com exclusão dos veículos de transporte, obras de arte e os adornos suntuosos. São hipóteses de pertenças. As benfeitorias, para os fins do direito civil, têm de provir da ação voluntária de quem detenha a coisa principal, seja como proprietário ou como possuidor. Não são benfeitorias, consequentemente, os melhoramentos que advieram de fatos naturais ou da administração pública. As benfeitorias são feitas ou pela necessidade delas, ou pela sua utilidade, ou para maior deleite. Em qualquer hipótese há ganho para o bem principal. São classificadas, portanto, em necessárias, úteis e voluptuárias.

A doutrina cogita de prelegado, instituto que vem dos antigos romanos, que ocorre quando o testador deixa a algum herdeiro um legado, com oneração de todos ou alguns herdeiros ou, até, do próprio herdeiro. O prelegado, ou legado precípuo, supõe instituição distinta da instituição de herdeiro, mas à mesma pessoa. O prelegatário recebe o legado além de sua quota hereditária, dentro dos limites da parte disponível e pode até recebê-lo antes da partilha, se assim estipular o testador. Pode o herdeiro renunciar à herança e manter o prelegado.

12.10. Eficácia e Ineficácia do Legado

O legado é transferido ao legatário imediatamente com a morte do testador, por força da *saisine*, passando a ser titular do domínio, do direito real limitado ou da posse, de acordo com a disposição testamentária. Não é apenas o direito de

— 277 —

pedir aos herdeiros a coisa legada, como estabelecia a legislação anterior. A posse indireta também lhe é transferida desde a abertura da sucessão, dependendo a posse direta de pedido do legatário ao juiz, se lhe for negada pelos herdeiros. Essa regra fundamental de transferência automática da titularidade do domínio e da posse indireta é robustecida pelo reconhecimento ao legatário, no § 2º do art. 1.923 do CC/2002, do direito de, desde a morte do testador, serem-lhe transferidos os frutos que produzir o bem legado, exceto se o testamento tiver subordinado a transferência desses frutos à determinada condição suspensiva ou a termo inicial.

Enquanto se verifica qual a parte da herança que deve ser destacada para pagamento das dívidas deixadas pelo *de cujus* e enquanto não se julga a partilha, no inventário judicial se o legado for impugnado, a administração e a posse direta do legado permanecem com os herdeiros ou com o testamenteiro se assim determinou o testador ou inventariante. Esses possuidores diretos temporários respondem pelo que ocorrer ao bem legado, inclusive quanto à mora em entregá-lo ao legatário. Mas o legatário, como possuidor próprio que é, apesar de indireto, pode exercer as medidas preventivas e cautelares, para evitar turbações, esbulhos ou riscos de perda e depreciação. Se o testamento for impugnado quanto à sua validade, não se pode cumprir o legado, enquanto não houver decisão judicial transitada em julgado.

Investe-se o legatário no direito de pedir a posse do legado aos herdeiros, com a abertura da sucessão. Ou ao testamenteiro, se este detiver a posse do legado, ou ao inventariante. Assim, o direito de pedir o legado, ou melhor, a posse direta ou imediata, existe desde a morte do testador. A aquisição do legado, consequentemente, independe de aceitação, que é presumida quando se exerce o direito de pedir (Orlando Gomes, 1973, p. 216). Não se exigem formalidades para a transmissão da posse direta ou imediata, podendo ser com a entrega das chaves, ordem para ingresso, tomada de posse sem oposição, autorização. Se houver resistência, cabe ao juiz decidir. Se o objeto do legado perecer em mãos do herdeiro, antes da entrega da posse ao legatário, ou se ficar danificado em virtude da mora, tem este contra aquele pretensão a indenização pelos danos.

O direito de pedir o legado não pode ser exercido enquanto (Itabaiana de Oliveira, 1986, n. 601): I – penda a condição suspensiva imposta pelo testador; se a aquisição do próprio direito estiver subordinada a condição suspensiva, o falecimento do legatário antes de seu implemento impede-a, não a transmitindo a seus sucessores; II – não vença o prazo estipulado pelo testador; III – se litigue sobre a validade do testamento; IV – não se julgue a partilha, porque, só depois de consideradas as forças da herança e a dedução do passivo devido aos credores do *de cujus* é que se pode verificar se o valor do legado está dentro da parte disponível.

Tudo que disser respeito à coisa ou ao direito deve ser entregue ao legatário, como escrituras, registros, documentos, certidões, recibos, pagamentos de tributos, além das pertenças existentes na coisa (móveis, quadros, equipamentos). No caso de imóvel rural, não se compreendem no legado os rebanhos de animais de criação, salvo se o testador tiver estipulado diferentemente, ou se o imóvel integrar empresa rural pecuária.

Além da posse própria indireta, o legatário também recebe imediatamente a posse direta da coisa ou direito legados, quando o testador, sem herdeiros necessários, tiver distribuída toda a herança a legatários, sem qualquer resíduo para os herdeiros legítimos. Nessa hipótese, não há necessidade de pedir a posse direta do legado aos demais herdeiros, pois estes nada herdam.

Pode ocorrer de o testador ter estipulado condição ou termo, que impeçam imediatamente a posse do legatário. A condição que impede a posse direta e a até mesmo a transferência da titularidade é a suspensiva. Algumas circunstâncias, fora da condição ou do termo, podem obstar o pedido do legado, como na hipótese de legado em dinheiro, cujos juros moratórios dependem da constituição em mora do devedor. O legado de prestações certas e sucessivas depende da ocorrência de cada vencimento. O mesmo ocorre com o legado de alimentos, vencíveis periodicamente.

Como esclarece Pontes de Miranda (1973, v. 57, § 5.779), interpretando as normas do Código Civil de 1916, ainda que não expressassem com tamanha clareza o direito do legatário de transmissão automática que se tem no art. 1.923 do CC/2002, a transmissão é independente da vontade do legatário e pode ser ignorada por ele a existência da própria disposição testamentária; ele ou os seus sucessores podem exigir a entrega da posse ou dos documentos, na própria data do óbito, podendo ainda propor as ações de reinvindicação, de indenização e outras, ou alienar o bem legado, hipotecar ou caucionar.

O domínio dos bens legados passa imediatamente ao legatário, com a morte do testador. Consequentemente, se o legatário morrer após o testador, seus herdeiros recebem os direitos que lhe foram atribuídos, isto é, a titularidade dos bens ou direitos legados. Pela mesma razão, ainda quando não tenha o legatário tomado posse direta do bem legado, seus credores já o podem penhorar, arrestar ou sequestrar judicialmente.

Quando o legado for de coisas genéricas, ou determinadas pelo gênero (por exemplo, tantas cabeças de gado, da fazenda X), o testador pode deixar a escolha a critério de terceiro, que não seja herdeiro. Se o terceiro se recusar a promover a escolha, quando pedido pelo legatário, cabe ao juiz fazê-lo, observando o critério do tipo médio. Se a escolha cabia ao herdeiro e este não quiser ou não puder fazê-lo, também cabe ao juiz fazê-lo, apesar da omissão da lei, em virtude do argumento *pari ratione*, como ministrou Orozimbo Nonato (1957, n. 750). O testador pode ter deixado a escolha ao próprio legatário, que não estará limitado ao tipo médio (entre a melhor e a pior qualidade), podendo fazê-lo dentre as melhores (por exemplo, dentre as melhores cabeças de gado que encontrar na fazenda X); se o legatário não mais encontrar as coisas referidas genericamente pelo testador, ou se as que encontrar são as de qualidade inferior, tem a faculdade de exigir do ou dos herdeiros que lhe entreguem coisas congêneres, nesta hipótese de acordo com o tipo médio. A escolha pelo incumbido é irrevogável. O gênero há de ser claro e indiscutível, pois se for indeterminável considera-se nulo o legado.

Se o testador tiver deixado legado alternativo, entre duas ou mais coisas ou direitos, ou entre coisa e direito (por exemplo, o de crédito), sem estipular quem pode fazer a escolha, cabe ao herdeiro ou aos herdeiros fazê-lo. Pode, no entanto, o testador atribuir ao próprio legatário a escolha. Não pode o herdeiro entregar parte de uma coisa e parte de outra. Se o legitimado a escolher (herdeiro ou legatário) falecer antes da escolha, esta será exercida por seus próprios herdeiros.

Como regra geral, o cumprimento dos legados cabe aos herdeiros legítimos; não existindo estes, aos herdeiros testamentários; não existindo estes, ao ou aos demais legatários que estejam na posse da coisa legada. Havendo mais de um herdeiro, o dever de cumprimento do legado é atribuído proporcionalmente às quotas hereditárias de cada um. Essa regra geral é supletiva, quando o testamento for omisso, pois o testador pode estipular de modo inteiramente diferente, atribuindo a determinado herdeiro, ou a testamenteiro que designar, tal incumbência.

Cabe ao legatário o ônus das despesas decorrentes da entrega do legado, incluindo transporte, conservação, registros, tributos. Também correm à sua conta os riscos decorrentes com a segurança e manutenção do legado, envolventes da entrega. O testador, contudo, pode estipular de modo diferente, quando desejar contemplar o legatário com isenção dessas despesas e riscos, que serão suportados pelos herdeiros ou os que tiverem a incumbência da entrega. A coisa legada deve ser entregue no estado em que se encontrava quando da abertura da sucessão, sendo de responsabilidade dos herdeiros sua conservação e a entrega dos acessórios e melhoramentos que advierem dessa data até a data da entrega. Não cabe ao legatário participar das despesas do inventário, salvo se toda a herança foi distribuída em legados; mas o testador pode atribuir-lhe tal ônus. Se o legado estiver sujeito a litígio judicial, cabe ao espólio e aos herdeiros ultimá-lo; se forem vencidos, nada têm de entregar ao legatário.

O lugar de entrega do legado é o mesmo e no estado em que se encontrava a coisa ou direito, quando da morte do testador. O testador pode dispor em sentido contrário, por exemplo, no lugar do domicílio do legatário.

O legado com encargo implica o dever do legatário de cumpri-lo. Têm legitimidade para exigi-lo o testamenteiro, o beneficiário ou o Ministério Público quando se tratar de benefício de interesse geral. O legado com encargo imposto ao legatário depende da aceitação deste. A fixação do prazo para a aceitação impede que a tradição do objeto legado possa irradiar seus efeitos. Ainda que tenha havido a tradição do objeto, a transferência da titularidade fica suspensa até que o legatário declare a aceitação, dentro do prazo, ou o deixe transcorrer, findo o qual será tida como realizada. Não há óbice para que o encargo seja em benefício do próprio legatário; exemplifique-se com o legado para o tratamento de saúde do legatário. Contudo, frequentemente, revela expansão do espírito de liberalidade, envolvendo o legatário na realização de benefício a outrem. O encargo pode não ter valor econômico, como o de prestação de serviço não remunerado. O legado com encargo também se distingue do legado remuneratório; o primeiro dirige-se a fatos futuros que hão de ser realizados, e o segundo deriva de fatos pretéritos já realizados. Nem toda restrição ao legado configura encargo; a reserva de usufruto, por exemplo, não é legado com encargo, pois se legou a nua-propriedade, e a extinção do usufruto não tem outra consequência que a integralização da propriedade. O encargo pode consistir em obrigação de fazer, de não fazer ou de dar. Não necessita estar relacionado com o objeto legado, como o de fornecimento de objetos a instituição de caridade ou de completar o curso universitário.

Se o encargo não for adimplido pelo legatário, poderão os herdeiros legítimos ou testamentários, ainda que após a partilha, promover a declaração judicial da ineficácia do legado e sobrepartilha, pois são interessados legítimos em que a coisa ou o direito lhes sejam transferidos.

O legado será ineficaz, ou incorrerá em caducidade, se o testador modificar substancialmente a coisa legada, se o testador alienar em vida a coisa legada, se a coisa legada perecer ou for considerada evicta, se o legatário for excluído da sucessão por indignidade e se o legatário falecer antes do testador, pois não há representação por seus herdeiros. "Caducar", para efeito de direito, ainda que seja vocábulo que tende a cair em desuso, é perder a eficácia, cair, decair, ficar sem efeito. A declaração judicial da caducidade do legado é declarativa do fato caducificante e não constitutiva.

— 281 —

Havendo modificação substancial da coisa após o testamento, por ato do testador ou de outrem, ocorre a caducidade do legado, se não tiver mais a forma originária ou não puder receber a denominação que antes tinha. Por exemplo, se o bloco de ouro foi transformado em joias. Contudo, se se aumentou coisa, mesmo de modo considerável, não há caducidade, tendo-se como exemplo a ampliação da casa legada. Excluem-se do legado do imóvel novas aquisições a ele contíguas, após o testamento, ainda que sejam a ele integradas (CC, art. 1.922).

Incluem-se na alienação da coisa que leva à ineficácia (caducidade) a venda, a permuta, a doação, a cessão de direitos e a dação em pagamento. Mas não é causa de ineficácia a desapropriação amigável ou judicial. Também não há ineficácia do legado se o testador tiver alienado a coisa, mas guardou, de modo distinto, o valor pecuniário recebido (por exemplo, deixou-o guardado no cofre). Para Carlos Maximiliano (1958, v. 2, n. 1.052) a alienação deve ser tomada em sentido estrito, limitando-se à transferência da propriedade plena; portanto, se o testador depois constituiu direito real limitado sobre a coisa, ou hipoteca ou penhor, o bem legado fica onerado, mas não propriamente alienado, não incidindo em caducidade.

A perda do objeto, que leva à caducidade, é tida em sentido amplo. Inclui-se nesse sentido a subsistência da coisa, mas em tais condições que não tenha qualquer utilidade para o legado. A perda pode ser tanto física, como jurídica (exemplo, evicção). Se a perda é apenas parcial, prevalece o legado sobre a parte restante (exemplo, incêndio da casa, mantendo-se o legado do terreno). Considera-se perda, para fins de caducidade, a desapropriação da coisa. Se a coisa foi destruída, a quantia de eventual seguro paga por seguradora não substitui o legado, compondo a herança dos herdeiros legítimos.

Se o legado for alternativo, segue-se a regra das obrigações alternativas: o legado subsiste na coisa que restar. Rompe-se o testamento e, consequentemente, o legado se sobreviver descendente suscetível ao testador, que o não tinha ou não o conhecia, quando testou (CC, art. 1.973), ou quando não sabia da existência de outros herdeiros necessários (CC, at. 1.974).

A revogação do testamento ou do legado leva à inexistência deste e não apenas à ineficácia (caducidade). Ineficaz será o legado se o testamento ou a disposição testamentária que o contemplar forem invalidados, ou se o legatário não tiver legitimidade para sê-lo (CC, art. 1.801). Porém estas hipóteses são mais amplas que as da caducidade, pois, diferentemente desta, atingem a existência ou a validade, sendo a ineficácia mera decorrência.

12.11. Direito de Acrescer entre Herdeiros e Legatários

O direito de acrescer é aquele mediante o qual um coerdeiro ou colegatário recebe proporcionalmente a parte do outro, nomeado conjuntamente, que não pôde aceitá-la ou a ela renunciou. A matéria está tratada no CC, arts. 1.941 a 1.946.

O direito de acrescer ocorre quando um ou mais herdeiros testamentários, que herdem conjuntamente com outros herdeiros testamentários, não puderem ou não quiserem aceitar a herança. A quota do herdeiro testamentário faltante – renunciante ou impedido – é acrescida proporcionalmente às quotas dos demais herdeiros testamentários. Supõe-se a existência de mais de um herdeiro testamentário, beneficiados em quotas ideais iguais ou desiguais da parte disponível, quando houver herdeiros necessários, ou da totalidade da herança ou parte dela, quando não existirem herdeiros necessários. A renúncia da herança ou do legado produz efeitos desde a morte do testador.

Só há direito de acrescer na sucessão testamentária, porque, na sucessão legítima, a morte do coerdeiro antes do *de cujus* apenas pode resultar no direito de representação, nas hipóteses legais. O testador pode excluir, no testamento, o direito de acrescer, em favor da sucessão legítima. Não há direito de acrescer se o testador determinar com precisão a quota de cada um dos coerdeiros testamentários, pois deixam de ser conjuntos; por exemplo, sobre a parte disponível, a deixa uma quota de 50%, a B 30% e a C 20%. Entendem-se conjuntos os herdeiros testamentários quando o testador deixa a herança ou parte dela para todos, indistintamente; por exemplo, deixa a parte disponível (ou um percentual dela) a, B e C. Louvando-se em elementos históricos, diz Carlos Maximiliano (1958, v. 2, n. 1.089) que inexiste direito de acrescer em casos como os seguintes: a) "A e F herdarão a minha granja em partes iguais", ou "metade a cada um"; b) "Transmito os meus haveres a P, S e M, que os dividirão entre si de acordo com a lei", ou "na proporção de sua legítima", ou "cabendo um terço a cada um"; em todos os casos citados a disposição não é conjunta.

Há, igualmente, direito de acrescer quando dois ou mais legatários forem nomeados conjuntamente pelo testador em relação a uma mesma coisa ou quando esta for indivisível. Supõe-se unicidade da coisa legada e legados conjuntos. Nessa hipótese, a renúncia ou impedimento de um legatário gera o direito do legatário ou legatários conjuntos remanescentes a acrescer seus legados proporcionalmente, de acordo com a quota de cada um. Se, por exemplo, o testador deixou em condomínio a casa X a três legatários, a terça parte do renunciante será dividida em duas, que acrescerão as partes dos dois legatários restantes.

– 283 –

Se a coisa legada conjuntamente a dois ou mais legatários for divisível e cada um tiver recebido em legado porção determinada, a parte do legatário renunciante não será acrescida às dos demais e integrará a herança dos herdeiros legítimos, ainda que estes não sejam herdeiros necessários. Porém, se a coisa legada em conjunto for divisível, mas sua divisão resultar em desvalorização econômica correspondente a cada parte ou a seu conjunto, ela é considerada indivisível e há direito de acrescer.

Assim, a interpretação adequada do CC, art. 1.492, leva às seguintes situações: (1) colegatários em porções ideais de coisa materialmente divisível: há direito de acrescer; (2) colegatários em porções determinadas de coisa economicamente indivisível: há direito de acrescer; (3) colegatários em porções determinadas de coisa material e economicamente divisível: não há direito de acrescer.

Os requisitos para que se dê o direito de acrescer são: a) pluralidade de herdeiros testamentários ou de legatários; b) indeterminação da parte de cada um na herança ou no legado, ou determinação das partes, mas a coisa for economicamente indivisível; c) instituição conjunta da herança ou de legado que deve ser feita no mesmo testamento.

As hipóteses legais para o direito de acrescer são: a) morte do herdeiro testamentário ou do legatário antes do testador; b) renúncia, após a abertura da sucessão, à herança ou ao legado de um ou alguns, desde que remaneça um deles; c) exclusão do herdeiro testamentário ou do legatário por indignidade; d) impossibilidade de realização da condição sob a qual foi instituído o herdeiro testamentário ou o legatário. As hipóteses (morte, renúncia, exclusão e impossibilidade da condição) são taxativas, em virtude se seu caráter excepcional; qualquer outra impede o direito de acrescer, indo as respectivas partes aos herdeiros legítimos (princípio do favor da sucessão legítima).

Se o herdeiro testamentário ou o legatário falecer depois do testador sem ter aceitado a herança ou legado, o direito de aceitar ou renunciar passa a seus herdeiros.

Não haverá o direito de acrescer se o testador tiver estipulado que, ocorrendo qualquer dessas hipóteses, em vez de acrescer aos coerdeiros ou colegatários, a quota seja destinada ao substituto que designar para o que faltar. Quando houver substituto para a eventual falta do herdeiro ou do legatário, não pode haver acrescimento. Exemplo de substituição que afasta o direito de acrescer: "Deixo minha herança para A e B e na falta de qualquer deles ou de ambos seja minha sucessora a instituição Y".

Também não haverá direito de acrescer quando o testador determinar a quota de cada herdeiro e este falecer antes daquele, sem previsão de substituto, devendo referida quota retornar ao monte e ser objeto de partilha com todos os herdeiros legítimos (STJ, REsp 1.674.162).

A quota que se acresce às quotas dos coerdeiros ou colegatários conjuntos mantém as características originárias. Acresce com as condições, termos, encargos, limitações, restrições que o testador tenha a ela atribuído. Se o legado conjunto for de direito real de usufruto, nesta natureza será objeto do acréscimo.

Quando a herança ou legado não for, cada um, atribuído em conjunto a mais de um nomeado, a falta de qualquer destes, em razão das hipóteses aludidas, não importa direito de acrescer, devendo a quota respectiva considerar-se transmitida aos herdeiros legítimos, por força da *saisine*. Não há direito de acrescer sem designação conjunta de coerdeiros ou colegatários. Porém, ainda que inexistindo o direito de acrescer, por ausência de estipulação do testador, a quota do legatário que faltar será legalmente acrescida ao legatário que tiver sido por aquele incumbido de satisfazer o legado.

O beneficiário do acréscimo (coerdeiro ou colegatário), por sua vez, pode a ele renunciar ou repudiar, quando referido acréscimo (quota parte da herança ou legado do que faltar) estiver onerado com encargos impostos pelo testador, que considere demasiados, os quais beneficiem outra pessoa. O beneficiário do encargo adquirirá a titularidade da quota hereditária ou do legado. Exemplifique-se com a destinação conjunta da herança a B e C, sendo que a quota de A (o que renunciou) veio onerada com legado de alimentos a D; se B e C repudiarem o acréscimo vindo de A, a quota deste será destinada a D.

O legado de usufruto segue a regra geral, sendo redundante o enunciado do art. 1.946 do CC/2002. Se for feito conjuntamente a duas ou mais pessoas (usufrutuárias), a parte da que faltar será acrescida às dos colegatários. Se os colegatários não forem conjuntos, as partes dos que faltarem se consolidam na propriedade.

O direito de acrescer é reminiscência da antiga proeminência da sucessão testamentária ou da importância fundamental da vontade do testador sobre os direitos dos herdeiros legítimos. Na contemporaneidade, contradiz a primazia que o direito brasileiro confere à sucessão legítima, o que recomendaria sua supressão *de lege ferenda*. O favor da sucessão legítima impõe que ao colegatário deva ser preferido o herdeiro, varrendo-se as "supersticiosas razões" do velho direito, que Pascoal José de Mello Freire já reprovava no passado, segundo Pontes de Miranda (1973, v. 57, § 5.800). De acordo com interpretação do testamento em conformidade com a Constituição, em caso de dúvida, o direito de acrescer cede em favor da incorporação da quota do herdeiro testamentário ou do legatário à herança dos herdeiros legítimos. Da mesma forma, as normas regentes do direito de acrescer devem merecer interpretação restritiva, dada a excepcionalidade do instituto.

Para Orlando Gomes (1973, p. 187), o fundamento sociológico do direito de acrescer, atribuído ao interesse social de impedir o excessivo fracionamento da propriedade, não teria consistência para justificar a conservação do instituto no direito moderno, propugnando-se por sua abolição, na esteira das legislações que já o eliminaram.

Capítulo XIII
Inventário, Partilha e Planejamento Sucessório

Sumário: 13.1. Inventário e suas modalidades. 13.2. Inventariante. 13.3. Inventário extrajudicial. 13.4. Petição de herança. 13.5. Herdeiro aparente e adquirente de boa-fé. 13.6. Sonegados. 13.7. Pagamento das dívidas. 13.8. Partilha. 13.8.1. Sobrepartilha. 13.9. Partilha em vida. 13.10. Planejamento sucessório. 13.11. Transmissão hereditária de valores com dispensa de inventário.

13.1. Inventário e suas Modalidades

O inventário é o procedimento pelo qual os bens, direitos e dívidas deixados pelo *de cujus* são levantados, conferidos e avaliados de modo a que possam ser partilhados pelos sucessores, sejam eles herdeiros legítimos, herdeiros testamentários e legatários. A finalidade do inventário é permitir que a partilha seja feita, de acordo com as normas legais vigentes, individualizando o que a cada um deva caber.

O procedimento do inventário pode ser judicial ou extrajudicial. Até início de 2007, a legislação brasileira apenas admitia o procedimento judicial de inventário. As formalidades exigidas para o procedimento judicial tornavam-no extremamente moroso, em alguns casos levando anos ou até mesmo décadas para sua finalização. Criou-se posteriormente um procedimento judicial simplificado, denominado arrolamento, quando as partes fossem capazes e concordes. Mas essa medida contribuiu pouco para a superação da morosidade. Após o advento da Lei n. 11.441/2007, abriu-se a possibilidade do procedimento extrajudicial, mediante escritura pública, desde que observados os seguintes requisitos: todos os herdeiros serem capazes e haver concordância entre eles sobre a partilha dos bens. Promoveu-se mudança profunda na tradição do inventário, pois em único ato (a escritura pública), sem participação do Poder Judiciário, são feitos o inventário e a partilha.

Durante o procedimento de inventário e até a ultimação da partilha a herança permanece indivisível, devendo observar as regras do condomínio comum. O herdeiro fica equiparado a condômino e titular de parte ideal enquanto perdurarem o inventário e a partilha. Nesse período a herança, também denominada espólio, investe-se de capacidade de exercício de direito e capacidade processual, atuando como autora ou ré, na defesa dos interesses comuns dos herdeiros.

Quando o CC/1916 foi editado, ante a ausência de codificação processual civil, absorveu tanto as matérias de direito material quanto as de direito processual, relativas à sucessão hereditária, notadamente sobre inventário e partilha. O surgimento dos códigos processuais estaduais e depois dos únicos códigos processuais federais não foi suficiente para separar as matérias, que vigoraram em concorrência, tendo o Código Civil função de norma geral supletiva. Esse quadro mudou quando entrou em vigor o CC/2002.

Uma das diretrizes do atual Código Civil foi a supressão das normas de processo ou procedimentos, restringindo-se ao direito material, remetendo aquelas à correspondente legislação processual. Assim é que o CC/2002 dedica apenas um artigo (art. 1.991) ao inventariante, somente para atribuir-lhe a administração da herança, desde a assinatura do compromisso até a homologação da partilha, sem definir, como fazia o Código Civil anterior, quem pode ser o inventariante e quais suas atribuições, cujas matérias passaram a ser disciplinadas totalmente pela legislação processual (CPC, arts. 617 a 625).

São modalidades do inventário: a) o inventário judicial; b) inventário judicial sob forma de arrolamento sumário; c) inventário extrajudicial, todos regidos pelo CPC, arts. 610 e seguintes.

O inventário judicial, que segue procedimento especial, é obrigatório quando houver herdeiros civilmente incapazes – salvo se as questões materiais a eles relativas (guarda, alimentos) já tiverem sido objeto de decisão judicial –, ou quando houver testamento deixado pelo *de cujus*, ou quando os interessados na herança divergirem entre si.

Admite-se que, sendo todos os interessados capazes e concordes com os seus termos, não havendo conflito de interesses, é possível que se faça o inventário extrajudicial.

O CPC, art. 672, permite a cumulação de dois ou mais inventários para partilhas das heranças deixadas por diversas pessoas, com ou sem testamentos, quando houver identidade entre sucessores, ou heranças de cônjuges ou companheiros falecidos, ou dependência de uma partilha em relação à outra. A regra do art. 672 também é aplicável ao inventário extrajudicial.

Não haverá necessidade de inventário se o *de cujus* tiver deixado testamento com finalidades apenas não econômicas, como o reconhecimento de filho.

O inventário sob a forma de arrolamento sumário pode ser utilizado quando todos os interessados forem capazes e concordes, para fins de homologação de partilha amigável, ou quando o valor total da herança for inferior a 1.000 salários mínimos (CPC, art. 664), ainda que os interessados não estejam concordes ou que haja herdeiro incapaz, para o que será necessária a intervenção do Ministério Público. Para a primeira finalidade, ou seja, quando todos forem capazes e concordes, o arrolamento sumário perdeu espaço e utilidade, após o advento do inventário extrajudicial.

A praxe desenvolveu, para certos fins, o denominado inventário negativo, quando o *de cujus* não deixou bens a partilhar. Em determinadas circunstâncias, para se atender exigências legais de inventário concluído, precisa alguém abrir o inventário e provar-lhe a negatividade. A mais comum tem sido a do viúvo ou da viúva que tiver filho com o cônjuge falecido e que deseja casar, sem incorrer em causa suspensiva de casamento, pois o CC/2002 (arts. 1.523 e 1.641) estabelece que, enquanto não fizer inventário dos bens do casal e der partilha aos herdeiros, apenas pode se casar sob regime de separação obrigatória de bens. O inventário negativo pode ser extrajudicial, mediante escritura pública (Res. 35/207-CNJ, art. 28). Caio Mário da Silva Pereira (1997, n. 484) considera a expressão "inventário negativo" contraditória, pois a inexistência de bens é a negação do inventário, mas admite que há situações em que é mister demonstrar aquela inexistência.

O inventário deve abranger todas as dimensões da herança, incluindo as coisas, os direitos, os créditos, as dívidas, os rendimentos, para que se dê ao final a partilha.

O art. 611 do CPC estipula o prazo máximo de dois meses, a contar da abertura da sucessão, para que seja instaurado o processo judicial de inventário do patrimônio hereditário, prazo esse que se estende até o compromisso do inventariante. Também se entende que esse prazo deva ser observado para o início da lavratura da escritura pública de inventário e partilha amigável, quando os herdeiros e legatários forem capazes. O prazo total da administração da herança, na realidade da vida, é frequentemente alongado, porque os herdeiros retardam a instauração do inventário, às vezes por vários anos, ou quando a instauração tem a iniciativa de credores, inclusive tributários. Por tais razões, a escritura pública de inventário e partilha pode ser lavrada a qualquer tempo, cabendo ao notário fiscalizar o recolhimento de eventual multa, conforme previsão da legislação estadual específica.

A norma sobre o tempo é sem sanção para o descumprimento, ao contrário do que estabelecia a legislação anterior. Contudo, de acordo com a Súmula 542 do STF: "Não é inconstitucional a multa instituída pelo Estado-membro, como sanção pelo retardamento do início ou da ultimação do inventário".

As questões de alta indagação ou que envolverem produção controvertida de provas devem ser remetidas pelo juiz do inventário para as vias ordinárias, ainda que, se for o caso, se faça reserva de bens para acautelar interesses verossímeis. Por exemplo, se a herança envolver a participação do *de cujus* em sociedade empresária, não havendo previsão contratual de continuidade com seus sucessores, a apuração dos haveres revela controvérsia de difícil resolução, por envolver levantamentos, balancetes especiais, pareceres contábeis. Porém, o STJ (REsp 1.685.935), ainda que reconhecendo que, em princípio, o reconhecimento da união estável deve ser procedido nas vias ordinárias, este pode ser feito nos próprios autos do inventário, quando a prova for absolutamente suficiente; no caso, o casal reconheceu a união estável mediante escritura pública.

No processo de inventário, a meação do cônjuge supérstite não é abarcada pelo serviço público prestado, destinado essencialmente a partilhar a herança deixada pelo *de cujus*; tampouco pode ser considerada proveito econômico, porquanto pertencente por direito próprio e não sucessório ao cônjuge viúvo; logo, no processo de inventário, a taxa judiciária deve ser calculada sobre o valor dos bens deixados pelo *de cujus*, excluindo-se a meação do cônjuge supérstite (STF, ADI na MC 1.772; STJ, REsp 898.294).

De acordo com provimento do CNJ, os juízes e tabeliães só podem dar continuidade a procedimentos de inventário judicial e extrajudicial depois de verificar a existência de testamento no banco de dados do Registro Central de Testamentos On-line. É obrigatório para o processamento dos inventários e partilhas judiciais, bem como para lavrar escrituras públicas de inventário extrajudicial, a juntada de certidão acerca da inexistência de testamento deixado pelo autor da herança, expedida pela CENSEC – Central Notarial de Serviços Compartilhados, que mantém referido registro.

Nos casos de disputas entre herdeiros, meeiros ou legatários, o prazo prescricional relativo a pretensões que envolvam o patrimônio herdado é interrompido no momento da abertura do inventário do falecido. Para o STJ, a interrupção é imperativa para não premiar aqueles que de alguma maneira estejam usufruindo do patrimônio, em detrimento dos demais herdeiros. No caso, os herdeiros estavam em litígio há mais de vinte anos sobre a herança das quotas de sociedade empresarial em que o falecido era sócio (REsp 1.639.314).

As sucessões hereditárias estão sujeitas à incidência do Imposto sobre Transmissão *Causa Mortis* ou Doação de quaisquer Bens ou Direitos (ITCMD), previsto no art. 155, I, da Constituição, de competência dos Estados-membros e do Distrito Federal, cujas alíquotas máximas são fixadas pelo Senado Federal. O STF decidiu (Tema 825 de Repercussão Geral) que as unidades federativas não têm competência legislativa plena para fixar as alíquotas desse imposto se o *de cujus* possuía bens no exterior, era domiciliado ou residente no exterior, ou seu inventário foi processado no exterior, pois o imposto nessas hipóteses depende de fixação em lei complementar nacional.

13.2. Inventariante

Inventariante é quem fica incumbido de levantar e indicar os haveres do *de cujus*, o estado em que se encontram e administrá-los. O inventariante faz a relação dos bens e dos herdeiros, administra os bens da herança e a representa, até o encerramento da partilha, ou até o trânsito em julgado da sentença que a julgou. O inventariante é nomeado pelo juiz, após compromisso formal, dentre os que o CPC (art. 617) tem como preferenciais: o cônjuge ou o companheiro sobrevivente, desde que estivesse convivendo de fato com *de cujus* ao tempo de sua morte; na falta de cônjuge ou companheiro sobrevivente, o herdeiro que esteja efetivamente na posse e administração do espólio; se este não houver, qualquer herdeiro legítimo ou testamentário; o testamenteiro, se o *de cujus* tiver deixado testamento ou codicilo nomeando-o e lhe atribuindo a administração da herança; na falta de qualquer desses, o cessionário do herdeiro ou do legatário ou o inventariante judicial se houver na organização judiciária local e, por fim, qualquer pessoa que o juiz considere idônea.

O inventariante exerce o ministério privado de função designada e fiscalizada pela administração pública de justiça. Cabe-lhe a representação ativa e passiva do espólio (*rectius*, presentação, pois é órgão dessa entidade não personalizada) e administração dos haveres, desde a assinatura do compromisso até a homologação da partilha (CC, art. 1.991). Antes de seu compromisso, a herança ou espólio é administrada por administrador provisório, investido nessa função por força de lei (CC, art. 1.797), observada a seguinte ordem: cônjuge ou companheiro, se convivia com o *de cujus* ao tempo da morte deste; se não houver cônjuge ou companheiro sobreviventes ou estes não puderem ser nomeados, ao herdeiro que esteja na posse da herança, ou, na falta deste, ao herdeiro mais velho, observada a ordem de vocação sucessória; ao testamenteiro, se houver; à pessoa de confiança do juiz, se qualquer das pessoas anteriores faltarem ou se escusarem de exercer a função.

O inventário e a partilha por escritura pública, se todos os herdeiros forem capazes e concordes, tornam desnecessário o inventariante, uma vez que os haveres do *de cujus* são declarados, discriminados e estimados em seus valores por todos os herdeiros, conjuntamente. Não há necessidade de nomeação de interessado na escritura pública com poderes de inventariante para representar o espólio, pois até a conclusão da escritura pública, desde a morte do *de cujus*, a administração da herança é feita pelo administrador provisório, por força do art. 1.797 do CC, e na ordem nele aludida. Nesse sentido é o entendimento de Humberto Theodoro Junior (2007, p. 36), para quem não há lugar para a figura do inventariante ou equivalente, pois tudo se resolve de plano, no contato direto e imediato entre os interessados, seus advogados e o tabelião, não havendo processo nem procedimento, mas um único ato notarial.

A Res. n. 452/2022 do CNJ autoriza a atuação de inventariante no inventário extrajudicial – como faculdade do meeiro e dos herdeiros em nomeá-lo em escritura pública preliminar da escritura de inventário extrajudicial – quando houver necessidade de se obter informações bancárias e fiscais para a conclusão de negócios jurídicos pendentes ou para levantamento de quantias para pagamento do imposto devido e dos emolumentos do inventário.

De acordo com o STJ, a legitimação do inventariante não exclui, nas hipóteses em que ainda não se verificou a partilha, a legitimidade de cada herdeiro vindicar em juízo os bens recebidos a título de herança, pois se trata de legitimação concorrente (REsp 1.192.027).

Quando o *de cujus* determinar, em testamento ou codicilo, obrigações de fazer, para sua memória ou para terceiros, sua nomeação pode ser feita singelamente em escritura pública, sem necessidade de processo judicial.

13.3. Inventário Extrajudicial

Cresce a compreensão de que o acesso à justiça não se dá apenas perante o Poder Judiciário formal. Se assim é para os conflitos litigiosos, com maior razão se impõe quando as próprias partes estão de acordo em assuntos não contenciosos ou meramente administrativos, como se dá com o inventário consensual. A busca crescente na população brasileira pela modalidade simplificada de inventário e partilha demandou resposta ao legislador. Nessa matéria, deve-se deixar o Poder Judiciário para as questões controvertidas, quando as partes são capazes mas não se entendem, ou em razão da existência de incapazes, que são vulneráveis.

A partir de 2007, a legislação brasileira deu importante passo nessa direção, facultando o inventário e a partilha mediante única escritura pública, lavrada por notário de livre escolha dos herdeiros legítimos, quando estes forem capazes e concordes. Essa orientação foi ratificada pelo CPC/2015. Para os fins legais, considera-se capaz o maior de dezesseis anos que tenha sido emancipado (CC, art. 5º).

Todos os herdeiros capazes têm de comparecer à escritura e assiná-la. A escritura não poderá ser feita se ao menos um dos herdeiros não acordar. "A unanimidade é essencial" (Veloso, 2008, p. 26).

A referência feita pela lei à partilha não impede que o herdeiro único se utilize do inventário extrajudicial, com a adjudicação a ele de todos os bens deixados pelo *de cujus*. O inventário extrajudicial pode ser utilizado tanto por brasileiros natos ou nacionalizados, quanto por estrangeiros residentes ou não no Brasil.

O inventário e a partilha produzem seus efeitos imediatamente na data da lavratura da escritura pública, porque esta não depende de homologação judicial. O traslado extraído da escritura pública é o instrumento hábil para averbação do registro dos imóveis, se houver, e para certificação da aquisição da titularidade dos bens, na forma como se deu a partilha, perante qualquer pessoa física ou jurídica, ou órgãos públicos, tais como Detran, registro de empresa, registro civil de pessoa jurídica, instituições financeiras, fornecedores de serviços públicos. A lavratura definitiva da escritura pública depende do recolhimento dos tributos incidentes, principalmente o imposto de transmissão *causa mortis*. Não há necessidade, pois, de formal de partilha ou de documento de adjudicação.

A lei impõe a assistência do advogado ao ato. Assistência não é simples presença formal ao ato para sua autenticação, porque esta não é atribuição do advogado, mas de efetiva participação no assessoramento e na orientação dos herdeiros (art. 1º da Lei n. 8.906/1994), esclarecendo as dúvidas de caráter jurídico e elaborando a minuta do acordo ou dos elementos essenciais para a lavratura da escritura pública. Considerando que o advogado é escolha calcada na confiança e que sua atividade não é meramente formal, não pode o tabelião indicá-lo, se os herdeiros o procurarem sem acompanhamento daquele. Na escritura constarão a qualificação do advogado e sua assinatura, sendo imprescindível o número de inscrição na OAB. Se os herdeiros necessitarem de assistência jurídica gratuita, por não poderem pagar advogado particular, serão assistidos por defensor público. Não pode o advogado assistente ser mandatário de qualquer dos herdeiros.

Além da gratuidade da assistência jurídica, a lei prevê que os pobres que assim se declararem, perante o tabelião, não pagarão os emolumentos que a este seriam devidos. A atividade notarial é serviço público delegado pelo Poder Judiciário, ainda que exercida em caráter privado, cuja prestação pode ser gratuita se assim dispuser a lei. A determinação legal de gratuidade da escritura pública de inventário e partilha democratiza a via administrativa aos herdeiros que não possam arcar com as despesas correspondentes, as quais não podem ser calculadas em razão dos valores do acervo hereditário.

A escritura pública deve conter a qualificação completa do *de cujus*, o regime de bens, a data do falecimento, o lugar do falecimento, data da expedição da certidão de óbito e respectivo registro, a declaração dos herdeiros de que o *de cujus* não deixou testamento e outros herdeiros, sob as penas da lei. Os herdeiros devem apresentar, além dos documentos relativos às mencionadas informações pessoais do *de cujus*, os documentos comprobatórios das titularidades dos bens móveis e imóveis. Na hipótese de ser titular apenas de posse, sem domínio, devem os herdeiros fornecer as informações necessárias que identifiquem o bem.

Todos os interessados legítimos na sucessão do *de cujus* – não apenas os herdeiros – podem participar do inventário extrajudicial. Assim, participam, ao lado dos herdeiros, os cessionários de direitos hereditários de qualquer deles. Faz-se necessário o comparecimento dos cônjuges ou companheiros dos herdeiros, quando houver renúncia ou ato que importe transmissão – salvo se vinculados a regime de bens de separação total –, pessoalmente, ou mediante procuração formalizada por instrumento público com poderes especiais. O inventário será judicial se algum herdeiro não reconhecer a existência da união estável.

Para a realização da escritura pública de inventário extrajudicial, a Res. n. 35/2007-CNJ prevê a apresentação de documentos considerados necessários: a) certidão de óbito do *de cujus*; b) identidade e CPF do *de cujus* e dos herdeiros; c) certidão comprobatória do vínculo de parentesco do herdeiro; d) certidão de casamento do cônjuge sobrevivente e dos herdeiros casados; e) certidões de propriedade dos imóveis; f) comprovação de titularidade de outros direitos sucessíveis; g) certidão negativa de tributos.

As exigências da Res. n. 35/2007-CNJ merecem reparo em dois pontos: (1) o cônjuge do herdeiro não é herdeiro e a comunicação dos bens apenas ocorre no regime de comunhão universal, sendo decorrência da herança e não a partir desta; (2) a exigência de título de propriedade não afasta a inclusão de apenas posse sobre bem, que também é transmitida por sucessão hereditária, bastando apenas a declaração dos herdeiros, até porque não é registrável.

O inventário extrajudicial não conterá partilha se houver apenas um herdeiro. A escritura pública do inventário é o documento suficiente para fins de registro imobiliário, mediante extrato eletrônico, de acordo com o art. 6º da Lei n. 14.382/2022.

A Resolução n. 35/2007 do CNJ, com a redação de 2024, admite a possibilidade do inventário extrajudicial, ainda que haja testamento, sendo todos os interessados capazes e concordes com seus termos e não havendo conflito de interesses. A Resolução também o admite quando houver herdeiros menores ou incapazes desde que lhes seja garantida a parte ideal de cada bem a que tiver direito, devendo o tabelião remeter a escritura pública de inventário ao Ministério Público; caso o MP considere a divisão injusta ou haja impugnação de terceiro, haverá necessidade de submeter a escritura ao Judiciário. Do mesmo modo, sempre que o tabelião tiver dúvida a respeito do cabimento da escritura, deverá também encaminhá-la ao juízo competente. Havendo nascituro do autor da herança, para a lavratura da escritura, aguardar-se-á o registro de seu nascimento com a indicação da parentalidade, ou a comprovação de não ter nascido com vida.

13.4. Petição de Herança

A petição de herança é o exercício da pretensão de um ou de vários herdeiros contra quem possua toda a herança ou bens, valores e direitos que devem compor a herança, com o fito de incorporá-los a esta e partilhá-los entre os sucessores legitimados do *de cujus*. Tem por finalidade o reconhecimento da qualidade sucessória e a consequente restituição de todos os bens ou de parte deles, contra quem os possua na condição de herdeiro ou por outro título.

Quem quer que se invista na condição de herdeiro legítimo, necessário ou testamentário (nesta hipótese, quando não é beneficiário de bens determinados) pode pedir a herança de quem a possui em nome próprio. É cabível a petição de herança, ainda que esta consista em valores, mera posse ou direitos de crédito, porque, no direito brasileiro, a herança é equiparada a bem imóvel (CC, art. 80).

Na petição de herança, o herdeiro, que porventura não tenha sido reconhecido pelos demais ou por estes tenha sido rejeitado, pode cumulá-la com o pedido de reconhecimento de seu direito sucessório e consequente habilitação ao inventário. Se o filho, havido fora do casamento do *de cujus*, não foi por ele reconhecido em vida, poderá fazê-lo cumulando a investigação judicial da paternidade com a petição de herança.

A petição de herança configura pretensão e ação autônomas, exercidas paralelamente ao inventário. Pode ser ajuizada antes, durante ou após o inventário. Mas sua interdependência com o inventário é evidente. Se exercida antes ou durante o inventário, os bens ou valores a este integrarão. Se exercida depois de concluído o inventário, ter-se-á de promover a sobrepartilha.

O CC/2002 deu-lhe normatização destacada, inserindo-a na sucessão em geral. Contudo, seu lugar adequado é ao lado do inventário, porque não diz respeito aos modos de aquisição do direito à sucessão legítima ou testamentária, mas aos meios de identificação e vindicação em relação a quem indevidamente possua ou detenha bens, direitos e valores da herança, os quais, por força da *saisine*, já foram adquiridos pelos herdeiros desde a abertura da sucessão.

A petição de herança não reivindica domínio, pois este já foi transmitido aos herdeiros legítimos com o fato da morte do *de cujus*. Nem mesmo cuida de imissão de posse pelos herdeiros nos bens e valores, pois a posse indireta ou mediata também lhes foi transmitida em conjunto com o domínio. Seu objeto é a posse direta ou imediata, que se encontra em poder de terceiro ou mesmo de um ou alguns herdeiros. Por isso não se confunde com ação reivindicatória ou com ação possessória.

O jurisconsulto romano Gaio (IV, 144; 1997, p. 755) dizia que se considerava possuidor tanto o que era herdeiro, quanto o que acreditava ser herdeiro (aparente), igualmente o que sabia que não era herdeiro e não lhe pertencia a coisa ou toda a herança que possuía. Na primeira hipótese a posse era de boa-fé. Na segunda era de má-fé, mas era igualmente posse. O possuidor que, sabendo não ser herdeiro, apresentava-se como tal, não era possuidor *pro herede*, mas apenas possuidor *pro possessore*. Essa compreensão ampla da posse da herança ou de parte dela chegou até nós.

Se o *de cujus* apenas detinha a posse sobre o bem, sem título de domínio, é essa posse que pode ser vindicada na petição de herança. Ao inventário não vão apenas títulos mais posses. Vão também apenas posses, pois o conjunto da herança é bem imóvel, para os fins legais. Terceiro ou até mesmo herdeiro do *de cujus* pode ter se assenhoreado da posse, após a morte deste.

Situações comuns são de bens que, ainda em vida do *de cujus*, principalmente após debilitações de seu estado de saúde, passaram gradativamente a ser administrados em nome próprio por herdeiro, ou quando este tomou posse exclusiva deles. A ocorrência maior de posse exclusiva dá-se com determinados bens móveis, especialmente valiosos, como joias, obras de arte e mobílias raras.

A petição de herança não tem por objeto a restituição da herança ou invalidação de atos jurídicos pretéritos, mas, rigorosamente, de petição da posse de bens da herança, cuja expressão melhor expressaria seu objeto. O herdeiro pede que se lhe assegure a posse na herança, na parte ideal que lhe corresponde, se o inventário não foi concluído. Ou a posse nos bens que correspondam à sua quota hereditária, mediante sobrepartilha, se o inventário já foi concluído. Não é o meio próprio para pedir invalidação de doações, se a invalidação for possível.

A petição de herança não se confunde com a ação de sonegados. Esta tem por finalidade a inclusão de bens no inventário que foram propositadamente omitidos por herdeiros, com intuito de subtraí-los da partilha. Por isso que redunda em sanção aplicável ao herdeiro sonegador, que perde o direito a suceder o bem omitido. A petição de partilha volta-se à assunção da posse do bem conhecido pelos herdeiros. Tampouco a petição de herança tem por finalidade o dever de colação, porque são dois institutos distintos.

Há imprecisão da norma do CC/2002 (art. 1.824), pois, apesar de delimitar o alcance da petição de herança, refere-se à restituição da herança, ou de parte dela. Não se trata de restituição da herança, mas, rigorosamente, de petição da posse de bens da herança, termo que melhor expressaria seu objeto.

Qualquer herdeiro está legitimado a ajuizar a ação de petição de herança, observada a ordem da sucessão. Não necessita do assentimento dos demais. A ação é dirigida contra quem possua indevidamente bens da herança, inclusive se o possuidor é outro herdeiro, sendo irrelevante que a posse tenha iniciado antes ou depois da morte do *de cujus*, ou seja de boa-fé. A decisão favorável obtida por um dos herdeiros beneficia os demais, pois há necessária extensão de seus efeitos. Como sublinha Pontes de Miranda, se o herdeiro pede a herança e ganha o pleito, a sentença já tem carga de executividade suficiente, além de eficácia condenatória e declaratória. Quando os herdeiros familiais não são conhecidos ou tenham renunciado à herança, está legitimado à petição de herança o ente estatal. Apesar de o art. 1.824 do CC/2002 apenas aludir ao herdeiro, entende-se que também estão legitimados à petição de herança o inventariante, porque detém a representação da herança, no interesse de todos os herdeiros, o testamenteiro, que recebeu a confiança do testador em proteger a herança, e o cessionário da parte ideal de herdeiro, porque os direitos deste lhe foram transferidos.

O direito à petição de herança não se sobrepõe a outros direitos que com ele compitam. O credor pignoratício é possuidor direto do bem, cuja posse lhe foi dada em garantia pelo *de cujus* devedor, até que o pagamento da dívida seja feito. A petição de herança não pode sobrepor-se à posse do credor pignoratício. Outra situação é a de terceiro, ou mesmo de herdeiro, que adquiriu o domínio sobre bem do *de cujus*, antes ou após a abertura da sucessão (neste caso, antes da petição de herança), mediante usucapião, cuja sentença é meramente declarativa e não constitutiva da aquisição do domínio, resultante da posse exclusiva e contínua mais o tempo previsto na lei. Porém, após o ajuizamento da ação de petição de herança, a fluência do tempo para aquisição por usucapião é obstada, pois o possuidor tem o dever de restituir a herança ou parte dela sob sua posse. Doutrinariamente, sustenta-se que o tempo não corre enquanto não prescreve a petição de herança; prescrita esta, começa a correr o prazo para usucapião.

O possuidor tem de restituir todo o proveito obtido com a posse da herança, salvo os direitos e exceções que lhe são atribuídos, se em boa-fé. Presume-se de boa-fé o possuidor da herança ou de parte dela, até a juntada da citação ao processo de petição de herança. A partir daí, incorre em má-fé. A presunção da má-fé, após a juntada da citação, é absoluta; independe de prova. Mas a presunção de boa-fé, anterior à juntada da citação, é relativa; pode ser contraditada mediante prova da má-fé, consistente em saber que não é herdeiro, ou sendo herdeiro, que sabia da existência de outros herdeiros, ante as circunstâncias. Pontes de Miranda lembra o exemplo do herdeiro, que descobre testamento e o queima, e do que, depois de estar na posse da herança, vem a saber que não é herdeiro (1972, v. 55, p. 152).

São aplicáveis as mesmas regras incidentes à posse de boa-fé e de má-fé, em geral. Por exemplo, o possuidor de boa-fé tem direito, enquanto ela durar, aos frutos percebidos, sejam eles naturais, civis ou industriais; o de má-fé tem de restituí-los. O possuidor de boa-fé não responde pela perda ou deterioração a coisa a que não der causa, enquanto o de má-fé responde, salvo se provar que elas se dariam independentemente de sua posse. O possuidor de boa-fé tem direito à retenção da coisa enquanto não for indenizado das benfeitorias necessárias e úteis que realizou na coisa; o de má-fé não tem assegurado o direito de retenção e a indenização é restrita às benfeitorias necessárias, não sendo ressarcido pelo que gastou em benfeitorias úteis, após a citação.

Os efeitos equivalentes à mora obrigacional são também aplicáveis a terceiro ou herdeiro que não restituir os bens ou valores. Após a citação, além dos efeitos da posse de má-fé, incorre nos equivalentes ao devedor em mora, onde couber. Assim, tem o dever de reparar o dano que causou, com a mora, abrangendo a diminuição ou eliminação de vantagens que os herdeiros teriam e as despesas que os herdeiros efetuaram em virtude da mora. Os juros moratórios são devidos, ainda que não tenha havido danos comprovados. Além da reparação dos danos, o possuidor de bens ou valores da herança, em mora, assume riscos que não teria se os tivesse restituído antes da citação. Se a coisa perecer, após o início da mora, o possuidor continua responsável pela indenização de quaisquer danos, mesmo que tenha havido caso fortuito ou força maior; dessa responsabilidade, apenas se isenta se provar que não teve qualquer culpa pela perda da coisa, ou se o fato teria ocorrido ainda que a tivesse restituído antes da citação.

A petição de herança não pode ser manejada pelos legatários, sendo exclusiva dos herdeiros. A lei assegura aos legatários o direito de pedir aos herdeiros incumbidos da execução do legado, ou, eventualmente, ao inventariante ou ao testamenteiro a posse direta do bem legado. Esse pedido, todavia, tem natureza distinta da petição de herança.

No que concerne à prescrição, o STF fixou entendimento na Súmula 149 de ser prescritível a petição de herança. Como a lei não fixou prazo menor para o exercício da pretensão de petição de herança, sua prescrição é de dez anos, por força do CC/2002, art. 205.

A razão para o prazo largo de dez anos é a mesma para todas as demais pretensões patrimoniais, ou seja, a segurança jurídica, que não pode ficar dependente, indefinidamente, do exercício do titular do direito, com toda a consequência de desfazimentos de atos e negócios jurídicos ocorridos no tempo. A prescrição da pretensão de herança alcança qualquer herdeiro legítimo ou testamentário, não apenas ao que foi posteriormente reconhecido (voluntária ou judicialmente).

É problemático o termo inicial da prescrição, mas a herança é patrimônio que se adquire desde a abertura da sucessão, por força da *saisine*, não antes. Consequentemente, o início da prescrição somente pode ser a data da abertura da sucessão, independentemente da data do início da posse do possuidor (herdeiro ou terceiro). O direito brasileiro difere de outros sistemas jurídicos porque estabelece a transmissão automática no exato momento do falecimento do *de cujus*, sem necessidade de aceitação ou consentimento dos herdeiros beneficiários ou decisão de qualquer natureza. Essa já era a orientação consagrada no STF (*RTJ* 62/822) e terminou por se consolidar em 2024, na 2ª Seção do STJ, no Tema Repetitivo 1.200 (REsp 2.029.809), que fixou a seguinte tese: "O prazo prescricional para propor ação de petição de herança conta-se da abertura da sucessão, cuja fluência não é impedida, suspensa ou interrompida pelo ajuizamento de ação de reconhecimento de filiação, independentemente do seu trânsito em julgado". Note-se que a investigação de parentalidade do presumível herdeiro é imprescritível, o que não impede a fluência do prazo de prescrição da petição de partilha.

13.5. Herdeiro Aparente e Adquirente de Boa-Fé

O terceiro de boa-fé, que obteve onerosamente a coisa do herdeiro aparente, não está obrigado a restituí-la. Considera-se herdeiro aparente aquele que é reputado herdeiro por força de erro comum ou geral (Telles, 2004, p. 86). Não se lhe aplica a presunção da má-fé, após a citação na ação de petição de herança. A coisa pode lhe ter sido alienada mediante contrato de compra e venda, de permuta, de dação em pagamento, ou de cessão de direitos hereditários. A lei refere a alienação onerosa, bastando o título de aquisição e não o modo de aquisição. Assim, para a exceção legal, não se pode exigir o registro imobiliário quando se tratar de coisa imóvel.

Torquato Castro insere tal hipótese no conceito de legitimação aparente, introduzido no CC/2002, como tipo de titularidade legitimária; o adquirente desloca a legitimação do verdadeiro herdeiro, para adquirir validamente o bem da herança, desde que tenha procedido de boa-fé, confiando na aparência unívoca do suposto direito de quem lhe transmitiu, e herdeiro não era (1985, p. 180).

O requisito essencial é que o alienante se apresente como herdeiro aparente ao terceiro adquirente de boa-fé. É irrelevante que o herdeiro alienante esteja de boa ou má-fé. Importa a aparência de herdeiro com legitimação para fazer a alienação, a exemplo de apenas se reconhecer o alienante como sucessor do *de cujus*, no momento da alienação, tendo sido autor da petição de herança quem obteve a qualidade de herdeiro, posteriormente, em virtude de êxito em ação de investigação de paternidade.

O herdeiro aparente, em cumprimento ao testamento deixado pelo testador, pode ter feito entrega dos bens ou valores a terceiro legatário. O pagamento do legado, nessas circunstâncias, não obriga o herdeiro aparente a indenizar os sucessores legítimos, quando se constatar que o legado era indevido (por exemplo, a legatário excluído da sucessão). Mas os sucessores legítimos têm pretensão contra o legatário para que este restitua o bem recebido ou pague o equivalente, se já não o detenha.

Não se considera de boa-fé terceiro que obtete a posse do bem de quem não se apresentava, segundo as regras da experiência comum, como herdeiro aparente, no sentido de legitimado a aliená-lo. Nessa hipótese, a petição de herança pode contra ele se voltar, para restituição da posse, fazendo jus a receber indenização do alienante, equivalente às perdas e danos sofridos. Presume-se a má-fé a partir da juntada da citação.

13.6. Sonegados

Todo herdeiro é obrigado a informar os bens deixados pelo *de cujus*, para que possam ser declarados no inventário e partilhados com todos os herdeiros sucessíveis. Quando não o faz, esses bens são qualificados como sonegados. Os bens sonegados podem estar em poder do próprio herdeiro ou de terceiro. Também são sonegados os bens que devam ser levados à colação, quando o herdeiro necessário que os tiver recebido em doação do *de cujus* omitir a informação devida. A sonegação pode ocorrer, igualmente, no inventário extrajudicial. Sonega o herdeiro que tem a posse do bem e não informa e o que não tem a posse, mas sabe da existência do bem na posse de outro herdeiro ou de terceiro.

A sonegação de bens da herança constitui infração grave, consistente em o herdeiro a quem cabe o dever de declarar os bens hereditários, apresentando a respectiva relação, omitir nessa relação algum ou alguns bens, não por mera negligência, mas por dolo. No conceito do dolo cabem tanto as manobras ativas como as dissimuladas.

A consequência é a sanção imposta pelo direito ao herdeiro, que perde o direito à herança que tenha sobre tais bens. A sanção de perda do direito em relação ao bem sonegado é agravada quando o sonegador for o inventariante, que deve ser removido forçadamente da função, além de perder o direito à herança sobre os bens sonegados, se for também herdeiro sucessível. A sanção não alcança os outros bens ou direitos que caibam ao herdeiro sonegador.

No inventário judicial, o inventariante se caracteriza como sonegador apenas se omitiu ou ocultou os bens nas declarações finais, após afirmar que não existem outros bens. Pontes de Miranda (1973, v. 60, § 5.999) entende que a norma legal (o art. 1.993 do CC/2002 repetiu a legislação anterior) apenas cogitou do inventariante que é herdeiro, considerando absurdo tirar-se daí que a pena de sonegação alcance o inventariante que não seja herdeiro. Diferentemente, sustentamos a inclusão do inventariante não herdeiro, porque a sonegação importa violação do cumprimento da função. Igualmente, o herdeiro não inventariante incorre em sonegação depois de intimado se declarar que não possui os bens, no inventário, em prol do princípio do contraditório.

Mas não apenas o herdeiro ou o inventariante podem incorrer em sonegação. O cessionário que nega ter recebido bens da herança também pratica sonegação; o testamenteiro também pode sonegar bens cuja posse lhe tenha sido confiada, assim como o administrador provisório; o cônjuge sobrevivente, ainda que não inventariante, depara com situações propícias de cair em tentação de omitir bens do inventário, não informando ao inventariante (Venosa, 2003, p. 359).

Pode ocorrer que os bens sonegados não mais estejam no poder do sonegador, ou porque foram alienados ou porque foram destruídos; em tais circunstâncias, deve pagar o valor correspondente aos bens ocultados ou omitidos, de acordo com a avaliação que se possa atribuir, além de indenização pelas perdas e danos materiais e morais. A restituição ou é *in natura* (o próprio bem) ou em dinheiro. Mas quem causou perdas e danos, além da restituição, há de pagar a indenização correspondente.

Não há necessidade de haver dolo ou intenção de omitir os bens. Basta a omissão como fato. Se o dolo ou a intencionalidade tivessem de ser provados, o ônus recairia sobre os demais herdeiros, que foram prejudicados com a omissão, o que seria inversão desarrazoada. O direito dos herdeiros aos sonegados prescreve em dez anos, a partir da abertura da sucessão, por incidência da prescrição geral do art. 205 do CC/2002. De acordo com a doutrina (Dias, 2008, n. 64.6), o termo inicial é o da ciência do interessado da existência do bem sonegado.

A sanção civil depende de ajuizamento prévio de ação pelos herdeiros ou credores da herança, intitulada ação de sonegados, inclusive em relação à escritura pública de inventário consensual. A ação pode ser ajuizada por qualquer herdeiro ou credor, ainda que não haja anuência dos demais. O efeito da decisão judicial, todavia, aproveita a todos os herdeiros e credores.

Frise-se que, "se o sonegador não foi condenado em vida, o castigo não se transfere aos seus sucessores; a pena de sonegados é personalíssima; recai sobre o herdeiro, somente se ele também incorre em culpa, se persiste em negar a existência do bem, ou a dádiva, depois de morto o faltoso primitivo" (Maximiliano, 1958, n. 565).

O STJ (REsp 1.836.130), em razão do requisito de prova de má-fé ou dolo, decidiu não caracterizar sonegados os valores havidos em conta conjunta de três irmãos, dois deles tendo falecido, e o sobrevivente omitido a informação, por considerar que a solidariedade em conta conjunta atribuiria a cada um a titularidade total dos valores, sendo este o entendimento do tribunal de segundo grau.

13.7. Pagamento das Dívidas

As dívidas deixadas pelo *de cujus* devem ser pagas ou deduzidas do valor da herança, antes da partilha dos bens pelos herdeiros. A herança responde pelas dívidas que não podem ser transferidas aos herdeiros. Quando não são pagas, ou totalmente pagas, até à partilha, os bens recebidos pelos herdeiros respondem por elas. As dívidas do *de cujus* não podem alcançar o patrimônio pessoal dos herdeiros, que apenas respondem pelo que lhes coube na herança; é o que se denomina de responsabilidade dentro das forças da herança, passo adiante do que ocorria no passado, com a responsabilidade *ultra vires hereditatis*, porque se tinha a continuação da pessoa do falecido, e depois com a antiquada adição (aceitação) em benefício do inventário. Se as dívidas absorvem todo o ativo da herança, os herdeiros nada recebem, podendo se instaurar o concurso de credores.

Até à conclusão da partilha, responde o espólio pelo pagamento das dívidas (CC, art. 1.997), não podendo os credores chamar individualmente os herdeiros. Para o STJ, a inexistência de inventariante não faz dos herdeiros, individualmente considerados, parte legítima para responder a ação de cobrança, porque, enquanto não há partilha, é a herança como um todo que responde por eventual obrigação deixada pelo falecido; por isso, o Tribunal deu provimento ao recurso para dar seguimento à ação contra o espólio, na qual a viúva foi citada, porque esta é administradora provisória dele por força do art. 1.797 do CC/2002 (REsp 1.125.510).

A obrigação alimentar se extingue com a morte do devedor; o débito não pago se transmite aos herdeiros, até as forças da herança; após a morte, outros parentes respondem pela obrigação, segundo o art. 1.694. O espólio não é responsável pela continuidade da obrigação alimentar, mas sim pelo que restou sem pagamento até a data da morte. Nesse sentido: o espólio não responde por alimentos devidos pelo *de cujus*, se inexistir condenação prévia do autor da herança, não havendo por que falar em transmissão do dever jurídico de prestar alimentos, em razão do seu caráter personalíssimo e, portanto, intransmissível (STJ, REsp 1.367.942), apenas sendo possível se esse encargo tiver sido instituído em desfavor do alimentante falecido (STJ, REsp 509.801). No entanto, o mesmo STJ decidiu que "é obrigação do espólio, durante o inventário, continuar prestando alimentos ao herdeiro a quem o falecido devia, mesmo que vencidos após sua morte" (AgInt-REsp 1.694.597).

Após a partilha judicial ou a escritura pública de inventário e partilha ou de inventário e adjudicação – se houver apenas um herdeiro –, cada herdeiro responde proporcionalmente à parte da herança que lhe foi atribuída. Se o valor dos bens herdados for inferior ao montante da dívida, o credor ater-se-á a esse limite, o que significa que não receberá a integralidade do crédito e o herdeiro terá perdido a integralidade da herança recebida. Não há solidariedade passiva entre os herdeiros pelas dívidas do *de cujus*, devendo o credor executar todos os herdeiros proporcionalmente ou *pro rata* (até o limite da parte de cada um, que lhe foi transmitida).

Cabe ao herdeiro, ou aos herdeiros, demonstrar que o patrimônio líquido ou a parte ideal dele, correspondente à quota de cada um, são insuficientes, e que seus bens são pessoais e não integrantes da herança. Essa prova é dispensável quando já tenha havido, no inventário judicial, a avaliação dos bens, ou, no arrolamento, a estimativa consensual dos valores, ou, no inventário extrajudicial, a conclusão da escritura pública, que necessariamente indica os valores.

As obrigações que o *de cujus* tiver assumido na qualidade de fiador também passam para seus herdeiros, a partir da abertura da sucessão. Mas, além da observância das forças da herança, as obrigações de fiador cessam com a morte, de modo que ficam limitadas até esta data, ainda que o contrato prossiga seu curso. Não há sucessão da fiança, no sentido de os herdeiros passarem a ser fiadores no lugar do morto. O que se incorpora à sucessão do fiador é a obrigação decorrente da fiança. A dívida do fiador se configura quando, antes de sua morte, o devedor não adimpliu a obrigação. O credor pode, portanto, habilitar-se no inventário do fiador para que os bens herdados respondam pela dívida inadimplida pelo devedor principal. As responsabilidades sobrevindas após o falecimento do fiador não podem ser opostas aos seus sucessores. A fiança é um contrato estritamente personalíssimo, não se lhe aplicando a regra de que o acessório segue a sorte do principal.

Com a partilha cessa a indivisibilidade da herança – e esta própria –, substituindo-se as partes ideais dos herdeiros por quotas determinadas sobre bens determinados, segundo o que foi atribuído pelo juiz ou que resultou do consenso dos herdeiros na escritura extrajudicial. A partir daí, não se fala mais de quota da herança, mas de bens cuja transmissão se concluiu e que passaram a ser individualizados. Porém, a partilha não faz cessar os efeitos da herança, pois os herdeiros continuam respondendo pelas dívidas deixadas pelo *de cujus*, até ao limite dos valores dos bens recebidos.

O direito assegura aos credores do *de cujus* pretensões variadas, de modo que a partilha não os prejudique. A proteção dos credores, após a partilha, cresceu de importância com o advento do inventário e da partilha mediante simples escritura pública, sem processo judicial, o que reduziu substancialmente o período de indivisibilidade da herança. Algumas obrigações do *de cujus*, que não sejam personalíssimas, podem ser exigíveis somente após a partilha, notadamente quando inseridas em relações negociais continuadas ou diferidas no tempo e que não podem ser antecipadas. Essa transeficácia da herança perdura até que as obrigações sejam solvidas pelos herdeiros e desde que os bens recebidos sejam suficientes para garanti-las. Se as dívidas forem superiores aos valores dos bens herdados permanecerão definitivamente sem cumprimento.

O herdeiro não é devedor em relação às dívidas do *de cujus*. É titular dos bens herdados, os quais continuam respondendo por elas. Essa diferença é fundamental. Pesam sobre esses bens o encargo de garantia, que já existia antes da morte do *de cujus*.

O herdeiro, mesmo diante das dívidas não solvidas, não está impedido de alienar bem que lhe coube na partilha. Todavia, sobre o valor que nesta foi atribuído àquele, continua sua responsabilidade. Em tal circunstância, seus bens pessoais – não adquiridos da herança – passam a também responder pelas dívidas do *de cujus*, até o limite desse valor e desde que os demais bens herdados não sejam suficientes.

Cabe ao credor requerer a habilitação dos seus créditos, comprovando sua existência e os valores, no inventário, com os documentos pertinentes. Se houver impugnação por parte de qualquer herdeiro, o juiz determinará reserva de bens suficientes para o pagamento da dívida, devendo o credor ajuizar a ação própria de cobrança no prazo improrrogável de trinta dias contra o espólio, contados da data em que o juiz fez a reserva dos bens. A reserva há de ser preferencialmente em dinheiro deixado pelo *de cujus*, se for suficiente para cobrir o crédito impugnado. Quando a dívida for ilíquida, igual providência deverá ser tomada, com reserva de bens para garantia de pagamento do valor estimado.

Ultimada a partilha, as dívidas remanescentes do *de cujus* são transmitidas aos herdeiros, que passarão a responder pessoalmente, na proporção da herança recebida e limitadas às forças de cada quinhão. No REsp 1.591.288, o STJ entendeu, corretamente, que a impenhorabilidade do bem herdado, por se tratar de bem de família, ainda que mantida, não extinguia a dívida do falecido e a respectiva sucessão obrigacional.

Os legatários não respondem pelas dívidas, salvo se a herança for totalmente distribuída em legados, hipótese em que se observará o critério de rateio de acordo com os valores dos legados. Se as dívidas reduzirem a herança em tal proporção que os legados não possam se conter nos limites da parte disponível, por haver herdeiros necessários, devem ser reduzidos até esses limites.

Para Pontes de Miranda (1973, v. 60, § 6.004), se a dívida é incobrável, ou de difícil cobrança, ou dispendiosa a ação ou a providência a ser tomada, ou litigiosa, tem de ser reservada para sobrepartilha.

As despesas funerárias, tanto as que envolvam enterro quanto cremação, não são originárias do *de cujus*. São despesas próprias do espólio, que responde por elas. Essas despesas dependem da cultura ou religião do falecido e de sua família e não podem ser previamente fixadas ou limitadas. São também dívidas do espólio as que foram contraídas pelo inventariante ou testamenteiro na administração da herança, as custas judiciais, as despesas de registro do testamento,

— 305 —

os honorários advocatícios relativos ao inventário, as despesas de escritura pública de inventário extrajudicial e de registros públicos.

O pagamento de dívidas do *de cujus* por algum ou alguns herdeiros enseja direito de regresso contra os demais, para que os reembolsem na proporção das quotas partes hereditárias. Se algum deles estiver em estado de insolvência sua parte será dividida em proporção pelos demais.

Pode o herdeiro ser devedor do espólio; exemplifique-se com o empréstimo não liquidado que recebeu do *de cujus*. Se sua dívida não for imediatamente exigível, todos os demais herdeiros assumirão proporcionalmente as posições de seus credores, após a partilha. Por decisão da maioria dos herdeiros, no entanto, o valor da dívida poderá ser deduzido da parte que caberá ao herdeiro devedor na partilha. A decisão da maioria importa desconsideração da vontade do herdeiro.

Os credores da herança e os legatários têm preferência em relação aos credores de determinado herdeiro. Ante a circunstância de débito de herdeiro com terceiros, podem aqueles exigir que do patrimônio deixado pelo *de cujus* seja destacada e discriminada a parte do herdeiro devedor. Após a discriminação da quota do herdeiro se procederá ao concurso de credores deste, mas os legatários e os credores da herança do *de cujus* terão preferência. O objetivo é evitar a invasão da herança do *de cujus* pelos credores do herdeiro.

13.8. Partilha

Partilha é o procedimento que ultima o condomínio indivisível da herança e individualiza os bens ou partes de bens que ficarão sob a titularidade de cada herdeiro, após o pagamento das eventuais dívidas deixadas pelo *de cujus* e o pagamento dos legados. Como diz Pontes de Miranda (1973, v. 60, § 5.988), o fim da partilha é tirar todo o caráter hereditário da comunhão, que a lei tem como transitória e breve; os herdeiros, com a partilha, podem permanecer em comunhão ou condomínio, mas agora *inter vivos*. Não há partilha se houver apenas um herdeiro, ao qual serão adjudicados todos os bens. A partilha pode ser feita, mesmo quando houver credores do espólio, pois os bens partilhados aos herdeiros continuam respondendo por esses débitos. São legitimados à partilha os herdeiros necessários, legítimos e testamentários. Os legatários não têm legitimidade para requerer a partilha, porque esta se dá no que é comum; os legatários dão destinatários de bens determinados e singulares, destacados da herança.

Partilha não se confunde com divisão. Os bens partilháveis podem ser divisíveis ou indivisíveis. Os bens divisíveis podem ser partilhados e, consequentemente, divididos em tantas partes quantos forem os herdeiros; podem ser partilhados de modo desigual; podem ficar integralmente na quota de um herdeiro. Em qualquer dessas situações operou-se a partilha. O bem indivisível pode ficar contido na parte de único herdeiro ou ser partilhado para dois ou mais herdeiros, que serão titulares de partes ideais; houve partilha, mas não divisão. As linhas de partilha nem sempre coincidem com situação das coisas. Quando a indivisibilidade for voluntária, por força da partilha, a lei (CC, art. 1.320) estabelece que ela não perdure por mais de cinco anos, salvo se for prorrogado pelos condôminos. Se a indivisibilidade da coisa naturalmente divisível for estabelecida pelo testador não poderá exceder de cinco anos, findos os quais deverá haver divisão amigavelmente ou por decisão judicial. Esse prazo decadencial não prevalece se a indivisibilidade for de natureza jurídica, como ocorre com o imóvel rural que não pode ter área inferior ao respectivo módulo rural.

O desapreço da lei ao condomínio comum, refletindo antiga lição de ser fonte de rixas, intensifica-se no comando legal da venda judicial compulsória (CC, art. 2.019) do bem indivisível, na hipótese de desacordo entre os herdeiros, quando ele não couber integralmente na meação do cônjuge ou do companheiro sobrevivente, ou na quota de algum dos herdeiros. Não mais o bem, mas o valor apurado na venda judicial será objeto da partilha entre os herdeiros. A venda judicial pode ser evitada se o cônjuge, o companheiro ou algum herdeiro requerer que o bem lhe seja adjudicado, pagando aos demais em dinheiro a diferença, depois de descontada sua parte. Se dois ou mais interessados requererem a adjudicação, será feita licitação, prevalecendo a melhor oferta de preço; contudo, a licitação não será apenas entre os requerentes mas entre todos os interessados.

A partilha é judicial quando o inventário é judicial. A partilha judicial depende de decisão do juiz. Será necessária toda vez que houver divergência entre os herdeiros ou herdeiro incapaz. Todavia, no inventário judicial, em razão da divergência existente entre os herdeiros capazes, pode haver partilha amigável, quando as partes chegam a acordo.

A partilha amigável, negócio jurídico plurilateral, deve ser lavrada em escritura pública, ou constar de termo de partilha nos autos do processo de inventário por solicitação de todos os interessados, ou feita mediante instrumento particular sem fórmula determinada, neste último caso dependente de homologação do juiz. Não haverá partilha amigável se um discordar. A partilha amigável deve ser homologada de plano pelo juiz, mediante a prova de quitação dos tributos incidentes.

A partilha pode ser antecipada, como faculta o CPC, art. 647, parágrafo único. Qualquer herdeiro pode requerer ao juiz que defira antecipadamente o exercício dos direitos de usar e de fruir bem da herança, até ao final do inventário, incumbindo-lhe arcar com as despesas tributárias, de manutenção e ônus correspondentes, com a condição de esse bem integrar a quota do beneficiado. Assim, o bem passa a integrar obrigatoriamente o quinhão do herdeiro beneficiado, se não houver oposição dos demais herdeiros.

A partilha é anulável pelos mesmos vícios e defeitos que invalidam os negócios jurídicos em geral. Estabelece o CPC (art. 657) que se extingue em um ano a pretensão para anular a partilha amigável, contado da cessação da coação, ou da data do ato nas hipóteses de erro ou dolo, ou da data da cessação da incapacidade de algum dos signatários. Esse prazo é decadencial, não podendo ser suspenso ou interrompido.

A partilha é extrajudicial quando as partes forem capazes e pretenderem realizá-la amigavelmente, apesar da existência do inventário judicial. Nessa hipótese, a partilha extrajudicial é autônoma ou exclusiva. Também é extrajudicial quando integrar a escritura pública de inventário, em ato único, sendo desnecessária a homologação judicial. Se apenas houver um herdeiro, inexiste partilha, devendo a escritura ser de inventário e adjudicação de bens. Não pode haver escritura pública de partilha parcial, ou de parte dos bens deixados pelo *de cujus*, pois ela é incompatível com a existência de litigiosidade, inclusive parcial.

A partilha pode ser extrajudicial ainda quando o *de cujus* tenha deixado testamento registrado em juízo, se todos os herdeiros forem capazes e concordes, devendo ser homologada judicialmente. Assim decidiu o STJ (REsp 1.951.456), ao interpretar o disposto no art. 610, § 1º, do CPC.

Na partilha amigável ou na partilha extrajudicial, os herdeiros são livres para distribuírem a herança entre si, ainda que as partes sejam desiguais. Não há impedimento legal que assim seja, porque prevalece a autonomia privada. Contudo, no inventário judicial a partilha deve observar a maior igualdade possível, em relação a valor, natureza e qualidade. Essa igualdade não é matemática nem absoluta, pois deve evitar prejudicar os herdeiros e atender às circunstâncias, evitando-se fragmentações excessivas ou condomínios forçados. Adverte Pontes de Miranda (1973, v. 60, § 5.992) que a comodidade dos herdeiros há de ser atendida, sendo exemplos mais frequentes os de vizinhança de imóveis já de propriedade do herdeiro, ou quando o herdeiro já habita o imóvel ou nele tem negócios, ou no caso de coisas ou negócios do mesmo gênero que um dos herdeiros explora.

A pretensão à partilha é imprescritível, porque seu efeito é declaratório, tendo em vista que a transmissão da titularidade já se deu com a abertura da sucessão, por força da *saisine*.

— 308 —

Para a realização da partilha será necessária prévia dedução dos valores correspondentes às benfeitorias necessárias e úteis que tenham sido realizadas por algum ou alguns herdeiros em bens da herança, para seu reembolso. Por seu turno, a parte de cada herdeiro deve ser deduzida dos valores correspondentes aos danos que tiverem acarretado à herança, por dolo ou culpa.

A anulabilidade da partilha dá-se pelas mesmas causas dos defeitos dos negócios jurídicos, ou seja, por erro, dolo, coação, estado de perigo, lesão, fraude contra credores. A simulação é causa de nulidade, ao lado da incapacidade absoluta, da ilicitude, impossibilidade ou indeterminação do objeto, da contrariedade da forma ou solenidade prescritas em lei, da fraude a lei.

Para os fins de invalidade, portanto, a partilha, inclusive a judicial, equipara-se ao negócio jurídico em geral (CC, art. 2.027), salvo quanto ao prazo decadencial para anulação da partilha que é reduzido para um ano, a partir da data de sua conclusão, ou da cessação da coação.

Pode ocorrer que determinado bem da herança, que tenha integrado a quota de um dos herdeiros após a partilha, tenha sido perdido, em virtude de evicção, decorrente de decisão judicial que reconheceu a titularidade de terceiro sobre ele. Nessa hipótese, a lei (CC, art. 2.004) estabelece que os todos os coerdeiros são reciprocamente obrigados a indenizar o herdeiro prejudicado, na proporção das quotas de cada um. Se um dos herdeiros estiver em estado de insolvência, o percentual de sua quota será repartido entre os demais coerdeiros. Essa obrigação, por força de lei, deixa de existir ocorrendo uma de duas situações: a) se tiver havido convenção em contrário de todos os herdeiros, constante da partilha amigável ou partilha extrajudicial; b) se a evicção tiver origem em conduta culposa do próprio herdeiro, após a partilha.

Pontes de Miranda (1973, v. 60, § 6.015) esclarece que, apesar de ter havido a partilha e o bem esteja no patrimônio do herdeiro, a situação jurídica em que se põe o herdeiro demandado em ação de evicção é oriunda do tempo em que havia o patrimônio do *de cujus* ou do espólio. Há interesse dos outros herdeiros em que faça a defesa, porque a eles a sentença vai atingir, razão por que o herdeiro que sofrer a evicção pode chamar os outros à ação.

13.8.1. Sobrepartilha

Concluída a partilha judicial ou extrajudicial, a ciência dos herdeiros de novo ou novos bens deixados pelo *de cujus*, seja pelo desconhecimento seja pela sonegação praticada por qualquer dos herdeiros, ensejará a complementação da partilha, a qualquer tempo, denominada sobrepartilha. Porém, se se tratar apenas de erro de fato na descrição dos bens, sem acrescentar outros, permite-se (CPC, art. 656) que a partilha seja emendada ou corrigida, por decisão do juiz nos mesmos autos de inventário, ou por aditamento à escritura pública firmado pelos interessados.

A sobrepartilha também deve ser utilizada em relação às partes da herança que se encontrem em lugares remotos, ou no exterior, ou estejam *sub judice*, ou a créditos que dependam de liquidação. Essa providência tem por fito não retardar o inventário e a partilha dos demais bens e valores. O inventariante tem sua função prolongada indeterminadamente, de modo a permitir-lhe administrar esses bens, até que possam ser partilhados.

Para diversas situações pode haver diversas sobrepartilhas. Entre essas situações, a sobrepartilha é necessária: a) se o herdeiro, ainda não concebido, o for até dois anos a partir da abertura da sucessão, se já tiver havido a partilha (CC, art. 1791, I); b) se o legado contiver encargo que não for cumprido pelo legatário (CC, art. 1934); c) se a petição de herança for exercida após a conclusão do inventário (CC, art. 1,824); d) para incluir crédito recebido mediante precatório, em regime de comunhão parcial de bens (STJ, REsp 1.651.292); e) se a dívida deixada pelo *de cujus* for de difícil cobrança ou litigiosa e comprometer o procedimento do inventário.

No caso de existirem bens sujeitos à sobrepartilha, o espólio permanece existindo, ainda que transitada em julgado a sentença que homologou a partilha dos demais bens da universalidade (REsp 1.552.356). O direito sujeito à sobrepartilha não pode ser demandado em juízo, senão pelo Espólio (REsp 1.684.828).

13.9. Partilha em Vida

Pode haver partilha em vida do patrimônio da pessoa, que deseja antecipá-la, como prevenção de conflitos entre seus futuros herdeiros, dispensando-se o inventário após a morte.

No direito brasileiro, há três modalidades de partilha em vida: a testamentária (negócio jurídico unilateral), a doação (negócio jurídico bilateral) e a partilha *inter vivos* (negócio jurídico plurilateral).

A partilha em vida é testamentária quando o testador indicar os bens e valores que devem compor a parte de cada herdeiro legítimo ou testamentário (CC, art. 2.014). A partilha de todos os bens, valores e direitos pode ser deliberada no testamento, ainda que haja herdeiros necessários, desde que observe os limites da legítima. O testador pode partilhar, de modo individualizado e discriminado, todo o patrimônio entre seus herdeiros legítimos, ou entre estes e herdeiros testamentários, não estando obrigado a observar a igualdade das quotas, desde que respeite a parte legítima. Se, no momento de sua morte, não houver bens remanescentes aos que foram objeto da partilha testamentária, esta prevalecerá, não podendo ser modificada no inventário judicial ou extrajudicial. Em virtude da utilização do testamento, essa modalidade de partilha em vida apenas produz efeitos com a abertura da sucessão e a conclusão do inventário.

Para que a partilha em vida mediante testamento possa produzir integralmente seus efeitos é necessário que o testador mantenha imodificável seu patrimônio. A redução do patrimônio que foi objeto da partilha, após o testamento, mediante alienações, não impede sua observância, desde que consideradas as seguintes circunstâncias: a) se tiver deixado herdeiros necessários e a redução tiver atingido bens que a estes destinou, operar-se-á redução correspondente e proporcional das quotas hereditárias relativas à parte disponível; b) se tiver deixado herdeiros necessários e a redução se der em bens da parte disponível, permanece hígida a partilha quanto àqueles; c) se não houver herdeiros necessários e a partilha se destinar a outros herdeiros legítimos ou a herdeiros testamentários, a alienação de bens prejudica apenas a quem ele destinou esses bens, em virtude da revogação tácita parcial do testamento.

Se, no período que vai da data do testamento em que deliberou a partilha e sua morte, o testador tiver adquirido outros bens, sem atualizar o testamento e a partilha, o acréscimo do patrimônio será objeto da sucessão legítima regular, devendo ser promovida a partilha judicial, ou amigável, ou extrajudicial dessa parte entre os herdeiros.

A outra modalidade de partilha em vida é a que a pessoa realiza mediante negócio jurídico entre ela e seus futuros herdeiros, de modo a tornar dispensáveis tanto o inventário quanto a partilha após sua morte. A lei (CC, art. 2.018) a permite, mas não define que tipo de negócio jurídico deve ser utilizado, repetindo o defeito existente na legislação anterior. A partilha em vida pode se realizar mediante doação dos bens aos futuros herdeiros, dela emergindo duas características: a) dada sua finalidade de ato de última vontade, é irrevogável; b) se existirem herdeiros necessários, quando realizada, deve ser respeitada a legítima. A doação em que se consubstancia a partilha em vida não está sujeita a colação (Telles, 2004, p. 22) porque não há adiantamento da legítima nem doação em sentido estrito.

Para fins de cálculo da legítima, o valor do patrimônio que se considera é o do momento em que se faz a partilha em vida. Para a doação é necessário verificar o regime de bens, no casamento ou na união estável, a que esteja submetido o doador; se houver bens comuns, o doador apenas pode partilhar a parte ideal correspondente à sua meação. Admite-se a partilha-doação conjuntiva (Orlando Gomes, 1973, p. 327), nada se opondo a que os cônjuges ou os companheiros, num só e mesmo ato, repartam seus bens entre seus herdeiros.

A terceira modalidade (partilha *inter vivos*) é a genuína partilha em vida. Pontes de Miranda (1973, v. 60, § 5.993) entende que é erro dizer-se que a partilha em vida é doação aos herdeiros necessários, de modo que o autor perde sempre, desde logo, a propriedade. Para ele, quando se faz a partilha em vida, principalmente mediante escritura pública, não se dispensa o inventário, pois apenas a partilha não poderá ser objeto de decisão judicial ou deliberação dos herdeiros; a partilha feita unilateralmente pelo autor pré-exclui a partilha amigável ou por termo nos autos, mas ela tem de ser homologada pelo juiz do inventário. Não há adiantamento da legítima dos herdeiros necessários, posto que esse negócio jurídico de partilha – que Pontes de Miranda qualifica como plurilateral, quando o ascendente convocar os descendentes para participarem – é para ter eficácia se os prováveis herdeiros vierem a receber a herança.

Essa modalidade genuína de partilha em vida, com finalidade de antecipação da partilha da herança, mas sem antecipação das titularidades, não é exclusiva, nada impedindo que ela se dê também mediante doação única aos herdeiros, com identificação de suas partes, com ou sem reserva de usufruto ao autor, no que igualmente se realizaria a função social da norma. Nesse sentido, disse Clóvis Beviláqua (2000, § 104) que a partilha em vida "vale como doação entre vivos", respeitadas as legítimas e sujeitas à colação e à anulabilidade, sob fundamento de fraude a credores.

A partilha em vida pode alcançar todo o patrimônio ou parte dele. Pode abranger sua totalidade, ou apenas a legítima dos herdeiros necessários, ou apenas a parte disponível. Se a partilha em vida for da totalidade dos bens, mediante doação imediata, o doador é obrigado a reservar o necessário para sua sobrevivência (CC, art. 548), salvo se contar com rendimentos suficientes de trabalho, aposentadoria ou pensão, podendo valer-se, também, da reserva de usufruto vitalício. A partilha em vida parcial importa a necessidade da partilha judicial, amigável ou extrajudicial da parte restante, após a morte do autor.

É da natureza da partilha em vida, em qualquer das modalidades, a determinação ou individualização dos bens destinados a cada herdeiro. Essa característica parece contraditar o princípio da universalização da herança, tida como condomínio, tendo os herdeiros direito a partes ideais, ou não determinadas da herança. Essa contradição é aparente, pois a partilha, seja ela em vida ou em conclusão do inventário, faz cessar a indeterminação das partes e o condomínio hereditário.

A partilha em vida tem sido utilizada para o chamado planejamento sucessório, notadamente quando o interessado é titular de participações em atividades empresariais. É também meio lícito para afastar a sucessão concorrente do cônjuge ou do companheiro (Dias, 2008, p. 145), para que os filhos não tenham correspondente desfalque na herança.

13.10. Planejamento Sucessório

O planejamento sucessório procura organizar as consequências do inevitável: a morte. Na peça "Agamenon", Ésquilo escreveu: "Nada é certo na vida do homem, exceto isto: ele vai perdê-la".

O planejamento sucessório, no Brasil, tem de observar as limitações decorrentes da legítima dos herdeiros necessários e as regras da sucessão concorrente. A práxis já se valia de institutos que se enquadravam em seus propósitos, como a doação a descendentes (depois do CC/2002, também ao cônjuge), a doação com reserva de usufruto vitalício, os legados dentro dos limites da parte disponível, as cláusulas testamentárias restritivas (inalienabilidade, incomunicabilidade e impenhorabilidade e outras), a instituição de fundação privada, a estipulação em favor de terceiros, como seguros de vida ou de acidentes pessoais, cujos capitais assegurados não integram a herança (CC, art. 794).

Além do testamento e da partilha em vida, podem ser utilizados outros instrumentos legais, como anotam Rolf Madaleno (2014, p. 20-31) e Ana Luiza Maria Nevares (2016, p. 11-31):

a) doação com cláusula de reversão, subordinada à condição de o doador sobreviver ao donatário (CC, art. 547);

b) doação com reserva de usufruto, muito utilizada no Brasil. Tem sido frequente, igualmente, a doação com reserva do usufruto de participações societárias;

c) pacto antenupcial, que pode estabelecer regime matrimonial de bens inteiramente distinto dos modelos legais, desde que não contradite disposição absoluta da lei. Note-se que o pacto antenupcial é de escassa utilização no Brasil (pouco mais de 5% dos registros de casamentos);

d) alteração do regime de bens, observando que seu efeito é não retroativo (*ex nunc*);

e) contrato de regime de bens em união estável, que pode eleger outros regimes, que não seja o supletivo de comunhão dos bens adquiridos onerosamente, durante a união;

f) bem de família convencional, que pode abranger até um terço do patrimônio líquido da pessoa, que ficará insuscetível de penhora (CC, art. 1.711);

g) plano de previdência privada;

h) fideicomisso, mediante o qual a propriedade resolúvel é transferida para o fiduciário, para posterior consolidação no domínio do fideicomissário, quando ocorrer determinado evento;

i) *holding* familiar, sociedade que congrega o patrimônio familiar e que tem por objetivo o controle do capital de outras sociedades, estabelecendo quanto cabe a cada um dos familiares, permitindo controlar a sucessão hereditária.

É cabível, para os propósitos do planejamento sucessório, a aplicação do art. 2.014 do CC, que permite ao testador indicar bens ou valores que devem compor os quinhões hereditários, o que se aproxima das preferências facultadas em legislações recentes, a exemplo da participação societária ou da gestão empresarial.

O planejamento sucessório transita com limitações e condicionantes, estabelecidas em nosso sistema, para o atendimento de sua função prático-operacional:

(1) vedação explícita aos pactos sucessórios (CC, art. 426);

(2) a tensão conflituosa entre a legítima e a liberdade de testar; ou dos valores da autonomia privada e da solidariedade familiar, impondo-se a conjugação e a harmonização desses valores;

(3) a concorrência sucessória, como modalidade de herança necessária, introduzida no CC/2002, e que agravou o grau de controvérsias em nosso direito sucessório;

(4) limite à doação em vida a descendentes e o respectivo dever de colação;

(5) formalidade testamentária, atenuada no CC/2002, mas ainda inibidora da opção entre os brasileiros pelo testamento, inclusive para fins de planejamento sucessório;

(6) imprecisão do regime de partilha em vida, ante a falta de clareza na lei sobre o modelo a adotar: a testamentária (negócio jurídico unilateral); a doação (negócio jurídico bilateral); e a genuína partilha em vida (negócio jurídico plurilateral);

(7) tendência mundial de elevação da tributação sobre capital (aí incluído o patrimônio deixado pelo *de cujus*), uma vez que a tributação sobre renda se

— 314 —

revelou insuficiente para impedir a concentração de riqueza e a desigualdade social, como apontam os estudiosos dessas matérias.

A eventual utilização do instituto do fideicomisso, para fins de planejamento sucessório, sofre profunda restrição: o CC/2002 mudou, radicalmente, a finalidade do fideicomisso, que passou a ser em benefício apenas da prole eventual de pessoas designadas pelo testador, por força do art. 1.952, inexistente na legislação anterior. Outro requisito essencial, que também restringiu o fideicomisso, é o de que o fideicomissário não tenha sido concebido na data da abertura da sucessão do testador.

A *holding familiar* pode ter por finalidade a titularidade de quotas ou ações de outras sociedades operacionais ou não (*holding* de controle), ou a participação em empresas, sem poder de controle, ou a titularidade e gestão do patrimônio familiar. Essa modalidade pode incorrer em invalidades (Tartuce; Bunazar, 2023), tais como: a) a presença de negócio jurídico indireto, que pode gerar nulidade absoluta por fraude à lei imperativa (art. 166, VI, do CC); b) a configuração de simulação, vício social do negócio jurídico que ocasiona igualmente sua nulidade absoluta (art. 167 do CC); e c) o desvio de finalidade ou utilização disfuncional da personalidade jurídica, por desrespeito ao art. 49-A, parágrafo único, do CC, a autorizar a desconsideração da personalidade jurídica não só para fins de responsabilização, mas também para fins de atribuição.

A legislação sobre as sociedades anônimas admite que as ações possam ser objeto de usufruto, mas não disciplinam o modo de seu exercício, havendo a incidência supletiva do direito real respectivo, previsto no CC/2002. O art. 114 da Lei n. 6.404/1976 (Lei das Sociedades por Ações) faculta ao nu-proprietário e ao usufrutuário que o direito de voto das ações gravadas com usufruto seja exercido mediante acordo entre eles, mas forte corrente doutrinária entende que somente o titular da nua-propriedade está legitimado à plenitude de seu exercício, notadamente quanto ao poder de controle da sociedade.

O poder político ou poder de controle operacional são bens não patrimoniais, insuscetíveis de configurarem valores econômicos distintos dos valores atribuídos às ações ordinárias de que derivam na sociedade por ações. Assegurando-se a igualdade econômica entre os filhos na destinação das ações da sociedade por ações, em relação à legítima ou parte indisponível, pode o testador aquinhoar um dos filhos com maior número de ações ordinárias correspondentes à parte disponível de seu patrimônio, de modo a permitir-lhe o poder de controle ou gestão da empresa, no interesse de todos.

O planejamento sucessório suscita a questão ética do profissional do direito que assessora o interessado, quando este pretende esconder bens para lesar familiares, terceiros e o fisco. O Código de Ética e Disciplina da OAB (art. 2º, parágrafo único, VIII, *c*) estabelece que o advogado deve abster-se de emprestar concurso aos que atentem contra a ética, a moral, a honestidade e a dignidade da pessoa humana. Por seu turno, a Lei n. 13.709/2018 (Lei Geral de Proteção dos Dados Pessoais – LGPD), art. 42, estabelece a responsabilidade de quem realizar atividade de tratamento de dados pessoais, pela reparação dos danos patrimoniais ou morais que causar.

13.11. Transmissão Hereditária de Valores com Dispensa de Inventário

A legislação (Lei n. 6.858/1980 e Lei n. 8.036/1990, com alterações ulteriores) dispensa o inventário ou arrolamento, em qualquer de suas modalidades, inclusive extrajudicial, para o levantamento e recebimento dos seguintes valores, que não tenham sido recebidos em vida pelos respectivos titulares:

a) os salários e obrigações trabalhistas devidos pelos empregadores aos empregados;

b) o saldo do Fundo de Garantia do Tempo de Serviço (FGTS);

c) o saldo do Fundo de Participação PIS-PASEP;

d) as restituições relativas ao Imposto de Renda e outros tributos, recolhidos por pessoa física;

e) os saldos bancários e de contas de poupança e fundos de investimento de valor até 500 (quinhentas) Obrigações do Tesouro Nacional. Em 1980, ano da Lei n. 6.858 que os dispensou de inventário ou arrolamento, existiam no Brasil as ORTN (Obrigações Reajustáveis do Tesouro Nacional), extintas e substituídas em 1986 (Decreto-lei n. 2.284) pelas OTN, extintas em 1989 (Lei n. 7.730), cujo valor individual atual decorre da aplicação da tabela dos BTN (Bônus do Tesouro Nacional), que as substituiu e foram extintos, e depois pela tabela da TR (Taxa Referencial).

A dispensa do inventário não afasta as regras relativas à sucessão hereditária, pois elas têm natureza procedimental de simplificação, salvo a legislação específica, como a previdenciária. Assim, há de ser observadas a ordem de vocação hereditária, a legítima dos herdeiros necessários e a determinação da quota sucessória de cada herdeiro.

Os pagamentos e liberações devem ser feitos diretamente, de modo administrativo ou extrajudicial, em quotas iguais, aos dependentes habilitados perante a Previdência Social, segundo o critério adotado para a concessão de pensões por morte, ou na forma da legislação específica e respectiva dos servidores civis e militares, se o falecido tiver sido servidor da União, de Estado ou de Município, com a prova dessa qualidade. Na falta de dependentes habilitados será necessária a expedição de alvará judicial, em atendimento ao requerimento do interessado, que os autorize aos sucessores na ordem da vocação sucessória prevista na lei civil.

As quotas atribuídas aos menores de dezoito anos ficarão depositadas em caderneta de poupança, rendendo juros e correção monetária, e só serão disponíveis após aquisição da maioridade civil, salvo autorização do juiz para aquisição de imóvel destinado à residência deles e de sua família ou para dispêndio necessário à subsistência e educação.

O seguro obrigatório DPVAT (danos pessoais causados por veículos automotores de via terrestre), regulado pela Lei n. 6.194/1974, indeniza as vítimas ou seus herdeiros, no prazo de três anos da ocorrência do sinistro. Cabe aos herdeiros apresentação da certidão de óbito e o registro de ocorrência expedido pela autoridade policial. O valor é pago individualmente aos herdeiros legais.

Se o pagamento pelo empregador das verbas trabalhistas ocorrer após o fim do casamento, ainda assim, de acordo com o regime de bens, deve ser assegurada a meação ao cônjuge sobrevivente (STJ, REsp 1.024.169). As verbas trabalhistas discutidas em juízo integram a herança a ser partilhada entre todos os herdeiros, devendo então ser interpretado o art. 1º da Lei n. 6.858/1980, sem prevalecimento dos filhos dependentes perante a previdência social (STJ, AgInt no AREsp 1.561.551).

Cumpre esclarecer que a legislação referida não foi revogada, expressa ou tacitamente pelo CC/2002 ou pelo CPC/2015. Tendo em conta a matéria versada, a legislação é especial ao passo que, no CC/2002, as disposições sobre sucessões são gerais. Assim, há de ser aplicada a regra do art. 2º, § 2º, da Lei de Introdução às Normas do Direito Brasileiro, a qual determina que a lei nova, que estabeleça disposições gerais ou especiais a par das já existentes, não revoga nem modifica a lei anterior.

A legislação emergencial tem utilizado igualmente desses modos simplificados e administrativos de acesso a valores, ante a morte de titular. Nessa direção, a Lei n. 14.128/2021, que dispôs sobre a compensação financeira a ser paga pela União aos profissionais de saúde que faleceram durante o enfrentamento da pandemia da Covid/19, assegurou ao cônjuge ou companheiro e aos dependentes e herdeiros do falecido perceberem os respectivos valores.

BIBLIOGRAFIA

ALMEIDA, Cândido Mendes de. *Ordenações Filipinas (anotadas)*. Lisboa: Gulbenkian, 1985 (Fac-símile da edição de 1870). v. IV e V.

ALMEIDA, José Luiz Gavião de. *Código Civil comentado*. Álvaro Villaça Azevedo (Coord.). São Paulo: Atlas, 2003. v. 18.

ANDRADE, Gustavo Henrique Baptista. *O direito de herança e a liberdade de testar*. Belo Horizonte: Forum, 2019.

ASCENSÃO, José de Oliveira. *Direito civil*: sucessões. Coimbra: Coimbra, 2000.

AZEVEDO, Antônio Junqueira de. O espírito de compromisso do direito das sucessões perante as exigências individualistas da autonomia da vontade e as supraindividualistas da família. Herdeiro e legatário. *Revista da Faculdade de Direito da Universidade de São Paulo*, São Paulo, v. 95, 2000.

BARBOSA, Heloisa Helena. Autonomia em face da morte: alternativa para a eutanásia? *Vida, morte e dignidade humana*. Tânia da Silva Pereira et al. (Coords.). Rio de Janeiro: GZ, 2010.

BARROSO, Luís Roberto; MARTEL, Letícia de Campos Velho. *Dignidade e autonomia individual no final da vida*. Disponível em: http://www.conjur. com.br/2012-jul-11/morte-ela-dignidade-autonomia-individual-final-vida. Acesso em: 2012.

BEVILÁQUA, Clóvis. *Direito das sucessões*. Campinas: RED, 2000.

BIANCA, C. Massimo. *Diritto Civile*: la famiglia – le successioni. Milano: Giuffrè, 1989.

BORGES, Lisieux Nidimar Dias. Superando as restrições testamentárias "pressupostas" no Brasil em razão de deficiências físicas: auditiva, fonadora, visual e motora. *Revista IBDFAM Família e Sucessões*. Belo Horizonte: IBDFAM, n. 11, set./out. 2015.

BOUCKAERT, Boudwijn. The post mortem homo economicus: what does he tell us? *Imperative inheritance law in a late-modern society*. Christoph Castelain et al. (Coords.). Antwerp-Oxford: Intersentia, 2009.

CAHALI, Francisco José; HIRONAKA, Giselda Maria Fernandes Novaes Hironaka. *Direito das sucessões*. São Paulo: Revista dos Tribunais, 2007.

CAMPOS, Diogo Leite de. *A invenção do direito matrimonial*. Coimbra: Universidade de Coimbra, 1995.

CARVALHO, Luiz Paulo Vieira de. *Direito das sucessões*. São Paulo: Atlas, 2014.

_____. Da renúncia ou da concorrência sucessória por meio de pacto antenupcial ou pacto de convivência. *Revista IBDFAM: Famílias e Sucessões*. v. 49 (jan./fev.). Belo Horizonte: Ibdfam, 2022.

CASTELEIN, Christoph; FOQUÉ, René; VERBEKE, Alain (Orgs.). *Imperative inheritance law in a late-modern society*. Antwerp: Intersentia, 2009.

CASTRO, Torquato. *Teoria da situação jurídica em direito privado nacional*. São Paulo: Saraiva, 1985.

CAVALCANTI, José Paulo; CAVALCANTI FILHO, José Paulo. Renúncia – Precisões em torno de seu conceito. *Direito civil*: estudos em homenagem a José de Oliveira Ascensão. José Fernando Simão et al. (Orgs.). São Paulo: Atlas, 2015.

CENTRE FOR FAMILY LAW AT JEAN MOULIN UNIVERSITY LYON. *The international survey of family law – 2016 edition*. Bill Atkin (Org.). Bristol: Jordan, 2016.

CORTIANO JUNIOR, Eroulths; ROBL FILHO, Ilton Norberto. O ensino do direito civil: breve ensaio sobre o ensino do direito das sucessões. *Diálogos sobre o direito civil*. Gustavo Tepedino e Luiz Edson Fachin (Orgs.). Rio de Janeiro: Renovar, 2008.

COULANGES, Fustel de. *A cidade antiga*. Trad. J. Cretella Jr. São Paulo: Revista dos Tribunais, 2011.

COUTO E SILVA, Clóvis do. *O direito privado na visão de Clóvis do Couto e Silva*. Vera Maria Jacob Fradera (Org.). Porto Alegre: Livraria do Advogado, 1997.

CUPIS, Adriano de. *Istituzioni di diritto privato*. Milano: Giuffrè, 1987.

DELGADO, Mário Luiz; MARINHO JR., Jânio Urbano. Novos horizontes para os pactos sucessórios no Brasil. *Revista nacional de direito de família e sucessões*. Porto Alegre: Lex Magister, n. 28, jan./fev. 2019.

DETHLOFF, N.; KROLL, K. The constitutional court as driver of reforms in german family law. *The international survey of family law*. Andrew Bainham (Org.). Bristol: Jordan Publishing, 2006, p. 220.

DIAS, Maria Berenice. *Manual das Sucessões*. São Paulo: Revista dos Tribunais, 2008.

_____. Casados até depois da morte? *Revista IBDFAM Famílias e Sucessões*. Belo Horizonte, v. 44, p. 192, mar./abr. 2021.

DINIZ, Maria Helena. *Curso de direito civil brasileiro*: direito das sucessões. São Paulo: Saraiva, 2022. v. 6.

DWORKIN, Ronald. *Domínio da vida*. Trad. Jefferson Luiz Camargo. São Paulo: Martins Fontes, 2003.

FACHIN, Luiz Edson. *Direitos da personalidade no Código Civil brasileiro*: elementos para uma análise de índole constitucional da transmissibilidade. TARTUCE, Flávio; CASTILHO, Ricardo (Coords.). São Paulo: Método, 2006.

_____. Inconstitucionalidade do artigo 1.790 do Código Civil brasileiro. *Revista trimestral de direito civil*, Rio de Janeiro: Padma, v. 48, out./dez. 2011.

FACHIN, Luiz Edson; RUSYK, Carlos Eduardo P. *Código Civil comentado*. Álvaro Villaça Azevedo (Coord.). São Paulo: Atlas, 2003, v. 15.

FALEIROS JÚNIOR, José Luiz de Moura. A controvérsia do "contato herdeiro" na herança digital: entre a representação voluntária e o mandato. *Revista Fórum de Direito Civil*, Belo Horizonte: Fórum, n. 33, p. 13-44, 2023.

FREITAS, Teixeira de. *Consolidação das leis civis*. Rio de Janeiro: Garnier, 1896.

_____. *Esboço do Código Civil*. Brasília: Ministério da Justiça, 1983.

FRITZ, Karina Nunes. *Jurisprudência comentada dos tribunais alemães*. Indaiatuba: Foco, 2021.

GAIO. *Institutas*. Trad. Alfredo di Pietro. Buenos Aires: Abeledo-Perrot, 1997.

GALGANO, Francesco. *Il negozio giuridico*. Milano: Giuffrè, 2002.

GAMA, Guilherme Calmon Nogueira da. Concorrência sucessória à luz dos princípios norteadores do Código Civil de 2002. *Revista brasileira de direito de família*, Porto Alegre: Síntese, v. 29, abr./maio 2005.

GARCIA, Teodora F. Torres; LUELMO, Andrés Dominguez. La legitima en el Código Civil. *Tratado de legitimas*. Teodora F. Torres Garcia (Coord.). Barcelona: Atelier, 2012.

GOMES, Orlando. *Sucessões*. Rio de Janeiro: Forense, 1973.

GUILHERMINO, Everilda Brandão. Direito de acesso e herança digital. *Herança digital*: controvérsias e alternativas. In: LEAL, Livia Teixeira; TEIXEIRA, Ana Carolina Brochado (Coords.). Foco: Indaiatuba, 2021.

HAMBRO, Peter. Future powers of attorney. *The international survey of family law*. Bill Atkin (Org.). Bristol: Jordan, 2013.

HEIRBAUT, Dirk. A history of the law of succession, in particular in the Southern Netherlands/Belgium. *Imperative inheritance law in a late-modern society*. Christoph Castelain et al. (Coords.). Antwerp-Oxford: Intersentia, 2009.

HIRONAKA, Giselda Maria Fernandes Novaes. *Comentários ao Código Civil*: parte especial do direito das sucessões. Antônio Junqueira Azevedo (Coord.). São Paulo: Saraiva, 2007. v. 20.

_____. O sistema de vocação concorrente do cônjuge e/ou do companheiro com os herdeiros do autor da herança, nos direitos brasileiro e italiano, *Revista brasileira de direito de família*, Porto Alegre: Síntese, n. 29, p. 45-87, abr./maio 2005.

ITABAIANA DE OLIVEIRA, Arthur Vasco. *Tratado do direito das sucessões*. 5. ed. atualizada por Décio Itabaiana Gomes da Silva, Paulo Dourado de Gusmão e Paulo Pinto. Rio de Janeiro: Freitas Bastos, 1986.

JUSTINIANO. *Instituições de Justiniano*. Curitiba: Tribunais do Brasil, 1979.

LAMARCA MARQUÈS, Albert. *Código civil alemán* (apresentação). Madrid: Marcial Pons, 2008.

LEAL, Livia Teixeira. Internet e morte do usuário: a necessária superação do paradigma da herança digital. *Revista Brasileira de Direito Civil – RBDCilvil*, Belo Horizonte, v. 16, p. 181-197, abr./jun. 2018.

LEITE, Eduardo de Oliveira. *Comentários ao novo Código Civil*. Rio de Janeiro: Forense, 2003. v. 21.

LÉVI-STRAUSS, Claude. *Tristes trópicos*. Trad. Rosa Freire d'Aguiar. São Paulo: Companhia das Letras, 1996.

LÔBO, Paulo. *Direito civil*: parte geral. São Paulo: Saraiva, 2022.

_____. *Direito civil*: famílias. São Paulo: Saraiva, 2022.

_____. *Direito civil:* obrigações. São Paulo: Saraiva: 2022.

_____. Entidades familiares constitucionalizadas: para além do *numerus clausus*, Família e Cidadania: *Anais do III Congresso Brasileiro de Direito de Família*, Brasília: Del Rey, 2002, p. 89-108.

MADALENO, Rolf. A concorrência sucessória e o trânsito processual: a culpa mortuária. *Revista brasileira de direito de família*, Porto Alegre: Síntese, v. 29, abr./maio 2005.

_____. Planejamento sucessório. *Revista IBDFAM: Famílias e Sucessões*. Belo Horizonte: IBDFAM, v. 1, jan./fev. 2014.

MALHEIROS, Pablo; AGUIRRE, João Ricardo Brandão; PEIXOTO, Maurício Muriack. Transmissibilidade do acervo digital de quem falece: efeitos dos direitos da personalidade projetados *post mortem*. *Revista da Academia Brasileira de Direito Constitucional*, v. 10, n. 19, p. 564-607, jul./dez. 2018.

MATTHEWS, Paul. Comparative law – United Kingdom. *Imperative inheritance law in a late-modern society*. Christoph Castelain et al. (Coords.). Antwerp--Oxford: Intersentia, 2009.

MAXIMILIANO, Carlos. *Direito das sucessões*. Rio de Janeiro: Freitas Bastos, 1958. v. 1 e 2.

MELLO, Marcos Bernardes de. *Teoria do fato jurídico*: plano da eficácia. São Paulo: Saraiva, 2004.

NEVARES, Ana Luiza Maia. *A função promocional do testamento*: tendências do direito sucessório. Rio de Janeiro: Renovar, 2009.

_____. Perspectivas para o planejamento sucessório. *Revista IBDFAM Famílias e Sucessões*. Belo Horizonte: IBDFAM, p. 11-31, no./dez. 2016.

NONATO, Orozimbo. *Estudos sobre sucessão testamentária*. Rio de Janeiro: Forense, 1957.

PEREIRA, Caio Mário da Silva. *Instituições de Direito Civil*. Rio de Janeiro: Forense, 1997. v. 6.

PERLINGIERI, Pietro. *Perfis do direito civil*: introdução ao direito civil constitucional. Trad. Maria Cristina de Cicco. Rio de Janeiro: Renovar, 1997.

PINTENS, Walter; SEYNS, Steven. Compulsory portion and solidarity between generations in german law. *Imperative inheritance law in a late-modern society*. Christoph Castelain et al. (Coords.). Antwerp-Oxford: Intersentia, 2009.

PONTES DE MIRANDA, F. C. *Tratado de direito privado*. Rio de Janeiro: Borsoi, 1972, v. 46, 55, 56; 1973, v. 57, 58, 59, 60.

REALE, Miguel. *Estudos preliminares do Código Civil*. São Paulo: Revista dos Tribunais, 2003.

RIBEIRO, Darcy. *O processo civilizatório*. São Paulo: Companhia das Letras, 1998.

RIBEIRO, Diaulas Costa. Um novo testamento: testamentos vitais e diretivas antecipadas. Família e dignidade humana. *Anais do V Congresso Brasileiro de Direito de Família*. São Paulo: IOB Thomson, 2006.

ROCHA, M. A. Coelho da. *Instituições de direito civil*. São Paulo: Saraiva, 1984. v. 2.

RODOTÀ, Stefano. *Repertorio di fino secolo*. Roma: Laterza, 1999.

RODRIGUES, Silvio. *Direito civil*: direito das sucessões. São Paulo: Saraiva, 2002. v. 7.

SÁ, Maria de Fátima Freire de. *Direito de morrer*: Eutanásia, suicídio assistido. Belo Horizonte: Del Rey, 2005.

SANTOS, Eduardo dos. *Direito das sucessões*. Lisboa: Autor, 2002.

SANTOS, João Manuel de Carvalho. *Código civil brasileiro interpretado*. Rio de Janeiro: Freitas Bastos, 1981. v. 22.

SCHLÜTER, Wilfried. *Código Civil Alemão*: Direito de Família. Trad. Elisete Antoniuk. Porto Alegre: Sergio Antonio Fabris, 2002.

SCHWENZER, Ingeborg; KELLER, Tomie. A new law for the protection of adults. *The international survey of law*. Bill Atkin (Org.). Bristol: Jordan, 2013.

SIMÃO, José Fernando. Direito das sucessões e a contribuição de José de Oliveira Ascensão: um diálogo luso-brasileiro. *Direito civil*: estudos em homenagem a José de Oliveira Ascensão. José Fernando Simão et al. (Orgs.). São Paulo: Atlas, 2015.

TARTUCE, Flávio; BUNAZAR, Maurício. As "*holdings* familiares" e o problema da invalidade. *Migalhas*, 27 set. 2023. Disponível em: https://www.migalhas. com.br/coluna/familia-e-sucessoes/394156/pacto-sucessorio-lesao-a-legitima- -e-outras-razoes-subjetivas. Acesso em: 2023.

TEIXEIRA, Daniele Chaves (Coord.). *Arquitetura do planejamento sucessório*. Belo Horizonte: Forum, 2018.

TELLES, Inocêncio Galvão. *Sucessões*: parte geral. Coimbra: Coimbra, 2004.

THEODORO JR., Humberto. Inventário e partilha e separação e divórcio por via administrativa – reforma da Lei n. 11.441, de 04.01.2007, *Revista IOB de direito de família,* Porto Alegre: Síntese, n. 44, out./nov. 2007.

TOCQUEVILLE, Alexis de. *Un perfil de Norteamérica*. Mexico: Fondo de Cultura, 1997.

VELOSO, Zeno. *Testamentos*. Belém: Cejup, 1993.

_____. *Comentários ao Código Civil*: parte especial: direito das sucessões. Antônio Junqueira de Azevedo (Coord.). São Paulo: Saraiva, 2003. v. 21.

_____. *Lei n. 11.441, de 04.01.2007 – aspectos práticos da separação, divórcio, inventário e partilha consensuais*. Belém: Anoreg, 2008.

_____. Do testamento particular. *Direito civil:* estudos em homenagem a José de Oliveira Ascensão. José Fernando Simão et al. (Orgs.). São Paulo: Atlas, 2015.

_____. Das disposições testamentárias. *Revista IBDFAM famílias e sucessões*. Belo Horizonte: Ibdfam, n. 17, set./out. 2016.

VENOSA, Sílvio de Salvo. *Direito civil*. São Paulo: Atlas, 2003. v. 7.

VIEIRA, Cláudia Stein; HIRONAKA, Giselda Maria Fernandes Novaes. Um novo fideicomisso: proposta de transformação do instituto em prol do planejamento sucessório. Fabiola Albuquerque Lobo; Marcos Ehrhardt Jr.; Carlos Henrique Félix Dantas; Manuel Camelo Ferreira da Silva Netto (Coords.). *Transformações das relações familiares e a proteção da pessoa*. Indaiatuba: Foco, 2024.

VILLELA, João Baptista. *Contribuição à teoria do valor dos bens na colação hereditária*. Belo Horizonte: ed. A., 1964.